Orbis

Philipp Vandenberg

Der vergessene PHARAO

Unternehmen Tut-ench-Amun
das größte Abenteuer der
Archäologie

Orbis Verlag

HISTORIA VITAE MAGISTRA

Die Geschichte ist ein Lehrmeister für das Leben

CICERO

Sonderausgabe 1988 Orbis Verlag für Publizistik GmbH, München
Gesamtherstellung Mohndruck Graphische Betriebe GmbH, Gütersloh
Printed in Germany · ISBN 3-572-04097-3

Inhalt

I.
Howard Carter: Lehrjahre eines Ausgräbers 11

Es begann in Amarna – Mit Hunden und Katzen verdiente Howard Carter sein erstes Geld – Der Lehrling und sein Meister – Auf Nofretetes Spuren – Die ersten Mißerfolge – Ausdauer + Phantasie = Erfolg – Carter staunt: So wird Geschichte rekonstruiert – Die sprechenden Steine von Achetaton – Das Geheimnis des vergessenen Pharaos – Wann lebte Tut-ench-Amun?

II.
Goldrausch: Die Schlacht um die Vergangenheit 40

Carters Gesellenstück: der Hatschepsut-Tempel – Forscher und Abenteurer – Die Skandale der Brüder Brugsch – Inspektor Carter – Was kostet ein Professor? – Überfall im Tal der Könige – Carter und der Kupfermagnat – Das rätselhafte Felsengrab – Die Luft wird knapp, die Hitze unerträglich – Die zwei Seiten des Ruhmes

III.
Sakkara: Das Ende einer Karriere 68

Jeder ist ersetzbar, es fragt sich nur wie – Ein Gnadenbrot für Carter – »Eine Stufe, eine Stufe!« – Abstieg ins Ungewisse – Das Bekenntnis eines Gentleman – Ein Freund taucht auf: James Henry Breasted – Die Überraschung: das Grab des Haremhab – Erste »Lebenszeichen« von Tut-ench-Amun

IV.
Der Earl of Carnarvon:
Ein Lord und sein Lakai 87

Die Leidenschaften des jungen Porchy – Geld allein macht noch keinen Ausgräber – Ein seltsames Team – Carter übernimmt das Kommando – »Ein wichtiges Dokument, Sie Glückspilz!« – Ein Tempel wird entdeckt – Carnarvons besonderes Verhältnis zum Geld – Seine Lordschaft sitzt auf Diebesgut – Carnarvon mochte auch kleine Leute, besonders wenn sie nichts kosteten

V.
Erster Weltkrieg: Der Bote des Königs 107

Ein Steinschlag und die Folgen – Mit dem Flaschenzug zur Herrin aller Länder – Sultane, Paschas und Khediven – Französische Kultur, britische Politik – Aus Freunden werden Feinde – Ein letzter Versuch

VI.
Die Entdeckung:
Das letzte Geheimnis des Pharaos 122

Carters allerletzte Chance – Zwölf Stufen und eine versiegelte Tür – Kein Zweifel: Tut-ench-Amun – Eine Mauer, dahinter ein Märchen – Werden sie den König finden? – Des einen Freud, des anderen Leid – Das Unternehmen Tut-ench-Amun braucht Personal – Die seltsame Wandlung des Howard Carter – Eine Sensation wird vermarktet – Im Tal der Könige ist die Hölle los – Die letzte Tür wird geöffnet – 3260 Jahre nach seinem Tod: Tut macht Politik

VII.
Spurensicherung:
Das mysteriöse Leben unter Tage 155

Der König liebte Kragen, Carter haßte sie – Eine Truhe bringt neue Probleme – Wie kam dieser Thron ins Grab? – Die Versäumnisse der Chemiker – Der heißbegehrte Blick in die Unterwelt – Carter ist mit den Nerven am Ende

VIII.
Carnarvons Tod: Fluch oder Legende? 170

Die letzten Tage eines aufregenden Lebens – »Ein Vogel zerkratzt mein Gesicht« – Carnarvons Sohn, der letzte Augenzeuge – Über allem schwebt der Geist des Vaters – Der Tod im Hotel Winter Palace – Der Anfang einer unheimlichen Serie – Verblüffendes aus den Annalen der Ägyptologie – Das letzte Interview des Gamal Mehrez – Pyramidengeheimnisse – Spuren in der Unterwelt – Gift aus Ägypten: Handelsklasse A – Das zweite Gesicht der Mumie – Wer die Götter neckt, den strafen sie

IX.
Die Sargkammer: Schätze für die Ewigkeit 195

Grabungsarbeiter, ein Kapitel für sich – Einen goldenen Schrein zerlegen? – »Meine Arme bergen, was in mir ist« – Das Puzzlespiel mit Gold und Edelsteinen – Die Schreine werden geöffnet – Im Grab herrscht Chaos – Die Spannung vor der Sargöffnung – Die Zeit schien stillzustehen – Nach 3263 Jahren der erste Lichtstrahl – Kurz vor dem Ziel beginnt das Drama – Die aufregendsten Tage im Leben Howard Carters – Alle Vermittlungsversuche scheitern

X.
Carters Triumph:
Aug' in Aug' mit Tut-ench-Amun 224

Die unerwartete Rückkehr – Die kleine und doch so große Welt des Howard Carter – Die vierte Saison – Probleme mit den drei Särgen – Endlich am Ziel: die Mumie – Ein großer Tag in der Geschichte der Archäologie – Am Kopf und um den Penis war der König kahl – Ein offenes Geheimnis: Tut-ench-Amun wurde zerrissen

XI.
Mumienmacher:
Rekonstruktion einer Verwandlung 245

Eine »Stätte der Wahrheit« en miniature – Es war Frühling, als Tut-ench-Amun starb – Herodot und der Anatomieprofessor – Warum mußten die Toten so schön sein? – Zwei Möglichkeiten der Organentnahme – Gebrauchsanweisung zum Einbalsamieren – Tut-ench-Amuns Begräbnis – Im Schlitten zum Tal der Könige – Die Witwe schreit, dann wird getanzt

XII.
Die Bürde: Der Clan von Karnak
und der Ketzer von Achetaton 265

Das Zentrum des Amun-Kultes – Von Pharaonen und Propheten – Die Giganten: Thutmosis III. und Amenophis II. – Wenn Thutmosis IV. mit den Göttern redete – Amenophis der Prächtige – Die schönen Mädchen von Mitanni – Amuns mörderische Befehle – Festungen für die Ewigkeit – Feste im Südlichen Harem – Echnaton war ein Schock – Die Flucht vor den Amun-Priestern – Auf einmal war alles anders – Das turbulente Leben von Achetaton

XIII.
Der Kindkönig: Wer war Tut-ench-Amun? 300

Kinderkleider, ein erster Hinweis – Die Schlüsselfigur ist Echnaton – Von Liebe, Lust und Leidenschaft – Die Frau im Leben des Tut-ench-Amun – Statt Standesamt: Man probierte es miteinander – Warum Tut-ench-Amun mit 12 Jahren heiratete – Neue Ehren für einen alten Gott – Komplikationen nach dem Umschwung – Das Ketzergrab wurde geöffnet – Tut-ench-Amuns »Geburtsfehler« – Die graue Eminenz – Das Ende der 18. Dynastie

XIV.
Nachruf: Das stille Ende des Entdeckers 323

Carter und das 3000jährige Chaos – Ermittlungen in einem Kriminalfall – Carter kann nicht aufhören – Eine wohlwollende Notiz in der »Times«

Anhang 332

Inschriften auf dem Grabschatz Tut-ench-Amuns – Regierungsdaten Tut-ench-Amuns – Die Pharaonen der 18. bis 20. Dynastie – Entdecker und Fundorte der Könige der 18. Dynastie – Allgemeine Bibliographie – Quellenangaben

Register 347

I.

Howard Carter: Lehrjahre eines Ausgräbers

Bei archäologischen Arbeiten
trifft für gewöhnlich das Gegenteil von dem ein,
was man erwartet.

Howard Carter

Die Londoner »Times« berichtete am Donnerstag, dem 30. November 1922, vom Rücktritt des ägyptischen Premierministers, von einer kommunistischen Rathausbesetzung in Wunstorf bei Hannover und von einem Besuch Queen Marys im exklusiven Londoner Kaufhaus Harrods. Das Royal Opera House annoncierte Humperdincks »Hänsel und Gretel«, und das New-Gallery-Kino an der Regent-Street den Film »Fascination« mit Stummfilmstar Mae Murray. Auf Seite 1 las man Familiennachrichten: Geburten, Todesfälle, Silberhochzeiten, so wie es seit über hundert Jahren bei der »Times« Brauch war. Die Sensation stand erst auf Seite 13: Der Kairoer Korrespondent des Blattes meldete – »durch einen Depeschenläufer nach Luxor gebracht« – den »sensationellsten ägyptologischen Fund des Jahrhunderts«.

Das waren große Worte, vor allem zu einer Zeit, da das Jahrhundert erst 22 Jahre alt war, aber sie haben noch heute, ein halbes Jahrhundert später, Gültigkeit. Im Gegenteil, heute neigt man sogar dazu, von einem Jahrtausendfund zu sprechen, der Entdeckung des Grabes von Tut-ench-Amun.

»Die bemerkenswerte Entdeckung, die wir heute bekanntgeben können«, berichtete die »Times« voll Stolz, »ist das Ergebnis von Geduld, Ausdauer und Scharfsinn. Denn fast 16 Jahre grub Lord Carnarvon, unter Assistenz von Mr. Howard Carter, in diesem Teil des alten Theben, das bei Luxor am westlichen Nilufer liegt. Von

Zeit zu Zeit fanden sie interessante historische Relikte, aber etwas Bedeutendes kam nie zum Vorschein, obwohl die Orte Der el-Bahari und Dra Abu el-Nagga sorgfältig durchforscht worden waren. Die Ausgrabungen im Tal der Könige hatten vor sieben Jahren begonnen, nachdem andere Archäologen das Tal aufgegeben hatten. Auch diese Ausgräber hatten hier wenig Erfolg. Bisweilen zweifelten sie, ob sie überhaupt noch einmal etwas finden würden; aber sie verloren nicht den Mut. Die Suche wurde systematisch fortgesetzt, und schließlich wurden die verbissene Beharrlichkeit von Mr. Carter, seine Gründlichkeit und vor allem sein Spürsinn durch die Entdeckung belohnt . . .«

Zwischen diesen Zeilen verbirgt sich das Schicksal eines Mannes, der sein Leben damit verbrachte, einen Pharao zu suchen, der vergessen war, und das ist das größte Abenteuer in der Geschichte der Archäologie. Es beginnt genau 30 Jahre vor dieser Sensationsmeldung und alles andere als sensationell.

Es begann in Amarna

Howard Carter war gerade 17 Jahre, als ihn Lord Tyssen-Amherst nach Ägypten schickte. Er sollte sich an englischen Ausgrabungen beteiligen. Der generöse Lord dachte dabei freilich weniger an die Wissenschaft als an seine Sammlung wertvoller Manuskripte und Antiquitäten, die Carter vervollständigen sollte. Ein paar Wochen versuchte Howard sich bei den Ausgrabungen in Beni Hassan nützlich zu machen, dann ging er nach Amarna, wo der englische Archäologe Flinders Petrie Hilfe brauchte.

Als er in Amarna ankam, hochaufgeschossen, mit Zeichenkartons und Blöcken unter dem Arm, da machte er auf die Ausgräber, die hier schon seit Jahren arbeiteten, eher den Eindruck eines Salontouristen, und Flinders Petrie, der Leiter der Ausgrabungen, hegte, wie er später eingestand, Zweifel, ob sich dieses Bürschchen wohl jemals für die Archäologie nützlich machen würde. Die einzige Qualifikation, die der Neue mitbrachte, war sein Zeichentalent.

Da sein Geldgeber ihn aber nicht zum Malen nach Ägypten geschickt hatte, äußerte Carter schon am nächsten Tag den Wunsch

Die Wüstenebene von Tell el-Amarna. Die antiken Straßenzüge von Achetaton sind noch deutlich zu erkennen

nach einem eigenen Claim, um sein Glück zu versuchen. Obwohl diese unbefangene Forderung des Anfängers bei den erfahrenen Archäologen Befremden erregte, wies ihm Flinders Petrie eine Parzelle an der Außenmauer des großen Aton-Tempels zu. Mehr als das Fundament dieser Außenmauer war allerdings nicht zu erkennen, aber der junge Carter arbeitete fieberhaft, er mußte etwas finden, schließlich durfte er seinen Geldgeber nicht enttäuschen.

Flinders Petrie war ein alter Fuchs, er grub nun schon seit über einem Jahrzehnt in Ägypten nach Schätzen vergangener Epochen. Und wer mag es ihm verdenken, daß er diesem von Lord Tyssen-Amherst protegierten Jüngling eine Grabungsparzelle zuwies, die seine eigenen Hilfskräfte längst durchgesiebt hatten. Petrie sah mit gemischten Gefühlen, wie Howard Carter, ahnungslos, naiv und begeistert, mit wahrer Verbissenheit ans Werk ging.

Der erste Arbeitstag verlief ergebnislos. Doch der junge Carter ließ sich nicht entmutigen, im Gegenteil, am zweiten Tag legte er noch mehr Eifer an den Tag. Und als Petrie am dritten Tag das schlechte Gewissen zu plagen begann und er den bis zur Erschöpfung schaufelnden Carter aufsuchte, um ihm ein neues, noch unbe-

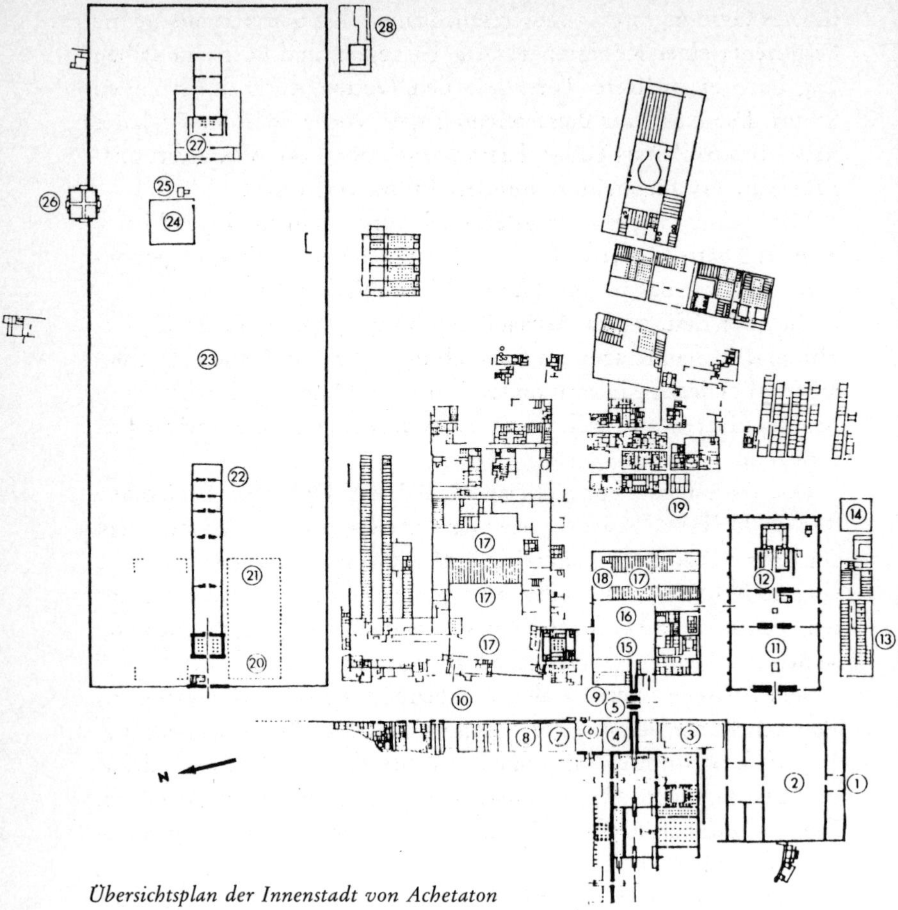

Übersichtsplan der Innenstadt von Achetaton

1 Thronsaal
2 Große Säulenhalle
3 Magazine
4 Südlicher Harem
5 Erscheinungsfenster
6 Hof
7 Nördlicher Harem
8 Garten
9 Brücke
10 Königsstraße
11 Altar
12 Heiligtum
13 Tempelmagazine
14 See
15 Haus des Königs
16 Garten
17 Magazine
18 Teich
19 Archiv
20 Per-hai
21 Opfersteine
22 Gem-Aton
23 Großer Tempel
24 Schlachthof
25 Stele
26 Halle, in der Tribute entgegengenommen wurden
27 Heiligtum
28 Haus der Panehesi

rührtes Grabungsareal zuzuweisen, da hielt ihm dieser strahlend die Fragmente einer Königinnenstatue entgegen, und noch am selben Tag barg er mehrere Torsi aus dem vermeintlich durchsiebten Schutt. Die Ausbeute dieses einen Tages wurde 1921, zwölf Jahre nach Lord Amhersts Tod, bei dem vornehmen Londoner Auktionshaus Sotheby für mehrere hundert Pfund versteigert.

Mit seiner Begeisterungsfähigkeit und seinem jugendlichen Schwung hatte Carter in Flinders Petrie bald einen Freund gewonnen. Was war das für ein Mann, dieser Flinders Petrie?

Zu einer Zeit, in der Archäologen im gebürsteten Gehrock, mit Hut und steifem Kragen am Ausgrabungsort zu erscheinen pflegten, arbeitete er dreckig in zerlumpten Hosen, im Hemd, mit wirr abstehenden Haaren, die nackten grauschwarzen Füße in ausgefransten Sandalen.

Der Vornehmste von allen war damals der Oxforder Archäologe Archibald Henry Sayce, Petrie bemerkte über ihn, er schenke dem Luxus mehr Aufmerksamkeit als der Wissenschaft, dafür habe er aber auch die Gicht. Er selbst hingegen lebte beinahe lebensverachtend primitiv, und er forderte dieses steinzeitliche Niveau auch von seinen Assistenten. Carter standen spartanische Zeiten bevor.

Sein Aussehen, seine äußerst schlichte Lebenshaltung waren für Petrie nicht die Folge seiner Tätigkeit, sondern die Voraussetzung. Jedenfalls predigte er das. »Man muß sich durchschlagen«, beliebte er häufig zu sagen. »Und dazu«, erklärte er dem Neuankömmling, »gehört auch karges Essen. Wir essen nicht besser als die Eingeborenen, schließlich arbeiten wir auch nicht schwerer.«

Carter nickte zustimmend. Essen hatte ihm nie allzuviel bedeutet.

»Fünf Shilling«, fuhr Petrie fort, »haben wir im vergangenen Jahr pro Woche für die Verpflegung des ganzen Teams gebraucht.« Das war ein lächerlich geringer Betrag, und es nimmt nicht wunder, wenn manche Mitarbeiter sich nach dem schauderhaft schlechten Essen übergeben mußten oder heimlich das Hauptlager verließen, um bei den Eingeborenen gekochte Bohnen oder einen Brotfladen zu schnorren.

William Matthew Flinders Petrie aus Charlton gilt als einer der erfolgreichsten Archäologen der Welt. Er hat 42 Jahre lang im Vorderen Orient gegraben und dabei mehr Entdeckungen gemacht als jeder andere Forscher vor ihm. Seine wissenschaftliche Hinterlassenschaft umfaßt etwa 1000 Bücher, Artikel und Berichte.

Den Weg nach Ägypten fand er kurioserweise auf dem Umweg über die Mathematik. Sein Vater William, ein Ingenieur, verstand es, bei Flinders Interesse für Maße und Gewichte zu wecken.

Dieser Vater war mit dem schottischen Astronomen Piazzi Smyth befreundet, und eines Tages sah der junge Petrie in Smiths Buchhandlung in Charlton ein Buch dieses Bekannten: »Our Inheritance in the Great Pyramid (Unser Erbe in der großen Pyramide)«. Flinders kaufte das Buch und verschlang den Inhalt. Piazzi Smyth stellte darin abenteuerliche Theorien auf, nach denen Konstruktion, Maße und Winkel der Cheops-Pyramide bedeutende Prophezeiungen für die Weltgeschichte enthielten.

Winkelkonstruktionen und die Berechnung der Sternenbahnen hatten den jungen Petrie schon lange fasziniert, jetzt auf einmal sah er dies alles im Zusammenhang mit der Geschichte. Er baute sich einen Sextanten, samt Fernrohr und Kartentisch, und machte Landvermessungen. Als er 19 war, besichtigte er mit seinem Vater das steinzeitliche Sonnenobservatorium von Stonehenge bei Salisbury und beschloß, Archäologe zu werden.

Ohne richtige Ausbildung beschäftigte Flinders sich jahrelang mit vorgeschichtlichen Bauresten in Südengland. »Für gewöhnlich brauchte ich fünf Shilling und Sixpence pro Woche fürs Essen«, berichtete er später, »für die Übernachtung mußte ich das Doppelte ausgeben.« Dabei lernte er Land und Leute kennen, schlief in Scheunen und in Dorfgasthäusern und meinte: »All das war das beste Training für mein späteres Wüstenleben.«

Mit Hunden und Katzen verdiente Howard Carter sein erstes Geld

Der junge Carter war fasziniert von diesem eigenwilligen Mann. Einmal so werden wie er! Ein Leben lang auf Abenteuersuche, das ganze Leben ein einziges Abenteuer!

Petrie, der Howards Gedanken zu erraten schien, rüttelte den Jungen wach: »He, jetzt erzähl mal *deine* Geschichte!«

Aber was gab es da schon viel zu erzählen. Schließlich war er gerade 17 und noch nie aus England herausgekommen. Howard hatte alles andere als eine glückliche Kindheit gehabt. Als er sieben Jahre alt war, meinte seine Mutter, man müsse das Kind endlich zur Schule schicken, aber Samuel Carter, der Vater, lehnte ab: »Der Junge ist viel zu schwach!« Also ließ man einen Hauslehrer kommen, der dem kränkelnden Howard die Grundschule ersetzte. Mutter Martha war ständig hinter Howard her, damit er sich auch immer warm anzog und sich nicht erkältete. Mit anderen Jungen durfte er nicht spielen, weil diese, wie seine Mutter sich auszudrücken pflegte, alle Gassenjungen seien. Dazu muß man wissen, daß die »Gasse«, wo die Carters wohnten, die Richmond Road im vornehmen Londoner Stadtteil South Kensington war und daß die Carters so vornehm nicht waren, wie die Mutter meinte.

Vater Samuel John Carter hatte leidlichen Erfolg als Tiermaler. Weil das Photographieren noch recht teuer war, ließen turfbesessene Lords ihre Rassepferde gerne malen, um sie der Nachwelt zum Gedächtnis in ihren Landhäusern an die Wand zu hängen. Da Tiere der einzige Umgang waren, der ihm gestattet war, verbrachte Howard seine freie Zeit hauptsächlich in der Menagerie seines Vaters hinter dem Haus in der Richmond Road. Seine zaghaften Versuche, die dort gefangenen Vögel nach Vaters Vorbild zu zeichnen, erachtete dieser als ererbtes Talent, und er erteilte dem Sohn fortan Zeichenunterricht. »Damals«, gestand Howard später seinem Freund und Lehrmeister Percy Newberry, »habe ich mir mein Taschengeld verdient, indem ich die Schoßhündchen, Katzen und Papageien der Kunden meines Vaters porträtierte.«

Den Sommer verbrachten die Carters auf dem Land in Swaffham, Norfolk, wo Howard auch zur Welt gekommen war. Dann wanderte der junge Carter mit seinen Malutensilien von Dorf zu Dorf und hielt nach lohnenden Motiven Ausschau. Eines Tages im Sommer 1891 begegnete er in Didlington, einem Nachbardorf, Lady Amherst of Hackney. Die vornehme Dame interessierte sich für die Arbeiten des Siebzehnjährigen.

Ob er Maler werden wolle, fragte die Baronin.

Howard zuckte mit den Schultern. Er wisse es noch nicht. Man könne davon ja kaum leben.

Lady Amherst meinte, sie habe vielleicht einen Job für ihn, einen

Auftrag. Der bekannte Ausgräber Flinders Petrie und sein junger Assistent Percy Newberry hätten von einer Expedition nach Mittelägypten im vergangenen Winter Tausende von Bleistiftskizzen mitgebracht, und jetzt sitze der arme Newberry Tag und Nacht im Britischen Museum in London und fertige Reinzeichnungen an, ob er Lust habe, ihm zu helfen.

Und ob er Lust hatte! Zusammen mit seinem Vater fuhr Howard nach London, um sich im Britischen Museum vorzustellen. Er wurde für drei Monate engagiert. Das Kopieren von Zeichnungen lag ihm, seine Auftraggeber waren zufrieden.

Als Percy Newberry im Oktober 1891 im Auftrag des Egypt Exploration Fund eine neue Expedition vorbereitete, ließ er das Komitee wissen, daß es doch wirtschaftlicher wäre, den jungen Carter gleich mit nach Ägypten zu nehmen. Dort könne dieser an Ort und Stelle kopieren, und den Ausgräbern bliebe mehr Zeit für ihre Forschungen. Das bedeutete eine neue Planstelle und war natürlich vor allem eine Kostenfrage. Lord Amherst erklärte sich bereit, die Kosten für den jungen Carter zu übernehmen, wenn dieser außer zeichnen auch selbst graben dürfe. Seine Lordschaft war Antiquitätensammler.

In den vergangenen zwei Monaten, berichtete Carter, habe er mit Newberry in den Felsengräbern von Beni Hassan und Der al-Bersha gearbeitet. Er habe nur gezeichnet, von früh bis abends gezeichnet, an Ausgrabungen sei nicht zu denken gewesen. Aber hier in Tell el-Amarna hoffe er, für Lord Amherst graben zu können.

Der Lehrling und sein Meister

Die Erzählungen des jungen Carter erinnerten Petrie an den Beginn seiner eigenen Ausgräberkarriere. Er war 27 Jahre alt, als er auf Vermittlung der damals berühmten Schriftstellerin und Ägyptologin Amelia Edwards, der »Königin der Ägyptologie«, nach Ägypten geschickt wurde. Amelia Edwards verschaffte ihrem Günstling 1883 eine Anstellung bei dem von ihr gegründeten »Egypt Exploration Fund«. Was ihm an Schul- und Universitätsausbildung fehlte, holte er in kurzer Zeit nach. Bei seiner Eigensinnigkeit war es abzusehen,

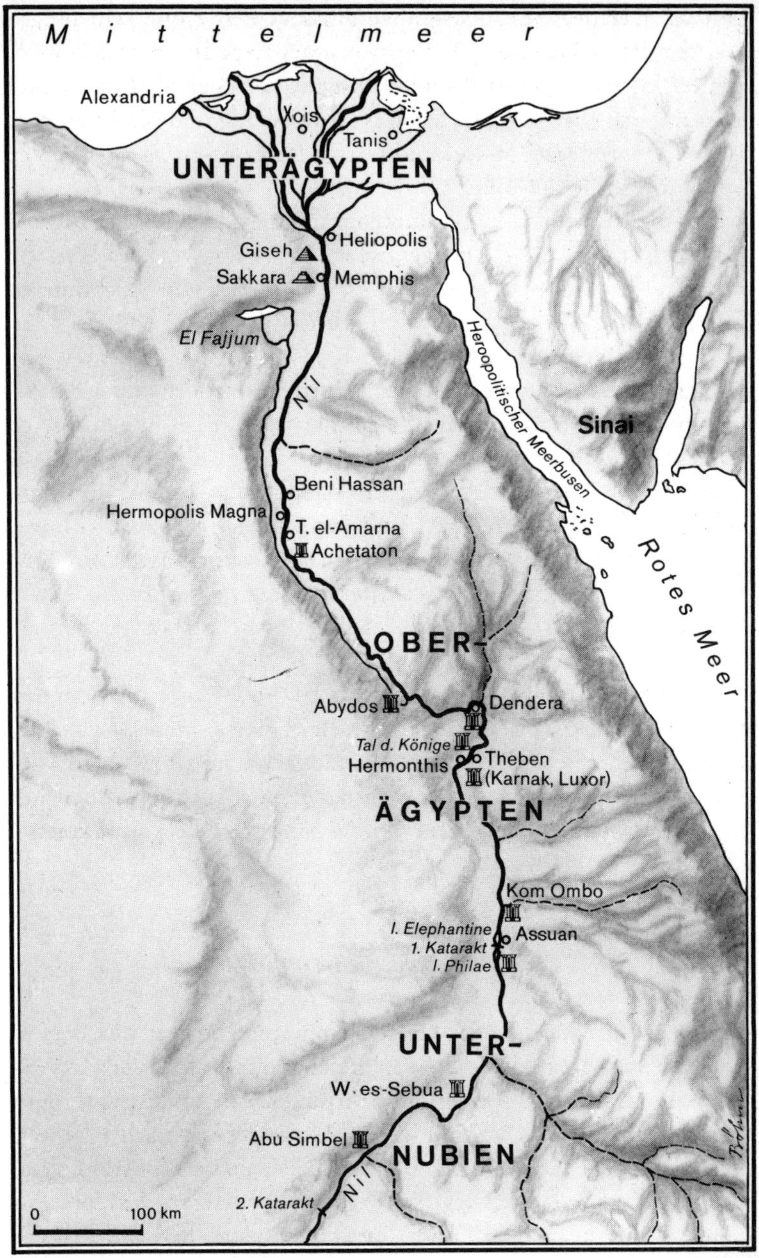

Mittelmeer
Alexandria
Xois
Tanis
UNTERÄGYPTEN
Heliopolis
Giseh
Sakkara
Memphis
El Fajjum
Nil
Heroopolitischer Meerbusen
Sinai
Beni Hassan
Hermopolis Magna
T. el-Amarna
Achetaton
Rotes Meer
OBER-
Abydos
Dendera
Tal d. Könige
Hermonthis
Theben
(Karnak, Luxor)
ÄGYPTEN
Kom Ombo
I. Elephantine
1. Katarakt
Assuan
I. Philae
UNTER-
W. es-Sebua
Abu Simbel
NUBIEN
Nil
2. Katarakt
0
100 km

daß es früher oder später zum Konflikt mit seinen Gönnern kommen würde. Das geschah dann auch nach zwei Jahren, und Petrie arbeitete von nun an unter eigener Regie. Er gründete den »Egyptian Research Account«, der später zur »British School of Archeology in Egypt« erweitert wurde, schließlich kehrte er jedoch zum »Egypt Exploration Fund« zurück und forschte noch zehn Jahre für diese Stiftung.

Es gibt kaum einen Ort von historischer Bedeutung in Ägypten, an dem Petrie nicht gegraben und bedeutende Funde gemacht hat. Er begann seine Arbeit in Tanis, Naukratis, Daphnae, Nebesha, Arsinoe und Hawara, ging nach Illahun, Kahun, Meidum und Abu Gurob, er grub in Tell el-Amarna ebenso wie in Theben, in Dendera wie in Abydos, in Gise, Memphis und Heliopolis, auf dem Sinai und in Palästina.

Howard Carter hätte keinen besseren Lehrmeister finden können als Flinders Petrie. Und dieser erkannte schon nach wenigen Tagen, daß hier ein großes Ausgräbertalent am Anfang seiner Karriere stand. Carter durfte bei Petrie und den englischen Ausgräbern übernachten. Sie hatten sich an der hohen Umfassungsmauer im Nordosten des Dorfes El-Hagg Quandil primitive Hütten gebaut. Die mehrstöckigen mit Kuppeln versehenen Taubenhäuser des Dorfes machten jedenfalls einen komfortableren Eindruck als die Behausungen der Ausgräber. »So eine Hütte«, schrieb Flinders Petrie, »kann sehr schnell erstellt werden; ein Häuschen zwölf mal acht Fuß dauert nur ein paar Stunden. Man kann für zehn Pence tausend Nilschlammziegel kaufen.«

Schon Echnaton hatte die Bauten seiner Hauptstadt aus Nilschlammziegeln errichten lassen, und das war mit ein Grund dafür, daß diese seine Hauptstadt so schnell verfiel. Denn Ziegel aus ungebranntem Nilschlamm unterliegen Witterungseinflüssen weit mehr als Sand- und Kalkstein oder Granit und Marmor. Doch was Echnaton recht war, war den Ausgräbern billig. Das Dach wurde aus Brettern zusammengenagelt, über die man zum Schutz vor der brennenden Sonne Stroh legte, statt einer Tür hing eine Segeltuchplane vor dem Eingang.

»In so einer Hütte«, berichtete Petrie, »lebt man viel besser als in einem Zelt; und als wir von Amarna weggingen, da befürchteten die Einheimischen, wir könnten unser Baumaterial irgend jemand anderem überlassen, und sie machten uns nahezu zum Neupreis Angebote für alle Ziegel, Bretter und das Stroh.«

Das einzige, was die Briten störte, waren die Hunde, die des Nachts den Mond anbellten, daß es über die weite Ebene von Amarna hallte. Und oft fühlte sich der junge Carter von dem harten Lager am Morgen müder als am Abend zuvor. Das war das neue Leben, von dem Howard Carter geträumt hatte, hier, in der Einsamkeit, unter einer gnadenlos grellen Sonne, hier lag seine Zukunft, eine stickige, dreckige, stinkende, entbehrungsreiche, nervenaufreibende, von Neid, Mißgunst, Haß begleitete, arbeitsreiche Zukunft.

Fragt man nach den Motiven, die einen zum Ausgräber werden lassen, so erhält man unterschiedliche Antworten. Der weltberühmte Archäologe Sir Leonard Woolley, der Entdecker der Königsgräber von Ur, hat die Frage folgendermaßen beantwortet:

»Feldarchäologie ist ihrem Wesen nach die Anwendung wissenschaftlicher Methoden auf die Ausgrabung antiker Objekte, und sie basiert auf der Theorie, daß der historische Wert eines Objekts nicht so sehr vom Objekt selbst abhängt als von seiner Verbindung. Und die kann nur die wissenschaftliche Ausgrabung entdecken. Der gelegentliche Ausgräber und der Plünderer suchen irgend etwas Kunstvolles oder Wertvolles, und da endet ihr Interesse. Der Archäologe freut sich zwar auch, wenn er seltene und schöne Dinge findet, aber er möchte alles über sie wissen, jedenfalls liegt ihm mehr am Wissen über sie als an ihrem Besitz; für ihn bedeutet Ausgräberei weitgehend Beobachtung, Aufzeichnung und Interpretation.«

So gesehen war Howard Carter alles andere als ein Archäologe, er war ein Schatzsucher, den der Zufall in diese Rolle gedrängt hatte. Er stand unter dem Zwang, für seinen Geldgeber nach Schätzen zu suchen, nach Ausgrabungen, bei denen es weniger auf die historische Bedeutung ankam als darauf, daß sie hübsch anzusehen waren – zu Hause in der Vitrine. Ein Figürchen, historisch weitgehend bedeutungslos, löste viel mehr Entzücken aus als eine fragmentarische Inschrift, die sich als Baustein der Geschichtsschreibung erweisen konnte.

Es war gar nicht so einfach gewesen, für Tell el-Amarna eine Grabungslizenz zu bekommen, und Petrie hatte schon gar nicht mehr so recht daran geglaubt; denn Amarna galt bei den Behörden als das verheißungsvollste Landstück, als ein Gebiet, das noch weitgehend unerforscht war und das noch verborgene Schätze enthalten konnte. Amarna, eine Wüstenebene, von Felswänden im Osten und dem Nil im Westen begrenzt, war kurze Zeit, nur ein paar Jahre, die Hauptstadt des ägyptischen Weltreiches, die Stadt, in der Nofretete und Echnaton regierten. Und obwohl nur kurzlebig, so gab diese Stadt, von der nur ein paar Gebäudeumrisse und Hügelkuppen in der Landschaft Zeugnis ablegten, doch einer ganzen Epoche den Namen.

Die ägyptische Altertümerverwaltung, seit Maspero traditionell mit einem Franzosen besetzt, war darauf bedacht, an Orten, die besondere Entdeckungen versprachen, unter eigener Regie zu graben. Aber schließlich konnte ihrem als starrköpfig und phantasielos bekannten neuen Generaldirektor Eugène Grébaut doch die Grabungslizenz für Amarna abgerungen werden – mit einer Einschränkung: Die Gräber sollten tabu bleiben. 26 gab es davon in den Felsen von Amarna, von unschätzbarem Wert für die Dokumentation dieser Zeit.

Flinders Petrie nahm den Auftrag an, und er erinnert sich: »Ich holte mir damals fünf von meinen alten Grabungsarbeitern aus Illahun und erreichte Amarna am 17. November 1891. Wir brauchten ein paar Tage, um Hütten zu bauen und die Umgebung zu inspizieren; und am 23. November begann ich mein Werk.«

Die Reste von Amarna präsentierten sich zu dieser Zeit als Grundmauern, über die Jahrtausende der Wüstenwind hinweggeweht hatte. Frühmorgens und spätnachmittags, wenn die Sonne schräg stand, ließen sich deutlich Gebäudeumrisse und Straßen erkennen. Hier und da hatten sich schon Ausgräber versucht und immer wieder interessante Entdeckungen gemacht. Vor allem das sogenannte Amarna-Archiv, die auf Hunderten von Tontäfelchen festgehaltene Korrespondenz der Pharaonen mit den vorderasiatischen Königen, die vier Jahre zuvor durch Zufall von einer Bäuerin entdeckt worden war, versprach noch große Entdeckungen.

Petrie konnte anhand der Gebäudereste bereits Straßen, Tempel- und Palastanlagen ausmachen, und er war der erste, der systematisch zu Werke ging. Er zog im Palast Suchgräben und stieß schon nach drei Tagen auf prachtvolle Bodengemälde mit Wasservögeln im Schilf und farbenprächtigen exotischen Blumen. Die Aufseher der Regierung, die keinen Schritt von Petries Seite wichen, meldeten den Fund sofort nach Kairo, und schon zwei Wochen später begann die Regierung über diesem mehr als 3000 Jahre alten Fußboden ein Schutzhaus zu errichten, das allerdings, wie Petrie ausdrücklich vermerkt, von den Engländern bezahlt wurde. Petrie fand später noch einen zweiten Palastboden, der eine Erweiterung der Schutzvorrichtung erforderlich machte.

Mit seinen beiden Assistenten J. Hawarth und M. Kennard, die sich beide auf eigene Kosten an der Expedition beteiligten, grub Petrie den Palast von Amarna aus, Howard Carter, der bereits nach wenigen Tagen am großen Tempel fündig geworden war, grub am Tempel weiter und besaß sogar die Mittel, sich ein paar Grabungsarbeiter zu leisten.

Die ersten Mißerfolge

Doch das Ausgräberglück, das Howard gleich bei seiner Ankunft hold war, schien ihn schon nach wenigen Tagen verlassen zu haben. Carter arbeitete mit seinen Leuten wie besessen, ergebnislose Tage versuchte er durch Sonderschichten wettzumachen, er zog Suchgräben, legte Fundamente frei, doch in wochenlanger Arbeit fand er kaum mehr als drei Steinblöcke einer offenbar großen Gedenktafel. Auf einem dieser Steintrümmer war ein Kopf Echnatons zu erkennen, die anderen trugen Schriftzeichen. Petrie äußerte den Verdacht, sie könnten Teile einer Stele, eines Gedenksteines sein, von denen es in und um Amarna herum eine ganze Reihe gab.

Aber obwohl er keine spektakulären Entdeckungen machte, waren Carters Ausgrabungen für die Wissenschaft von großer Bedeutung. Doch das erkannte der jugendliche Heißsporn nicht. Für ihn war die Archäologie noch so etwas wie Schatzgräberei; ohne wertvolle Funde, die er seiner Lordschaft auf den Schreibtisch legen konnte, war die Arbeit aus seiner Sicht erfolglos. Flinders Petrie hatte Mühe, dem Siebzehnjährigen klarzumachen, daß die freigelegten Fundamente eines der größten Tempel der Welt für die Geschichte und das Geschichtsverständnis wichtiger seien als ein paar Goldstücke oder Edelsteine. Doch das war eine Überzeugung, die sich Carter erst allmählich anzueignen vermochte.

Während seine Arbeiter weiter am großen Tempel gruben, machte er sich enttäuscht daran, maßstabgerechte Pläne des Bauwerkes zu zeichnen. Petrie meinte, er könne sich große Verdienste erwerben, wenn er den Tempelgrundriß in einen Stadtplan von Amarna integriere, den gebe es bislang nicht. Das nun ließ sich der gelernte Zeichner Howard Carter nicht zweimal sagen, er marschierte jeden Tag 30, 40, oft 50 Kilometer durch die weite Ebene, stellte Messungen an, machte Skizzen und zeichnete innerhalb weniger Wochen den ersten Stadtplan von Tell el-Amarna, der alten Hauptstadt Achetaton.

Der Stadtplan war so perfekt, daß Petrie vorschlug, Carter solle ihn der Altertümerverwaltung in Kairo schicken, damit könne er bei den hohen Herren archäologische Lorbeeren ernten. Carter tat, wie ihm geheißen, und brachte die Pläne nach Minia zur Post. Seitdem sind sie verschollen. Sie kamen nie in Kairo an, die harte Arbeit von Wochen war vergebens. Nein, das Abenteuer, das da Archäologie hieß, begann wirklich nicht sehr erfolgversprechend.

Flinders Petrie hingegen, mit 38 Jahren auf dem Höhepunkt seines archäologischen Schaffens, stach mit traumwandlerischer Sicherheit die Erde immer dort an, wo die Vergangenheit ihre Relikte reich und ohne Hindernisse zu präsentieren schien. 132 Kisten mit teilweise unschätzbaren Funden waren das Ergebnis *seiner* Arbeit zwischen November und Juni, es dauerte allein zwei Monate, bis alle Funde verpackt waren.

Aber Carter war jung, zu jung, um zu resignieren.

Mit Staunen verfolgte er das Werk seines Lehrmeisters, der sich im »Palast« eingegraben zu haben schien. Obwohl drei große Gelände für eine Identifizierung in Frage kamen, war Petrie davon überzeugt, daß es sich nur bei dem von ihm ausgegrabenen Gelände um den Palast handeln konnte, weil nur dieses Gebäude von der Grundrißeinteilung her palastähnlich war, mehrere Räumlichkeiten aufwies und sich nur in ihm jene Keramikfragmente fanden, wie sie

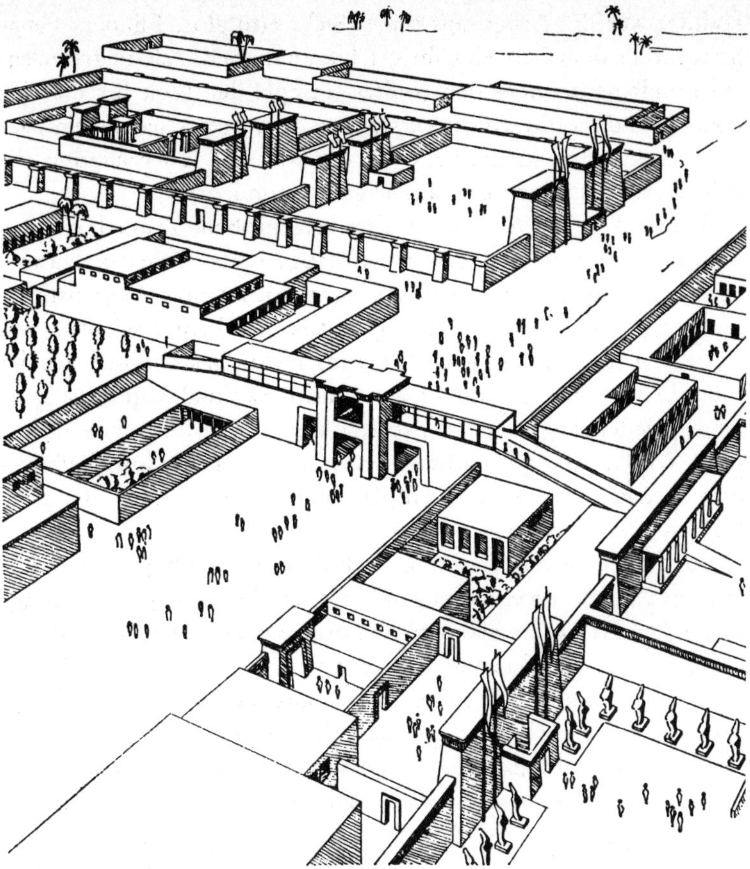

Stadtzentrum von Tell el-Amarna (Achetaton). Vom Regierungspalast (rechts) zur Residenz (links) konnte der König auf einer überdachten Brücke gelangen. (Rekonstruktion des Stadtzentrums mit Erscheinungsfenster des Königs, nach Pendlebury)

in Tempeln zum Beispiel nie in Gebrauch waren. In diesem Palast ortete Petrie drei verschiedene Arten von Funden: Bauteile aus Ziegeln, Säulenfundamente aus Sandstein und die Fundamente von Steinmauern. Im Süden des Palastes kam eine große Halle ans Tageslicht, sie war 140 Meter breit, 77 Meter lang und enthielt die Reste von 542 Säulen. Im Südosten dieser Halle grub Petrie zahlreiche Wein- und Ölkrüge aus. Sie trugen meist die Jahreszahl zwei, die wohl auf das zweite Regierungsjahr Echnatons Bezug nahm. Nordöstlich der Halle fanden sich mehrere Vorratsräume, hier kamen unter anderem Fragmente blauer Gefäße mit den Namenszeichen Echnatons und Nofretetes zum Vorschein. Das interessanteste Bauteil wurde jedoch außen an der Längsseite des Palastes sichtbar. Petrie spricht in seinem Grabungsbericht von einem »großen Pylon oder Tor von ganz und gar unägyptischer Formgebung, das die Hauptstraße überspannte. Ein breiter Fahrweg und links und rechts ein Fußweg führten hindurch, es glich einem römischen Triumphbogen.«

Er fand bald eine Erklärung für dieses ungewöhnliche Bauwerk. Es war ein Verbindungsbau zwischen dem westlich der Königsstraße gelegenen Palast und der Privatwohnung des Königspaares, die östlich der Straße gelegen war. Über diese Hochbrücke konnten Nofretete und Echnaton von einem Gebäude in das andere gelangen, ohne den Fuß auf die dazwischenliegende Straße setzen zu müssen.

Die königlichen Privatgemächer gruppierten sich um einen Innenhof. Petrie ortete ein großes Schlafzimmer mit Seitentüren zu Ankleideraum, Bad und getrennter Toilette und ein pavillonähnliches Kinderzimmer mit Räumlichkeiten für die Gouvernanten.

Ausdauer + Phantasie = Erfolg

Die erste Tugend des Ausgräbers, das hatte Carter längst erkannt, war Ausdauer, die zweite kam ihm jetzt zu Bewußtsein: Phantasie.

Der große Tempel, an dem er arbeitete, war einst Aton geweiht, der Sonne. Er war nach Osten ausgerichtet, offen für die aufgehende Sonne. 275 Meter breit, 800 Meter lang maß die Umfassungsmauer, es war mehr als ein Tempel, es war Zentrum einer neuen Religion. Hinter einer großen Säulenhalle reihten sich, durch fünf Pylonen voneinander getrennt, sechs Vorhöfe, zu beiden Seiten lag je ein Festhaus, ein Schlachthof war vor das Heiligtum des Tempels gebaut. Die Außenmauer wurde unterbrochen von einer Halle, in der vom König die Tribute entgegengenommen wurden.

Die Verbissenheit, mit der Carter ans Werk ging, wurde nun doch belohnt, jetzt stieß auch er immer mehr auf brauchbare Funde, und am Ende der Saison umfaßte sein Fundbericht insgesamt 17 bedeutendere Objekte, Fragmente freilich, aber immerhin. Hier seine erste stolze Bilanz:

Echnaton-Bruchstücke

1. *Königskappe, Nacken und Schultern, Teile der Brust mit Aton-Namen, zwei Hände mit einer Opfertafel. Lebensgroß. Guter Stein. Feine Arbeit.*
2. *Königskappe mit Pfeiler, Mund, Schulter, Seitenteil. Beinahe doppelte Lebensgröße. Guter Stein. Feine Arbeit.*
3. *Königskappe, zwei Teile eines Kopfes. Torso mit Aton-Namen. Überlebensgroß. Mittelguter Stein und mittelgute Arbeit.*
4. *Königskappe, zwei Ohren und Backe. Etwas mehr als halb lebensgroß.*
5. *Königskappe, Mund, Nase, Ohr und Nacken. Über?lebensgroß. Guter Stein, gute Arbeit.*
6. *Königskappe und der größte Teil eines Kopfes. Über?lebensgroß. Guter Stein, schöne Arbeit.*
7. *Königskappe und der größte Teil des Kopfes, ein Stückchen vom Mund. Lebensgroß. Guter Stein, schöne Arbeit.*
8. *Glatte Perücke. Gesicht, Teile von Bart und Brust. Über?lebensgroß. Mittelguter Stein, mittelgute Arbeit.*
9. *Glatte Perücke, der größte Teil eines Kopfes, Brust mit Aton-Namen. Kleiner als lebensgroß. Mittelguter Stein, mittelgute Arbeit.*
10. *Gerippte Kappe, halber Kopf, ein Stück Brust mit Aton-Namen. Lebensgroß. Guter Stein, feine Arbeit.*
11. *Gerippte Kappe. Eine Schulter, Teil eines Gewandes. Kleinformatig. Schlechter Stein, schöne Arbeit.*
12. *Gerippte Kappe und Ohr, Brocken. Etwa lebensgroß. Stein mittlerer Qualität, dürftige Arbeit.*

Nofretete-Bruchstücke

13. *Kurzhaarperücke. Teile eines Kopfes, Torso. Beinahe lebensgroß. Stein mittlerer Qualität, mittelgute Arbeit.*
14. *Einfache Perücke, Inschrift auf der Rückseite.*
15. *Einfache Perücke, Inschrift auf der Rückseite, Mund und Nase. Bester Stein, feinste Arbeit.*

16. Perücke, zwei Stücke, Schulter, Brust.
17. Torso. Mit Rückenpfeiler, Nase, Füße. Thron. Nahezu lebensgroß. Bester Stein, feinste Arbeit.

Carter staunt: So wird Geschichte rekonstruiert

Über die historischen Ereignisse, die sich aus den Grabungen von Tell el-Amarna 1891/92 ableiten lassen, hat Flinders Petrie eine kluge Arbeit geschrieben. Und es ist erstaunlich, welch hohen Wissensstand diese Arbeit bereits aufweist. Man muß in diesem Zusammenhang daran erinnern, daß weltbekannte Archäologen wie Ludwig Borchardt, Thomas Eric Peet und John D. S. Pendlebury erst Jahrzehnte *nach* Petrie in Amarna gruben. Die berühmte Berliner Nofretete-Büste wurde erst 20 Jahre nach den britischen Ausgrabungen in Amarna gefunden.

Petrie war der erste, der den Amarna-Stil als eigene Epoche registrierte. Zu seiner Zeit bewegte die Historiker noch die Frage, ob Amenophis IV. und Echnaton tatsächlich ein und dieselbe Person gewesen sind. Wir wissen heute ziemlich sicher, daß Amenophis IV. im Jahr 5 seiner Regierung am 19. Tag des 3. Wintermonats im Jahre 1359 vor Christus seinen Geburtsnamen Amenophis, den man damals Amanhatpa aussprach, in Echnaton umwandelte – Achanjati, wie die alten Ägypter sagten. Doch gegen Ende des vergangenen Jahrhunderts waren sogar ernsthafte Wissenschaftler der Ansicht, Amenophis IV. sei nach kurzer Regierung gestorben und Echnaton, ein Mann – manche meinten sogar eine Frau –, habe mit Hilfe einer Palastintrige den Thron an sich gerissen, seinen Thronnamen übernommen und den für ägyptische Verhältnisse völlig neuen Amarna-Stil eingeführt.

Petrie erinnert sich: »Man glaubte, der neue Herrscher sei eine Frau gewesen, die sich mit einer Frau umgab und untergeschobenen Kindern. Diese Vorstellung resultierte aus dem weibischen, prallen Aussehen Echnatons und der zahlreichen Anwesenheit weiblicher Höflinge. Andererseits nahm man auch an, er sei ein Eunuch gewesen.« Zu denen, die Echnaton für eine Frau hielten, gehörte damals auch Petries Assistent Carter, der in seinem Grabungsareal typisch

Die Strahlen Atons beleben Echnaton mit Lebenskraft, während er Höflinge mit Geschenken belohnt

weiblich aussehende Torsi mit dem Namensring Echnatons gefunden hatte.

Anhand der Funde und Ausgrabungen der englischen Expedition konnte Flinders Petrie schließlich stichhaltige Gründe für folgenden historischen Sachverhalt vorlegen:

Amenophis IV. war verheiratet mit Nofretete. Dies bezeugen Aufschriften auf zwei Steinblöcken und einem Alabastergefäß. Nofretete war aber auch Echnatons Frau. Das ist oft genug auf den Grenztafeln, die um die Stadt herum aufgestellt oder in den Fels geschlagen waren, verzeichnet. Auf einigen dieser Tafeln hat das Paar eine Tochter, auf anderen zwei, auf einer weiteren sogar drei – wobei die dritte, leicht erkennbar, später hinzugefügt worden war. Daraus schloß Petrie folgerichtig, daß im Laufe der Jahre aus der Ehe mindestens zwei Töchter hervorgegangen sind. Petrie: »Die Frage der Identität Amenophis' IV. und Echnatons kann folgendermaßen beantwortet werden. Amenophis IV. und Echnaton beteten beide Gott Aton an, sie hatten beide eine Frau gleichen Namens, sie hatten beide zwei Töchter, sie hatten beide dieselben Gesichtszüge, sie hatten beide denselben Thronnamen, sie verehrten beide die Maat, die Wahrheit, und die Regentschaft des einen endet im fünften, während die des anderen im sechsten Jahr beginnt. Wenn diese Punkte kein Beweis sind, dann ist es schwer, den historischen Beweis für irgendeinen König zu erbringen.«

Die Frage, ob Echnaton eine Frau oder ein Eunuch gewesen sei, konnte Petrie nicht mit Hilfe der Anatomie beantworten, da das abseits von Amarna gelegene Königsgrab leer aufgefunden wurde. Er meinte, die zahlreichen Echnaton-Darstellungen vermittelten zwar

Echnaton und Königin Nofretete legen verdienten Hofbeamten goldene Kragen um. Zwischen den Eltern Prinzessin Anches-en-pa-Aton, die später Tut-ench-Amun heiratete. Zwei weitere Töchter links hinter der Königin.

ein recht fülliges Aussehen des Königs, aber die Anatomie der Darstellungen stehe doch in deutlichem Gegensatz zu der seiner Frau Nofretete. Und, so fragte Petrie, darf man wirklich annehmen, daß ein König von Ägypten, der auf jedem Monument zusammen mit seiner Frau erscheint, der Seite an Seite mit ihr auf seinem Wagen fährt, der sie in aller Öffentlichkeit küßt, der sich nicht geniert, sie auf seinen Schoß zu ziehen, ein König, der ständig von seiner Familie umgeben ist, daß ausgerechnet ein solcher eine Frau oder ein Eunuch gewesen sei? Die vermeintliche Totenmaske Echnatons, ein Gipsabdruck, den Petrie in Amarna fand, zeige deshalb auch nicht das Gesicht einer Frau, sondern die Gesichtszüge eines wenn auch eigenartigen Mannes.

Der junge Howard Carter staunte: So also wurde Geschichte rekonstruiert.

Die sprechenden Steine von Achetaton

Nächtelang saß Carter mit dem großen Archäologen zusammen, er lauschte, diskutierte, kombinierte, theoretisierte, bis das Petroleum in der verrußten Lampe verbraucht war. Und wenn er oft spät nach Mitternacht, wenn das Heulen der Hunde von den Felsen des Randgebirges von Tell el-Amarna widerhallte, unter die Decken seines Feldbettes kroch, wenn ihn die Kälte frösteln ließ, die das Tal nach der Hitze des Tages nachts heimsuchte, dann fühlte er sich nun bisweilen wie ein Forscher auf den Spuren vergangener Jahrtausende. Und wenn er am nächsten Tag mit Skizzenblock und Bandmaß durch die Ruinen dieser Geisterstadt Achetaton ging, dann schien es ihm, als würden die Wände, die Säulenstümpfe, die Räume reden, als hörte er Stimmen, Gesprächsfetzen. Gestalten wurden vor ihm lebendig, verschwanden, tauchten mit neuem Aussehen wieder auf, sahen ihn an, und der siebzehnjährige Carter wußte, daß er sein ganzes Leben davon nicht mehr loskommen würde.

Gab es etwas Schöneres, als in dieser sandigen, staubigen, steinigen Vergangenheit herumzuwühlen, als diese Vergangenheit buchstäblich zum Reden zu bringen, sie zur Geschichte zu machen? Gab es etwas Aufregenderes als einen Fund aus der Erde zu heben, einen

Krug, den 3000 Jahre keine Hand mehr gehalten, eine Inschrift, die 3000 Jahre kein Auge geschaut hatte? Hatte er anfangs im Dienst seines adligen Mäzenaten nur nach dekorativen Überresten der Vergangenheit gesucht, so begann ihn nun bald diese Vergangenheit selbst zu faszinieren.

Flinders Petrie spürte das Feuer seines Schützlings, und er quittierte den Eifer des jungen Carter in Erinnerung an seinen eigenen Werdegang mit einem Schmunzeln: Die Archäologie hatte einen neuen Jünger.

Die Geschichte, das Leben Nofretetes und Echnatons in ihrer neuen Hauptstadt Achetaton ließen Howard nicht mehr los. Petrie und Carter gingen daran, einen Zeitplan der Amarna-Epoche aufzustellen. Und dabei ist ganz erstaunlich zu sehen, wie nahe diese Chronologie dem heutigen Stand der Wissenschaft kam. Heute, mehr als 75 Jahre nach der Aufstellung dieses Zeitplanes, haben die Forscher nur unwesentliche Korrekturen anzubringen. Man muß sich das einmal vorstellen: Zu der Zeit, als Petrie und Carter diesen Zeitplan aufstellten, war das Volk der Hethiter noch nicht einmal entdeckt, von der Hethitologie ganz zu schweigen.

Nachfolgend die Chronologie der Amarna-Zeit, links die Angaben, wie sie von Petrie und Carter gemacht wurden, rechts der heutige Forschungsstand (in der Mitte die wahrscheinliche absolute Jahreszahl vor Christus).

Alter	Reg.-Jahr		Jahr		Reg.-Jahr	Alter
12	1	Thronbesteigung Echnatons, Teje Alleinherrscher, Baubeginn in Amarna	1364	Regierungsantritt Echnatons im August 1364, Teje führt die Regierungsgeschäfte	0	12
13			1363	Heirat mit Nofretete	1	13
14			1362	Geburt der 1. Tochter Meritaton	2	14
15			1361	Geburt der 2. Tochter Maketaton	3	15

Alter	Reg.-Jahr		Jahr		Reg.-Jahr	Alter
16	4	Heirat Nofretete, Konversion zum Aton-Glauben, Geburt der 1. Tochter Meritaton	1360	Geburt der 3. Tochter Anches-en-pa-Aton, Putsch der Amun-Priester (?), Gründungsbeschluß von Achetaton	4	16
17	5	Spätestes Dokument mit dem Namen Amenophis IV., Namensänderung in Echnaton	1359	Spätestes Dokument mit dem Namen Amenophis IV., Namensänderung in Echnaton	5	17
18	6	Stelen von Tell el-Amarna mit einer Tochter, Geburt der 2. Tochter Maketaton, Änderungen im Gesichtsausdruck Echnatons	1358	11 neue Grenzstelen in Amarna, Umzug nach Achetaton, Geburt der 4. Tochter Neferneferu-Aton Tascherit	6	18
19			1357			19
20	8	Stelen mit 2 Töchtern, 3. Tochter Anches-en-pa-Aton geboren	1356			
21			1355	Achetaton ist vollendet, Geburt der 5. Tochter Neferneferure	9	21
22	10	4. Tochter Neferneferu-Aton Tascherit	1354			22
			1353	Geburt der 6. Tochter Setepenre	11	23
24	12	5. Tochter Neferneferu-Aton (gemeint ist Neferneferu-Re) geboren	1352	Letzte gemeinsame Darstellung Echnaton-Nofretete, Tod der Tochter Maketaton	12	24
25			1351	Heirat Meritaton-Semenchkare, Liaison Echnaton-Semenchkare	13	25

Alter	Reg.-Jahr		Jahr		Reg.-Jahr	Alter
26	14	6. Tochter Setepenre geboren	1350	Meritaton wird große königliche Gemahlin, Nofretete muß abtreten, Semenchkare Mitregent	14	26
27			1349			27
28	16	7. Tochter Baketaton geboren (Irrtum!)	1348	Echnaton heiratet seine 3. Tochter Anches-en-pa-Aton, die spätere Frau Tut-ench-Amuns	16	28
29	17	Verbindung mit Semenchkare. Letzter datierter Fund	1347	Tod Semenchkares, kurz darauf Tod Echnatons	17	29
30	18	Tod Echnatons				

Da waren zwei Männer am Werk, die buchstäblich Geschichte »machten«, die Geschichte einer Zeit, die es bisher nicht gab, oder besser: Man kannte diese Epoche nicht. Carters bohrende Fragen, wie sich diese Epoche in die Geschichte Ägyptens integrieren lasse, vermochte Petrie nur unbefriedigend zu beantworten. Er wußte um die Vorgeschichte von Amarna, es stand fest, daß Echnaton seinem Vater Amenophis III. auf dem Thron gefolgt war, aber was nach ihm kam, darüber gab es nur Vermutungen.

Glaubte man der Königsliste, die Sethos I. im Tempel von Abydos von allen seinen Vorgängern auf dem Thron der beiden Länder aufgestellt hatte, dann gab es diesen Echnaton gar nicht, und von einem Nachfolger Echnatons war auch nie die Rede. Ein »historisches Loch« von 30 Jahren hatte Sethos I. einfach dem Soldatenpharao Haremhab als Regierungszeit zugeschlagen. Dokumente bewiesen jedoch, daß Haremhab nur 28 Jahre regiert hatte und daß er nicht mehr der Jüngste war, als er sein Amt übernahm. Wenn ihm in der Königsliste eine 58jährige Regierung zugeschrieben wurde, mußte also entweder ein Irrtum vorliegen oder eine bewußte Fälschung. Historiker nennen das Geschichtsklitterung, sie ist so alt wie die Geschichte der Menschheit.

Der Königskatalog von Abydos:
von links die Königsringe Amenophis' II., Thutmosis' IV. und Amenophis' III. Vor dem Namensring Haremhabs sind die Namen Echnatons, Semenchkares, Tut-ench-Amuns und Ejes ausgelassen. Ihre Regierungszeit wurde dem nachfolgenden Haremhab zugerechnet

Das Geheimnis des vergessenen Pharaos

Echnaton hatte in Tell el-Amarna und Theben so viele Zeugnisse hinterlassen, daß seine Existenz außer Frage stand. Doch für ein gutes Jahrzehnt hatte die Geschichtsschreibung überhaupt keinen Pharao. Es mußte aber einen gegeben haben, denn ohne König wäre das Reich zusammengebrochen, der König war staatliches und religiöses Oberhaupt. War es möglich, daß die Geschichtsschreibung einen Pharao vergessen hatte? Oder *wollte* sie ihn vergessen?

Carter nahm sich damals vor, diesen vergessenen Pharao zu suchen; aber das war natürlich der schwärmerische Vorsatz eines Siebzehnjährigen. Einen Pharao könne man nicht suchen, meinte Petrie, man könne ihn nur finden, zufällig, oder weil es bestimmte Hinweise auf ein bestimmtes Gebiet gebe.

Howard vergaß diesen Plan auch sehr schnell wieder. Doch eines Abends, bei der üblichen Vorführung der Tagesausbeute, zeigte Petrie seinem jungen Assistenten einen Ring, einen Siegelring mit der Namenskartusche eines Königs.

»Weißt du, was das heißt?« fragte er Howard. Der sah ihn fragend an. »Tut-ench-Amun – Vollkommen an Leben ist Amun!«

Das war der Name des vergessenen Pharaos, *er* mußte der Nachfolger Echnatons gewesen sein.

Tut-ench-Amun geisterte schon seit vielen Jahren durch die Archäologenszene. Forscher fanden hie und da seinen Namen oder Hinweise auf seinen Namen, aber sie wußten nur wenig damit anzufangen. Petrie war der erste, der sich systematisch mit der chronologischen Einordnung dieses vergessenen Pharaos befaßte.

Vor den Ausgrabungen des englischen Teams in Tell el-Amarna gestanden die Historiker Echnaton nur acht Regierungsjahre zu; denn keines der bis dahin bekannten Baumonumente seiner Regierung trug eine höhere Jahresangabe. Wir müssen uns dabei vergegenwärtigen, daß die alten Ägypter die Zeit nicht fortlaufend nach Jahren datierten, dazu fehlte ihnen die Bezugszahl, das Jahr 0, wie bei uns Christi Geburt. Also maßen die Ägypter die Zeit jeweils vom Regierungsantritt eines Königs an. Starb der alte Pharao und bestieg ein neuer den Thron, begann in Ägypten wieder das Jahr 1.

Flinders Petrie fand bei den Grabungen in Amarna jedoch zahlreiche beschriftete Vorratskrüge, auf denen Jahreszahlen vermerkt waren, die über das Jahr 8 hinausgingen, allerdings war kein einziger darunter, der eine höhere Jahreszahl als 17 trug. Also schloß Petrie daraus – und er konnte bis heute nicht widerlegt werden –, daß Echnaton 17 Jahre regiert habe. Er stand damit im Gegensatz zur offiziellen Geschichtsschreibung, die vor allem auf Manetho und Josephus basierte.

Manetho aus Sebennytos im Nildelta war ein Priester, der um 280 v. Chr. im Auftrag Ptolemaios' II. eine Geschichte Ägyptens niederschrieb. Manetho griff dabei auf die überlieferten Königslisten zurück, allerdings sind nur Teile seines Werkes erhalten, meist Auszüge und Zitate, die spätere antike Schriftsteller übernahmen. Der Titel seiner in griechischer (!) Sprache verfaßten Geschichte Ägyptens lautete »Aigyptiaka«.

Teile dieser »Aigyptiaka« finden wir bei dem jüdischen Historiker Josephus (37/38–100 n. Chr.), der sie wiederum von früheren jüdischen Gelehrten übernommen hatte. Josephus stand seiner Herkunft nach den Sadduzäern nahe und schloß sich im Alter von 19 Jahren den Pharisäern an. Kein Wunder, daß bei ihm die Jahreszahlen der ägyptischen Geschichte in Bewegung gerieten, schließlich mühten sich alle jüdischen Historiker, Josephs Aufenthalt in Ägypten und den Exodus der Kinder Israel, also das Alte Testament, mit der Geschichte in Einklang zu bringen.

Manetho und Josephus schrieben Echnaton eine 37jährige Herrschaft zu. Diese, so meinte Petrie, bezog sich jedoch vermutlich auf die Zeit der Aton-Verehrung, sie schloß die Regierungszeit Semenchkares und seines Nachfolgers Tut-ench-Amun mit ein. Die Totenmaske, die Petrie in Amarna gefunden hatte, spiegle nicht die Gesichtszüge eines alten Mannes wider, sondern die eines Dreißigjährigen, so alt müsse Echnaton etwa bei seinem Tod gewesen sein.

Wann lebte Tut-ench-Amun?

Es gab Archäologen, die Tut-ench-Amun zeitlich zwischen Amenophis III. und Echnaton einordneten. Sie begründeten dies damit, daß alle Zeugnisse Tut-ench-Amuns nicht den geringsten stilistischen Einfluß des typischen, unverkennbaren Amarna-Stils aufwiesen. Petrie beharrte jedoch darauf, daß die Funde, die auf Tut-ench-Amun hinwiesen, zwischen Echnaton und Haremhab anzusiedeln seien, denn – so argumentierte er – zum einen sei zwischen den Regierungen Amenophis' III. und Echnatons keine zeitliche Lücke, zum anderen müßten die Zeugnisse aus der Zeit Tut-ench-Amuns keineswegs stilistische Merkmale der Amarna-Zeit aufweisen, auch die Werke aus der Zeit Haremhabs und Sethos' I., die nur wenige Jahre nach Tut-ench-Amun entstanden, zeigten keinerlei amarnischen Einfluß. Der Name der Frau Tut-ench-Amuns sei ein weiterer

Beweis; wie ihr Mann habe auch sie ihren Namen ändern müssen. Aus Tut-ench-Aton wurde Tut-ench-Amun, aus Anches-en-pa-Aton wurde Anches-en-Amun.

Petrie fand in Tell el-Amarna auch Siegelringe mit den Namen Echnatons, Nofretetes, Semenchkares und Tut-ench-Amuns, doch keiner trug den Namen eines späteren Pharaos. »Daraus«, sagt Petrie, »wird deutlich, daß die Stadt während seiner (Tut-ench-Amuns) Regierung verlassen worden sein muß, daß die Werkstätten irgendwo anders hinzogen. Und da Ringe von Eje und Haremhab in Memphis gefunden wurden, darf man annehmen, daß sich die Werkstätten dort angesiedelt haben. Von der Regentschaft Ejes fand ich in Tell el-Amarna keine Spur; sein nicht vollendetes Grab in Amarna ließ er sich wohl schon bauen, als er noch Hofbeamter Echnatons war.«

Wie umfangreiche spätere Grabungen ergeben haben, verliert sich mit dem Ende des Königs Tut-ench-Amun jede Spur von Leben in Achetaton. Und nicht nur das: Achetaton, das eine Generation lang märchenhaft schöner Mittelpunkt des ägyptischen Weltreiches war, wurde dem Erdboden gleichgemacht.

Haremhab, der neue starke Mann auf dem Pharaonenthron, ließ die Stadt schleifen, er ließ das kostbare Baumaterial der öffentlichen Bauten nach Memphis und Heliopolis schaffen, wo es für eigene Denkmäler Verwendung fand. Statuen, die nicht allzu typisch im Stil der Amarna-Zeit gefertigt waren, also mit langgezogenen Gliedmaßen, wurden umgearbeitet. Rüde Sitten machten sich breit: Haremhab nahm Statuen und Reliefs von Tut-ench-Amun in Besitz, indem er *seinen* Namen über den seines Vorgängers setzen ließ. Im Tempel von Luxor eignete er sich ganze Reliefs an. Statuen, die für den Totentempel Tut-ench-Amuns vorgesehen waren und die bereits vom alten König Eje in Beschlag genommen worden waren, ließ Haremhab ein zweites Mal überarbeiten. »All die neuen Ideale waren dahin«, klagt Petrie, »das ›Leben in Wahrheit‹, die Verehrung der Sonne, der Naturalismus in der Kunst, die Ethik, ohne eine wahrnehmbare Spur im Denken und Wollen der Ägypter zu hinterlassen.«

Dies wird auch von einer Fundliste bestätigt, die die Ausgräber am Ende der Saison 1891/92 erstellten. Die Tabelle umfaßt alle Fundstücke, die irgendeinem Namen zuzuschreiben waren. Dazu zählt auch der Sonnengott Aton, dessen Name wie der eines Königs in einen Namensring geschrieben wurde.

	Objekte	Plastiken	insgesamt
Echnaton	72	54	126
Aton	22	36	58
Nofretete	9	35	44
Anches-en-pa-Aton	10	–	10
Semenchkare	43	4	47
Meritaton	5	–	5
Tut-ench-Aton	15	11	26
Tut-ench-Amun	12	3	15
			331

Flinders Petrie benutzte diese Tabelle für ein bis dahin in der Archäologie unbekanntes Zahlenspiel, das – unter gewissem Vorbehalt – noch heute von manchen Ausgräbern angewandt wird. Er meinte nämlich, daß der Pharao, der am längsten regierte, auch die meisten Funde hinterlassen habe. Im Hinblick auf Tut-ench-Aton, der seinen Namen irgendwann in Tut-ench-Amun änderte, sagte Petrie: »Ich glaube davon ableiten zu können, daß er sechs Jahre dem Atonglauben anhing und drei Jahre der Amun-Religion.«

Mit Beginn der heißen Jahreszeit mußten die Ausgräber ihre Arbeit einstellen. Petrie wollte zurück nach London, wo für ihn ein Lehrstuhl für Ägyptologie eingerichtet worden war, Carter wurde vom »Egypt Exploration Fund« ein paar hundert Kilometer nilaufwärts nach Luxor geschickt, wo ihn neue Aufgaben erwarteten und wo er dem vergessenen Pharao näher war, als er ahnen konnte.

II.

Goldrausch: Die Schlacht um die Vergangenheit

Wenn bei anderen Völkern die Geschichte
aus einer Reihe von Begebenheiten besteht,
so sind es die Ägypter,
die ein ebenso mächtiges Reich von Taten
in Kunstwerken ausgeführt haben,
deren Trümmer ihre Unzerstörbarkeit beweisen
und größer und erstaunenswürdiger sind
als alle Werke der sonstigen alten
und der neuen Zeit.

Georg Wilhelm Friedrich Hegel
(Philosophie der Geschichte)

Sie kamen von überallher, aus England und Frankreich, aus Deutschland und Italien, sogar aus Amerika reisten sie an. Manche waren reich, steinreich sogar, andere bettelarm, so arm, daß schon die Anreise ihre gesamten Ersparnisse auffraß. Doch alle verband eine Leidenschaft, ein Fieber, eine Art Goldrausch, alle wollten das eine: entdecken.

Die Männer – pardon, auch Frauen waren darunter –, die gegen Ende des 19. Jahrhunderts das Land am Nil heimsuchten, kamen jedoch nur in den seltensten Fällen mit der Absicht, Profit aus ihren Unternehmungen zu schlagen. Dem einen oder anderen ging es um Trophäen, bestaunenswerte Schauobjekte für die Freunde zu Hause, aber die meisten waren darauf erpicht, ein Stück Vergangenheit zum Leben zu erwecken. Dazu brachten sie einen Doktorgrad mit oder ein erfolgreiches Studium oder einfach nur eine unbändige Begeisterung.

Zur letztgenannten Kategorie zählte Howard Carter, als er, nun knapp zwanzigjährig, nach Luxor kam und sich bei Edouard Naville vorstellte, er sei vom »Fund« hierher beordert. Naville wußte Bescheid. Er war Chef-Ausgräber des »Egypt Exploration Fund«, stammte aus Genf und hatte beim Vater der Ägyptologie, Richard Lepsius, studiert. Seit beinahe 30 Jahren lebte er in Ägypten und konnte als Reputation drei Doktortitel in Philologie, Literatur und Theologie vorweisen. Kein Wunder, daß Carter, als Naville ihn fragte, was *er* vorzuweisen habe, erschreckt sagte: »nichts!«

Naville hatte bereits zwei Assistenten, D. G. Hogarth und Somers Clarke, aber Carters Fähigkeiten als Zeichner waren Naville höchst willkommen. Nur das Anfertigen photographischer Aufnahmen, meinte er, müsse er noch lernen.

Es war ein harter Job, den der Zwanzigjährige antrat. Naville war so ganz anders als Petrie, das Gegenteil von einem Kumpel. Nicht nur, daß er besser angezogen war, bessere Manieren hatte und sich besser auf seine Arbeit vorbereitete, er war auch viel autoritärer als Petrie, seine Worte waren Dogmen. Widerspruch duldete er nicht, Erklärungen gab er höchst selten ab. Edouard Naville pflegte sich schriftlich auszudrücken.

Ein Dorf im Land Punt (Wandmalerei aus dem Tempel von Der el-Bahari)

Carters Gesellenstück: der Hatschepsut-Tempel

Beinahe sechs Jahre arbeitete Howard Carter bei Naville, und in dieser Zeit wurde das Fundament für seine spätere selbständige Arbeit gelegt. Was Carter vor allem lernte, war wissenschaftlich exakt zu arbeiten. Sein Gesellenstück war ein Wunder am Rande der Wüste, der Terrassentempel der Königin Hatschepsut.

Als Carter zum erstenmal die riesige Geröllhalde sah, unter der sich ein Tempel verbergen sollte, da hätte er alles für möglich gehalten, nur nicht, daß es jemals gelingen könnte, diesen Tempel freizulegen. Doch wenn es eine Wissenschaft der Aussichtslosigkeit gibt, dann ist es die Archäologie. Carter begriff bald, was Ausdauer und Überzeugung vermögen: Hunderte von Arbeitern bewegten jahrelang Tausende von Tonnen Gestein. Carter zeichnete, konstruierte, photographierte, dokumentierte, und dabei wurde er Zeuge einer Wiedergeburt. Ein Tempel, verschüttet, vergessen, erstand wieder, seine Geschichte wurde lebendig.

Der Terrassentempel der Königin Hatschepsut in Der el-Bahari

Relief im Tempel von Der el-Bahari: Zwei Schiffe der ägyptischen Flotte werden im Lande Punt mit Myrrhenbäumen, Elefantenzähnen, Hölzern und lebenden Pavianen beladen

Der Felsentempel von Der el-Bahari war beinahe hundert Jahre ein Rätsel für die archäologische Forschung. »Er ist«, sagte Auguste Mariette, »eine Ausnahme und ein Zufall in der Architektur Ägyptens.« Denn der Tempel, der sich heute Millionen von Ägyptenbesuchern als modern anmutendes Terrassenbauwerk präsentiert, war bis Mitte des vergangenen Jahrhunderts ein einziger Steinbruch, seit Jahrtausenden genährt von den Felsen, die das Tal der Könige nach Osten hin abschließen. Jollois und Devilliers, zwei Wissenschaftler der napoleonischen Expedition, waren die ersten, die 1798 von einem Tempel in dieser Gegend berichteten.

Aufmerksam wurden die beiden Begleiter Napoleons auf das verschüttete Bauwerk überhaupt erst durch eine Sphingenallee, die, 400 Meter lang und 13 Meter breit, geradewegs in die Geröllhalde führte. Der Plan, den die beiden Forscher damals von den aus den Gesteinsmassen herausragenden Ruinen erstellten, gab bereits Hinweise auf die Etagenbauweise des Denkmals. Er erwies sich für spätere Ausgrabungen als hilfreich, weil – wie sich herausstellen sollte – schon ein halbes Jahrhundert später der Tempel noch mehr verschüttet war.

Es gab einen einleuchtenden Grund, warum die ungewöhnliche Tempelanlage von Der el-Bahari bei Ausgräbern lange kein Interesse gefunden hatte: Das Granitportal der ersten Terrasse, der markanteste Gebäudeteil, der aus der Gesteinshalle herausragte, war verputzt und mit Heiligenfiguren bemalt. Schatzsucher und Raubgräber glaubten sich daher vor den Resten einer frühchristlichen Kirche und verzichteten auf weitere Nachforschungen. In der Tat hatten Kopten die Tempelreste zweckentfremdet und sie nach kurzer Zeit dem Verfall preisgegeben, nicht einmal die Einheimischen wußten über die Bedeutung der Ruinen etwas auszusagen. Der englische Reisende Richard Pococke, der 60 Jahre vor den Franzosen in der Gegend war, erfuhr noch, daß unter den Ruinen ein Gang ins nächste Tal führe – eine Erfindung.

Dann kam Jean-François Champollion, um – wie er schreibt – »das Alter des unbekannten Bauwerks und seinen ursprünglichen Zweck festzustellen«. Champollion entdeckte unter den frühchristlichen Heiligen Hieroglyphen aus dem Neuen Reich, las am Granitportal den Namen Thutmosis' III. und stellte schon damals fest, daß dieser Königsname nachträglich angebracht worden war. Er forschte weiter und erkannte den darunterliegenden Namen, Champollion las ihn Amenenthe.

»Ich war ganz schön überrascht«, sagt er, »als ich hier und auch an anderen Stellen des Tempels den wohlbekannten Moëris* sah, angetan mit allen Königsinsignien. Er hatte jenen Amenenthe verdrängt, nach dem wir vergeblich in den Königslisten suchen. Noch mehr verwundert war ich, daß alle Inschriften, die sich mit diesem bärtigen und mit dem bekannten Gewand der Pharaonen angetanen König beschäftigten, weibliche Haupt- und Fürwörter enthielten, als ob es sich um eine Königin handelte ...«

Die Kombinationen, die Champollion damals anstellte, kamen der Wahrheit bereits erstaunlich nahe. Er meinte, die unbekannte Königin sei die Schwester Thutmosis' II. gewesen, und sie habe nach dem Tode ihres ersten Mannes einen anderen geheiratet, der für sie die Regierungsgeschäfte wahrnahm.

Der erste, der in Der el-Bahari exakte wissenschaftliche Forschungen anstellte, war der Berliner Richard Lepsius. Er entdeckte eine geheimnisvolle Beziehung zwischen dem Terrassentempel und der Anlage von Karnak am jenseitigen Ufer des Nils: Die Verlängerung der Hauptachse des Tempels von Der el-Bahari mündete geradewegs in den Amun-Tempel von Karnak.

* Thutmosis III. wurde seit griechischer Zeit Moëris genannt.

Perehu und seine dicke Frau im Tempel der Hatschepsut

Des Rätsels Lösung: Auch der Terrassentempel war dem Amun geweiht, und beide Heiligtümer standen in kultischer Verbindung. Lepsius war es schließlich auch, der den Namen der rätselhaften Königin entschlüsselte: Hatschepsut.

Forscher und Abenteurer

Hatte Carter unter Petrie das Ausgraben gelernt, so lernte er unter Naville das Forschen. Hier ging es nicht darum, in möglichst kurzer Zeit möglichst viele Funde ans Tageslicht zu bringen, vielmehr sollte Vorhandenes erkannt, restauriert, rekonstruiert und konserviert werden. Der Sinn des Unternehmens lag nicht im Entdecken, sondern im Bewahren.

Dies war eine ausgesprochen moderne Ansicht, eine Auffassung, die sich auch Carter zu eigen machte und die heute als selbstverständlich gilt. Damals war das jedoch keineswegs so. Unter dem Deckmäntelchen der Archäologie zogen Plünderer durch Ägypten, denen heute der Prozeß gemacht würde. Aber wo kein Kläger ist, da ist auch kein Richter. Die Behörden, die dafür zuständig gewesen wären, waren bis in die höchsten Stellen mit korrupten Beamten besetzt. Ein Bakschisch – und alles war vergessen.

Selbst Ausgräber, die heute der Glorienschein des verdienten Forschers umgibt, benahmen sich damals wie die Vandalen. Die ersten, denen Carter begegnete, waren zwei Deutsche, die Brüder Brugsch.

Heinrich Brugsch war vom »Ministre de l'Instruction Publique« Ali-Pascha Mubarek als Direktor einer kleinen Elite-Schule ausersehen worden, die in einem Mamelukenpalast im Vorort Bulak stationiert war. Dort gab es Fledermäuse in den Zimmern, Mäuse und Ratten in Küche und Keller, aber vom Dach aus mit seinen chinesischen schirmartigen Vorsprüngen war Brugsch täglicher Zeuge märchenhafter Sonnenuntergänge. Hier brachte er dem ägyptischen Beamtennachwuchs in französischer Sprache Deutsch, Englisch, Abessinisch und die Hieroglyphen bei.

Der deutsche Archäologe Kurt Sethe hat Heinrich Brugsch einmal einen »scharf persönlichen Gegensatz« zu Richard Lepsius genannt. Brugsch sei »ein genialer, aber leider undisziplinierter, von reicher Phantasie beflügelter Geist, überall in das unbekannte Neuland stürmisch und mit kühnem Wagemut vorstoßend, zu voreiligen Schlüssen geneigt, aber doch ein hochverdienter Pionier, dem die rasche Entwicklung unserer Wissenschaft mit in erster Linie zu verdanken ist«.

Heinrich Brugsch hatte einen um 15 Jahre jüngeren Bruder namens Emil, »ein unerfreuliches Individuum«, wie ihn der amerikanische Forscher James Henry Breasted einmal nannte, ein »skrupelloser Abenteurer« und ein »Buchhalter, der als Defraudant von Deutschland nach Amerika floh«.

Dieser Emil hieß überall »der kleine Brugsch«, denn er war ein wenn auch schlechteres Abbild seines Bruders. Er hatte schon mehrere Berufskarrieren hinter sich, die jedoch bedeutend bescheidener gewesen sein müssen, als er sie zu schildern pflegte, umsonst hatte er sie wohl nicht aufgegeben. In Berlin hatte er Kaufmann gelernt, er war dann nach Südamerika ausgewandert, wo er sich als Schauspieler, später als Photograph verdingte, ein Lebenskünstler à la Belzoni.

Zuletzt hatte er ein Jahr in Kalifornien gelebt und kam schließlich nach Ägypten, weil er sich von dem persönlichen Verhältnis, das sein Bruder Heinrich zum Khediven Ismail Pasche pflegte, Vorteile versprach. In Kairo heiratete der jüngere Brugsch eine Frau aus dem Harem Ismails und bekam einen Job in der staatlichen Altertümerverwaltung. Breasted, der nicht gerade zu seinen Freunden zählte, sagte: »Er stiehlt jetzt, wie jeder weiß, fleißig aus dem Museum, das er betreut.«

Emil Brugsch war bekannt als Intrigant und hatte gute Kontakte zur Unterwelt, vor allem zu Hehlern, mit denen er als Aufkäufer wie als Verkäufer antiker Funde verkehrte. Aufgrund dieser dunklen Kontakte gelang es ihm 1881, die Mumienhöhle von Der el-Bahari ausfindig zu machen. Dort hatten altägyptische Priester die mumifizierten Leichname von mehr als 30 Pharaonen vor dem Zugriff der Grabräuber versteckt.

In Unterweltskreisen war dieses Versteck schon seit zehn Jahren bekannt, Papyri, Grabstatuetten und Schmuckstücke mit den Namen verschiedener Könige, deren Gräber leer aufgefunden worden waren, tauchten in unregelmäßigen Abständen auf dem Antiquitätenmarkt auf – jedesmal ohne Herkunftsangabe. Aufgrund seiner dubiosen Kontakte verfolgte Emil Brugsch die Spuren dieser Funde. Sie endeten in Luxor, bei einem Bauern aus el-Kurna und dem englischen Vizekonsul. Von beiden wußte man, daß sie illegal mit antiken Funden handelten, aber nachweisen konnte man keinem etwas.

Der Konsul genoß diplomatische Immunität, der Bauer das – gekaufte – Vertrauen der Behörden, und auch die Ältesten des Dorfes erklärten, der Bauer sei der redlichste und uneigennützigste Bürger dieses Landesteiles, habe niemals etwas ausgegraben, werde es auch künftig niemals tun und bringe es nicht übers Herz, auch nur den unscheinbarsten Fund an sich zu nehmen – von einem Königsgrab ganz zu schweigen. Wovon der biedere Bürger freilich lebte, vermochte niemand zu sagen, die Landwirtschaft hatte er schon lange aufgegeben.

Seine Einnahmequelle lag in einer Felswand in Der el-Bahari, 60 Meter über dem Felsentempel der Hatschepsut, ein Schacht, 2 Meter im Durchmesser, 11,5 Meter tief, dann ein Korridor, 1,4 Meter breit, 80 Zentimeter hoch, 7,4 Meter geradeaus, dann eine Biegung und 60 Meter weiter in den Fels: Hier hatte der Mann die Mumien der größten ägyptischen Pharaonen gefunden: Ramses' II., Sethos' I., Thutmosis' III. Die letzten Grabbeigaben, die ihnen in ihren Mumiensärgen verblieben waren, wurden von unserem Grabräuber aus el-Kurna verrentet.

Der Bruder dieses Millionenbauers verriet Brugsch schließlich das Versteck, und da Gaston Maspero gerade nach Paris gereist war, hatte er seinen deutschen Hilfskurator mit der Erledigung der Angelegenheiten beauftragt. Der Bruder bekam für seinen Tip 500 Pfund Sterling Belohnung, am 14. Juli 1881 brachte ein Schiff die Mumien nach Kairo.

Die Skandale der Brüder Brugsch

Emil Brugschs Machenschaften als Hilfskurator waren kriminell. Man muß sich dabei jedoch vor Augen führen, daß das Ägypten des ausgehenden 19. Jahrhunderts nicht das heutige Ägypten war und auch archäologische Forschung und Museumstätigkeit nicht annähernd denselben Stellenwert wie heute hatten.

Heinrich, Emils ehrenwerter älterer Bruder, erzählte zum Beispiel des öfteren, wie ihm der damalige Museumsdirektor Auguste Mariette aus finanzieller Verlegenheit geholfen habe. Mariette gab Brugsch eine antike goldene Figur aus dem Museum, damit er sie zu Geld machen könne – was auch geschah. Heinrich Brugsch genierte sich nicht, dies zu erzählen, er sah darin kein kriminelles Delikt, sondern einen Beweis für die Hilfsbereitschaft des großen Archäologen.

Bruder Heinrich störte sich deshalb auch weniger an den dunklen Geschäften seines beamteten Bruders als vielmehr an dessen Lebenswandel. Wieviel Ehefrauen er sein eigen nannte, wußte niemand genau, und eine wurde ihm gar zum Verhängnis. Er hatte, Gott weiß warum, sein Haus in Kairo auf den Namen seiner Frau eintragen lassen und nicht daran gedacht, daß diese Frau ihn eines Tages aus diesem Haus werfen und sein Geld behalten könnte.

Wann und wo immer die Brugsch-Brothers zusammen auftauchten, lag ein Skandal in der Luft. So auch im Jahre 1880, als Auguste Mariette, krank und bettlägrig, die beiden nach Sakkara schickte. Dort hatten zwei Scheichs, die mit dem Franzosen das Serapeum ausgegraben hatten, die Zugänge zu drei kleinen Pyramiden entdeckt. Heinrich und Emil bestiegen den Zug, fuhren eine Station bis Bedreschein und gelangten mit zwei Eseln zu den kleinen Pyramiden, wo die Scheichs sie erwarteten.

Zu viert stiegen sie in die westliche der Pyramiden ein und gelangten bis in eine Kammer, wo ein Sarkophag aus rotem Granit stand. »Neben dem Steinsarg«, berichtet Heinrich Brugsch, »lag auf dem Fußboden der Grabkammer die wohlerhaltene Mumie des Pharaos Methesuphis, wie er in den Königslisten Manethos heißt, eine ziemlich genaue Umschrift seines echt ägyptischen Namens Mehtemsuf. Nach ihrer äußeren Erscheinung und Körperbildung konnte die Leiche nur einer im Jünglingsalter gestorbenen Person angehört haben.«

Grabräuber hatten der Mumie die Umhüllungen vom Leib gerissen, die Fetzen lagen überall in der Kammer verstreut. Vielleicht, dachte Heinrich, können wir dem sterbenden Mariette eine letzte Freude bereiten, wenn wir ihm die Mumie eines der ältesten Könige Ägyptens vor das Krankenbett legen. Also ließ er einen schmucklosen hölzernen Sarg holen, von denen bei anderen Ausgrabungen in der Nähe einige Dutzend zutage gekommen waren, packte den Pharao hinein und legte die Kiste quer über den Esel seines Bruders.

Wenige Minuten vor Abfahrt des Zuges trafen die beiden an der Bahnstation ein. Als der Schaffner sah, was die Brugsch-Brothers in ihrer Kiste transportierten, wies er die beiden aus der ersten Klasse und hieß sie, da sie sich von ihrem Schatz nicht trennen wollten, im Gepäckwagen Platz zu nehmen. Das taten sie.

Wenige Kilometer vor Erreichen des Zielbahnhofs blieb der Zug auf freier Strecke stehen. Das geschah nicht selten, weil sich ab und zu die Schienen in der Mittagshitze verbogen. Die Reparatur, so schien es, würde länger dauern. Der ältere Brugsch weiß voll Stolz zu berichten: »Wir Brüder packten den Holzsarg an seinen beiden Enden, um ihn bis zur Station zu tragen. Die Sonne ging unter, der Schweiß lief uns von der Stirne, der tote Pharao schien von Minute zu Minute schwerer zu werden. Um die Last zu erleichtern, ließen wir den Sarg im Stich und faßten seine tote Majestät am Kopfende und an den Füßen. Da brach der Pharao in der Mitte durch, und jeder von uns beiden nahm seine Hälfte unter den Arm.«

Mit einer Pferdedroschke gelangten die beiden Deutschen schließlich zur Brücke Kasr en-Nil. Ein Polizist hielt sie auf.

»Was ist das?« zeigte er auf die beiden königlichen Hälften.

»Pökelfleisch«, antwortete Heinrich.

»Haut ab!« sagte der Polizist.

Spät am Abend trafen die Brugsch-Brothers am Krankenbett Mariettes ein. Artig legte jeder seinen halben Pharao vor dem todkranken Mann nieder. Der überlebte diesen Anblick nicht. Er starb am 19. Januar 1881.

Inspektor Carter

Wie gesagt, Auguste Mariette, Heinrich und Emil Brugsch gelten heute als ehrenwerte Archäologen. Der Hinweis ist notwendig, um Carters steile Karriere zu verstehen. Die Brugsch-Brothers waren nicht einmal die große Ausnahme. Wenn Wallis Budge, der Keeper des Britischen Museums in London, zu Schiff in Alexandria ankam, herrschte bei der Kairoer Altertümerverwaltung Alarmstufe 1; denn Budge hatte beste Verbindungen zu Hehlern, Schiebern und Schwarzhändlern. Ein Mann wie Howard Carter, uneigennützig, pflichtbewußt, seriös und dabei voll Forscherdrang, war demgegenüber weit seltener zu finden. Carter war der ideale Beamte.

Jedenfalls glaubte das Gaston Maspero, der allmächtige Direktor der ägyptischen Altertümerverwaltung. Er versuchte das Ausgräberwesen in geordnete Bahnen zu lenken, indem er das Verwaltungschaos zunächst in ein Inspektorat für Unterägypten und eines für Oberägypten halbierte. Mit 25 Jahren wurde Howard Carter Inspektor der Altertümer von Oberägypten und Nubien mit Sitz in Luxor.

Karnak, Theben, Edfu, Philä, Abu Simbel, die großen Tempel und Kultstätten, sie gehörten nun ihm, jedenfalls waren sie ihm unterstellt. Er war damit in Oberägypten der zweitwichtigste Mann – nach Maspero.

Dieser Maspero, der Nachfolger des legendären Auguste Mariette, war eigentlich italienischer Abstammung. Seine Eltern hatten ihre Heimatstadt Mailand aus politischen Gründen verlassen müssen und in Paris Asyl erhalten. Dort kam Gaston zur Welt. Er besuchte das Lycée Louis-le-Grand und erwarb auf der Ecole des Hautes Etudes seinen Professorentitel der Ägyptologie.

Die ägyptische Altertumskunde hatte es ihm schon seit seinem 14. Lebensjahr angetan, als ihm der große Mariette zwei gerade entdeckte Hieroglyphentexte zeigte. 1880 kam Maspero zum erstenmal nach Ägypten, und hier begann er ein Werk, an das bis dahin noch niemand gedacht hatte: Er organisierte die schriftliche Aufzeichnung aller Ausgrabungen und Entdeckungen auf ägyptischem Boden, vor allem aber im Tal der Könige. Er öffnete verschiedene kleinere Pyramiden und beschäftigte sich mit den dort aufgefundenen Totentexten. Und Maspero war der erste, der das aussichtslos erscheinende Unterfangen in Angriff nahm, die schon damals schier unzähligen Ausgrabungen, Funde und Exponate im Ägyptischen Museum in Kairo zu katalogisieren und zu archivieren. Generaldirektor Dr. Ali Hassan zeigt noch heute ehrfurchtsvoll die verstaubten Folianten, in denen Maspero handschriftlich jedes einzelne Stück aufgezeichnet hat.

Als Inspektor der Altertümerverwaltung hatte Carter zwar Macht, aber was ihm fehlte, war Geld. Ausgrabungen waren damals, gegen Ende des vergangenen Jahrhunderts, keine Frage des Wie oder Wo oder der wissenschaftlichen Qualifikation, sie waren einzig und allein eine Frage des Geldes. Wer den Ruhm einer großen Entdeckung ernten wollte, brauchte kein Hochschulstudium, er brauchte ein ansehnliches Bankkonto. Die Glücksfälle, bei denen sich beides in einer Person vereinigte, waren an einer Hand abzuzählen. So kam es, daß die bedeutendsten Entdeckungen nicht mit den Namen von Archäologen verbunden waren, sondern mit den Namen der Finanziers.

Was kostet ein Professor?

Diese Mäzenaten betrieben die Ausgräberei als Steckenpferd, in der Hoffnung, eine originelle Sammlung nach Hause bringen zu können. Damals zeigte ein Mann von Welt nicht seine Briefmarkensammlung, er zeigte seine Ausgrabungen. Um in den Besitz dieser illustren Kostbarkeiten zu kommen, mietete man sich einen Archäologen. So ein junger Professor kostete damals 600 Mark – im Jahr; Grabungsarbeiter schleppten einen vollen Tag lang Körbe voll Gräberschutt für einen Piaster, vier Pfennige, Kinder bekamen die Hälfte. Dabei klagte der Archäologe Henry Sayce, der von 1879 bis 1908 die meisten Winter in Ägypten verbrachte, über die damals ständig steigenden Preise: »Wo ich früher 20 frische Eier für einen Piaster bekam und einen Truthahn für 14, muß ich jetzt 10 bis

15 Piaster für die Eier und 60 bis 80 Piaster für den Truthahn bezahlen.«

Die vornehmen Herren, die sich damals am Nil ein Stelldichein gaben, mußten sich also nicht gerade verausgaben. Wir wollen ihre – finanzielle – Leistung nicht schmälern, aber das Teuerste an den Ausgrabungen waren meist die kostspieligen Reisen; denn die Herrschaften blieben natürlich nicht die ganze mühselige Grabungskampagne vor Ort. Sie fuhren heim nach England oder Amerika und ließen sich rufen, wenn die Archäologen eine Entdeckung gemacht hatten, um dann die letzten Handgriffe zu besorgen.

Da war der zwielichtige Amerikaner Edwin Smith, der als einer der ersten im vorigen Jahrhundert hinter der Ausgräberei ein Big Business witterte. Mr. Smith aus Connecticut lebte von 1858 bis 1876 in Ägypten, hauptsächlich in Luxor, wo er sich als Geldverleiher für Archäologen und Antikenhändler etablierte. Seine Kanäle waren dunkel. 1872 verkaufte er dem deutschen Ägyptologen Georg Ebers den später nach diesem benannten medizinischen Papyrus. Den nach ihm selbst bezeichneten chirurgischen Papyrus behielt er zeit seines Lebens in Privatbesitz, erst seine Tochter überließ ihn 1906 der New Yorker Historical Society.

Als Förderer verschiedener Ausgrabungen trat auch Carters Gönner William Amhurst Tyssen-Amherst, der erste Baron Amherst of Hackney, auf, ein begeisterter Sammler von Antiken und Manuskripten. William Berend, ein New Yorker Bankier und Studienfreund Gaston Masperos in Paris, zog sich von der archäologischen Feldarbeit erst zurück, nachdem er bei Spekulationen vier Millionen Francs verloren hatte. Ausgrabungen in Nubien und in Ägypten finanzierte der amerikanische Geschäftsmann Eckley B. Coxe Jr., und in den neunziger Jahren des vergangenen Jahrhunderts leitete der Marquis von Northampton als Finanzier Ausgrabungen im Tal der Könige, gefolgt von dem britischen Industriellen Sir Robert Mond. Sir Robert unterstützte die Grabungen in der thebanischen Totenstadt fast drei Jahrzehnte, und sein ganzer Stolz war es, Besuchern aus aller Welt »seine Gräber« zu zeigen.

Auch die Deutschen hatten ihre Mäzene. Zu ihnen gehörte der begüterte Ägyptologe Friedrich Wilhelm Freiherr von Bissing, der eigene, aber auch englische Ausgrabungen finanzierte und als glückhafter Antikenkäufer bekannt war; oder der Berliner Finanzier und

Sammler James Simon, der für Ludwig Borchardts Amarna-Grabungen aufkam; oder E. V. Sieglin in Stuttgart und Wilhelm Pelizäus in Hildesheim.

Franzosen, Engländer und Amerikaner hatten es jedoch weitaus leichter, Ausgrabungen zu veranstalten und teure Funde aufzukaufen: Frankreich betrachtete sich als Geburtsland der Ägyptologie, und alle wissenschaftlichen Ämter waren mit Franzosen besetzt; England konnte – vor allem nach der Okkupation Ägyptens – seine historische Machtstellung ins Feld führen, Amerika warf schließlich seine finanziellen Möglichkeiten in die Schlacht um die ägyptische Kultur, so daß die Deutschen sich jahrzehntelang auf die Verarbeitung des bekanntgegebenen Fundmaterials beschränken mußten. Das brachte ihnen den Ruf als Theoretiker ein, die »Schreibtischarchäologie« der Berliner Schule galt bei Archäologen wie Edouard Naville beinahe als Schimpfwort.

Sie alle übertraf jedoch Theodore M. Davis, ein amerikanischer Kupfermagnat aus Newport, Rhode Island. Als er 1899 zum erstenmal Ägypten besuchte, hatte Carter gerade sein Inspektorenamt angetreten. Davis kam mit dem Schiff von Pfarrer Henry Sayce nach Luxor. Dieser Sayce war eigentlich Assyrologe, verbrachte jedoch seit zehn Jahren jeden Winter in Ägypten und unterhielt zu diesem Zweck ein Segelschiff mit dem Namenm »Ischtar«. An Bord der »Ischtar« befand sich eine Bibliothek mit 2000 Bänden.

Sayce stellte Howard Carter dem reichen Amerikaner vor. Gemeinsam befuhren sie den Nil, Carter zeigte dem Gast »sein Reich«. Es würde ihm Spaß machen, hier auch einmal zu graben, meinte Davis, er würde sich das auch etwas kosten lassen. Inspektor Carter sagte, er werde sehen, was er tun könne.

Natürlich hätte Carter lieber Ausgrabungen gemacht als Kassenabrechnungen kontrolliert, Wächterlöhne ausbezahlt und Arbeiter angeheuert. Eine seiner ersten Aufgaben erforderte ein ganzes Heer von Arbeitskräften. Am 3. Oktober 1899 waren elf von den 134 Riesensäulen im großen Tempel von Karnak eingestürzt. Das Fundament eines der 21 Meter hohen Kolosse hatte nachgegeben, die Säule hatte sich zur Seite geneigt und die übrigen wie eine Reihe Dominosteine mitgerissen. Jetzt ging es darum, die Säulen wieder aufzurichten.

Carter war auch Chef einer bewaffneten Truppe, die Tag und Nacht die damals bereits bekannten Pharaonengräber im Tal der Könige bewachte, vor allem die gut erhaltenen Gräber Sethos' I. und Amenophis' II. In dem letztgenannten Grab lag damals noch die Mumie des Pharaos.

Der französische Archäologe und Maspero-Schüler Victor Loret hatte 1898 das Grab entdeckt und darin neun weitere Königsmumien gefunden. Da Amenophis II. noch in seinem ursprünglichen Sarkophag lag, beschloß Loret, den Leichnam hier zu belassen und ihn nicht zusammen mit den anderen nach Kairo zu transportieren.

Am Morgen des 24. November 1901 kam einer der Nachtwächter nach Luxor gerannt, wo er Howard Carter aufgeregt berichtete, er und seine Leute seien in der vergangenen Nacht von Banditen überfallen worden, sie seien gefesselt und das Amenophis-Grab ausgeraubt worden.

Sarkophag Amenophis' II.
Schmalseite: Isis kniet auf dem »Gold«-Zeichen.
Längsseite: Anubis, Kebehsenuef, die beiden Udjat-Augen und Hapi

Der Inspektor der Altertümerverwaltung eilte zum Tatort. Dort fand er die Mumie Amenophis' II. neben dem Sarg liegend. In seinem amtlichen Bericht schrieb Carter: »Die Bandagen waren zerfetzt, aber die Mumie selbst war nicht zerbrochen. Mir scheint, hier war ein Fachmann am Werk; denn nur jene Stellen waren durchsucht, wo in der Regel Pretiosen gefunden werden. Das Boot im Vorzimmer war geraubt, die kleine Mumie von dem Boot lag zertrümmert am Boden. Ich untersuchte die Hüllen der Königsmumie sorgfältig, um festzustellen, ob es irgendwelche Anzeichen gab, daß sie Juwelen enthalten habe, ich konnte jedoch keinen Hinweis entdecken.«

Seltsamerweise waren die großen Vorhängeschlösser des Grabes unversehrt; doch das schien nur beim ersten Hinsehen so. Nach einer genauen Untersuchung stellte Carter fest, daß sie aufgebrochen und nachträglich mit heißem Blei wieder »zugeklebt« worden waren. Carter schloß daraus, daß man seine Wachen bestochen hatte und in dieser Nacht wohl kaum jemand auf seinem Posten war. Als die Wächter am nächsten Morgen erkannten, zu welchem Verbrechen ihre Abwesenheit benutzt worden war, bekamen sie es mit der Angst zu tun und gaben vor, überfallen worden zu sein. In Carter erwachte der Kriminalist.

Er ließ einen Spurenfinder kommen, sicherte und vermaß die Fußspuren vor dem Grab und konnte schließlich eine Fährte bis nach el-Kurna verfolgen. Sie führte in das Haus der einschlägig bekannten Brüder Abderassul. Zwar konnte Carter nachweisen, daß Mohammed Abderassuls Schuhe genau zu jener Fußspur paßten, die er vor dem Grab sichergestellt hatte, aber ein Beweis war das noch lange nicht, zumal Mohammed sein Haus bereitwillig durchsuchen ließ. Und natürlich fand Carter keines der Schmuckstücke.

Das Tal der Könige war schon immer ein unheimlicher Ort, über den die Einwohner von el-Kurna wachten. Der britische Abenteurer und Reisende Richard Pococke, der Mitte des 18. Jahrhunderts Ägypten bereiste und seinen Reisebericht in zwei dicken Folianten herausgab, weiß über seinen Besuch im Tal der Könige zu berichten:

»Nachdem ich diese außergewöhnlichen Gräber der Könige von Theben im Kerzenschein mit größtem Vergnügen besichtigt hatte, war ich doch ziemlich müde, und wir wollten Rast machen und einige Erfrischungen nehmen, die wir gekauft hatten, aber leider – wir hatten Wasser vergessen. Unser Scheich drängte zum Gehen. Er befürchtete, die Eingeborenen würden die Gelegenheit wahrnehmen und gegen uns vorgehen, wenn wir zu lange blieben. Von Kurna bis zum Tal führte ein beschwerlicher Fußweg über die Felsen, und die Leute von Kurna hätten uns vielleicht auf diesem Weg einen unwillkommenen Besuch abgestattet. Die Einheimischen waren während meiner Abwesenheit ziemlich drohend an mein Boot herangekommen und hatten gesprächsweise erklärt, sie wollten doch sehen, ob dieser Fremde es wagen werde, noch einen zweiten Tag zu ihnen hinauszukommen. Sie hatten nämlich Anstoß genommen, weil ich die Grabinschriften kopiert hatte. Einige hatten sogar angedeutet, sie würden nachts mein Boot überfallen, falls ich bliebe. Sie legten anscheinend großen Wert auf meine Abreise, weil sie fest glaubten, Europäer könnten Schätze entdecken und fortzaubern.«

Wer dieses Tal der Könige einmal gesehen hat, ist überwältigt. Es ist eine der faszinierendsten Landschaften dieser Welt. Äußerlich eine Wüstengegend, steinig, staubig, eingeengt durch ein rotbraunes Randgebirge, das den Talkessel um die Mittagszeit zu einem erbarmungslosen Brutofen macht, der nie – obwohl der Nil nicht weit ist – von einem kühlen Lufthauch heimgesucht wird. Die Luft ist hier so unbeweglich wie das brüchige, Millionen Jahre alte Felsengestein. »Wir müssen uns ein verlassenes Tal denken«, beschreibt es Howard Carter, »für den Ägypter zweifellos voller Geisterspuk, seine höhlenartigen Galerien ausgeraubt und leer, der Eingang zu manchen von ihnen offen, Wohnung für Füchse, Wüsteneulen und Scharen von Fledermäusen. Aber wenn auch die Gräber ausgeraubt, verlassen und zerstört waren, seine Faszination war nicht vergangen. Es blieb das ›Heilige Tal der Könige‹, und große Scharen von Schwärmern und Neugierigen müssen es noch besucht haben, und einige Gräber wurden tatsächlich zur Zeit Osorkons I. wiederbenutzt als Begräbnisstätten für Priesterinnen . . .«

Heute erreicht man das Tal im Taxi, allerdings mit einem Gefährt, das auf jeder europäischen Oldtimerbörse Höchstpreise erzielen würde, aber immerhin – es fährt, und sogar auf einer schmalen, asphaltierten Straße, in fünfzehn Minuten von der Anlegestelle der Nilfähre.

Ich finde, das ist schade. Zu Carters Zeiten gab es hier nur *ein*

Transportmittel, den Esel, und das Tal mußte jedesmal auf dem Rücken des Grautieres erobert werden. Leute, die heute noch dieses Transportmittel wählen, wissen warum, es werden einem nicht nur alle Glieder durchgeschüttelt – auch das Gehirn.

Carter und der Kupfermagnat

Bei jedem dieser Inspektionsritte ins Tal der Könige wurde Howard Carter mehr und mehr klar, daß er nicht der richtige Mann für dieses Amt war. Carter war sowohl ein Praktiker als auch ein Mann mit Ideen, wenn er irgendwo vor Ort stand. Geschichte wurde nicht in Beamtenkontoren rekonstruiert, mit Akten und Karteien, sondern am Rand der Wüste, im Staub und Dreck, mit Pickel und Spaten.

Carter traf sich mit dem schon erwähnten Theodore M. Davis, der inzwischen jeden Winter nach Luxor kam. Luxor war damals, vor der Jahrhundertwende, ein mondäner Kurort, in dem der Geld-, aber auch der echte Adel den Winter zu verbringen pflegte. Selbst heute gibt es höchstens ein oder zwei Hotels mehr als damals. Der Unterschied liegt also nicht in der Zahl, sondern in der Art des Publikums. Ein Pauschalarrangement Luxor kann sich heute beinahe jeder leisten, damals kamen nur ganz feine Leute oder solche, die sich aufgrund ihres Geldbeutels dafür hielten. Archäologen waren die gerne gesehenen Exoten in dieser elitären Gesellschaft.

Wer auf sich hielt, wie Theodore Davis, logierte im fashionablen Hotel Winter Palace an der Nilpromenade. Man konnte auch einen Steinwurf entfernt im Luxor-Hotel wohnen, beide waren – nicht anders als heute – auf Jahre ausgebucht und strahlten im Innern den morbiden Charme vergleichbarer Plüsch- und Pleureusenetablissements in Wien oder Karlsbad aus. Böhmische Oberkellner wie der beliebte »Herr Franz«, die sommers in Karlsbad und winters in Luxor agierten, konnten sich wie zu Hause fühlen – zumal es weitgehend dieselben Gäste waren. Da saßen sie dann, die Herren in eleganten Reitanzügen, die Damen in bunten Kleidern mit breitkrempigen Hüten unter Sonnenschirmen auf den Hotelterrassen und machten artig Konversation. Zum Beispiel darüber, ob der amerikanische Familienname Ramsey von Ramses abzuleiten sei.

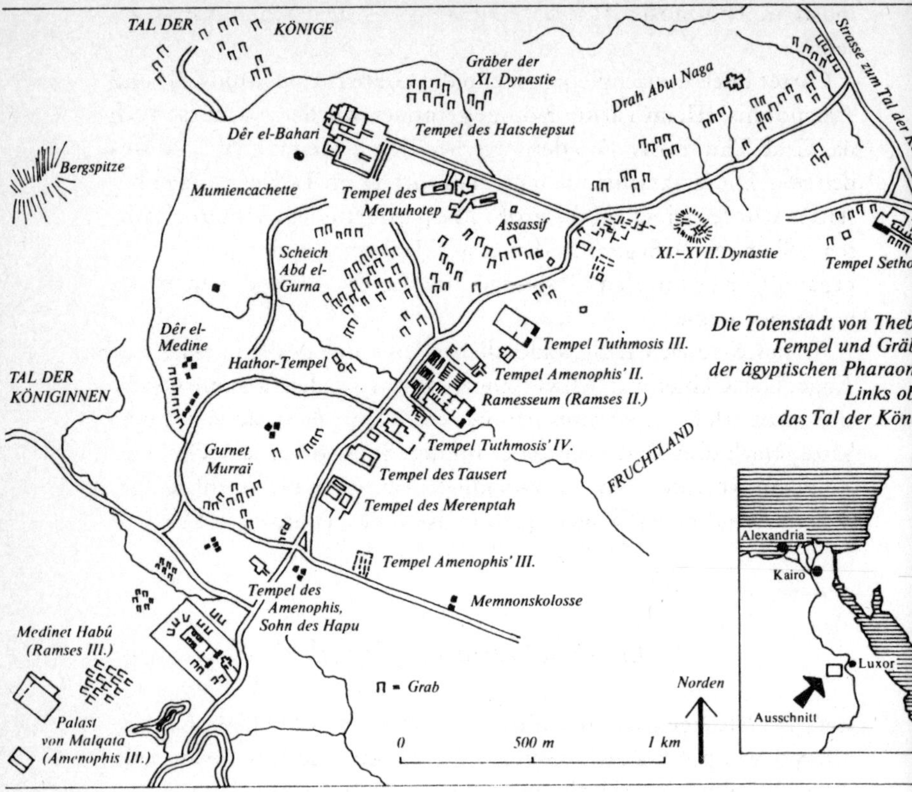

Die Thebanische Nekropole (die Schreibweise der Ortsnamen auf dieser Karte unterscheidet sich aufgrund einer anderen Transkription von der sonst im Buch gewählten)

Davis und Carter waren sich sehr schnell einig: Sie beschlossen, zusammen zu graben. Davis gab das Geld, Carter seine Erfahrung. Er beantragte für den reichen Amerikaner eine Konzession für das Tal der Könige. Maspero erteilte seine Zustimmung nur widerwillig. Zum einen glaubte er, daß Carters Beamtentätigkeit unter den Ausgrabungen leiden könnte. Zum anderen meinte er, das Tal der Könige sei nicht der Ort, wo noch archäologische Erfolge zu erzielen seien. Victor Loret habe mit der Entdeckung der Gräber von Thutmosis I., Thutmosis III. und Amenophis II. den Schlußpunkt gesetzt.

Carter blieb unnachgiebig. Wenn die Gräber Amenophis' II. und Amenophis' III. im Tal der Könige gefunden wurden, so müsse auch das Grab Thutmosis' IV., der zwischen den beiden regierte, zu finden sein. Die Wahrscheinlichkeit, daß auch *er* im Tal der Könige bestattet wurde, sei jedenfalls groß. Maspero gab dem Unternehmen schließlich seinen Segen. In den ersten Januartagen des Jahres 1902 begann Carter mit den Grabungen im Tal der Könige, den ersten in eigener Regie.

Er faßte zunächst die südöstliche Felswand des Talkessels ins Auge. Das Gebiet war schwer zugänglich, trotzdem konnte Carter sich nicht erklären, warum sich hier noch kein Ausgräber versucht hatte. Nach drei Tagen wurde er fündig: Steinstufen, ein Grabeingang, ein Korridor, eine Grabkammer – ausgeraubt bis auf einiges Mobiliar und einen Wagen, es war das Grab Thutmosis' IV.

Das rätselhafte Felsengrab

Carters erste eigene Entdeckung, das sollte ihm schon bald bewußt werden, war purer Zufall, Glück. Aber für ihn und Davis war es ein Ansporn, ohne den sie die unglaublichen Mühen der Erforschung des Hatschepsut-Grabes wohl nie auf sich genommen hätten.

Howard Carter hatte bei der Ausgrabung des Grabes von Thutmosis IV. ein Alabasterschälchen und einen kleinen blauen Skarabäus mit dem Namen der Königin gefunden. Als er am 2. Februar 1903 etwa 60 Meter nördlich des Thutmosis-Grabes unmittelbar vor dem Zugang zu dem Grab, an dem sich schon Napoleon und Lepsius vergeblich versucht hatten, einen Stein mit Hatschepsuts Namensring fand, da stand für Carter fest, es konnte sich nur um das Grab der exzentrischen Königin handeln. Das war eine Herausforderung.

28. Februar 1903. Theodore Davis notiert: »Ich habe die Erforschung des Grabganges für das Kairoer Museum übernommen. Die Leitung hat Mr. Howard Carter, der Generalinspektor der Altertümerverwaltung, inne, dem ich zu großem Dank verpflichtet bin.«

Die Öffnung des Felsengrabes der Königin Hatschepsut war aus technischer Sicht eines der kompliziertesten Unternehmen, denen sich die archäologische Forschung je gegenübersah. Denn das 213 Meter lange, 97 Meter unter dem Eingang liegende Felsengrab war auf seiner vollen Länge mit Schutt aufgefüllt. Und wie lang der Gang war, wußte man natürlich zunächst nicht. Napoleon, der das Tal der Könige 1799 besuchte, fand bereits den Zugang zum Hatschepsut-Grab und bezeichnete ihn in der Karte, die er vom Tal zeichnen ließ, als »commencement de grotte taillé circulairement dans le rocher«, als »Einstieg einer Höhle, der ringförmig in den Fels geschnitten ist«.

Napoleon ließ 26 Meter von dem eine Rechtskurve beschreibenden Gang freilegen, dann gab er auf, das Unternehmen erschien aussichtslos. Auch Giovanni Belzoni, für den bei entsprechender Bezahlung kein Grab zu tief, kein Stein zu schwer und kein Koloß zu groß war, ließ dieses Grab unbeachtet. Erst der Deutsche Richard Lepsius nahm 1844 dort die Arbeit wieder auf, wo Napoleon aufgehört hatte. Lepsius schaffte 20 Meter mehr, legte also bereits 46 Meter frei, doch dann kapitulierte er ebenfalls, die Arbeit erschien ihm zu aufwendig und wenig erfolgversprechend.

Die Wände waren schmucklos, sie trugen keine Inschriften, man wußte zunächst überhaupt nicht, wohin der Zugang führte. Hinzu kam, daß der Schutt, mit dem das Grab aufgefüllt war, unter dem Einfluß von Druck und Regenwasser hart wie Beton geworden war und nur noch mit Pickelhacken herausgehauen werden konnte. Dabei waren der aufgefüllte Schutt und der gewachsene brüchige Fels oft kaum zu unterscheiden, so daß die Ausgräber nicht mehr wußten, ob sie noch auf dem richtigen Pfad waren.

Der schlechte Zustand des Felsengesteins war aber auch der Grund gewesen, warum Königin Hatschepsut einen so »unmöglichen« Zugang zu ihrem Grab bauen ließ. Hatschepsut wollte zweifellos, wie die meisten anderen Pharaonen, einen 80 bis 100 Meter langen Zugang in den Fels schlagen lassen. Doch schon nach 50 Metern erwies sich das Felsengestein als brüchig, weich und für Reliefs und Inschriften unbrauchbar. Die mehrjährige Arbeit sollte aber nicht vergeblich sein. Deshalb ließ sie ihren Baumeister die Richtung des Grabganges ändern, in der Hoffnung, auf besseres Felsgestein zu stoßen.

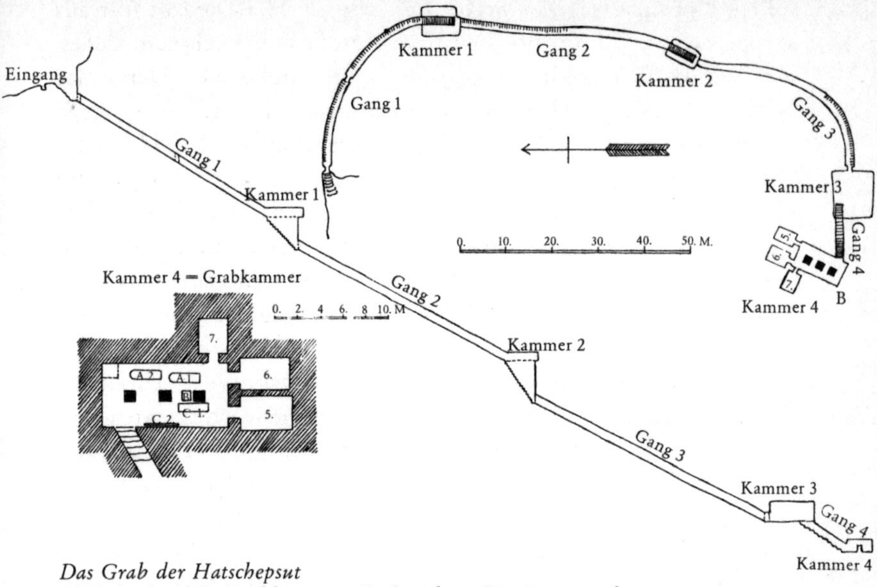

Das Grab der Hatschepsut
Links unten: Die Grabkammer. Rechts oben: Die Gesamtanlage

Die Aufräumungsarbeiten der ersten 50 Meter waren nicht besonders schwer. Richard Lepsius hatte gute Vorarbeit geleistet. Carter stieß auf eine Kammer, angefüllt mit Schutt, der von Wänden und Decke gefallen war und ständig noch fiel.

Eintrag in Davis' Tagebuch: »Wir kamen zu dem Ergebnis, daß dies nicht die Grabkammer sein konnte, und wir waren überzeugt, daß irgendwo in dieser Kammer ein Gang sein mußte, der weiter nach unten führte. Die Frage war nur: Wo sollten wir diesen Gang suchen, ohne die ganze Kammer ausräumen zu müssen – das wäre die Arbeit von Wochen gewesen, und unsere Zeit war begrenzt. Es gab in dieser Situation keine bestimmte Lösung, also beschlossen Carter und ich, eine Münze zu werfen. Kam ›Kopf‹, wollten wir auf der rechten Seite weitergraben. Zufällig kam ›Kopf‹, und als wir uns durch den Schutt zu der rechten Ecke durchgegraben hatten, fanden wir tatsächlich den Zugang des weiter abwärts führenden Korridors.«

15. April 1903. Carter notiert: »Wir haben erste Schwierigkeiten. Die obere Gesteinsschicht ist in so desolatem Zustand, daß man befürchten muß, sie könnte jeden Augenblick einstürzen.« Doch Carter läßt Wände und Decken abklopfen, macht weiter. Die Luft wird, 100 Meter tief im Fels, immer schlechter, die Hitze immer unerträglicher. Kerzen, die einzige Beleuchtung bei der Arbeit, beginnen zu schmelzen, die Arbeiter murren über die unzureichende Beleuchtung. Carter bricht die Arbeiten ab. »Das bin ich meinen Arbeitern schuldig«, notiert er.

Während der Sommerpause werden elektrische Leitungen in das Grab gelegt sowie ein Luftschlauch, durch den eine Saugpumpe am Grabeingang Frischluft pumpen soll.

15. Oktober 1903. Wiederaufnahme der Arbeiten. Carter ist auf eine zweite Kammer gestoßen, gräbt im Uhrzeigersinn weiter, wie bei der ersten Kammer findet er einen Korridor. Die elektrische Beleuchtung erleichtert die Arbeit, doch die Frischluftzufuhr ist ungenügend, die Männer, vor allem die als Träger eingesetzten Kinder, müssen sich übergeben, kippen reihenweise um. Jahrtausendealte Fledermausexkremente zerfallen bei der kleinsten Bewegung zu schwarzem Staub. Nasen und Münder der Arbeiter sind verklebt. Carter wagt nur noch zwei- bis dreimal pro Woche einen Abstieg in das Grab. 60 Meter mißt die Distanz von der zweiten zu einer dritten Kammer. Sie ist 10 mal 9 Meter groß und 4,40 Meter hoch.

26. Januar 1904. Carter ist überzeugt, daß auch diese Kammer, obwohl größer als die beiden vorangegangenen, noch nicht die Grabkammer ist. Er legt einen Suchgraben quer durch den Raum, stößt in der rechten Ecke auf Steinstufen, sie führen weiter nach unten. Dieser Gang ist jedoch viel schmäler als die bisherigen Korridore; Grabbeigaben, Fragmente von Steinvasen mit den Namen Ahmes-Nofretaris, Thutmosis' I. und Hatschepsuts signalisieren, daß die eigentliche Grabkammer nicht mehr weit sein kann. Sie deuten aber auch darauf hin, daß dieses Grab schon einmal ausgeraubt worden sein muß.

12. Februar 1904. Nach Beseitigung eines Mauerdurchbruchs wird es zur Gewißheit: Die Ausgräber haben die Grabkammer gefunden. Drei Säulen stützen die Decke des Raumes ab. Große Teile

des drei Meter hohen Gewölbes sind herabgestürzt. Der Schutt liegt so hoch, daß man in dem 11 mal 5,5 Meter großen Raum stellenweise nur kriechen kann.

In der Mitte steht der Sarkophag der Königin. Er ist leer. Der Deckel liegt auf dem Boden. Daneben, umgekippt, ein zweiter Sarkophag, ebenfalls leer; er trägt den Namen Thutmosis' I. Davis berichtet: »Als wir 1899 das Grab Thutmosis' I. entdeckt hatten, stand dort auch sein Sarkophag. In Hatschepsuts Grab fanden wir aber nicht nur ihren eigenen Sarkophag, sondern auch den ihres Vaters Thutmosis I., wie eine Inschrift besagt. Zweifellos hat Hatschepsut seinen Leichnam von seinem in ihr Grab überführen lassen und in dem neuen Sarkophag zur Ruhe gebettet. Dort blieb er vermutlich bis zum Jahre 900 v. Chr., als die Priester während der thebanischen Krise die Mumien zahlreicher Könige von ihren Gräbern im Tal zu dem Versteck nahe dem Tempel von Der el-Bahari brachten. Unter dem bedeutenden Fund der Königsmumien von 1881 war auch der Leichnam Thutmosis' I., eine verzierte Holzkiste mit dem Namen Hatschepsuts, die eine mumifizierte Leber enthielt und zwei weibliche Leichen ohne jede Umhüllung, ohne Sarg oder Namensschild. Ich möchte mir deshalb bei aller Zurückhaltung erlauben, den Ägyptologen Konkurrenz zu machen und meiner Überzeugung Ausdruck verleihen, daß Hatschepsuts Leichnam zusammen mit dem von Thutmosis aus ihrem Grab zu dem Versteck geschafft wurde. Die Logik der Situation rechtfertigt die Annahme, daß eine der beiden nicht identifizierten weiblichen Leichen die der großen Königin Hatschepsut ist. Sic transit gloria mundi.«

Die zwei Seiten des Ruhmes

Auch wenn Carter das Hatschepsut-Grab ausgeraubt, schmucklos und ohne Inschriften vorfand, so brachte es ihm doch den Ruhm des Entdeckers ein, schließlich war *er* erfolgreich, wo Napoleon und Lepsius kapituliert hatten.

Carter glaubte bis zuletzt, von der Sargkammer führe ein weiterer Gang abwärts. Um dies zu beweisen, mußte er den gesamten Schutt beseitigen, ein mühseliges Unternehmen, das bis Ende März dauerte. Dabei stieß er auf 15 Kalksteintafeln. Sie waren mit roter und schwarzer Tinte beschrieben und enthielten mehrere Kapitel aus dem Totenbuch. Offensichtlich sollten die Tafeln als Skizzen für die künstlerische Ausstattung der Sargkammer dienen. Die Ausschmückung unterblieb jedoch, da die Felswände sich als so brüchig erwiesen, daß an eine Bearbeitung nicht zu denken war. Unter den Gesteinsmassen kamen außerdem Vasen, Schalen und Krüge aus Diorit, Alabaster und kristallinem Kalkstein zum Vorschein, Kopf und Füße einer großen, mit Pech übergossenen Holzstatue, angekohlte Teile von Holzsärgen und -schatullen und Teile von Einlegearbeiten.

Carters Eintrag am 25. März 1904: »Habe damit begonnen, den Kanopenschrein mit der Leber und die zwei Sarkophage herauszuholen. Sie sollen nach Kairo ins Museum gebracht werden.«

Es sollte für lange Jahre Carters letzter Grabungsbericht sein. Und das kam so:

Howard Carter, der Entdecker, war auf einmal interessant, ein Mann, den man zum Tee bat oder zu Empfängen. Luxor war die Spielwiese einer illustren Vierklassengesellschaft. Sie bestand aus einer kleinen Oberschicht reicher und reichgewordener Geschäftsleute und Staatsbeamten, aus dem nie versiegenden Strom zahlungskräftiger Touristen und Bonvivants und der breiten Masse der einheimischen Bevölkerung, deren eine Hälfte einer geregelten Tätigkeit nachging, während die andere darüber nachdachte, wie der Oberschicht und den Touristen das Geld aus der Tasche zu ziehen sei. Archäologen, bis auf wenige Ausnahmen nicht gerade mit irdischen Gütern gesegnet, waren die bunten Paradiesvögel, die der Zufall der einen oder anderen Gruppe zuspielte.

Carter, der einfache Mann von bescheidener Herkunft, fühlte sich nie zur High Society hingezogen. Introvertiert und zurückgezogen, präsentierte er sich nur widerwillig als Schauobjekt, das auf den zahlreichen Abendgesellschaften herumgereicht wurde.

Mekka orientalischen Partykultes war das Britische Konsulat in Luxor, dem jedoch kein Brite, sondern der durch seine dunklen Antiquitätengeschäfte zu zweifelhaftem Ruhm gekommene Ägypter Mustafa Aga vorstand. Das war nicht einmal etwas Besonderes, denn auch der amerikanische und der französische Konsul waren Araber, Preußen wurde von einem Kopten vertreten, Österreich

Blick vom Winter-Palace-Hotel zum Tal der Könige

von einem Amerikaner. Neben den offiziellen Empfängen im Britischen Konsulat gab Mustafa Aga auch in seinem Privathaus, einem kleinen Palast aus Tausendundeiner Nacht am Totentempel Ramses' II., illustre Partys.

Amelia Edwards, die berühmteste Ägyptologin der damaligen Zeit, war einmal Gast einer solchen Party. Begeistert erzählte sie, wie sie gegen 20 Uhr 30 unter ohrenbetäubendem Hundegebell von Mustafa empfangen wurde. Nach außen hin war der Konsul ein feiner Mann, er sprach fließend Italienisch, Französisch und Englisch. Sein jüngerer Sohn war in England erzogen worden, der älteste hatte den Gouverneursposten von Luxor inne. Der Korruption war damit Tür und Tor geöffnet. Amelia wurde in einem teppichbelegten Vorraum begrüßt, dessen einzige Einrichtung aus einem Diwan bestand, der um die Wand herumlief. Hier wartete bereits der Direktor des Telegraphenamtes von Luxor. Ein Gong verkündete, es sei angerichtet, und Mustafa geleitete seine Gäste in einen zweiten Vorraum, wo barfuß und mit einem Turban auf dem Kopf zwei Diener warteten. Der eine goß aus einer Kupferkanne Wasser über die

Hände der Gäste, der andere reichte Handtücher, die, so wurde bedeutet, gleichzeitig als Servietten zu dienen hatten.

Das Speisezimmer war bunt und grell beleuchtet. Um einen großen, runden Tisch herum standen zierliche Stühle, auf jedem Platz lag ein Kanten Brot und ein Holzlöffel, auf jeden Gast warteten zwei Gläser und ein Blumenstrauß. Dafür gab es keine Teller, auch Messer und Gabeln fehlten.

»Heute abend sind wir alle Araber«, sagte Mustafa, als er das Zögern der vornehmen Engländer bemerkte. »Wir trinken Nilwasser, und wir essen mit den Fingern.«

Die große Dame der Archäologie schwört, an diesem Abend zum erstenmal in ihrem Leben mit den Fingern gegessen zu haben. »Aber«, sagte Amelia, »ich muß sagen, es war das beste Dinner, das ich außerhalb Europas je gegessen habe. Man reichte weiße Suppe in einer großen Schüssel, die in die Mitte des Tisches gestellt wurde und aus der jeder seinen Bedarf mit dem Holzlöffel schöpfte. Mit den Fisch-, Fleisch- und Reisgerichten war es ähnlich. Jeder Gast mußte sich sein Teil aus der Mitte angeln und es auf das große Stück Brot legen, das als Teller diente. Als die Diener einen knusprig braunen Truthahn auftischten und die Gäste hilflos auf den unpräparierten Fleischkoloß blickten, erhob sich Mustafa, krempelte die Ärmel hoch, griff mit geübtem Griff in die Öffnungen des Riesenvogels und riß das Fleisch auseinander, von dem jeder ein Stück gereicht bekam. Zum Nachtisch gab es eingemachte Aprikosen, Reispudding, Milchreis und Götterspeise, worauf wie zu Beginn die Hände gewaschen wurden.

Im Vorraum, wo sich inzwischen der Gouverneur, der preußische Konsul mit Sohn und drei oder vier in kostbare Seidenroben gekleidete Kaufleute eingefunden hatten, wurden schwarzer süßer Kaffee und Wasserpfeifen gereicht – für die Dame mit Rosenwasser gekühlt. Mustafa Aga ließ Amelia in einer Ecknische Platz nehmen, wo über Jahr und Tag der Prince of Wales gesessen habe. Vier Musikanten – zwei Geigen, ein Tambourin, eine Darrabooka – zogen alle Register ihres Könnens. Die Tänzerinnen, die dann auftraten, konnten mit jenen, die in den nur wenige Schritte entfernten Privatgräbern der 18. Dynastie zu sehen waren, nicht konkurrieren. Waren es dort zierliche, schlanke Mädchen, die sich im Takt der Musik wiegten, so wackelten hier redlich genährte, dicklippige nubische

Weiber im Stil thebanischer Marktfrauen mit den Hüften. Der Charme aus Tausendundeiner Nacht hatte bereits touristischer Folklore Platz gemacht.

Wäre Carter ein Party-Löwe gewesen, seine Karriere wäre gewiß anders verlaufen. So aber machte sich der zurückgezogen lebende, stets korrekte, unbestechliche Engländer zunehmend unbeliebt. Sein hartes Vorgehen nach dem Überfall auf das Grab Amenophis' II. hatte ihm viele Feinde gemacht, vor allem in den sogenannten höheren Kreisen, die offenbar die Drahtzieher dieses Unternehmens gewesen waren. Carter wurde versetzt, er wurde Inspektor der Altertümer von Unter- und Mittelägypten mit Sitz in Sakkara.

Maspero versuchte die Aktion als Beförderung hinzustellen, aber Carter hat sie nie als etwas anderes empfunden als das, was sie war, eine Zwangsversetzung.

III.

Sakkara: Das Ende einer Karriere

Die Ägypter zeigen,
so wie der Himmel bei ihnen anders ist
als anderwärts
und der Strom eine andere Natur hat
als die anderen Flüsse,
auch in ihren Sitten und Gebräuchen
großenteils das Gegenteil von dem,
was bei den übrigen Menschen vorkommt.

Herodot

Die größte Touristenattraktion in Sakkara vor den Toren Kairos ist das von Auguste Mariette entdeckte Serapeum, ein unterirdisches Labyrinth der heiligen Apis-Stiere. 340 Meter lang sind die Gänge, 24 Stier-Sarkophage, jeder 65 bis 70 Tonnen schwer, von schwachen Lampen schummrig beleuchtet, machen die Besichtigung dieser Stätte zu einem eindrucksvollen Erlebnis.

Dieses Erlebnis wollte sich Ende 1905 eine Gruppe betrunkener Franzosen nicht entgehen lassen. Torkelnd, grölend und ohne Eintrittskarten versuchten die Kulturtouristen den Wächter am Eingang beiseite zu stoßen. Doch der verweigerte ihnen den Zutritt.

Diese Bagatelle, mit der Howard Carter zunächst überhaupt nichts zu tun hatte, entwickelte sich zu einem folgenschweren Zwischenfall. Carter selbst hat sich nie über das Ereignis ausgelassen, nur seine engsten Freunde wußten überhaupt, was damals wirklich geschehen war.

Percy Newberry stellt diesen Vorfall so dar: »Eines Nachmittags kam der Leiter seiner Grabwächter in Carters Büro gerannt und berichtete, daß eine Gruppe betrunkener Franzosen das Serapeum ohne Eintrittskarten besichtigen wolle. Einer der Besucher habe den

Wächter geschlagen, und das habe zu einer regelrechten Schlägerei geführt. Carter eilte zum Ort des Geschehens und ging dazwischen, dabei wurde er übel beschimpft. Er forderte seine Wächter auf, sich zu verteidigen, und dabei wurde ein Franzose niedergeschlagen. Nach ihrer Rückkehr nach Kairo brachten die Touristen eine offizielle Beschwerde gegen Carter vor, und der französische Generalkonsul forderte eine Entschuldigung. Carter weigerte sich, er sagte, er habe nur seine Pflicht getan, und die Folge war, daß er von seinem Posten zurücktreten mußte.«

Gaston Maspero bestürmte seinen Inspektor, er solle sich entschuldigen, damit sei die Angelegenheit aus der Welt geschafft. Doch Carter trat lieber zurück, als sich zu entschuldigen. Maspero, der um die Qualitäten seines Inspektors wußte, schaltete Freunde als Vermittler ein, die ihn beschworen, er solle sich die Sache noch einmal überlegen. Carter blieb stur.

Über Nacht war eine große Archäologenkarriere zu Ende. Mit 31 Jahren war Howard Carter arbeitslos. Was tun?

Sakkara, Memphis, Unterägypten hatte er nie so geliebt wie Oberägypten, Luxor, Theben und vor allem »sein« Tal. Also fuhr er nilaufwärts nach Luxor. Aber nicht das mondäne Ostufer der Touristen war sein Ziel, das Westufer, wo es kein einziges Hotel gab, nur Fellachendörfer vor dem Tal der Könige, das war seine Welt.

Auf dem Weg dorthin traf er Ahmed Gurgar, seinen alten Vorarbeiter. Der freute sich, aber Carter winkte ab, er erzählte sein Mißgeschick, daß er kein Dach über dem Kopf habe, keinen Job, kein Geld. Ahmed nahm Carter mit nach Hause, Carter dachte nach.

Er erinnerte sich an seinen Beruf, den er gelernt hatte. Also besorgte er sich Pappe und Farben und begann Landschaftsbilder für Touristen zu aquarellieren. Es fiel ihm nicht leicht, seine Arbeiten den Touristen wie ein Eingeborener feilzubieten, aber er mußte ja leben.

Das Geschäft ging schleppend, schließlich konnte er Ahmed das Geld zurückzahlen, das dieser ihm für die ersten Wochen geborgt hatte. Carter malte immer wieder das Tal der Könige, die schroffen, unheimlichen Felsen, zu deren Füßen die Grabeingänge lagen, zuerst malte er nach der Natur, dann nur noch aus dem Kopf, er kannte ja beinahe jeden Quadratmeter.

Jeder ist ersetzbar, es fragt sich nur wie

Theodore Davis verfügte noch immer über die Grabungslizenz im Tal der Könige. Die Altertümerverwaltung hatte ihm inzwischen einen neuen Grabungsleiter zugeteilt, Edward Ayrton.

Ayrton war, wie Howard Carter, kein Akademiker, er war ein Mann der Praxis, und er war von ernstem Charakter. »Ted«, wie ihn seine besten Freunde nannten, war in China zur Welt gekommen, wo Vater William im britischen Kolonialdienst stand. Doch die Schule hatte Ted in London besucht, darauf bestand der Vater. Trotz bester Leistungen auf der St. Paul's School konnte er sich jedoch für ein langjähriges Studium nicht so recht begeistern, ihn zog es in den Orient. 1902, er war gerade zwanzig, ging er für den »Egypt Exploration Fund« nach Ägypten, als Assistent von Flinders Petrie. Zwei Winter grub er mit ihm in Abydos, und als der Professor seine Arbeit auf den Sinai verlegte, wurde Ayrton vom »Fund« nach Der el-Bahari geschickt, wo er die durch Carters Weggang freigewordene Assistentenstelle bei Edouard Naville übernahm.

Edward Ayrton und Howard Carter waren einander sehr ähnlich. Beiden kam nie ein Scherz über die Lippen, beide lebten nach dem Motto »Mehr sein als scheinen« und waren deshalb bei den Einheimischen beliebt. Im Gegensatz zu Carter hatte Ayrton jedoch stets seine Karriere im Auge, und im Gegensatz zu Carter, der jede Entfernung auf seinem Esel zurücklegte, war Ayrton ein überzeugter Fußgänger. Keiner, der ihn kannte, konnte sich erinnern, ihn jemals auf einem Esel oder gar einem Wagen gesehen zu haben. Dafür war er stets in Begleitung zweier Hunde, beide eine thebanische Promenadenmischung. Sie begleiteten ihren Herrn überallhin, bei seinen Reisen nach England, später auch nach Indien. Was aber das Wundersame an ihnen war – sie gehorchten ihrem Herrn aufs Wort, was diesem bei den staunenden Einheimischen geradezu den Ruf magischer Praktiken einbrachte.

Theodore Davis begann dort mit Ayrton weiterzugraben, wo er mit Carter aufgehört hatte. Das war vor dem namenlosen Grab Nr. 12 aus der 20. Dynastie. Als sich nach tagelanger Wühlarbeit nicht die Spur einer früheren Bearbeitung zeigte, setzten die Ausgräber ihre Spaten im Osten des Tales an, südlich des Grabes von Thutmosis IV. Doch auch hier wurden sie nicht fündig.

Bisweilen tauchte Carter auf. Er war inzwischen eine bemitleidenswerte Erscheinung geworden, wenn er am frühen Morgen den schmalen Saumpfad zum Tal der Könige hinaufging, unter dem linken Arm den Zeichenblock, in der Rechten einen Stoffbeutel mit Malutensilien. Früher, als Chefinspektor, hatte er einen Dienstesel, jetzt ging er zu Fuß. »Hello Misterrr!« winkten ihm die Arbeiter schon von weitem zu. Die Eingeborenen liebten ihn, obwohl er immer streng zu ihnen gewesen war, streng, aber gerecht. Für sie war es überhaupt unerklärlich, warum der »Chef« auf einmal nur noch Zuschauer war.

Da saß er dann abseits, den Strohhut tief in die Stirn gedrückt, und skizzierte kleinformatige Bildchen für Cook-Touristen. Im Herbst und Frühjahr, zur Hauptreisezeit, reichten die Einnahmen gerade zum Leben; aber im Sommer, wenn die Touristen ausblieben . . . Howard Carter stattete dann öfter als sonst dem einen oder anderen seiner ehemaligen Arbeiter einen Besuch ab, zu essen fiel dabei immer etwas ab.

Carters Nachfolge als Altertümerinspektor hatte inzwischen der Engländer James Edward Quibell angetreten. Man kannte sich seit vielen Jahren. Quibell und Carter hatten ihr Handwerk bei Flinders Petrie gelernt. Als Chefinspektor von Theben führte Quibell auch die Aufsicht über die Ausgrabungen im Tal der Könige.

Ein Gnadenbrot für Carter

Theodore M. Davis blieb nicht ungerührt, wenn er Carter, dem er so große Erfolge wie die Öffnung der Gräber der Königin Hatschepsut und des Pharaos Thutmosis IV. verdankte, so sitzen sah. Eines Tages sprach er ihn an. Wie es denn so gehe?

Carter erzählte offen, wie es um ihn stand. Daß seine Mittel kaum zum Leben reichten. Aber zurück nach England wolle er nicht, hier sei dieser Zustand immer noch leichter zu ertragen.

Wenn er schon nicht für ihn graben dürfe, ob er nicht für ihn zeichnen wolle, fragte Davis, gegen Gehalt natürlich. Carter solle in der nächsten Grabungssaison alle Funde zeichnen und Inschriften kopieren.

Der arbeitslose Archäologe hatte gar keine andere Wahl, er mußte zusagen, auch wenn es eine demütigende Arbeit war.

Die ersten Wochen seines neuen Jobs waren frustrierend. Davis, der im Tal der Könige praktisch graben konnte, wo immer er wollte, hatte die Arbeiten in ein Seitental verlegt. Vom 1. November bis 20. Dezember 1904 ließ er Unmengen von Sand- und Gesteinsmassen bewegen, doch das Resultat war gleich Null, Carter bekam nicht einen einzigen Fund zu skizzieren. Nach einer kurzen Weihnachts- und Neujahrspause steckte er zusammen mit Chefinspektor Quibell ein relativ kleines Areal am Eingang zum Tal der Könige ab. Die Stelle lag zwischen dem Grab Ramses' III. (1184–1153) und dem Ramses' XI. (1099–1070). Letzteres wurde damals noch »Ramses XII.« zugeschrieben, den es, wie sich später herausstellen sollte, nie gegeben hat.

»Was meinen Sie, Carter?« wollte Davis wissen.

Carter hob die Schultern. »Ich habe hier keine Meinung zu haben; aber wenn Sie unbedingt meine Meinung wissen wollen: Viele Leute haben viele Jahre diesen Flecken Erde durchwühlt, ich kann mir nicht vorstellen, daß ausgerechnet in dem schmalen Zwischenraum zwischen den beiden Grabzugängen ein weiteres Grab liegen soll.«

»Ich weiß«, antwortete Davis, »kein Ägyptologe, der mit dem Geld eines anderen Ausgrabungen macht, würde soviel Zeit und Geld riskieren; aber ich kenne jeden Quadratmeter in diesem Tal, mit Ausnahme dieses Zwischenraumes, und es ist mir einfach eine Genugtuung, das ganze Tal zu kennen.«

Der Januar verging, ohne daß Carter nur ein einziges Mal hätte in Aktion treten können. Er schien recht zu behalten. Warum sollte ausgerechnet hier zwischen zwei Gräbern ein weiteres liegen. Davis kam einmal täglich von Luxor herüber, starrte mißmutig in die immer größer werdende Sandgrube und ritt enttäuscht zurück zur Nilfähre. Anfang Februar wurde Quibell von dem jungen Arthur Weigall als Chefinspektor abgelöst. Weigall war genau wie Quibell und Carter ein Petrie-Schüler, er war 25 Jahre alt.

In diesen Tagen kündigte der Chef der Kairoer Altertümerverwaltung, Gaston Maspero, in Luxor seinen Besuch an. Eingedenk, daß *er* es war, der Carter gefeuert hatte, ließ Theodore Davis den Engländer wissen, er solle sich in den nächsten Tagen dem Tal der Könige fernhalten, es müsse ja nicht unbedingt zu einer Konfrontation kommen. Vielleicht sollte Maspero aber auch nicht wissen, daß Carter für ihn, Davis, zeichnete.

»Eine Stufe, eine Stufe!«

Als Theodore Davis am 6. Febraur 1905 zum Tal der Könige ritt, kam ihm sein Vorarbeiter schon von weitem mit dem Ruf entgegengelaufen: »Eine Stufe, eine Stufe!« Auf dem Grund der Grube hatten die Arbeiter deutlich erkennbar eine Steinstufe freigelegt – in dieser Tiefe ein untrüglicher Hinweis auf einen Grabzugang.

Davis beaufsichtigte nun von früh bis abends den Fortgang der Arbeiten. Am 11. Februar, die Abenddämmerung lag schon über dem Tal der Könige, wurde der obere Teil eines steinernen Tores sichtbar. Es war, wie sich schon am nächsten Tag herausstellen sollte, 1,35 Meter breit und 4,02 Meter hoch. Von nun an wurde der Grabzugang bewacht. Die Wächter wurden ihrerseits von Polizisten aus Luxor beaufsichtigt.

Ein schmaler Mauerstreifen aus Nilschlammziegeln am Oberrand des Steintores zeigte an, daß auch dieses Grab schon einmal geöffnet worden war. Diese brüchigen Ziegel waren leicht aus der Mauer zu brechen. Weigall und Davis meißelten die halbe Nacht hindurch im Fackelschein, dann war das Loch groß genug, um einen Blick hindurchwerfen zu können. Die Fackeln machten die Szenerie nur noch gespenstischer. Nahe dem Eingang lag in dem Korridor, der stufenweise abwärts führte, eine Keule, mehr konnte Davis nicht erkennen.

»Hat einer von den Boys den Mut, durch die kleine Öffnung einzusteigen?« fragte Davis seinen Vorarbeiter. Er brauchte nicht lange zu warten. In der Hoffnung auf ein dickes Bakschisch kamen gleich mehrere kleine Jungen der Grabungstruppe gerannt. Davis suchte den kleinsten aus. Weigall hob ihn hoch zu dem Mauerdurchbruch, wo er blitzschnell verschwand.

Davis und Weigall hatten Mühe, sich die Köpfe nicht anzusengen. Um im Innern des Korridors etwas zu erkennen, mußten sie ihre Fackeln vor das Mauerloch halten. Der Junge machte nur ein paar Schritte, hob etwas auf, es war die Keule, bückte sich nochmals und noch einmal, kam zurück und reichte die Keule, einen Stab, ein Joch und einen großen steinernen Skarabäus durch die Öffnung; dann kam er selber nach.

Am nächsten Morgen erschien Gaston Maspero mit dem üblichen Beamtengefolge im Tal. Er war mit seiner Segeljacht in Luxor eingetroffen und hatte den Oxford-Professor Archibald Henry Sayce im Gefolge. Maspero zeigte sich beeindruckt von der Entdeckung, bat jedoch, die Öffnung um einen Tag zu verschieben, denn für den folgenden Nachmittag werde die Ankunft Seiner Königlichen Hoheit, des Herzogs von Connaught, erwartet.

Carter beobachtete das Geschehen aus der Ferne und ließ sich abends berichten, was tagsüber geschehen war. Das war für ihn alles andere als angenehm. Ihn bewegte vor allem die Frage: Wessen Grab hatte Davis entdeckt? Für Carter wie für alle anderen Experten stand fest, daß es sich um ein Pharaonengrab handeln müsse. Schließlich lag es im Tal der Könige zwischen den Zugängen zweier Pharaonengräber. Doch die Experten sollten sich irren.

Am nächsten Morgen war Davis schon in aller Herrgottsfrühe am Grabeingang. Er ließ den Vorarbeiter die Steine des Mauerdurchbruchs einzeln herausbrechen und prüfte jeden auf Siegel oder Schriftzeichen. Aber er fand nichts. Nach etwa einer Stunde, inzwischen waren auch Maspero und sein hoher Gast vor Ort eingetroffen, ließ Davis Fackeln anzünden.

Man hatte zwar auch eine elektrische Leitung gezogen und vor dem Grabeingang eine Lampe postiert, für die erste Erkundung des Grabes lehnte Theodore Davis elektrisches Licht jedoch ab. Das hätte die Anwesenheit eines Elektrikers notwendig gemacht, und das wollte der Amerikaner nicht. Nicht einmal dem Herzog von Connaught wurde das Betreten des »jungfräulichen« Grabes gestattet, und der Archäologe Arthur Weigall, der die Grabungen leitete, mußte es sich als hohe Ehre anrechnen, daß Davis – wie er sagte »ihn einlud mitzukommen«.

Davis, Maspero und Weigall machten sich auf den Weg. Der führte steil nach unten, 1,75 Meter breit und 2 Meter hoch in den Fels geschlagen, von Steinstufen unterbrochen, die den Abstieg noch gefährlicher machten. Nach etwa 9 Metern versperrte eine Mauer vom Boden bis zur Decke den Weg. Die Mauer war mit Nilschlamm beworfen, und in den weichen Schlammörtel waren irgendwelche Siegel gedrückt. Wie die Mauer der Eingangstür hatte auch dieser Mauerverschluß oben an der Decke ein Loch. Es mag groß genug gewesen sein, daß sich ein behender Grabräuber hindurchzwängen konnte, für den fülligen Monsieur Maspero war es allerdings viel zu klein. Deshalb wurde Davis' ursprünglicher Plan, die Trennmauer stehenzulassen, schließlich verworfen, und die drei begannen, da sie kein Werkzeug mit sich führten, die Ziegel mit bloßen Händen herauszubrechen. Als die Mauer so weit niedergerissen war, daß sie den Männern bis zur Brust reichte, war im Innern golden schimmerndes Mobiliar zu erkennen.

Weder durch gutes Zureden noch durch die Androhung von Konsequenzen war Theodore Davis nun zu überreden, die Mauer ganz abzutragen. Er drückte Weigall seine Fackel in die Hand und schwang sich mit einem gewaltigen Satz, der einem 68jährigen alle Ehre machte, über das Hindernis. Dann ließ er sich die Fackel nachreichen. Es war schwül, beinahe heiß und roch süßlich, als wären Zuckerrüben gekocht worden. Masperos verzweifelte Anstrengungen, über die Mauer zu kommen, unterstützten Weigall von hinten durch Schieben und Davis von vorne durch Ziehen. Trotz gewaltiger Leibesfülle – das Manöver gelang.

Geblendet vom Schein der eigenen Fackeln tappten die Männer sinnlos in dem Raum umher. Die zahlreichen Gerätschaften waren kaum zu erkennen, vor allem ein Mumiensarg, mitten in der Kammer, mit einer pechartigen schwarzen Masse übergossen, erregte ihre Aufmerksamkeit. Maspero reichte Davis seine Fackel und bat ihn, den Mumiensarg besser zu beleuchten. Er selbst kniete sich hin und suchte auf den goldblinkenden Teilen, die nicht schwarz überzogen waren, nach Schriftzeichen. Plötzlich sagte er: »Juja!«

Davis starrte selbstvergessen auf den verunstalteten Mumiensarg. Ein Schlag gegen seine Unterarme ließ ihn hochschrecken. »Aufpas-

Der äußere Mumiensarg Tujas: ein von Carter gemaltes Bild

sen!« rief Maspero gleichzeitig. Das Feuer einer der Fackeln hatte bereits an dem pechübergossenen Sarkophag geleckt. Nur einen Augenblick, und der Sarg hätte in Flammen gestanden. Davis schrieb damals in sein Tagebuch: »Da der gesamte Inhalt der Grabkammer leicht entflammbar war und direkt gegenüber dem Sarg der Gang nach oben führte und so guten Zug gemacht hätte, wären wir ohne Zweifel umgekommen. Der einzige Fluchtweg war nämlich dieser Gang, aber wir hätten zuerst wieder über die Mauer klettern müssen, und das hätte zehn Minuten gedauert.«

Nach diesem Vorfall stiegen die drei nach oben. Arbeiter mußten zunächst das letzte Mauerstück niederreißen, schließlich durften sogar die Elektriker Stromleitungen in das Grab legen. Noch am selben Tag stiegen die drei ein zweites Mal in die Grabkammer hinunter, diesmal mit elektrischen Lampen, die sie über ihren Köpfen hielten, um nicht geblendet zu werden.

Erst jetzt erkannten sie den vielfältigen Inhalt der Grabkammer.

Da stand ein Wagen in einer Ecke, die Deichsel war offensichtlich später von einem Grabräuber abgebrochen worden. Auf dem Wagen lagen zwei Alabastervasen. Aus einer von ihnen hingen Mumienbandagen. Damit war ursprünglich die Vase verschlossen. Grabräuber hatten den Verschluß aufgerissen, wohl in der Hoffnung, einen wertvollen Inhalt zu finden. Der Inhalt war noch darin.

»Honig!« sagte Davis beim Anblick der zähen Substanz. Maspero korrigierte: »Natron!«

Schließlich fand sich zwischen allerlei Gerätschaften ein zweiter Mumiensarg. Auch er trug einen Namen: Tuja.

Die Mumien von Juja und Tuja, der Eltern der Königin Teje, Echnatons Großeltern also, sind die besterhaltenen, die in Ägypten gefunden wurden. Beide lagen in drei ineinandergeschachtelten Särgen, deren Deckel aufgebrochen waren. Die Grabräuber hatten in ihrer Eile jedoch noch genügend Totenbeigaben zurückgelassen oder verloren – vor allem eine handtellergroße Goldplatte, mit der der Einschnitt zugedeckt war, durch den die Einbalsamierer das Herz des »Gottesvaters« Juja entnommen hatten, um es einer speziellen Konservierungstechnik zu unterziehen. Bei der Mumie Tujas fehlte diese Goldplatte.

Eintrag in Theodore Davis' Tagebuch: »Als ich die Mumie Tujas zum erstenmal im Sarg liegen sah, war sie vom Kinn bis zu den Füßen zugedeckt mit feinen, sorgfältig drapierten Mumienbandagen. Den Grund für diese nachträgliche Prozedur kann niemand nennen, aber ich nehme an, daß der Grabräuber beeindruckt war von der Würde der toten Frau, deren Leiche er geschändet hatte. Ich hatte Gelegenheit, nahezu eine Stunde in dem Grab bei ihr zu sitzen, ohne irgend etwas tun oder sehen zu müssen. Ich betrachtete ihr Gesicht und ging meinen Gedanken nach, bis ihre Würde und Persönlichkeit mich so tief beeindruckten, daß ich es für angebracht empfand, mich für meine Anwesenheit zu entschuldigen . . .«

Kaum waren Gaston Maspero und sein Gast samt Gefolge verschwunden, da kam Howard Carter, um zu besichtigen, was er bisher nur vom Hörensagen kannte. Er zeichnete und skizzierte die Funde für eine Arbeit, die Davis dann 1907 im Londoner Verlag Archibald Constable and Co. Ltd. herausgab. Diese Zeichnungen waren von großer Bedeutung; denn das Juja-Tuja-Grab war das bis dahin einzige, das mit seinem originalen Inhalt gefunden wurde.

Gaston Maspero hatte unter dem Eindruck der sensationellen Entdeckung Davis das Angebot gemacht, er könne einige Objekte für sich persönlich aussuchen. Der Vertrag zwischen der ägyptischen Altertümerverwaltung und dem amerikanischen Geschäftsmann sah nämlich die Ablieferung *aller* Funde vor. »Ich bekenne«, sagte Davis, »das war ein sehr großzügiges Angebot, aber nach reichlicher Überlegung konnte ich mich nicht dazu durchringen, die Sammlung auseinanderzureißen. Ich war der Ansicht, sie sollte komplett im Kairoer Museum ausgestellt werden. Dort konnte sie sicher von den meisten Interessenten gesehen und studiert werden.« Eine honorige Einsicht, die dem amerikanischen Businessman kaum jemand zugetraut hätte.

Auch Carter war von Davis' Entscheidung beeindruckt. 17 Jahre später, als er selbst die größte Entdeckung der Ägyptologie machte, sollte diese Entscheidung noch eine große Rolle spielen.

Juja und Tuja hatten Theodore Davis buchstäblich über Nacht zum populärsten Ausgräber des beginnenden 20. Jahrhunderts gemacht. Zeitungsreporter aus aller Welt reisten an und stellten dem Amerikaner Fragen über Fragen. Wie es zu der Entdeckung gekommen sei? Warum er gerade an dieser Stelle gegraben habe? Warum gerade dieses Grab nicht ausgeraubt worden sei? Davis mußte auf alle Fragen eine Antwort finden.

Die interessanteste war vielleicht diese: Davis betrachtete den Einbruch in das Grab als das Werk eines einzelnen: »Als der Räuber die äußere Türöffnung zugemauert vorfand, nahm er so viele Mauersteine heraus, daß er gerade hindurchkriechen konnte; und als er an die zweite und letzte Türöffnung kam und genau die gleiche Mauer sah, verfuhr er dort ebenso. Mir scheint, er hatte nur eine sehr düstere Funzel, vielleicht arbeitete er sogar völlig im Dunkeln. Denn im Sargraum nahm er einen großen Steinskarabäus, einen hölzernen Zeremonialstab und das Joch des Wagens mit. Alle diese Stücke waren mit Blattgold überzogen, das er offensichtlich zunächst für pures Gold hielt. Er schleppte sie den Korridor hoch, in den ein Schimmer Tageslicht fiel. Dort erkannte er seinen Irrtum und ließ die Stücke auf dem Boden liegen, wo ich sie schließlich fand.«

Bei der Entdeckung des Juja-Tuja-Grabes wurden Grundsätze

archäologischer Feldarbeit deutlich, die typisch sind und auch heute noch gelten:

1. Die größten Entdeckungen der Archäologen beruhen weitgehend auf Zufall.

2. Eine Stelle kann gar nicht unwahrscheinlich genug sein, als daß sie nicht für eine Entdeckung gut wäre.

3. Der Ruhm einer großen Entdeckung erfordert größere Anstrengungen als alle Vorarbeiten.

4. Eine Entdeckung von historischer Bedeutung sollte nicht einem Sammler oder den Wissenschaftlern eines Instituts gehören, sondern der gesamten Menschheit.

Davis ließ als nächstes vor dem Grab von Juja und Tuja lange Suchgräben ziehen, aber ohne Erfolg: Hier lag kein weiterer Grabeingang.

Enttäuscht wandte er sich dem Grab Ramses' IV. zu. Vor dessen Eingang schien der Wüstenboden unberührt zu sein. Er ließ zwei Gruben ausheben. Unmengen von Schutt kamen zum Vorschein, vielleicht der Aushub eines Pharaonengrabes, vermutlich sogar mehrerer; denn Tonscherben trugen gleich mehrere Namen, darunter die Amenophis' I. und Ramses' II. Etwas weiter nach Norden kamen etwa 20 rauh bearbeitete Totenfigürchen Ramses' IV. ans Tageslicht. Ein Ergebnis, das den Aufwand keinesfalls rechtfertigte, und Davis gestand: »Das Ergebnis hier war unerfreulich.«

Ein Freund taucht auf: James Henry Breasted

Am nächsten Tag traf im Tal der Könige unangemeldeter Besuch ein: ein eigenwilliger Amerikaner, der mit Frau und Kind nach Ägypten gekommen war, um eine wissenschaftliche Expedition auszurüsten, James Henry Breasted. Dieser Breasted sollte einer der wenigen Menschen werden, zu denen Carter Vertrauen gewann.

Die beiden begegneten sich zum erstenmal im Tal der Könige. Carter stand neben Ayrton und Davis. Der rauchte eine Zigarette nach der anderen. Carter wirkte ruhig, ausgeglichen. Davis dagegen war sichtlich nervös, er starrte unruhig in den Eingangsschacht eines Grabes, aus dem die Arbeiter Unmengen von Schutt holten. Die

Ankunft der amerikanischen Ausgräberfamilie löste bei Davis große Freude aus. Hier, in dieser gottverlassenen Einsamkeit, freute man sich über einen Besuch aus der Heimat mehr als anderswo in der Welt.

Davis stellte zuerst seinen wissenschaftlichen Grabungsleiter Edward Ayrton vor, dann Howard Carter, an den Breasted sich erinnert: Er war ein »schwarzhaariger, schwarzäugiger junger englischer Künstler von mittlerer Statur, der eines Tages unvergleichlichen Weltruhm erringen sollte«.

Die Breasteds hatten sich diese Reise vom Munde absparen müssen, sie lebten in trostlosen Hotels und Pensionen, in möblierten Zimmern, Gasthäusern und Bauernhöfen, in Zelten und Hausbooten, in Zügen und auf Schiffen. »Jahrelang«, erinnert sich Sohn Charles, »bestellten sie in den Nebenstraßen-Restaurants, die wir aufsuchten, nur zwei Portionen Essen, gaben eine mir und teilten die andere unter sich. Wir fuhren – vor meinem fünften Lebensjahr – siebenmal über den Atlantik hin und zurück. Unser einziges Heim war das Dach, das überall unsere Koffer, die auf jeder Reise mitgenommenen Kisten mit wissenschaftlichen Büchern meines Vaters und den grauen, leinwandbezogenen Teleskopkasten mit der ständig wachsenden Zahl seiner Manuskripte beherbergte. Wir gehörten zu einem Nomadenschwarm von Gelehrten und kleinen Akademikerfamilien, die jedes Glaubens, jedes Typs waren und aus allen Teilen der zivilisierten Welt kamen.«

Diesmal wohnte Breasted mit seiner Familie wie viele Archäologen dieser Zeit auf einer zum Hausboot umgerüsteten Dahabija. Sie hieß »Olga«, war 19 Meter lang und 3 Meter breit. Er hatte sie in Assiut gemietet für einen Preis, der einem »ziemlich guten Zustand« entsprach. Das Boot hatte vor dem Hauptmast ein Mannschaftsdeck mit Kombüse, zwei kleine Kapitänskabinen, eine Kabine für den Dolmetscher, einen Eßraum, zwei Kabinen für den Schiffseigner; sogar ein Badezimmer mit einer alten, zerkratzten Zinkwanne und eine Toilette, die im wesentlichen aus einer herausziehbaren Sandkiste bestand, waren vorhanden. »Ich gehe über das Deck«, schrieb Breasted, »und fühle mich wie ein Seeoffizier aus Coopers Seegeschichten. Ich brauche nur meine Hand zu heben, und elf Mann gehorchen bereitwillig meinem leisesten Wort.«

»Ich hoffe sehr«, sagte Theodore Davis zu den Besuchern aus

Amerika, »daß dieses Grab das erste eines Königs sein wird, das, intakt und unberührt von antiken Räubern, in Ägypten gefunden wird.«

Breasted war fasziniert. Stundenlang starrte er in das immer größer werdende Erdloch, das von den lärmenden Arbeitern ausgehoben wurde. Mit südlicher Plötzlichkeit brach die Dämmerung über dem Tal herein. Doch die Arbeit ging weiter, Davis ließ von seinem Vorarbeiter eine Laterne holen, breitete ein Tuch auf dem Boden aus und legte alle Fundstücke darauf, die er an dieser Stelle dem Boden abgerungen hatte. Breasted nahm jedes einzelne Stück in die Hand und prüfte es auf irgendwelche Schriftzeichen. Auf einer Alabasterstatuette fand er den Namen Siptahs; Davis' Aufregung stieg.

Spät am Abend wurden die Arbeiten eingestellt. Auf Eseln ritten die Ausgräber mit den amerikanischen Gästen hinunter zum Nil. Charles Breasted schrieb viele Jahre später über diesen nächtlichen Ritt:

»Bei Sternenschein kamen wir aus dem Tal heraus und sahen vom Gipfel des Kammes die fernen Lichter von Luxor. Ich erinnere mich der Wärme, die von den sonnenerwärmten Kalksteinklippen durch die Kälte der Wüstennacht aufstieg, als wir zu der Flußebene hinabstiegen; dann des vertrauten, würzigen Duftes der bewässerten Felder; des Geruches von Moschus und aromatischem Rauch, der herüberwehte von formlosen Gestalten, die sich vor ihren Strauchhütten um kleine Feuer scharten und ihre Feldfrüchte bewachten; der Geräusche und Gerüche von kauenden Rindern in dunkler Ferne; des gedämpften Geklappers der Hufe unserer Esel, deren Staub ständig in unsere Nasen drang. Und über uns waren Sterne, wie ich sie nie gesehen hatte . . .«

Breasted und seine Familie reisten am nächsten Morgen mit dem Schiff weiter in Richtung Assuan, während Davis, Ayrton und Carter ihre Arbeit im Tal der Könige fortsetzten; doch erst am folgenden Tag wurde deutlich, daß sie nur die unbedeutende Gruft eines unbedeutenden Königs gefunden hatten, das geplünderte Grab Siptahs, eines Kindkönigs wie Tut-ench-Amun, der von 1194 bis 1188 regierte.

Die Überraschung: das Grab des Haremhab

Davis ließ weitergraben. An einem stickig heißen Februartag stießen die Arbeiter wieder auf eine Steinstufe. Der Patron wurde gerufen. Er stocherte mit seinem Stock auf den Stufen herum, schnippte ein paar Steine beiseite und nickte den Ausgräbern zu: »Go on!«

Einen Tag später war eine steile, nach unten führende Treppe freigelegt. Edward Ayrton kroch auf allen vieren in das Grab. Gespannt warteten Davis und seine Männer auf irgendeinen Laut von drinnen. Nichts. Minuten vergingen. Als Davis den Kopf in die Öffnung steckte, schlug ihm stickige Luft entgegen. Da, auf einmal kam tief aus dem Innern des Felsens das Geräusch aufeinanderschlagender Steine, es wurde lauter, kam näher, keuchend kroch Ayrton heraus, nach Atem ringend stieß er hervor: »Haremhab, es ist Haremhab!«

»Das war eine Überraschung«, berichtet Theodore Davis, »denn wir hatten immer geglaubt, daß Haremhab in Memphis oder an einem anderen Platz in Unterägypten bestattet worden sei.« Davis lag mit seiner Meinung gar nicht so falsch; denn Haremhab hatte zwei Gräber. Es war ihm nämlich nicht an der Wiege gesungen worden,

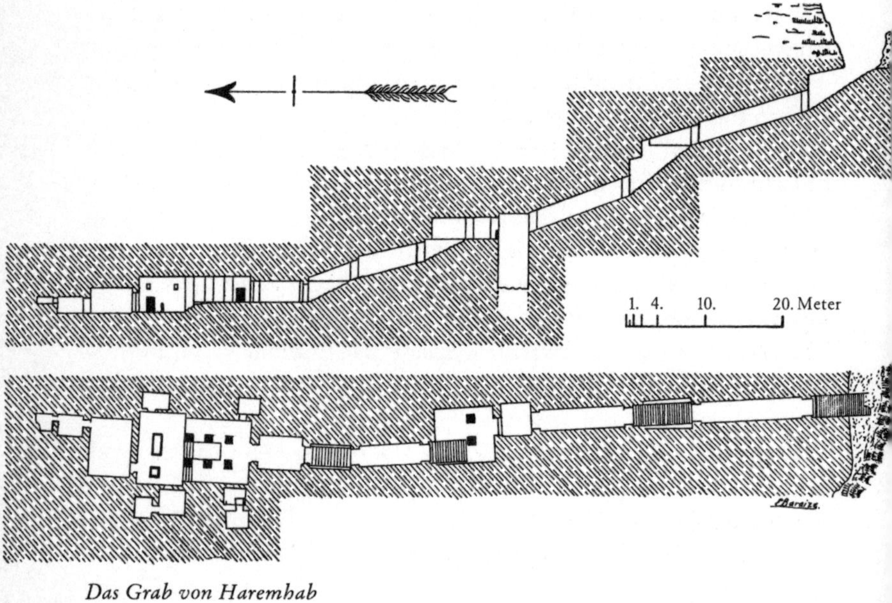

Das Grab von Haremhab

daß er eines Tages Pharao der beiden Länder sein würde. Also ließ er sich in seiner Eigenschaft als Oberbefehlshaber der Streitkräfte zuerst in Sakkara eine Ruhestätte bauen, was wohl noch während der Amarna-Zeit geschehen sein muß, denn der amarnische Stil ist in den Wandreliefs unverkennbar. Später, als er zum Pharao von eigenen Gnaden avanciert war, stand ihm natürlich ein Grab im Tal der Könige zu, und in diesem ist er wohl auch bestattet worden.

Dieses Grab führte beinahe 90 Meter tief in den Fels. Ayrton war bei seinem ersten Einstieg nicht einmal bis zur Hälfte vorgedrungen; aber er hatte an den Seitenwänden den Namen Haremhabs erkannt. Drei Tage nach Ayrtons verwegenem Alleingang, machten sich er und Davis und drei weitere Männer mit Karbidlampen ausgerüstet auf den beschwerlichen Weg in die Tiefe. Davis beschreibt diesen Weg so: »Wir mußten über Sand und Steine kriechen, die uns den Weg versperrten, mit dem Kopf immer unangenehm nah dem Deckengestein. Wir bekamen kaum Luft, außer das bißchen von der Graböffnung 130 Fuß über uns, und das war stickig. Die Sandmassen, über die wir kriechen mußten, hatte man offensichtlich zum Schutz der Mumie Haremhabs aufgefüllt. Nachdem wir den Sand hinter uns gebracht hatten, gelangten wir zu einem offenen Schacht, einer Grube, die senkrecht in den Fels gehauen war. Diese war dazu da, das Wasser aufzunehmen, das vielleicht vom Grabzugang hätte eindringen können, und als Wasserreservoir war noch ein kleiner Damm nahe dem Schacht gedacht.«

Diese Theorie von Davis ist umstritten. Vermutlich war der Schacht, der im übrigen bei vielen Pharaonengräbern zu finden ist, nur eine Falle für Grabräuber. Doch die Gangster verstanden es auch, dieses Hindernis zu überwinden. Im Grab Thutmosis' IV. fand man ein Seil, das um eine Säule gebunden war. An diesem Seil ließen sich die Einbrecher in den Schacht hinunter. Ein zweiter Mann versuchte in der Zwischenzeit mit der Schlinge eines zweiten Seiles auf der gegenüberliegenden Seite des Schachtes Halt zu finden.

Davis und seine Leute überwanden den etwa zehn Meter tiefen Schacht mit Hilfe einer Leiter, die sie mühsam hinter sich hergezogen hatten. Die Wandreliefs des Schachtes waren an einer Seite unterbrochen, Grabräuber hatten also auch hier den vermauerten Zugang zum eigentlichen Grab gefunden. An den Wänden des Ganges zur Grabkammer erkannten die Männer Darstellungen des Königs im Umgang mit verschiedenen Gottheiten, einige waren unvollendet.

An zwei weitere Schräggänge fügten sich mehrere Vorräume an, und im letzten, dem größten Saal, stand der rote Granitsarkophag Haremhabs. Erst jetzt sahen sie sich in dem Sargraum näher um: Die Grabräuber hatten ganze Arbeit geleistet, von drei Totenschädeln abgesehen, war der Sargraum ausgeräumt. Und so hatten Davis und seine Leute nicht die geringste Hoffnung, in dem Sarkophag auch nur den kleinsten Fund zu entdecken. Doch sie hatten sich getäuscht.

Davis und Ayrton trauten ihren Augen nicht, im Sarkophag lag ein menschliches Skelett. Aber der ersten Entdeckerfreude folgte schon bald die Ernüchterung. Ayrtons Einwand, bei dem menschlichen Gerippe könne es sich nicht um die sterblichen Überreste Haremhabs handeln, weil es überhaupt keine Anzeichen einer Mumifizierung aufwies, war nicht zu widerlegen. In einem Raum, der an die Grabkammer anschloß und den sie wegen seiner Wanddarstellungen Osiris-Raum nannten, lagen weitere menschliche Knochen herum. Der Anatom Dr. Elliot Smith, der die Gebeine wenig später zusammensetzte, konnte nachweisen, daß sie von zwei Frauen stammten. Die Schädel im Sarkophagraum und das Skelett im Sarkophag waren wiederum von anderen Personen. An keinem dieser Toten war eine Mumifizierung vorgenommen worden. Es wird wohl ewig ein Geheimnis bleiben, um wen es sich dabei handelt, vielleicht sind die menschlichen Gebeine Zeugnisse eines Grabräuberdramas.

Erste »Lebenszeichen« von Tut-ench-Amun

Im Winter 1906 weckte ein großer Stein, der zur Seite gekippt war, die besondere Aufmerksamkeit von Theodore Davis. »Es war sonderbar«, sagte er, »aber dieser Stein interessierte mich. Ich nahm ihn unter die Lupe, und als mein Assistent Ayrton mit bloßen Händen außen um den Stein herumgrub, da stieß er auf ein wundervolles Gefäß. Es trug die Kartusche von Tut-ench-Amun . . .«

Ein Jahr später: Davis grub jetzt nördlich von Haremhabs Grab, nur ein paar Schritte von dem genannten Fundort entfernt, da entdeckte E. Harold Jones, einer von Davis' Mitarbeitern, in etwa acht Meter Tiefe eine Gruft, die irgendwann im Lauf der Jahrtausende einmal unter Wasser gestanden haben mußte; sie war über und über mit getrocknetem Schlamm gefüllt. In der Meinung, ein neues Pharaonengrab entdeckt zu haben, schaufelten, kratzten und kehrten die Ausgräber in mühsamer Arbeit den Schlamm beiseite, und nach wenigen Tagen kam tatsächlich der erste Fund ans Tageslicht, ein zerbrochenes Kästchen, in dem mehrere dünne Goldblättchen lagen. Diese Goldblättchen trugen Namensringe. Ayrton las: »Tut-ench-Amun«. Auf einem anderen stand: »Anches-en-Amun«. Und auf einem dritten waren die Namen von Eje und seiner Frau Ti eingeprägt.

Davis war zunächst irritiert. Natürlich deuteten die Namensringe Tut-ench-Amuns darauf hin, daß er das Grab dieses Königs gefunden hatte. Aber sollte dieses Grab tatsächlich so schmucklos, so armselig gewesen sein. Sollte es tatsächlich von Einbrechern so gründlich beraubt worden sein?

Da zerstreute ein neuer Fund, nur wenige Tage später, Davis' Zweifel. Wenige Meter von der Gruft entfernt, stieß er auf eine Grube, angefüllt mit großen Tonkrügen, in denen zwar nichts weiter zu sein schien als Bauschutt, wie er bei der Anlage eines Pharaonengrabes anfällt, doch es kamen auch vertrocknete Girlanden, Blumen und Blattwerk zum Vorschein und kleine Säckchen mit einem rätselhaften Pulverinhalt, der später von Chemikern als Natron analysiert wurde. Die Krüge waren mit Deckeln verschlossen, bis auf einen, dessen Deckel zersprungen war. Er war mit einem Tuch umhüllt, und auf diesem Tuch erkannte Theodore M. Davis den Namensring Tut-ench-Amuns und die Datumsangabe »Jahr 6«.

Für Davis stand nun außer Zweifel, daß die zunächst freigelegte Gruft das Grab des vergessenen Pharaos gewesen sein mußte, daß antike Banditen dieses Grab geplündert und alles Unbrauchbare in der benachbarten Grube zurückgelassen hatten. »Ich fürchte«, sagte Davis, »daß damit das Tal der Könige restlos erforscht ist.« Er stellte nun seine Arbeiten ein.

Dieser resignierende Entschluß war der folgenschwerste im ereignisreichen Leben des Theodore M. Davis. Zermürbt von den jahrelangen Grabungen im westlichen Theben, ausgemergelt von gnadenloser Sonne, oft nach Luft ringend im flirrenden Staub, vergeblich Schutz und Kühlung suchend in den stickigen, süßlich duftenden Grabschächten, war Davis mit seiner Energie am Ende. Der Kupfermagnat aus Newport sollte nicht den Ruhm ernten, die größte Entdeckung der Archäologie gemacht zu haben.

Sechs Jahre, von 1903 bis 1909, hatte Davis mit unglaublichem Elan das Tal der Könige durchforscht, er hatte dort angefangen, wo ein anderer bereits aufgegeben hatte. Sieben Gräber mit Inschriften, neun weitere ohne eine Bezeichnung hatte der enthusiastische Amerikaner gefunden, und jede dieser Entdeckungen glich der sprichwörtlichen Suche nach der Nadel im Heuhaufen, jeder Fund war ein Triumph, jede Fehlgrabung eine persönliche Niederlage, wer mochte es ihm verdenken, wenn er jetzt nicht mehr wollte, nicht mehr konnte. Was in aller Welt sollte er überhaupt noch in diesem gottverdammten Tal der Könige entdecken?

IV.

Der Earl of Carnarvon: Ein Lord und sein Lakai

Lord Carnarvon und Howard Carter
verdanken ihren Erfolg
nicht einem glücklichen Zufall,
sondern der Beharrlichkeit,
mit der sie eine logische Theorie verfolgten.

Leonard Woolley, Archäologe

George Edward Stanhope Molyneux Herbert, geboren am 26. Juni 1866, Sohn des britischen Staatsmannes Henry Howard Molyneux Herbert und seiner Frau Evelyn, der einzigen Tochter des ehrenwerten Earl of Chesterfield, liebte zwei Dinge über alles: Pferde und Automobile. Mit seinen Pferden hatte der nach dem Tod seines Vaters zum Earl of Carnarvon avancierte Aristokrat nie Schwierigkeiten. Aber mit den Automobilen ...

Aus Ärger über ein britisches Gesetz aus dem Jahre 1865, das die Höchstgeschwindigkeit auf 6 Meilen pro Stunde festsetzte und vorschrieb, daß ein Mann mit einem roten Fähnchen vor einem Fahrzeug mit Eigenantrieb herzugehen hatte, stationierte er zwei seiner Wagen in Frankreich. Erst später holte er die Zulassung für ein Automobil in England ein, es war das dritte im Vereinigten Königreich.

Das Automobil war es dann auch, das Lord Carnarvon zu einem Jünger der Archäologie machte, und zwar auf eine ganz makabre Weise. Man schrieb das Jahr 1901. Lady Almina weilte zur Kur im deutschen Bad Schwalbach. Lord Carnarvon machte sich zusammen mit seinem Chauffeur Edward Trotman auf die Reise, um seine Frau abzuholen. Er saß selbst am Steuer, als er bei dem Versuch, einem

Ochsenkarren auszuweichen, von der Straße abkam und sich überschlug. Der Chauffeur wurde herausgeschleudert, Carnarvon blieb unter dem Motorwagen liegen. Er erlitt eine schwere Gehirnerschütterung und Verbrennungen an den Beinen, ein Handgelenk war gebrochen, Gaumen und Kiefer aufgeschunden, zeitweise setzte das Sehvermögen aus.

Von diesem schweren Unfall, der mehrere Folgeoperationen nach sich zog, hat sich Lord Carnarvon zeit seines Lebens nicht mehr völlig erholt. Vor allem Atembeschwerden machten ihm zu schaffen. Die Ärzte rieten, er möge das naßfeuchte Inselklima zur Winterzeit meiden. 1903 verbrachte Carnarvon die Jahreswende zum erstenmal in Ägypten und begegnete dabei jener Spezies Mensch, für die er sich schon seit seiner Collegezeit interessiert hatte, jenen wissenschaftlich gebildeten Maulwürfen, die die Erde nach Relikten der Vergangenheit durchwühlen, Männern, die buchstäblich »Geschichte machen«.

Carnarvon schrieb damals: »Es war schon immer mein Wunsch und meine Absicht, mich als Ausgräber zu versuchen, das geht bis auf das Jahr 1889 zurück, aber aus diesem oder jenem Grund kam es nie dazu.«

Die Leidenschaften des jungen Porchy

Es war dies eine der zahllosen Grillen, die der begüterte Lord im Kopf hatte. Er war schon von frühester Kindheit an gewohnt, ungewöhnliche Dinge zu tun. Zu Lebzeiten seines Vaters trug er noch den Titel eines Lord Porchester und wuchs auf dem riesigen Familienbesitz Schloß Highclere bei Newbury auf, inmitten weiter Pferdekoppeln, abgeschirmt von der Umwelt. Er konnte reiten, noch ehe er zur Schule ging, das heißt, Lord Porchester ging nicht zur Schule, der Lehrer kam zu ihm. Nach getaner Arbeit trabte er mit seinem Pony in den Forst von Broceliande oder fischte in den alten Weihern nach Hechten und pflückte sich Wasserlilien. »Porchy« verlebte bis zu seinem neunten Lebensjahr eine traumhaft sorglose Kindheit. Dann starb seine Mutter bei der Geburt der dritten Tochter.

Zwei Tanten, Lady Gwendolen und Lady Portsmouth, nahmen sich der Kinder an – was mancherlei Komplikationen mit sich brachte, weil Lady Gwendolen, gutmütig und nachsichtig, beinahe alles erlaubte und Lady Portsmouth, unnachsichtig und streng, beinahe alles verbot. Das sah so aus: Tante Gwendolen schenkte Porchy eine Säge, Tante Portsmouth nahm sie Porchy weg, umwikkelte sie mit einem blauen Band und hängte sie zur Abschreckung an die Wand.

Porchy entging diesem ständigen Konflikt, als sein Vater ihn ins Internat steckte, nach Eton, wo ein britischer Lord ein paar Jahre seines Lebens zugebracht haben muß. Er lernte dort Deutsch, Lateinisch und Griechisch – Französisch konnte er ohnehin, er war von seiner Mutter und den Hauslehrern französisch erzogen worden. Aber es gefiel ihm nicht so recht, und sein Vater holte ihn wieder zurück nach Highclere, wo dem jungen Lord ein eigener Tutor zur Verfügung stand.

Mit 19 trat er in das Trinity College in Cambridge ein, und hier zeichnete sich allmählich der künftige Lebensweg Porchys ab. Es zeigte sich, daß er am Abenteurerleben seiner frühen Kinderjahre Gefallen gewonnen hatte und daß er es wohl nie mehr ganz aufzugeben bereit war. Er liebte jede Art von Sport, vor allem Pferde- und Wassersport, und es bereitete ihm das größte Vergnügen, zu suchen, zu sammeln, zu forschen. Er klapperte alle erreichbaren Antiquitätenläden nach alten Tassen, Stichen und Zeichnungen ab und stellte bei der Collegeleitung den Antrag, die Holzvertäfelung in seinem Zimmer von ihrem entstellenden Anstrich freizulegen.

In der Zwischenzeit hatte Porchys Vater in Portofino an der italienischen Riviera eine Villa gebaut. Hier verbrachte der Studiosus seine Semesterferien, hier wurde er zum waghalsigen Segler. Keine Bö war so stark, keine Welle so hoch, als daß sie ihn am Auslaufen gehindert hätte.

Von einer Segelturn vor der Küste Siziliens berichtet seine Schwester, Lady Burghclere, eine abenteuerliche Geschichte. Porchy mußte weit draußen vor der Küste Anker werfen und ließ sich von ein paar zufällig auftauchenden Fischern an Land rudern. Genau in der Mitte zwischen seiner Jacht und dem Festland ließen die Fischer die Ruder fallen, bauten sich drohend vor Carnarvon auf und forderten Geld, sonst würden sie ihn ins Wasser werfen.

Carnarvon blieb ruhig und bedeutete den Fischern, er habe kein Geld bei sich, sie könnten ruhig seine Taschen durchsuchen. Dabei griff er in seine Rocktasche, als wolle er andeuten, daß sie leer sei. Aber als er die Hand aus der Tasche zog, blickten die verdutzten Fischer in die Mündung eines Revolvers.

»Entweder ihr rudert mich an Land oder ihr werdet erschossen«, sagte Carnarvon ganz ruhig in seiner feinen englischen Art – so schnell wurde noch nie ein Lord an Land gerudert.

»Ich höre noch, wie er in sich hineinlachte«, erinnerte sich seine Schwester, »wenn er die Geschichte erzählte, für ihn eine sehr ergötzliche Episode.«

Das waren Abenteuer, wie er sie suchte, hier konnte er zeigen, daß er ein Kerl war. Und so mag es kaum verwundern, daß er sich nach Abschluß der Collegezeit 1887 in den Kopf setzte, in einer Segeljacht die Welt zu umrunden. Mit einem Kapitän, kompletter Mannschaft, Koch und Schiffsarzt segelte Porchy von Portofino nach Vigo in der spanischen Provinz Pontevedra, von dort nahm er Kurs auf die Kapverdischen Inseln an der Westküste Afrikas, und nach sechswöchiger Überfahrt erreichte die »Aphrodite« die Westindischen Inseln Mittelamerikas. Porchy schipperte südwärts weiter, der Panamakanal existierte damals noch nicht, und landete in der brasilianischen Stadt Recife, wo er sich und der Mannschaft zwei Wochen Ruhe gönnte. Von Rio de Janeiro nahm die »Aphrodite« Kurs auf die argentinische Hauptstadt Buenos Aires.

Das Auftauchen der britischen Abenteurer erregte dort so großes Aufsehen, daß Porchester für den argentinischen Präsidenten an Bord einen Empfang geben mußte. Es war schon spät im Jahr, und Carnarvons Kapitän meinte, es sei Selbstmord, um diese Jahreszeit Feuerland und die Spitze Südamerikas zu umfahren – noch dazu in einem Segelboot. Lord Porchester war wagemutig, aber er war nicht dumm, also hob er die Startflagge zur Heimkehr. Die Rückseite der Erde sah er sich in den nächsten Jahren an: Australien und Japan. Er kam gerade von Japan zurück, da starb der Vater. Porchy war jetzt der fünfte Earl of Carnarvon.

Geld allein macht noch keinen Ausgräber

Lord Carnarvons Leidenschaft für die Archäologie wurde von einem einflußreichen Freund, Sir William Garstin, gefördert. Sir William war damals Berater des Kairoer Ministeriums für Öffentliche Arbeiten, dem die Altertümerverwaltung unterstellt war. 1906 war es dann soweit. »Zu dieser Zeit«, schreibt Lord Carnarvon, »hatte ich, ich muß gestehen, von Ausgräberei keine Ahnung. Mir wurde ein Areal oben in dem Dorf el-Kurna zugeteilt, und ich wollte zunächst einmal arbeiten, ohne etwas falsch zu machen. Ich hatte noch keine 24 Stunden gegraben, als wir auf etwas stießen, das wie ein unberührtes Grab aussah. Das löste bei der Altertümerverwaltung große Aufregung aus, die sich jedoch bald wieder legte, als sich herausgestellt hatte, daß das Grab unvollendet war. Sechs Wochen lang arbeitete ich, in Wolken von Staub eingehüllt, Tag für Tag. Ich fand eine große mumifizierte Katze in ihrem Sarg, die jetzt eine Zierde des Kairoer Museums ist, aber sonst gab es nichts, was meine anstrengenden und staubigen Bemühungen gelohnt hätte. Dieser ausgesprochene Fehlschlag entmutigte mich jedoch keineswegs, er hatte vielmehr zur Folge, daß ich mit noch mehr Eifer ans Werk ging als bisher.«

Lord Carnarvon erkannte schon bald, daß noch so großer Eifer ein gewisses Maß an Fachwissen nicht ersetzen kann. Nach wochen- und monatelangen vergeblichen Anstrengungen im Sand von el-Kurna schickte der besessene Engländer seine Arbeiter nach Hause, fuhr nach Kairo und konsultierte den Präsidenten der Altertümerverwaltung. Er schimpfte, man habe ihm nichts weiter als ein längst abgegrastes Areal zugewiesen, das außer Steinen nichts mehr hervorbrächte. Maspero erwiderte, die Chancen, fündig zu werden, seien beinahe überall gleich groß, nur bedürfe es gewisser Voraussetzungen; Fachwissen und Erfahrung würden sich dabei gewiß nicht nachteilig auswirken. Carnarvon verstand: Die hohen Herren, die das ägyptische Altertum gepachtet zu haben schienen, hatten es nicht so gerne, wenn Ausgräber nur Geld mitbrachten und sonst nichts.

»Wen würden Sie mir empfehlen?« fragte der Lord in bestem Französisch.

Maspero war, wie es scheint, vorbereitet. Er kenne da einen Engländer, der sei zur Zeit praktisch arbeitslos, er halte sich mit Malen über Wasser, ein archäologisch hochbegabter Mann namens Carter, ein Schüler von Flinders Petrie, dem bereits einmal ein Inspektorenposten der Altertümerverwaltung anvertraut war. Unselige Umstände hätten ihn dazu gezwungen, den Posten niederzulegen, jetzt male er Bilder für Touristen.

Carnarvon war über diesen Vorschlag nicht gerade begeistert. Natürlich hätte er lieber mit einem der großen Archäologen zusammengearbeitet, mit Flinders Petrie, Wallis Budge oder James Henry Breasted. Aber Masperos Rat war unmißverständlich. Und er allein konnte über Erfolg oder Mißerfolg eines solchen Unternehmens entscheiden.

Einmal im Jahr trat die »Regierungskommission für Altertümer« zusammen, deren Vorsitz Maspero führte, und vergab Grabungslizenzen. Dabei wurden Grabungsareale mit der Auflage zugeteilt, die Hälfte aller Funde abzuliefern. Stellte ein Ausgräber schon nach wenigen Tagen fest, daß er mit seinem Claim eine Niete gezogen hatte, dann half alles nichts, er mußte ein Jahr lang warten, bis er eine neue Grabungserlaubnis an anderer Stelle erhielt. Die trächtigsten Stellen wurden ohnehin den Einheimischen zugewiesen. In Luxor waren dies meist Antiquitätenhändler, die aufgrund ihrer Kenntnisse im Vorteil waren.

Maspero wollte Carter eine Chance geben. Seine Entlassung damals war unter politischem Druck erfolgt, aber er wußte um die Fähigkeiten des jungen Engländers, und damals hatte er alles versucht, ihn zu halten, er hatte Carter vergeblich bestürmt, sich zu entschuldigen.

Carnarvon überlegte nicht lange und sagte: »Gut. Wo ist dieser Mr. Carter? Wir wollen es versuchen!«

Ein seltsames Team

Als sich die beiden zum erstenmal sahen, war es alles andere als Liebe auf den ersten Blick. Aber für die nächsten 16 Jahre sollten sie einander auf Gedeih und Verderb ausgeliefert sein, diese beiden Männer, die sich äußerlich so ähnelten und doch so völlig verschieden waren: Carnarvon, damals 41 Jahre alt, steinreich, lebensfroh, der Archäologie als faszinierenden Zeitvertreib und als Gelegenheit zur Anlage einer Sammlung betrachtete, Carter, 33jährig, mittellos, resigniert, in sich gekehrt, eine verkrachte Existenz, die man ihres Lebensinhalts beraubt hatte. Es war von Anfang an eine Art Haßliebe, der eine brauchte den anderen. Carter erhielt ein Britisches Pfund pro Tag, aufgerundet 400 Pfund im Jahr, dafür hatte er zu schürfen und den Mund zu halten.

Was Carter von Carnarvon hielt, schrieb er 1923 in seinem Buch »Das Grab des Tut-ench-Amun«, und wer Carters sonstige Zurückhaltung kennt, der weiß, daß er sich hier etwas von der Seele geschrieben hat. Carter wetterte in diesem Buch gegen die weitverbreitete Ansicht, daß Archäologie keine eigentliche Arbeit sei, sondern eine Art Vergnügen.

Ohne Carnarvon zu nennen, schreibt er: »Ist der Ausgräber reich genug, so führt er die Grabungen mit seinem eigenen Geld oder, wenn er andere Leute zu einer Kostenübernahme überreden kann, mit ihrem Geld aus. Alles, was er zu tun hat, besteht darin, das Leben in einem schönen Winterklima zu genießen und eine Schar Eingeborener zu bezahlen, die für ihn Entdeckungen machen müssen. Schuld an dieser Auffassung ist zum großen Teil der Laienarchäologe, der Mann, der selten die Arbeit mit eigenen Händen verrichtet und sogar meist abwesend ist, wenn wirklich eine Entdeckung gemacht wird. Das Leben des ernsthaften Ausgräbers dagegen ist oft eintönig und ... ebenso schwer wie das irgendeines anderen Mitglieds der menschlichen Gesellschaft.«

Kein Zweifel, auch wenn der Name des Lords nicht genannt wird, er ist es, den Carter meint: *Er* verbrachte die Winter im angenehmen Winterklima von Luxor, *er* war nicht in Ägypten, als Carter das Grab Tut-ench-Amuns entdeckte, *er* war reich genug, Grabungen mit eigenem Geld durchführen zu können. Diese paar Zeilen sind ein deutlicher Hinweis auf die Haßliebe, die Carter mit Carnarvon verband. Er haßte ihn, seine Lebensauffassung, sein Wesen, sein Geld, aber er war auf ihn angewiesen, wenn er arbeiten wollte.

Mit der Konzession für den Frühling 1907 hatte Maspero den beiden Engländern ein Areal zugewiesen, das nordwestlich der Stelle lag, wo Carnarvon bisher in eigener Regie gegraben hatte, in Der el-Bahari.

Lord Carnarvon machte vom ersten Tag an deutlich, wer der Boß war, er führte das Kommando, Carter hatte nur als Berater zu fungieren. Der Lord suchte die Rais, die Vorarbeiter, aus, die wiederum das Arbeiterheer rekrutierten. Der Andrang war groß, denn in el-Kurna und in den Nachbardörfern gab es keine Arbeit. 75 bis 175 Männer und Kinder arbeiteten für das Team der beiden Engländer, angeführt von Mansur Mohammed el-Haschasch, Mohammed Abd el-Ghaffer und Ali Hussein.

Carnarvon, dem es vordergründig um eine möglichst große Ausbeute an Funden für seine Ägypten-Sammlung ging, lebte in ständiger Furcht, von seinen Arbeitern betrogen zu werden. Er gab deshalb den Befehl aus, daß, sobald ein Grab gefunden würde, so wenige Arbeiter wie irgend möglich damit in Berührung kommen sollten. Bei jeder kleinsten Entdeckung sollten sofort die Arbeiten eingestellt werden, bis er oder Carter anwesend seien. Carnarvon organisierte nicht nur den Zeitplan, er setzte auch fest, wo gegraben wurde. Voll Stolz führte er ein Ausgräber-Tagebuch. Darin heißt es:

»Nach zehntägiger Arbeit in Der el-Bahari stießen wir auf ein unberührtes Grab. Es machte einen ungewöhnlich modernen Eindruck. Da standen verschiedene Särge in der Gruft. Der erste, der unsere Aufmerksamkeit auf sich zog, war weiß und fein bemalt, über ihn war ein Bahrtuch gelegt, und am Fußende lag ein Blumenbouquet. 2500 Jahre waren diese Särge unberührt geblieben und vergessen. Der Grund, warum das Grab noch nicht von Räubern heimgesucht worden war, wurde bald klar. Hier gab es keine Grabbeigaben, die Besitzer der Särge waren offensichtlich arme Leute, und sie oder ihre Verwandten hatten alles Geld, das sie für die Beerdigung aufbringen konnten, für die bemalten Särge ausgegeben, in denen sie bestattet wurden.« Fehlanzeige also.

Carter übernimmt das Kommando

Einige Wochen später, die Hitze in Der el-Bahari war kaum noch zu ertragen, ein weiterer Eintrag in Carnarvons Tagebuch:

»Die Ergebnisse dieser Saison sind sehr armselig. Nur noch einmal stießen wir, etwa 400 Yards vom Tempel von Der el-Bahari entfernt, auf Gestein, unter dem ein Grab verborgen zu sein schien. Am nächsten Morgen ritt ich ins Tal, doch als ich Carters Gesicht sah, da wußte ich, daß etwas Unangenehmes und Unvorhergesehenes passiert war. O weh! Was tags zuvor so vielversprechend ausgesehen hatte, erwies sich als gemauerter Stall, in dem ein altägyptischer Vorarbeiter seinen Esel eingestellt und seine Bücher geführt hatte . . .«

Der offensichtliche Mißerfolg der ersten Grabungskampagne brachte Carnarvon zu der Einsicht, daß der erfahrene Carter zumindest die Stellen aussuchen sollte, an denen sie den Spaten ansetzen wollten. Die Leitung des Unternehmens wollte der Lord jedoch nicht aus der Hand geben, Carter war – was blieb ihm schon übrig – einverstanden.

Er suchte für die Arbeit in den nächsten Jahren drei Plätze aus, die ihm vielversprechend erschienen. Das waren 1. eine Stelle, wenige Meter nördlich der Dorfmoschee, wo, nach Angaben der Einheimischen, ein Grab liegen sollte, 2. ein Flecken weiter nördlich zwischen den Hügeln des Dorfes Dra Abu el-Nagga und dem Fruchtland und 3. ein Gebiet an der Nordseite von Der el-Bahari. Carnarvon war gespannt.

Die Arbeiten wurden bei Platz 1 begonnen. Die erste Woche verstrich, ohne daß auch nur eine Kleinigkeit ans Tageslicht kam, für Carnarvon eine Genugtuung. Als die zweite Woche genauso erfolglos blieb, stellte der Lord seinen Hausarchäologen zur Rede. Ob er sich noch etwas verspreche von seinen Grabungen, ob sie nicht lieber woanders anfangen sollten. Nein, erwiderte Carter, seine Lordschaft müsse Geduld haben.

Carter war sich seiner Sache ziemlich sicher. Wenn die Einheimischen, insbesondere die Bewohner von el-Kurna, von einem Grab sprachen, von dem sie gehört hatten, dann gab es dieses Grab, allerdings hatten sie dann auch längst alles ausgeräumt, was nicht niet- und nagelfest war, und auf dem schwarzen Markt verkauft. Also grub er weiter.

Zu Beginn der dritten Woche stieß er zwischen gewaltigen Schuttmassen auf dieses Grab. Es war zwar nahezu leer, aber es stammte aus dem Beginn der 18. Dynastie und war bedeutungsvoll wegen seiner vorzüglich erhaltenen Inschriften und Reliefs. Diese

Chnum an der Töpferscheibe Menschen schaffend

wiesen es als letzte Ruhestätte eines Königssohns namens Teta-Ky aus, und das Grab enthielt neben zahlreichen Szenen ein ganzfiguriges Relief der Königin Ahmes-Nofretari, der Mutter des Pharaos Amenophis I., eine der wenigen Königinnen, der schon zu Lebzeiten göttliche Verehrung zuteil wurde. Ein ganzer Haufen hölzerner Totenfigürchen und kleiner hölzerner Mumiensärge, der den Grabräubern offensichtlich wertlos erschienen war, stimmte auch den Sammler Carnarvon freudig, zum erstenmal war er als Ausgräber fündig geworden.

Der Lord drängte. Einmal auf den Geschmack gekommen, wollte er möglichst jeden Tag eine neue Entdeckung machen. Carter hatte kaum Teta-Kys Grab aufgenommen, das heißt, die Reliefs, Inschriften und Grundrisse abskizziert, da wurden die Arbeiten auf Platz 2 verlegt.

»Ein wichtiges Dokument, Sie Glückspilz!«

Drei Tage grub Carter mit seinen Leuten etwa 150 Meter nordöstlich des Zugangs zum Talkessel von Der el-Bahari, dann war er wieder fündig: Diesmal war es ein Grab aus der 17. Dynastie. Da der Name des einstigen Grabinhabers nicht auszumachen war und weil es das neunte Grab in dieser Gegend war, bezeichnete Carter es als

Die Goldmaske des Tut-ench-Amun: Pures Gold und kostbarer Lapislazuli symbolisieren das Einswerden mit dem Sonnengott Re.

Oben: Tell el-Amarna, wo Howard Carter seine ersten Grabungsversuche machte – hier der nördliche Palast Nofretetes.
Unten: Carters Lehrmeister Sir Flinders Petrie (im Busfenster) mit Ehefrau Hilda (ganz rechts) und Assistenten.

Das Tal der Könige nach einem Aquarell von Howard Carter. Carter kam ursprünglich als Zeichner nach Ägypten, durch Zufall wurde er zum Ausgräber.

Der Zugang zum Grab des Tut-ench-Amun (A) – hier eine Photographie aus dem Jahre 1923 – war bei den Bauarbeiten am Grab Ramses VI (B) verschüttet worden. So geriet das Grab in Vergessenheit.

Oben: In der Nordecke der Vorkammer des Grabes fand Carter diese bemalte Holztruhe, die den König bei der Jagd zeigt.
Unten: Ein Anhänger aus der Schatzkammer, in Gold und farbigem Glasfluß gearbeitet, zeigt die Himmelsgöttin Nut als Geier.

Oben: Howard Carter (vorne) begleitete unter Polizeischutz jeden Fund, der vom Königsgrab in das nahe Laboratorium getragen wurde.
Unten: Zerlegte Streitwagen Tut-ench-Amuns in der Vorkammer des Grabes.

Nach Ausräumung der Vorkammer brachen Lord Carnarvon und Howard Carter (rechts) in Anwesenheit zahlreicher Ehrengäste die versiegelte Mauer zur Sargkammer auf. Durch den schmalen Mauerdurchbruch erkannte der Lord einen riesigen goldenen Schrein.

Das Ausgräber-Team (von links) Arthur Mace, Carters Sekretär Richard Bethell, Assistent A. R. Callender, Carnarvons Tochter Evelyn und Howard Carter, Lord Carnarvon, Alfred Lucas und der Photograph Harry Burton.

Ein großer Archäologe und Vermittler im Konflikt Carters mit den ägyptischen Behörden: der Amerikaner James Henry Breasted.

Lord Carnarvon (links) wollte die Grabschätze mit einem Automobil transportieren. Der Versuch erwies sich jedoch als untauglich, weil das Gefährt ständig im Wüstensand steckenblieb.

Grab Nr. 9. Es galt, unsagbare Mengen von Schutt und Scherben zu beseitigen, bis der Zugang frei war. Zuerst fand er ein paar nackte Mumien, die irgendwann in späterer Zeit hier zur ewigen Ruhe gebettet und danach geplündert worden waren.

Auf der Schwelle zur Vorkammer lagen zwei Holztafeln, die Carters ganze Aufmerksamkeit in Anspruch nahmen. Beide Tafeln waren mit Gips gespachtelt und mit hieratischen Schriftzeichen bemalt. Carter rief den Oxforder Ägyptologen Francis Llewellyn Griffith zu Hilfe, einen der damals brillantesten Linguisten. Der Professor besah sich den Fund und bekam große Augen. Dann sagte er: »Carter, ich gratuliere, Sie haben einen außerordentlich bedeutsamen historischen Fund gemacht!«

Carter sah Griffith zweifelnd an. Der Professor hielt dem Ausgräber die Tafel hin: »Das ist die Geschichte des Generals Kamose, der Ägypten von der Hyksos-Herrschaft befreite, ein wichtiges Dokument, Sie Glückspilz!«

Carnarvon war von diesem Fund nicht übermäßig begeistert, er war kein Objekt für einen Antiquitätensammler, er war nur historisch interessant.

Asiatische Reiterhorden – noch nie hatten die Ägypter bis dahin einen Menschen zu Pferd gesehen – waren um das Jahr 1650 v. Chr. in das Nilland eingedrungen, hatten sich im Nildelta angesiedelt und sogar ihre eigene Hauptstadt gegründet, Auaris. Hundert Jahre herrschten die Hyksos, »die Fürsten der Fremdländer«, über Ägypten, bis Sekenenre, ein thebanischer Stadtfürst, gegen den Hyksos-König Apopi im Delta zu Felde zog. Sekenenre kam dabei um; doch er hatte zwei Söhne. Der ältere war Kamose, jener Kamose, von dem die Holztafel berichtete. Kamose rächte den Tod seines Vaters und vertrieb die Hyksos aus ihrer Hauptstadt. Sein jüngerer Bruder Ahmose verfolgte die fremden Invasoren sogar bis Südpalästina, er wurde, als Kamose starb, der erste König der 18. Dynastie.

Grab Nr. 9 wurde nach Beendigung der Grabungssaison im April 1908 wieder zugeschüttet. Carter, der über die Untersuchung der Vorkammer nicht hinausgekommen war, glaubte, die Hauptkammer könne noch größere Schätze bergen, und fürchtete, daß sie während der Abwesenheit der Ausgräber im Sommer geraubt würden.

»Aber im Jahre 1909«, schreibt Howard Carter, »mußten wir, um die Hauptkammer zu öffnen, noch umfangreichere Grabungen machen, vor allem, weil der Schutt so hoch lag und ständig nachrutschte. Wir fanden kaum mehr als ein paar Töpfe, wie wir sie schon in der Vorkammer gefunden hatten, einen Kindersarg, der zu verfallen war, als daß man ihn noch präparieren konnte, und die Begräbnisstätte eines armen Mannes aus viel späterer Zeit. Das Grab bestand aus einem Hof, der mit flachen Steinen hochgemauert war. Ein Einschnitt in der Mitte war der Zugang zu einem in den Fels gehauenen sechs Meter langen Gang, der zu einer rechteckigen Kammer führte, die offensichtlich dem Toten als Magazin dienen sollte. Eingelassen in den Boden dieser Kammer war an der Westseite ein etwa drei Meter tiefer Schacht, durch den man in zwei weitere übereinanderliegende Räume gelangen konnte. Ich kann mir nur schwer vorstellen, daß diese Menge von Tonscherben, die wir im Schutt außerhalb des Grabes fanden, von diesem relativ kleinen Grab stammen sollten. Ich vermute, daß der größte Teil von einigen benachbarten, vielleicht größeren Gräbern stammt.«

Ein Tempel wird entdeckt

Carter sollte recht behalten. Wenige Tage später stießen seine Arbeiter nur einige Zentimeter unter dem Bodenniveau auf eine gut erhaltene Steinmauer. Carter grub an der Mauer entlang, 10 Meter, 20 Meter, schließlich lagen 40 Meter Mauerwerk frei. Der Ausgräber bat Carnarvon um mehr Arbeiter, der Lord engagierte ein paar Kinder. Für ein paar Piaster schleppten sie von früh bis mittags Schilfkörbe von Schutt.

Die 2,60 Meter breite Mauer wurde immer länger, machte schließlich einen Knick und deutete den Umfang eines Gebäudes an. Im Norden kam eine Zufahrt zum Vorschein. Auf der Innenseite bearbeitete Steinblöcke deuteten an, daß sie ursprünglich zu einem älteren Bauwerk gehört hatten und bei diesem Projekt neue Verwendung fanden. Lord Carnarvon notierte sich: »Mir fiel auf, daß Format und Bearbeitung der Steine denen des Mentuhotep-Tempels in Der el-Bahari glichen.«

Die Freilegung des gewaltigen Bauwerkes, auf das Carter gestoßen war und das allen Rätsel aufgab, nahm die ganze Saison 1909 in Anspruch. Ägyptologen aus aller Welt, die die Umrisse des Gemäuers in Augenschein nahmen, konnten sich dessen Sinn und Zweck nicht erklären.

Etwa 800 Meter entfernt lagen im Südwesten der Terrassentempel der Hatschepsut und der Totentempel des Mentuhotep aus der 11. Dynastie, das heißt, viel war von diesen Bauten nicht zu erkennen. Eine schräge Rampe führte einst auf den Mentuhotep-Tempel, der auf 140 achtkantigen Pfeilern ruhte. In der Mitte der Terrasse erhob sich eine kleine Pyramide, darunter befand sich ein Scheingrab, in dem eine mumifizierte Königsstatue lag. Das eigentliche Grab war 150 Meter tief hinter dem Tempel in den Fels geschlagen. Der Totentempel des Mentuhotep befand sich nicht so dicht unterhalb der steilen Felswand von Der el-Bahari wie der danebenliegende Hatschepsut-Tempel, der durch die seit Jahrtausenden abbröckelnden Steine und Geröllmassen verschüttet worden war. Beide Tempel lagen jetzt frei. Nun war Carter auf ein drittes Bauwerk gestoßen.

Handelte es sich um ein Grabmal, einen Tempel, aus welcher Zeit stammten die Überreste, wer hatte das Bauwerk errichtet?

Eine erste Antwort auf diese Fragen brachten ein paar Steinblöcke, die wenige Tage nach Grabungsbeginn im Herbst 1910 aus dem Sand gezogen wurden. Carter erkannte Inschriften: den Namen der Königin Hatschepsut, Maat-ka-ra, und des Baumeisters und »Zweiten Priesters des Amun, Ipuemre«. Bald darauf wurden einige solche Blöcke verbaut im Mauerwerk sichtbar. Der Lord war begeistert: »Diese bewiesen, in Verbindung zu einem einzelnen Block, der den Namen des berühmten Architekten der Königin, Senenmut, trug, eindeutig, daß das Mauerwerk, auf das wir gestoßen waren, ein Bau aus der Regierungszeit Hatschepsuts sein mußte.«

Der Terrassentempel der Königin Hatschepsut mußte irgendwie mit dem von Carter entdeckten Bauwerk in Verbindung stehen. Dafür sprach die Straße, die schnurgerade dorthin führte. Carter erinnerte sich an die Bauten von Gise und Abusir, und auf einmal waren ihm Sinn und Zweck dieses Gebäudes klar. Es handelte sich um einen sogenannten Taltempel, das Eingangsgebäude zum Haupttempel. Von hier gelangte der Besucher durch eine Sphingenallee – die Statuen trugen alle den Kopf der Hatschepsut – zum Eingang des eigentlichen Tempels, einem Pylon, der heute verschwunden ist.

Was Carter damals noch nicht wußte: Die Verbindungslinie zwischen dem Taltempel und dem Terrassentempel der Hatschepsut mündet in der Verlängerung exakt in der Achse des Amun-Tempels von Karnak. Warum, das ist bis heute ein Rätsel.

Unterhalb der Fundamente des Taltempels stieß Howard Carter auf mehrere einfache Gräber, die aus dem massiven Fels gehauen waren. Kein einziges war der Plünderung entgangen, einige waren offensichtlich sogar zweimal ausgeraubt worden, denn die Ausgräber fanden Spuren aus dem Mittleren Reich und Relikte aus der Regierungszeit der Königin Hatschepsut. Fragmente ein und derselben Gedenkplatte wurden in zwei verschiedenen Gräbern (Nr. 27 und Nr. 31) entdeckt.

In dem mit Nr. 25 bezeichneten Grab stand ein ungeöffneter Sarg, doch er war schmucklos, und die Mumie gab keinerlei Hinweise auf Namen und Lebenszeit des Toten, nur ein Bronzespiegel mit Elfenbeingriff und eine Halskette mit Gold und Halbedelsteinen erregten das besondere Interesse Lord Carnarvons. Howard Carter beschäftigte sich hingegen mit etwa 200 Holzteilchen, Plättchen und Splittern aus Zedern- und Ebenholz und Elfenbein. Seine Erfahrung sagte ihm, daß es Bestandteile eines Schmuckkästchens waren. Solche Kästen trugen meist Inschriften, die über den Besitzer Auskunft gaben. Während Carnarvon die Grabungen beaufsichtigte, zog sich Carter für ein paar Tage zurück und setzte dieses jahrtausendealte Puzzle zusammen. Es gelang. Und seine Vermutung bewahrheitete sich. Das mit zierlichen Ornamenten verzierte Kästchen trug den Namen Amenemhets IV., eines weitgehend unbekannten Pharaos der 12. Dynastie, und den Namen des »Verwalters der Lebensmittelhäuser, Kemen«. Auf dem Kästchendeckel wurde Sobek, der »Herr von Hent«, angerufen, einen Ort im Fayyum, wo die Könige der 12. Dynastie besonders aktiv waren.

Carnarvons besonderes Verhältnis zum Geld

1911. Das britische Grabungsteam hatte eine Fläche von 11000 Quadratmetern umgegraben, bis zu acht Meter tief; Sand, Schutt und Geröll waren von 175 Hilfsarbeitern aus dem Dorf el-Kurna –

gut die Hälfte waren Kinder – umgeschichtet worden. Gemessen an dem Aufwand war die Ausbeute an Funden bescheiden – zumindest für einen Sammler wie Lord Carnarvon. Die Kosten waren unerwartet hoch, kein Zweifel, er war unzufrieden mit dem Ergebnis. Auch die letzte Hoffnung, eine ganz große Entdeckung gemacht zu haben, erwies sich als trügerisch. Ein riesiges Grab, Nr. 37, enthielt zwar 65 Särge, aber sie waren kunst- und schmucklos und obendrein ausgeraubt. Offensichtlich hatten irgendwelche Banditen das Grab als Abstellraum benutzt.

Ein enger Freund des Lords, Wallis Budge, charakterisierte Carnarvon und seine Sammelleidenschaft so: »Das trockene Gerüst der ägyptischen Philologie ließ ihn kalt, und wenn Ägyptologen in seiner Gegenwart über Jahreszahlen und die Chronologie palaverten, da konnte man mit Vergnügen hören, wie er in sich hineinkicherte. Aber er war entflammt von den schönen Formen und Farben, die er in den ägyptischen Antiquitäten entdeckte, und seine Sammlung ägyptischer Antiquitäten auf Schloß Highclere ist, in Anbetracht ihrer Größe, die vielleicht bemerkenswerteste, die ich kenne. Er wollte nur das Beste, und nur das Beste war ihm gut genug, und hatte er dann das Beste, dann ließ er sich nicht davon abbringen, daß es irgendwo irgend etwas Besseres als das Beste geben müsse.«

Man könnte ihn für einen Snob halten, und sicher war er das auch in gewisser Hinsicht, das Einzigartige, das Besondere übte eine magische Anziehungskraft auf ihn aus. Wenn es um Antiquitäten ging, spielte Geld keine Rolle, dann hielt er es mit dem britischen Assyrologen Sir Henry Robinson, der da meinte:

»Es ist leichter Geld zu beschaffen als Antiquitäten.«

Obwohl, vielleicht aber auch gerade weil er so reich war, hatte Lord Carnarvon zu Geld ein ganz besonderes Verhältnis, jedenfalls wollte er es nicht umsonst ausgeben. Der Gedanke, eine Fehlinvestition getan zu haben, wie jetzt bei diesen Ausgrabungen, schien ihm beinahe unerträglich. Sir Leonard Woolley, der 1960 verstorbene britische Archäologe, der in Ägypten für die Universität von Pennsylvania grub und durch die Entdeckung der Königsgräber von Ur weltberühmt wurde, berichtet von einer Episode, die für den Ausgräber-Lord aus Highclere bezeichnend war.

Eines Tages kam ein Mann zu Carnarvon ins Hotel und fragte: »Sammeln Sie nicht Altertümer?«

Carnarvon sagte: »Ja.«

Darauf der Mann: »Ich habe etwas Wundervolles, etwas ganz Wundervolles!«

Carnarvon: »Worum handelt es sich? Wollen Sie mir das Stück nicht zeigen?«

»O nein«, sagte der Mann, »nicht hier, ich habe es zu Hause.«

»Nun gut«, meinte Lord Carnarvon, »wenn es wirklich so ein gutes Stück ist, dann will ich es sehen.«

»Einverstanden«, bekräftigte der Fremde, »Sie können es ansehen, aber Sie müssen meine Bedingungen akzeptieren.«

»Und was sind das für Bedingungen?«

»Sie müssen bei Nacht kommen und gestatten, daß ich Ihnen die Augen verbinde. Ich bringe Sie dann zu meinem Haus; denn Sie dürfen nicht erkennen, wo es ist. Und«, fügte er hinzu, »Sie müssen 300 Pfund mitbringen, in Gold.«

Seltsame Bedingungen waren das. Mit verbundenen Augen und 300 Pfund in Goldmünzen in der Tasche einen Unbekannten im damaligen Ägypten aufzusuchen, wer würde das schon tun? Aber wenn es um Antiquitäten ging, kannte Lord Carnarvon keine Furcht: »Gut, ich bin einverstanden.« Schließlich vergewisserte er sich noch einmal: »Ist das der Preis, den Sie verlangen?«

»Ja«, meinte der, »300 Pfund, keinen Penny mehr, für 300 Pfund können Sie die Dinge haben, wenn Sie wollen.«

Am selben Abend kamen nach dem Dinner drei Männer, sie gingen mit Carnarvon auf die Straße, verbanden ihm die Augen, setzten ihn in einen Wagen, fuhren ein Stück, stiegen aus und führten ihn in ein Haus. Dort nahmen sie dem Lord die Augenbinde ab.

»Wo sind die Antiquitäten«, fragte Lord Carnarvon.

Sie zeigten ihm zwei Gegenstände, eine Vase aus poliertem Stein mit goldenem Deckel, auf dem Deckel die Kartusche eines Pharaos der 1. Dynastie, ein wundervolles Stück. Aber das zweite war noch bedeutender, ein prachtvolles Feuersteinmesser mit goldenem Griff, in den Tiere ziseliert waren, eine prädynastische Antiquität.

Carnarvon überlegte nicht lange: »Gut, ich kaufe beides.« Er zahlte die 300 Pfund, das war spottbillig, man verband ihm wieder die Augen und brachte ihn ins Hotel zurück.

In seiner Suite sah sich Lord Carnarvon die Stücke näher an, und je mehr er sie betrachtete, desto mehr kam ihm der Verdacht, er habe die Stücke schon einmal gesehen. Der erste Gedanke war, es könne sich um Kopien handeln. Also ging er am nächsten Tag ins Museum. In der Vitrine, in der einige der ältesten und wertvollsten Fundstücke auf rotem Samt ausgestellt waren, sah Carnarvon einen Fleck, dunkler als der übrige Samt, der von der Sonne verblaßt war. Er erkannte noch einen zweiten länglichen Fleck, der den Ausmaßen seines Feuersteinmessers entsprach, und ihm wurde klar: Seine Neuerwerbungen waren Diebesgut aus dem Museum, seine Lordschaft saß auf Diebesgut.

Schließlich ging er zu Gaston Maspero, dem Museumsdirektor, und fragte: »Professor Maspero, sind in letzter Zeit irgendwelche Dinge aus dem Museum gestohlen worden?«

»Warum fragen Sie?« wollte Maspero wissen.

Lord Carnarvon: »Ich habe da einen Verdacht. Also stimmt es?«

»Ja«, seufzte Maspero, »es stimmt, wir haben zwei bedeutende Stücke verloren.«

»Haben Sie etwas unternommen, um sie wiederzubekommen?«

»Nein«, sagte Maspero.

»Ich habe die Sachen«, gab Carnarvon zur Antwort. »Ich bekam sie von jemandem, den ich nicht wiederfinden kann, er war sehr vorsichtig. Sie haben mich 300 Pfund gekostet. Wollen Sie sie zurückkaufen? Für 300 Pfund können Sie sie haben, sie gehören mir ja nicht.«

»Bringen Sie sie her«, bat Maspero. Carnarvon tat wie ihm geheißen und forderte einen Scheck über 300 Pfund. Der Museumsdirektor stellte ihn aus und bat Carnarvon um eine Quittung.

»Eine Quittung?« tat Carnarvon entrüstet. »Eine Quittung für Diebesgut?«

Maspero: »Aber ohne Quittung kann ich Ihnen den Scheck nicht geben.«

Carnarvon: »Aber ohne Scheck kann ich Ihnen die Stücke nicht geben. Entweder ich bekomme den Scheck ohne Quittung, oder ich gehe mit den Schätzen wieder heim.«

Maspero dachte nach. Schließlich ließ er einen Diener kommen und sagte: »Hier hast du das Formular, ich brauche eine Unterschrift darauf. Gehe in den Basar, gib einem Händler diesen halben Shilling und laß ihn seinen Namen auf das Formular schreiben.«

Der Diener kam zurück, Scheck und Funde wurden ausgetauscht, man kann letztere noch heute im Kairoer Museum besichtigen.

Heute ist auch bekannt, wer hinter dem ominösen Kunstraub steckte: Es war der uns inzwischen schon bekannte Emil Brugsch.

Ein ganz anderes Beispiel zeigt jene für Carnarvon ganz typische Mischung aus Schlauheit und Schlitzohrigkeit. Er fuhr nach Kalifornien zum Fischen. Auf dem Weg dorthin machte er in New York Station, um sich mit einem Freund zu treffen, einem bekannten Industriemagnaten. Von ihm wollte der Lord einen Rat, ob er gewisse Aktien kaufen solle. Die Antwort war Nein, ein klares, bestimmtes Nein. Carnarvon sah sein Gegenüber einen Augenblick an, dann bedankte er sich und ging schnurstracks zum Telegraphenamt, wo er nach London drahtete: »Aktien auf jeden Fall kaufen!« Anschließend bestieg er gut gelaunt den Zug in Richtung Kalifornien.

Als Lord Carnarvon sechs Wochen später nach New York zurückkam, war sein Ratgeber in heller Aufregung, er hatte von den phantastischen Gewinnen gehört, die der Engländer gemacht hatte, indem er seinen Rat nicht befolgt hatte, und natürlich sah der Finanzmagnat der Ankündigung des Besuches seiner Lordschaft mit gemischten Gefühlen entgegen. Doch der kam und überschüttete den Amerikaner mit Lobeshymnen, sein großzügiger Ratschlag habe nicht nur den sündhaft teuren Urlaub in Kalifornien finanziert, sondern auch sein Vermögen noch beträchtlich vermehrt.

Der Finanzmakler wußte nicht, wie ihm geschah. »Aber«, meinte er verunsichert, »ich habe Ihnen doch geraten, nicht zu kaufen.«

»Ja, ja«, antwortete Lord Carnarvon, »ich weiß schon, was Sie gesagt haben, aber natürlich habe ich gemerkt, daß es Ihr Wunsch war, ich sollte das Gegenteil verstehen.«

Einen Augenblick herrschte nachdenkliches Schweigen, dann brach der Finanzmakler in brüllendes Gelächter aus. »Sie sollen wissen«, sagte er, als er sich wieder etwas beruhigt hatte, »wann immer Sie nach Amerika kommen, ist mein Haus das Ihre.«

Carnarvon mochte auch kleine Leute, besonders wenn sie nichts kosteten

Wer dem Lord die Frage stellte, ob dieser Finanzmagnat denn die interessanteste Persönlichkeit gewesen sei, der er auf dieser Amerikareise begegnet sei, bekam die für ihn ganz typische Antwort: »Oh, dear, no!« – »Ach du meine Güte, nein. Der interessanteste Mann auf dieser Reise war der Schaffner im Zug nach Kalifornien. Wir haben uns Stunden unterhalten.«

Dazu erzählt seine Schwester Lady Burghclere: »Er hatte in der Tat einen undefinierbaren Charme, der alle Schichten des Volkes für sich einnahm, Schaffner oder Millionäre, Archäologen, Generale oder Bauern. Ausgestattet mit einem guten Gedächtnis und wissenschaftlichem Instinkt, Gründlichkeit bei der Arbeit wie bei der Erholung, hatte er das Leben von so vielen Seiten kennengelernt, daß es ihm ein leichtes war, mit vielen ganz verschiedenen Leuten in Kontakt zu kommen, und ein gewisser Mutterwitz, der auch vor der eigenen Person nicht haltmachte, gab seiner Rede Geschmack und Schärfe.«

Lord Carnarvon war trotz seiner ausgefallenen Leidenschaften ein leutseliger Mann. Er hielt auch zu kleinen Leuten Kontakt, Fellachen zählten ebenso zu seinen Freunden wie hohe Regierungsbeamte. Seine Schlagfertigkeit, sein Sinn für Humor waren bekannt. Und so stand seine Mentalität im ausgesprochenen Gegensatz zu dem eigenbrötlerischen, stillen, in sich gekehrten Ausgräber Howard Carter, der von der Summe, die der sammelwütige Lord oft an einem Tag ausgab, ein Jahr und noch länger hätte leben können.

1912, nach fünf Jahren Arbeit in Theben, war Carnarvon von der Erfolglosigkeit der Grabungen im Tal der Könige überzeugt und beantragte kurzerhand eine neue Lizenz irgendwo in Unterägypten, am liebsten im Nildelta. Die Altertümerverwaltung wies ihm das alte Xois nahe der Nilmündung zu.

Widerwillig ging Carter mit seinem Patron nach Unterägypten; doch das Abenteuer dauerte nur zwei Wochen. Es schien, als hätten die Götter ein Zeichen gesandt: Hunderte von giftigen Kobras verteidigten das alte Xois, jeder Spatenstich wurde zu einem lebensgefährlichen Wagnis, außerdem lag eine unerträgliche Hitze über dem Delta. Carnarvon gab auf.

Für den Lord stellte sich damit die Frage, ob es überhaupt erfolgversprechend war, eine neue Grabungslizenz zu beantragen. Die attraktiven Stätten wie Sakkara, Amarna oder Theben waren fest in französischer, deutscher oder amerikanischer Hand. Das Tal, meinte Carter, sei immer noch für eine Entdeckung gut. Doch Carnarvon winkte ab.

Carter blieb hartnäckig. Es gelang ihm, seinem Chef einen neuen, letzten Versuch abzutrotzen. Carnarvon beantragte erneut eine Grabungslizenz für das Tal der Könige, da brach der Erste Weltkrieg aus.

Hathor von Theben
wurde als kuhköpfige Frau dargestellt

V.

Erster Weltkrieg: Der Bote des Königs

O daß wir doch durch die Hand des Herrn in Ägypten gestorben wären, da wir an den Fleischtöpfen saßen und Brot genug zu essen hatten.

2. Buch Mose 16,3

Die Deutschen rannten gegen Verdun an, in Wien starb Kaiser Franz Joseph, die Vereinigten Staaten von Amerika traten in den Krieg ein. Ein Mann mit Seil und Pickel stapfte durch das Tal der Könige, einsam und selbstvergessen: Howard Carter.

Zwar kam auch Carter am Ersten Weltkrieg nicht vorbei, doch von allen Archäologen hatte er das zweifellos beste Los gezogen. Als King's Messenger (Bote des Königs), als diplomatischer Kurier mit dem Operationsgebiet Naher Osten, war Carter beim Großen Hauptquartier in Kairo stationiert. Und da der Nahe Osten ohnehin von Feinden, sprich Türken, besetzt war, wurde der Kurier Howard Carter nicht gerade überfordert. Die meisten »diplomatischen Missionen« führten ihn ins Tal der Könige, zu Feldherren und Potentaten, die Marschallstab und Zepter vor über 3000 Jahren aus der Hand gelegt hatten. Dort klopfte er Fels um Fels ab, Stein um Stein, in der Hoffnung auf einen Hohlraum zu stoßen, auf lockeres Gestein – der Krieg war weit.

Die Alleingänge im Tal der Könige waren allerdings entnervend. Wer Carter sah, mußte glauben, ein Verrückter sei am Werk. Zentimeter um Zentimeter klopfte er die Wände ab, lauschte, als würde er eine Antwort von innen erwarten. Aber es erfolgte nie eine Antwort, hier jedenfalls nicht.

Schließlich pilgerte er mit ein paar Fellachen aus der Gegend zu einer zwei Kilometer entfernten Felsschlucht in der Libyschen Wüste, sie hat den unaussprechlichen Namen Wadi e Taka e Zeide. Verschlungene Pfade zu den Felsengipfeln, Reste von antiken Steinhütten und hieratische Felsinschriften hatten bei Carter den Verdacht aufkommen lassen, daß hier einmal Beamte und Arbeiter der thebanischen Nekropole am Werk gewesen waren.

»Meine einleitenden Forschungen«, notierte Carter in seinem Forschungsbericht, »beschränkten sich auf eine kursorische Untersuchung der Gegend, beginnend im Südosten, mich langsam nach Nordwesten vorarbeitend, ein Tal nach dem andern. Mit Unterstützung einer bescheidenen Mannschaft machte ich Sondierungen, wo immer ich ein Grab vermutete, obwohl die natürlich leicht von den einheimischen Grabräubern, die hier systematisch am Werk waren, geplündert sein konnten. Neben den Felsinschriften habe ich meine Initialen ›H. C. 1915‹ eingeschlagen. Alle künftigen Forscher sollen wissen, wann der letzte Versuch gemacht wurde, sie zu notieren oder zu kopieren.«

Carter entdeckte in den Seitentälern verschiedene Felsengräber und zahlreiche Inschriften, die jedoch allesamt von untergeordneter Bedeutung waren. Er hatte an dieses Unternehmen auch keine großen Hoffnungen geknüpft, dazu war das Wadi zu abgelegen, zu »unfruchtbar«. Könige waren im Tal der Könige bestattet worden, Königinnen im Tal der Königinnen, der Adel und die Reichen lagen in Der el-Medina oder el-Kurna begraben, was sollte er hier schon entdecken.

Ein Steinschlag und die Folgen

Trotzdem suchte Carter immer und immer wieder mit den Augen die jäh aufragenden Felswände im Wadi e Taka e Zeide ab. Doch nichts, aber auch gar nichts wies auf Spuren künstlicher Bearbeitung hin, nur Fels, ewiger Fels. Carter wußte selbst nicht, was ihn dazu trieb, die über hundert Meter hohe Felsenwand von der Rückseite her zu erklimmen. Als er oben angelangt war und nach unten in die enge Schlucht blickte, polterten Steine krachend in die Tiefe. Man

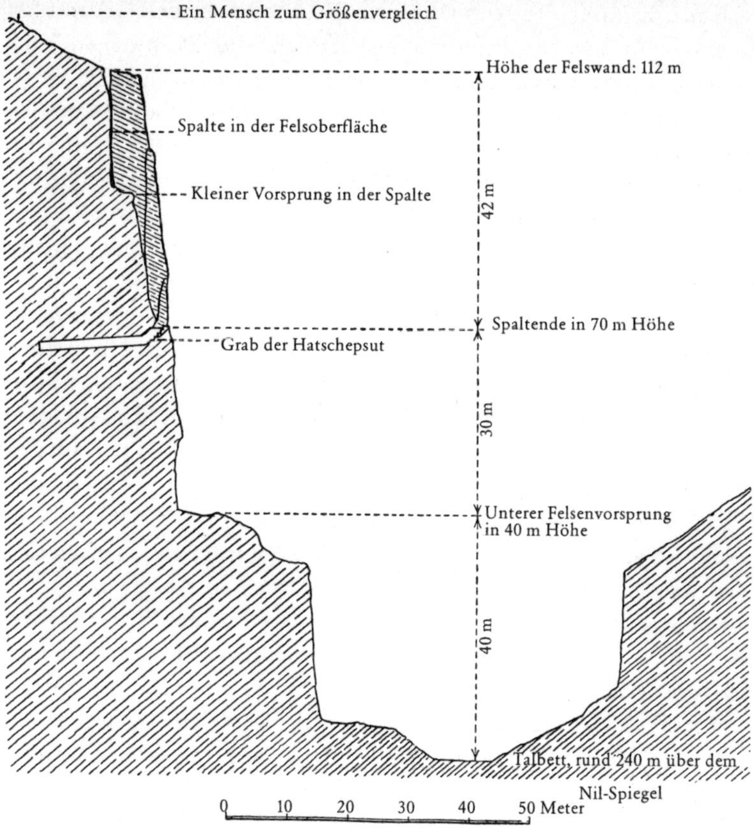

Hatschepsut-Grab: Schnitt durch die Felswand am Talende

hörte ihre riesigen Sprünge sekundenlang. Einer blieb nach kurzem Flug liegen, sein Weg war nicht halb so lang wie der der anderen.

Carter blickte nach unten, er mußte sich weit vorwagen, bis an die senkrecht abfallende Felswand. Von dort konnte er erkennen, wo der Stein liegengeblieben war: Es war ein schmaler Felsvorsprung. Aber da sah er noch etwas: eine Steinstufe – kein Zweifel, die oberste Stufe einer Treppe, die in den Fels führte. 70 Meter über der Talsohle, 40 Meter unterhalb der Felsspitze ging eine Treppe in den Berg. Wer hatte sich so unzugänglich, uneinnehmbar vor der Welt versteckt?

An einem Seil ließ Howard Carter sich die nahezu senkrecht abfallende Felswand hinab, 20 Meter bis zu einem knapp 5 Meter breiten Absatz. Von dort kletterte er in einer Felsspalte weiter in die Tiefe, dann stand er vor der Steintreppe. Die Hoffnung, im nächsten Augenblick vor einer goldblinkenden Schatzkammer zu stehen, wurde jedoch enttäuscht. Der Gang, der am Fuße der Stufen waagerecht in den Fels zu führen schien, war vom Boden bis zur Decke mit Schutt aufgefüllt. Unterhalb der 2,20 Meter hohen Decke des verschütteten Felsenganges hatten menschliche Maulwürfe einen Gang gebohrt, gerade so hoch, daß man auf dem Bauch robbend hineinschlüpfen konnte.

Carter überlegte nicht lange, irgendwohin mußte der Gang führen, irgendeinen Sinn, einen Zweck mußte er erfüllt haben. Eine Karbidlampe vor sich herschiebend, kroch er in den geheimnisvollen Fuchsbau. Das Unternehmen war das gefährlichste, riskanteste, das Howard Carter je gewagt hatte. Wußte er, wohin dieser Gang führte, wußte er, ob das Gestein über und unter ihm fest war? Eine einzige unachtsame Bewegung, und Carter hätte »sein« Grab gefunden. Immer vorwärts robben, die Lampe nach vorne schieben, immer weiter. Der Gang wurde länger und länger, machte Kurven, ging bergauf und bergab. Kein Zweifel, das war ein von Grabräubern angelegter Suchgraben. »Ein gefährliches Unternehmen«, berichtete Carter, »aber eines, das ich selbst gerade wiederholte, ich hatte vielleicht nur die bessere Ausrüstung . . .« Ging die Lampe aus, das wußte Carter, dann war der Sauerstoff zu Ende, dann war sein Leben keinen Schuß Pulver mehr wert.

Die Lampe verlosch nicht. 29 Meter war Carter gekrochen, dann endete der Gang abrupt, die Grabräuber hatten aufgegeben. Welches Wagnis er unternommen hatte, das wurde Carter erst vollends bewußt, als ihm wieder die Strahlen der tiefstehenden Oktobersonne ins Gesicht schienen. Doch das Abenteuer war noch nicht beendet.

Das Seil, an dem er sich von oben herabgelassen hatte, war jetzt nutzlos. Wie sollte er mit diesem Seil eine über 40 Meter hohe, beinahe senkrechte Felswand erklimmen? Er blickte nach unten, 70 Meter in die Tiefe. Man sollte das Seil abbinden und herunterwerfen, bedeutete er den Männern oben. Er selbst band das untere Ende um einen Felsvorsprung. Abseilen, dessen war sich Carter sicher, war leichter, als senkrecht nach oben zu klettern, also versuchte er die Talsohle der Schlucht zu erreichen. Es gelang.

In dem sicheren Gefühl, einer bedeutsamen Entdeckung auf der Spur zu sein, beschloß Howard Carter, den verschütteten Gang freizuschaufeln. Die Männer, die er zur Verfügung hatte, würden genügen. Lange Transportwege für das Gestein waren nicht nötig, man konnte es einfach über die Felsrampe kippen. Das Problem war nur: Wie kamen seine Männer und er, ohne ihr Leben aufs Spiel zu setzen, an den Einsatzort.

Carter löste das Problem auf technisch komplizierte Weise: Mit Lasttieren wurden Balken auf den Felsengipfel geschleppt. Von dort

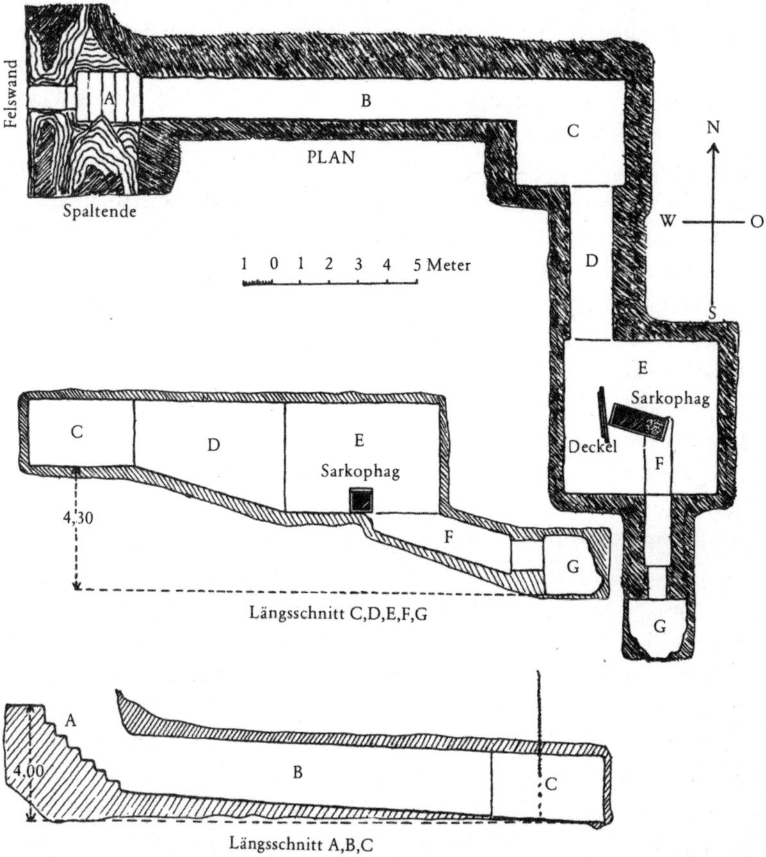

Grund- und Aufriß des Hatschepsut-Grabes

seilte er sie bis zu dem Felsvorsprung des Höhleneingangs ab und zimmerte eine gewagte Balkenkonstruktion, deren wichtigster Bestandteil ein ausladender Arm mit einem Flaschenzug war. An diesem Flaschenzug konnte sich *ein* Mann nach dem anderen von der Talsohle nach oben ziehen und wieder abseilen. Da immer nur zwei bis drei Männer an der luftigen Arbeitsstelle Platz fanden, arbeitete Carter in mehreren Schichten Tag und Nacht, drei Wochen lang.

Fünf Steinstufen führten zu einem Portal, hinter dem ein 17 Meter langer Korridor leicht abfallend in den Berg ging. Er endete in einer Vorkammer, gerade 9 Quadratmeter groß, rechter Hand gelangte man durch einen kurzen Schräggang in eine Sargkammer, 5,40 mal 5,30 Meter, 3 Meter hoch. Inmitten dieser Kammer stieß Carter nach Beseitigung gewaltiger Schuttmassen auf einen gelben Sandsteinsarkophag. Er war leer. Der Deckel lehnte an der Schmalseite. Zahlreiche Hieroglyphen gaben Kunde vom Schöpfer dieses abgelegenen Labyrinths. Carter las: »Die Erbprinzessin, groß an Gunst und Lieblichkeit, die Herrin aller Länder, Königstochter, Schwester des Königs, Gottesgemahlin, die Große Königliche Gemahlin, Herrin der beiden Länder, Hatschepsut.«

Hatschepsut! Carter war verwirrt. Hatte er nicht vor 13 Jahren im Tal der Könige das Grab dieser geheimnisumwitterten Königin unter Aufbietung unsäglicher Mühen freigeschaufelt?

Je gründlicher er den Sargraum durchforschte, desto näher kam Carter der Lösung dieses Rätsels. Er schreibt: »Ich fand nicht die geringste Spur von einem Begräbnis, das einzige waren die Hälse zweier Tonkrüge, wie sie von den Grabarbeitern gebraucht wurden. In der Tat, das Grab war in einem Zustand, der erkennen ließ, daß man es mitten in der Arbeit aufgegeben hatte . . .«

Ja, das war die Lösung: Hatschepsut hatte das einsame Grab errichten lassen, als sie noch mit ihrem Stiefbruder Thutmosis II. verheiratet war. Später, nach dessen Tod am 30. April 1490 v. Chr., als sie selbst die Regierungsgeschäfte des Pharaos führte, erhob sie Anspruch auf ein Grab im Tal der Könige. Also stellte sie die Arbeiten an ihrem ersten Grab ein und begann mit der Aushebung ihres Grabes in Biban el-Moluk.

Im Januar 1917 beendete Howard Carter die Arbeiten im Wadi e Taka e Zeide. Er wurde zu Kurierdiensten nach Kairo gerufen. Doch ihn bewegte weiter die Frage: Wie war der tonnenschwere

Steinsarkophag zu dem 70 Meter hoch gelegenen Grabeingang gelangt?

Die Frage, das sei hier vermerkt, ist bis heute ungeklärt.

Kaum hatte Carter seinen militärischen Auftrag erfüllt, kam er zurück ins Tal der Könige. Die Erfolglosigkeit aller bisherigen Anstrengungen bestärkte den Ausgräber nur noch mehr in seiner Ansicht, daß er in Zukunft noch härter, noch intensiver werde arbeiten müssen. Für neue Sondierungsgrabungen fehlten das Geld und die Leute, ohne Absprache mit dem Lord durfte er ohnehin nicht beginnen.

Um die Zeit zu nutzen, baute Carter an der Straße zum Tal der Könige ein Haus, das ihm und Carnarvon als Wohnung, Büro und Laboratorium dienen sollte. Entwurf und Baupläne stammten von ihm selbst, ein paar alte Männer von el-Kurna, die der Krieg für untauglich befunden hatte, versuchten sich als Bauarbeiter. Schön war das Gebäude nicht, obwohl es auf einem Hügel thronte. Mit einer zentralen Kuppel, die Schutz gegen die Sonneneinstrahlung bot, sah es ein bißchen aus wie eine heruntergekommene Dorfmoschee. Wasser mußte mit dem Esel heraufgeschafft werden. Carter bewachte jetzt wie ein Cerberus den Zugang zum Tal der Könige. Der King's Messenger war mit Karabiner und Pistole bewaffnet, es herrschte Kriegsrecht, Ägypten war britisches Protektorat.

Sultane, Paschas und Khediven

Um die politische Situation des Landes zu verstehen, müssen wir einen Blick auf die moderne Geschichte Ägyptens werfen. Ägypten stand seit Jahrhunderten unter osmanischer Oberhoheit. Mohammed Ali, einem Offizier albanischer Abstammung, gelang es im vergangenen Jahrhundert, ein modernes Staatswesen zu organisieren. Abbas I. und Said bauten dieses System weiter aus, sie reformierten das Steuersystem, schafften die Sklaverei ab, ließen Eisenbahnen und den Sueskanal bauen. Ismail Pascha fügte den Industrieanlagen ein Post- und Verkehrsnetz an. Unter seiner Regierung wurde der Sueskanal eröffnet, erhielt Ägypten noch größere Unabhängigkeit von der Türkei. Doch Reformen kosten Geld, der Staat stand am

Rand des Bankrotts, Franzosen und Engländer erkannten ihre Chance und setzten je einen Minister in das ägyptische Kabinett.

Ein Aufstand unter Achmed Arabi Pascha, einem ehemaligen Warenhausportier, rief die Engländer auf den Plan. Sie besetzten das Land, Ägypten wurde Kondominium. Arabi Pascha mußte am 26. Dezember 1882 ein britisches Schiff besteigen, das ihn nach Ceylon in die Verbannung brachte, wo er 19 Jahre lebte. 1901 durfte er, verarmt und vergessen, zurückkehren. Zehn Jahre waren ihm noch vergönnt, bis er in Heluan, am Rand der Wüste, in einem kleinen Häuschen starb.

Überlegungen der britischen Krone, Ägypten größere Freiheit und Souveränität zuzugestehen, wurden durch ein Gutachten abgetan, das der damit beauftragte Lord Dufferin im Oktober 1882 nach London sandte. Darin erklärte er, seiner Meinung nach sei »europäische Hilfe in den verschiedensten Abteilungen der ägyptischen Verwaltung für die nächste Zukunft absolut notwendig«. Lord Dufferin wörtlich: »Die Misere, ja das Unglück, das auf die Bevölkerung zukäme, würden diese Abteilungen nicht von einigen hochbegabten europäischen Beamten organisiert, wäre furchtbar anzusehen . . .«

Also beließ die Regierung ihrer Majestät eine Besatzungsarmee in Ägypten, schickte Beamte und einen Generalkonsul, dem letztlich das gesamte ägyptische Staatswesen untergeordnet war. Offiziell war Ägypten immer noch türkische Provinz und hatte dem Sultan pro Jahr 682000 Britische Pfund Tribut zu entrichten. Politische Verhandlungen durften nur mit Genehmigung des türkischen Außenministeriums geführt werden, zu einer Kriegserklärung war man ebensowenig berechtigt wie zu einem Friedensschluß. Die ägyptische Armee war auf 18000 Mann beschränkt. Nach außen hin konnte man die türkische Oberhoheit kaum spüren, die Sultane in Konstantinopel regierten weniger, sie residierten nur noch.

Bei einem Besuch am Bosporus wollte Lord Carnarvon partout mit Sultan Abdul Hamid II., der den Beinamen »der Verdammte« trug, ein paar freundliche Worte wechseln. Sultan Abdul war einer der letzten exotischen osmanischen Herrscherpersönlichkeiten, eine Figur wie aus dem Bilderbuch, klein, schmal und gelbgesichtig. Er badete jeden Morgen in Milch, nannte einen hundertköpfigen Harem sein eigen und hatte – wie in Operetten üblich – außerhalb der schwerbewachten Haremsmauern eine Geliebte – eine kleine blonde

Handschuhverkäuferin. Sie hieß Flora Cordier, stammte aus Belgien, und eines Tages war ihr Geschäft geschlossen. Sie sei zurück in ihre Heimat, hieß es.

»Abdul, der Verdammte« interessierte den Lord jedenfalls. Doch am Tag, als Carnarvon sich für die Audienz vorbereitete, die Messingknöpfe seines Jachtjacketts blank polierte, überbrachte ein Bote die Nachricht, der Sultan könne seine Lordschaft nicht empfangen.

»Vielleicht an einem anderen Tag?«

»Nein, der Sultan muß befürchten, daß er auch keinen anderen Tag zur Verfügung hat; als bescheidenes Zeichen seiner Achtung bittet er seine Lordschaft, diese Order zu akzeptieren.«

Es dauerte eine ganze Weile, bis Carnarvon den Grund für diese deutliche Abfuhr erfahren hatte. Der Grund lag viele Jahre zurück. Sein Vater war einst Vorsitzender der Gesellschaft zum Schutz der Armenier, einer von den Türken verfolgten Minderheit, und Abdul Hamid II., der in ständiger Angst lebte, umgebracht zu werden, glaubte, als er den Namen Lord Carnarvon hörte, der Protektor der Armenier stehe vor seinem Palast und wolle ihn ermorden. Die Kunde, daß der vierte Earl of Carnarvon schon fast zehn Jahre tot war, hatte den Bosporus noch nicht erreicht.

Französische Kultur, britische Politik

In Ägypten machte sich, vor allem im kulturellen Bereich, zunehmend französischer Einfluß bemerkbar. In besseren Kreisen gehörte es zum guten Ton, französisch zu parlieren, Französisch war offizielle Sprache am Hofe des Khediven, in den Amtsstuben und Banken. Die Sueskanalverwaltung war ebenso französisch wie die Verwaltung der ägyptischen Altertümer, und so nimmt es nicht wunder, daß es die britischen Besatzer, die verständlicherweise ohnehin nicht beliebt waren, mit dieser Sprachbarriere noch schwerer hatten. Das mag viele administrative Schwierigkeiten auf dem Gebiet der Archäologie erklären.

Heimlicher Herrscher über Ägypten war in den Tagen der großen archäologischen Entdeckungen von Davis und Petrie der Earl of Cromer; er war seit 1872 im indischen Kolonialdienst tätig gewesen und hatte 1883 das Amt des britischen Generalkonsuls in Kairo angetreten. Auf ägyptischer Seite regierte Taufik Pascha, kein großer Politiker, kein Kenner europäischer Kultur, kein Mann von Durchsetzungsvermögen, Lord Cromer hatte leichtes Spiel. »Es war«, sagte er einmal, »der Khedive, der gestattete, daß Ägypten zum Unwillen der Ägypter reformiert wurde.«

Regierung und Verwaltung der Ägypter agierten gegen Ende des vergangenen Jahrhunderts in selbstgefälliger Operettenherrlichkeit, und die von Lord Cromer stolz verkündeten Reformen waren nicht eben umwälzend. Er sagte selbst: »Ich durfte nichts tun, was eine rasche Rückkehr zur ägyptischen Selbstverwaltung oder jedenfalls eine Rückkehr der Kairoer Clique an die Macht, die sich vor der Welt als die ägyptische Regierung präsentierte, behindert hätte; andererseits wußte ich ganz genau, daß eine europäische Führung lange Zeit notwendig sein würde, wenn die Verwaltung einigermaßen funktionieren sollte.«

Der Khedive Taufik, mit dem Cromer ein durchaus freundschaftliches Verhältnis verband, starb 1892, und Abbas II. Hilmi, sein Sohn, wurde der Nachfolger. Im selben Jahr wurde Sir Herbert Kitchener zum Sirdar, zum Oberbefehlshaber der ägyptischen Armee, ernannt. Der britische Feldmarschall hatte bereits zehn Jahre in der ägyptischen Armee gedient. Er eroberte den Sudan zurück, wurde Generalgouverneur des Sudan, Generalstabschef der britischen Armee im Burenkrieg, Oberbefehlshaber der britischen Truppen in Indien und später, 1911, Generalkonsul in Ägypten. Lord Cromer war 1907 aus gesundheitlichen Gründen zurückgetreten. Sein Nachfolger in einer schwierigen Situation war zunächst Sir Eldon Gorst geworden.

Eine nationale Bewegung breitete sich aus, die die Briten aus dem Land wünschte, Überfälle auf britische Soldaten, auf Christen und Europäer häuften sich, das Land steckte wieder einmal in einer Finanzkrise, Europäer stellten ihre Investitionen ein. Sir Vincent Corbet, der Finanzberater der ägyptischen Regierung, trat von seinem Posten zurück, Sir William Garstin, Berater des Ministers für öffentliche Arbeiten, war dabei, es ihm gleichzutun, ebenso Major Mitchell, der Berater des Innenministers. Gerüchte schwirrten umher: Lord Cromer habe, als er das Land verließ, mehrere Millionen Pfund aus der Staatsbank mitgenommen.

Sir Eldon Gorst war genau das Gegenteil seines Vorgängers. Lord Cromer hatte kein Wort Arabisch gesprochen, sich stets wie ein britischer Gentleman gekleidet, und seine Kontakte zur Bevölkerung waren dürftig. Sir Eldon hingegen erschien arabisch gekleidet in den Straßen Kairos, er ritt auf einem Pony zum Einkaufen oder fuhr in einem Automobil, aus dem heraus er in bestem Arabisch »Vorsicht!« rief.

Es war freilich nicht gerade geschickt, daß er einen Kopten, also einen ägyptischen Christen, zum Premierminister machte. Die Nationalisten, in der Mehrzahl Mohammedaner, waren schockiert, die Anhängerschaft gespalten, im Februar 1910 wurde der christliche Premierminister von einem mohammedanischen Nationalisten ermordet. Jetzt gab es vier Parteien im Land: die Engländer und ihre Sympathisanten, den Khediven (Vizekönig von des türkischen Sultans Gnaden) und seine Anhänger, die Kopten und die Nationalisten, es waren schwere Zeiten, sie forderten einen starken Mann.

Dieser starke Mann war Lord Kitchener. Der Lord aus Irland war eine Autorität. Die alles andere als englandfreundliche Kairoer Zeitung »Al-Ahram« schrieb zu seinem Amtsantritt: »Wenn wir schon beherrscht werden müssen, dann wollen wir von einem mannhaften Mann beherrscht werden. Die Ernennung Lord Kitcheners sollte uns willkommen sein, denn wir kennen ihn. Seine Gerechtigkeit in der Armee war sprichwörtlich, und Ägypten hungert nach Gerechtigkeit.«

Der Ausbruch des Ersten Weltkrieges verhinderte, daß der Gerechtigkeitshunger der Ägypter gestillt wurde. Lord Kitchener übernahm das Amt des Heeresministers, organisierte zunächst ein Freiwilligenheer und setzte schließlich die allgemeine Wehrpflicht durch. Ägypten wurde britisches Protektorat, der Vizekönig abgesetzt, es herrschte Kriegsrecht.

Aus Freunden werden Feinde

Von Archäologie und wissenschaftlicher Forschung war nun bald für lange Zeit nicht mehr die Rede. Keine Hacke, kein Spatenstich, auch nicht der monotone Singsang der Grabungsarbeiter hallte von den kahlen Felswänden im Tal der Könige wider. Auch Carter mußte seine Sondierungen einschränken, bisweilen wanderte er mit einer großen Planquadratkarte durch das Tal, inspizierte jeden Winkel und hakte jeden Quadratmeter ab, der von Ausgräbern schon einmal berührt worden war. Das sah sehr wichtig aus, und die alten Männer und Weiber, die der Krieg übriggelassen hatte, vermuteten, es gehöre zur Verteidigung.

Der Krieg machte nicht nur Grabungsarbeiten unmöglich, er zog selbst unsichtbare Gräben zwischen den Archäologen verschiedener Nationalitäten, richtete Barrieren auf und riß unheilbare Wunden.

Edouard Naville, Carters Lehrmeister in Der el-Bahari, war Hauptmann in der Schweizer Armee und inspizierte als Präsident des Internationalen Komitees vom Roten Kreuz Kriegsgefangenenlager in England. Dort waren Deutsche interniert. Naville hatte in Deutschland studiert, er hatte in Der el-Bahari jahrelang neben Deutschen gearbeitet, auf einmal wurde er zum Deutschenhasser und schrieb wütende Haßtiraden gegen die Forschungsmethoden der »Berliner Schule«. Auf der anderen Seite ließ der Berliner Historiker Eduard Meyer den Amerikaner James Henry Breasted wissen, er habe persönlich nichts gegen ihn, aber mit einem Amerikaner könne er nicht mehr verkehren. Eduard Meyer hatte zwei Söhne im Krieg verloren, der Franzose Gaston Maspero beklagte den Tod eines Sohnes, ebenso der deutsche Ausgräber Adolf Erman.

James Henry Breasted blieb vom Krieg verschont. Da an Ausgrabungen nicht zu denken war, reiste er nach Deutschland zu seinem ehemaligen Studienkollegen Kurt Sethe und arbeitete mit ihm zusammen an einem ägyptischen Wörterbuch. Sethe hatte Breasted während der Studienzeit in Berlin, wenn dieser knapp bei Kasse war, manches Mal unter die Arme gegriffen oder ihn zum Essen eingeladen. Sethe war inzwischen zwar eine anerkannte Kapazität, Professor für Ägyptologie an der Universität Göttingen, aber es ging ihm schlecht, wie allen Deutschen. Breasted hatte es zum Direktor des Orientalischen Instituts in Chicago gebracht, und seine Arbeit wurde in Dollar honoriert. Ein einziger Dollar war über 300 Mark wert.

Zum Abschluß ihrer gemeinsamen Arbeit lud Breasted seinen Freund Sethe und dessen Frau zu einem mehrtägigen Ausflug in den Harz ein. Am letzten Tag gab es im Hotel ein Abschiedsessen, die

Sethes weinten, aus Abschiedsschmerz, wie sie sagten. Am nächsten Tag gestand Sethe jedoch seinem amerikanischen Freund: »Wir hätten Ihren Ausflug, den Sie so gut meinten, nicht mitmachen sollen. Amerika ist ein Land von solcher Fülle und so unberührt vom Krieg, daß es Ihnen schwerfallen würde zu verstehen, wie es auf uns wirkte, als Sie ganz selbstverständlich die vielen Gerichte – Fleisch, gutes Brot, Butter – bestellten und uns mit zwei Portionen überhäuften, die wir uns seit Jahren abgewöhnt haben. Aus Mangel an den Dingen, die Sie für selbstverständlich halten, ist meine Frau jetzt krank.«

Während Howard Carter in seinem Haus an der Straße zum Tal der Könige die Stellung hielt, versuchte Lord Carnarvon auf seine Weise, mit dem Krieg fertig zu werden. Er war aufgrund seines schlechten Gesundheitszustandes kriegsuntauglich. In Erwartung einer Lebensmittelknappheit hatte er Vorbereitungen getroffen, die 253 Seelen von Highclere mit Nahrungsmitteln zu versorgen. Auf Schloß Highclere wurde ein Hospital eingerichtet, um das sich Lady Almina sorgte. Das Hospital wurde aber bald, um eine bessere ärztliche Versorgung zu gewährleisten, nach London verlegt. Lady Almina folgte nach. Einer der ersten Patienten, der in das neue Hospital am Bryanston Square eingeliefert wurde, war – Lord Carnarvon: Blinddarmdurchbruch. Eine Dreiviertelstunde später, meinte sein Arzt, Sir Berkeley Moynihan, und es wäre vorbei gewesen. Carnarvon trug das Ganze mit englischem Humor. Er meinte, seine Schmerzen seien viel zu stark gewesen, als daß er hätte sterben können.

Ein letzter Versuch

Carter schickte aus Ägypten Situationsschilderungen, keine Kriegsberichte, sondern Berichte von der Entdeckung des zweiten Hatschepsut-Grabes, von seinen Sondierungen im Tal der Könige, neue Gedanken, alte Theorien. Er sei, schrieb er, einer ganz großen Entdeckung auf der Spur.

Obwohl Krieg war und eine Seereise ein Selbstmordunternehmen, versuchte Lord Carnarvon mehrmals nach Ägypten zu gelangen. Die Faszination, das Abenteuer, das da Archäologie hieß, und der Mann, der ihm dieses Abenteuer frei Haus lieferte, hielten ihn in Bann. Einmal gab es keine Verkehrsverbindung, ein andermal erlaubte es sein angegriffener Gesundheitszutand nicht zu reisen. Schließlich erreichte er Kairo auf abenteuerlichen Wegen, es war ausgerechnet der Tag, an dem die Türken ihren Angriff auf den Sueskanal unternahmen. Umgehend traf er sich mit Carter.

»Wo werden wir weitermachen?«, war die einzige Sorge des Lords.

Carter zog eine zusammengefaltete Karte aus der Jackentasche, es war eine Planzeichnung vom Tal der Könige. Wortlos deutete er auf ein Kreuz, das in dem Plan eingezeichnet war, dann sagte er, knapp, wie es seine Art war: »Hier!«

Der Lord war mißtrauisch, enttäuscht, ja, sogar ungehalten. Hatte dieser Carter das Tal der Könige noch immer nicht aufgegeben? Alle Archäologen der Welt wußten mittlerweile, daß hier nichts mehr zu holen war. Nur Carter war anderer Ansicht. Er besorgte zwei Kabinenplätze auf einem Nildampfer nach Luxor.

Wenige Tage nach dem Ende des Ersten Weltkrieges reisten Carter und Carnarvon nach Oberägypten. Es war ein gefährliches Unterfangen. Im Nil schwammen Treibminen, ein französisches Schiff wurde von so einem Teufelswerk in die Luft gejagt. Mindestens ebenso gefährlich waren jedoch die hygienischen Zustände auf dem Schiff. Der Kahn war im Krieg Truppentransporter gewesen, er hätte eine Desinfektion dringend nötig gehabt, aber er war überladen mit heimkehrenden Soldaten, Kranken, einige starben unterwegs. Die Engländer überstanden die drei Tage auf dem Wasser lebend.

In Luxor sammelte Carter die alte Ausgräbermannschaft um sich. Hatte er den Männern und Kindern früher zehn Piaster bezahlt für ihre Arbeit, so taten sie sie nun für einen Bruchteil davon, es waren erbärmliche Zeiten, obwohl der Krieg für Ägypten gut ausgegangen war. Die Türkei hatte eine Niederlage erlitten, am Nil herrschte inzwischen Sultan Fuad I., England sah sich gezwungen, die Protektoratsherrschaft über Ägypten aufzugeben und Fuad als König anzuerkennen. Britische Truppen blieben jedoch weiterhin im Land stationiert.

Carter grub nahe der Stelle, wo er vor vier Jahren aufgehört hatte, aber die Männer aus el-Kurna buddelten nur ein paar Tage, dann stießen sie auf gewachsenen Fels, hier war in der Tat nichts mehr zu holen. »Wir fahren mit dem nächsten Schiff zurück nach Kairo«, sagte der Lord. Für Carter war das ein Schlag ins Gesicht.

Der Earl of Carnarvon sah seine Zukunft als Ausgräber nicht mehr im Tal der Könige. Das klimatisch angenehmere, verkehrstechnisch besser gelegene Fayyum, die riesige Oase am Rande der Libyschen Wüste, sei gewiß ergiebiger als dieses ausgedörrte, von zahllosen Ausgräbern durchlöcherte Gräbertal.

Weil er die Lustlosigkeit seines Compagnons bemerkte, nahm Carnarvon die Vorbereitungen für die Fayyum-Expedition selbst in die Hand. Gepäck und Ausrüstung standen schon reisefertig bereit, Tag und Stunde der Abreise waren ins Auge gefaßt, da brach im Fayyum ein Aufstand los, das Land befand sich im Zustand der Anarchie. Für Europa gab es nur einen einzigen Ort, in dem man einigermaßen sicher war, Kairo.

Carnarvon mußte seine Fayyum-Pläne aufschieben, Carter kam das nicht ungelegen. Ein paar Wochen harrte der Lord abwartend in Kairo aus, als deutlich wurde, daß in dieser Wintersaison an einen Grabungsbeginn nicht mehr zu denken war, fuhr er zurück nach London. Jetzt war Carters große Stunde gekommen.

VI.

Die Entdeckung: Das letzte Geheimnis des Pharaos

Die Meldung von der Entdeckung des Tut-ench-Amun-Grabes versetzte alle zivilisierten Menschen auf der Welt in einen Schauer wundersamer Erwartung.

Wallis Budge, Archäologe

5. November 1922. Im vornehmen Londoner Westend sitzen der Philologieprofessor Alan Gardiner und seine Frau Hedwig beim Dinner. Die beiden sprechen deutsch; Hedwig, geborene Rosen, ist Wienerin, Alan, Sohn eines reichen Geschäftsmannes aus Eltham, hat zehn Jahre in Berlin gelebt. Sie sind seit über 20 Jahren verheiratet und führen ein ruheloses Leben; denn Alan, Professor für orientalische Sprachen, Hebräisch und Arabisch, ist ein vielgefragter Mann. Er ist Sekretär der »Egypt Exploration Society« und arbeitet zur Zeit an einer ägyptischen Grammatik.

Das Telefon läutet. Am anderen Ende ist Lord Carnarvon. Gardiner hat Carnarvon vor sieben Jahren in Ägypten kennengelernt.

»Hören Sie sich folgendes an«, sagt Lord Carnarvon, »ich habe ein Telegramm von Carter bekommen. Es lautet: ›Sie haben endlich im Tal der Könige eine wundervolle Entdeckung gemacht – stop – großartiges Grab mit unversehrten Siegeln aufgefunden – stop – Grab bis zu Ihrer Ankunft wieder verschlossen – stop – herzlichen Glückwunsch – stop – Carter.‹«

Alan Gardiner braucht eine Weile, um die kurzen Worte dieses Telegramms zu begreifen.

»Glauben Sie, daß es das Grab des Tut-ench-Amun sein könnte?« fragt der Lord ungeduldig.

Gardiner vorsichtig: »Ich besitze keine genauere Kenntnis über das Ende der 18. Dynastie. Aber es könnte durchaus sein.«

Carnarvon: »Das ist unheimlich aufregend, ich richte mich mit Evelyn darauf ein, so bald wie möglich nach Ägypten zu reisen. Wollen Sie mitkommen? Es gibt dort sicher Inschriften, die Sie studieren können.«

Alan Gardiner bedauert. Er könne vor Neujahr nicht reisen, da er Weihnachten mit den Kindern zu Hause verbringen wolle; aber er würde versuchen, gleich zu Jahresbeginn nach Luxor zu kommen.

Der Lord verabschiedet sich mit dem Wunsch, Gardiner bald in Ägypten zu sehen. Der Professor legt den Hörer auf und sagt lächelnd zu seiner Frau: »Carnarvon hat schon wieder das Grab des Tut-ench-Amun entdeckt.«

Die Episode ist verbürgt, und sie ist bezeichnend. Es gab auf der ganzen Welt keinen Archäologieprofessor mehr, der dem Unternehmen des exzentrischen Lords und seines besessenen Ausgräbers noch die geringste Chance gab. Und das war auch gar nicht verwunderlich, denn die letzte Entdeckung der beiden lag genau sechs Jahre zurück. Seitdem war außer Spesen nichts gewesen. Das Tal der Könige, das wußten alle Experten, war bis auf den letzten Stein metertief umgeackert. Was sollte dieser Carter schon entdeckt haben!

Carters allerletzte Chance

Das Ereignis hat eine Vorgeschichte. Wie jedes Jahr hatte Howard Carter den Sommer des Jahres 1922 zu Hause in London verbracht. Seine Stimmung war auf dem Nullpunkt. Carnarvons Bemerkungen während der letzten Grabungssaison war zu entnehmen, daß der Lord nicht gewillt war, weiter Geld für Grabungen im Tal der Könige auszugeben. Da kam ein Brief aus Highclere, Carnarvon bat Carter zu einer Unterredung.

Howard Carter ahnte, was auf ihn zukam. Seit Übernahme der Grabungskonzession im Jahre 1914 hatte Carter das Tal der Könige umgewühlt, aufgerissen, zugeschüttet – immer auf der Suche nach diesem vergessenen Pharao. Professoren aus aller Welt hatten immer wieder betont, daß hier nichts mehr zu holen sei. Doch Lord Carnarvon war trotz wachsender Skepsis von der Beharrlichkeit seines Hausarchäologen immer wieder beeindruckt. Er hatte Jahr für Jahr die teuren Ausgrabungen finanziert, ohne auch nur den geringsten Erfolg zu sehen. Carters Reise nach Highclere war ein Gang nach Canossa.

Seine Lordschaft fand anerkennende Worte über Carters Tätigkeit in den letzten Jahren. »Aber«, erklärte er ohne Umschweife, »angesichts der wirtschaftlichen Härte der Nachkriegszeit ist es mir unmöglich, dieses offensichtlich fruchtlose Unternehmen weiterhin zu unterstützen.«

Aus. Das war das Ende des Archäologen Howard Carter. Unbarmherzig hatte Carnarvon ausgesprochen, was Carter befürchtet hatte. Wußte er überhaupt, was er diesem Mann damit antat?

»Mylord«, erwiderte Carter aufgeregt, »die ständige Erfolglosigkeit hat nichts an meiner Überzeugung geändert, daß im Tal noch mindestens *ein* Grab zu finden sein muß, das des Tut-ench-Amun.«

»Ich glaube Ihnen«, sagte Carnarvon, »aber . . .«

»Sie kennen die Umstände, die dafür sprechen«, unterbrach Carter. »Gut, vielleicht ist auch dieses Grab schon in antiker Zeit beraubt worden, aber die Wahrscheinlichkeit, daß dies nicht geschehen ist, ist mindestens ebenso groß.«

Carter zog eine Karte hervor. Lord Carnarvon kannte sie. Auf ihr hatte Carter nach jeder Grabungssaison alle Untersuchungen und Ausgrabungen verzeichnet und jeden Quadratmeter Boden, der von ihm umgegraben war, abgehakt. Bei oberflächlicher Betrachtung konnte man wirklich meinen, daß jedes Fleckchen Erde in diesem Tal durchwühlt worden war. »Aber« – Carter zeigte auf ein kleines Dreieck – »unterhalb des Einganges zum Grab Ramses' VI. stehen Grundmauerreste antiker Steinhütten, vermutlich sind sie von Grabarbeitern gebaut worden. Ich möchte die Fundamente entfernen, um das Terrain darunter zu untersuchen. Erst wenn dieses Dreieck abgeräumt ist, werde ich das Gefühl haben, daß meine Arbeit im Tal beendet ist.«

Dafür eine weitere Grabungssaison zu finanzieren, erschien dem Lord unsinnig. Carnarvon lehnte ab.

Ob er ihm wenigstens die Erlaubnis gebe, noch eine Saison auf eigene Kosten weiterzugraben, bat Carter, er brauche nur die Konzession, die Arbeiter und die Ausrüstung. »Wenn ich bis zum Ende dieser letzten Saison nichts finde, werde ich mit gutem Gewissen damit einverstanden sein, das Tal aufzugeben. Sollte ich aber eine Entdeckung machen, gehört sie Ihnen, wie es die Konzession vorschreibt.«

Der Vorschlag rührte Carnarvon. Carter auf eigene Kosten graben zu lassen, das konnte sich seine Lordschaft nicht leisten. Carnarvon schüttelte Carter die Hand: »Also gut, auf eine letzte Grabungssaison – aber auf *meine* Kosten.«

Carter war glücklich. Er hatte nicht mehr geglaubt, daß er dem Lord eine letzte Saison abringen könnte. Er gab sich, so berichtet sein Freund James Henry Breasted, gut gelaunt und äußerte sogar, das einzige Mal in seinem Leben, Unmut über sein Junggesellendasein.

Carter war ein typischer Junggeselle, und er stand auch damit im deutlichen Gegensatz zu Carnarvon. Der Lord wurde auf beinahe allen Reisen von seiner Frau Almina begleitet. Die beiden hatten 1895, an Carnarvons 29. Geburtstag, in St. Margaret's, Westminster, geheiratet. Sie hatten einen Sohn, Henry, und eine Tochter, Evelyn.

Für Breasted, der in Oxford gerade einen Ehrendoktorhut entgegennahm, waren die Klagen seines Freundes Carter verblüffend: Er sei es leid, ständig allein in Ägypten zu leben, dreißig Jahre gehe das nun schon so. Sieh einer an, dachte Breasted, Carter will heiraten. Doch Howard Carter schritt nicht zum Traualtar – er ging in ein Zoogeschäft und kaufte einen gelben Kanarienvogel.

Die wirkliche, einzige Liebe seines Lebens war Evelyn, die bildhübsche Tochter Lord Carnarvons. Carter nannte sie Eve. Während er in Ägypten grub und Eve bei ihren Eltern in England weilte, schrieben sich die beiden zärtliche Briefe, oft jeden zweiten Tag. »O könntest Du doch hier sein«, schluchzte sie in einem dieser Schreiben. Doch die beiden wußten, daß die Etikette gegen sie war, daß ein hergelaufener Ausgräber nicht um die Tochter eines Lords werben durfte. Das Verhältnis blieb platonisch und Carter zeit seines Lebens Junggeselle.

Mit seinem Vogel im Gepäck reiste der Eigenbrötler zurück nach Ägypten, er hängte das Federvieh in den Toreingang seines Hauses an der Straße zum Tal der Könige, sehr zur Freude der Einheimischen, denen singende Vögel völlig fremd waren. Über dem Tal der Könige kreisen nur krächzende Geier und Dohlen.

»Der Vogel bringt Glück«, sagten Carters Arbeiter über das Wundertier, und sie behielten recht: Im selben Jahr stieß Carter auf das Tut-ench-Amun-Grab. Die Einheimischen nannten es »Das Grab des Vogels«, und jener gelbe Vogel spielte noch eine ganz merkwürdige Rolle bei der Entdeckung des Grabes.

Zwölf Stufen und eine versiegelte Tür

Carter war sich darüber im klaren, daß dies seine letzte Grabungssaison sein mußte: Entweder er fand diesen vergessenen Pharao, oder das Unternehmen schlug fehl, dann war er als Ausgräber am Ende, eine verkrachte Existenz, erwerbslos wie vor zwanzig Jahren.

Nach seiner Ankunft in Luxor am 28. Oktober 1922 heuerte Carter seine alte Grabungsmannschaft an. Am 1. November ging es los. Unterhalb des Einstieges zum Grab Ramses' VI. ragten die Fundamente von Bauhütten aus dem Schutt, die offensichtlich vor 3000 Jahren von Grabarbeitern errichtet worden waren. Carter ließ die Fundamente beseitigen. Seine Arbeiter schüttelten den Kopf. Am 3. November waren die Fundamente entfernt.

Als er am Morgen des nächsten Tages an der Grabungsstelle ankam, ruhte die Arbeit. Carter spürte sofort, daß etwas passiert sein mußte. Der Vorarbeiter führte ihn zu der Stelle, wo noch am Vortag ein Hauptfundament gestanden hatte, und deutete auf eine in den Fels gehauene Stufe.

Jahrelange Mißerfolge hatten den Ausgräber skeptisch gemacht. »Beinahe«, berichtet er, »wagte ich zu hoffen, daß wir endlich unser Grab gefunden hatten.« Beinahe. Es dauerte noch bis zum Nachmittag des nächsten Tages, bis nach fieberhafter Arbeit zwölf Steinstufen freigelegt waren und das Oberteil eines zugemauerten Portals sichtbar wurde. Carter konnte es nicht fassen: Seit 30 Jahren grub er nun in diesem Land, er hatte zahlreiche Gräber entdeckt, aber noch nie eines, dessen Portal versiegelt war. Doch hier im jahrtausendealten Mörtel waren die Siegel deutlich sichtbar. Carter erkannte die Siegel der Totenstadt, den Schakal mit neun Gefangenen. Ein zweites Siegel, das mehrmals zu sehen war, gab ihm zunächst Rätsel auf, er deutete es als das Ramses' IX.

Die Spannung war kaum zu ertragen. Sollte ihm gelungen sein, was seit Jahrtausenden keinem Menschen vergönnt war, ein unberührtes Pharaonengrab zu entdecken?

Carter ging die Arbeit viel zu langsam. Er, der sonst die Ruhe selbst war, stand fiebernd neben den Arbeitern, griff selbst zur Schaufel, trug Körbe voll Schutt fort. Schließlich drängte er die Arbeiter beiseite, griff zu Hammer und Meißel, stemmte unterhalb des Querbalkens, der das Portal nach oben abschloß, ein armdickes Loch in die Wand, steckte eine elektrische Lampe hindurch und blinzelte, die Hände über die Augen haltend, hinein.

Was er sah, war enttäuschend und ermutigend zugleich: Der Gang, der sich hinter dem vermauerten Portal auftat, war von oben bis unten mit Schutt aufgefüllt. Deutete das nicht darauf hin, daß dieses Grab noch nicht in die Hände von Grabräubern gefallen war? Während des Neuen Reiches war es üblich, nach Einbringung der Mumie alle Grabgänge zum Schutz vor Grabräubern mit Bauschutt aufzufüllen. Obwohl Carter immer noch nicht wußte, wessen Grab er gefunden hatte, kostete es ihn – wie er später eingestand – seine ganze Selbstüberwindung, den Zugang nicht sofort aufzubrechen.

Doch unsichtbar stand hinter ihm der Earl of Carnarvon: Es war *sein* Geld, das hier verschaufelt wurde, von *seinem* Geld lebte er seit 15 Jahren.

Inzwischen war die Dämmerung hereingebrochen. Carter forderte die Arbeiter auf, die freigelegte Treppe wieder zuzuschütten. Zu groß war die Gefahr eines nächtlichen Einbruchs. Er verließ die Grabungsstätte erst, nachdem er eine Wachmannschaft eingeteilt hatte, dann stieg er auf seinen Esel und ritt im Mondschein, allein mit seinen Gedanken, die steinige Straße hinab zu seinem Haus.

Am nächsten Morgen gab er in Luxor das eingangs zitierte Telegramm an Lord Carnarvon auf. Der antwortete postwendend: »Komme so bald wie möglich.« Und einen Tag später: »Denke am 20. (November) in Alexandria zu sein.«

Carter nützte die Zeit für Vorbereitungen. Er verstärkte die Wachmannschaften. Zwar hatte er alle Arbeiter zu größtem Stillschweigen verpflichtet, aber länger als zwei Tage ließ sich eine Entdeckung in Luxor nicht geheimhalten. Am 18. November reiste er mit dem Zug nach Kairo. Er mußte seine Entdeckung bei der Altertümerverwaltung bekanntgeben, außerdem brauchte er Werkzeug und Verpackungsmaterial.

Seine Hoffnung, den Lord in Kairo zu treffen, wurde enttäuscht. Das Schiff hatte Verspätung. So fuhr Carter zurück nach Luxor, zwei Tage später traf auch Carnarvon mit seiner Tochter Evelyn ein. Das war am 24. November 1922.

Kein Zweifel: Tut-ench-Amun

Sofort wurde mit dem Freischaufeln der Treppe begonnen, vorsichtiger, aber auch gründlicher als beim ersten Mal. Stolz konnte Carter seinem Geldgeber sechzehn Stufen präsentieren, sechzehn unscheinbare Steinstufen, doch für ihn waren es sechzehn Stufen zur Glückseligkeit.

Jetzt, da das zugemauerte Portal völlig frei lag, erkannte er ganz unten noch weitere Siegel. Er hatte sie übersehen, weil er beim ersten Arbeitsgang nur zwölf Stufen freigeschaufelt hatte. Nun aber, einen halben Meter tiefer, waren Namensringe mit dem Sonnenzeichen und dem Skarabäus zu erkennen. Kein Zweifel: Tut-ench-Amun!

Der Lord und sein Ausgräber lagen sich in den Armen. Einen kurzen großen Augenblick, den größten im Leben beider Männer, waren gesellschaftliche Schranken, waren Geld und Ansehen vergessen. Tut-ench-Amun!

Der Überschwang ihrer Freude erhielt einen jähen Dämpfer. Wenige Augenblicke, nachdem sie sich in den Armen gelegen hatten, deutete Carter entsetzt auf die Mauer, die den Zugang verschloß. Er brachte kein Wort hervor, er zeigte nur auf einen Fleck in der rechten oberen Hälfte des Portals.

Jetzt sah es auch Carnarvon. Im Licht der schrägstehenden Sonne war deutlich zu erkennen, daß ein Loch im Mauerwerk, einen halben Meter im Durchmesser, nachträglich verputzt worden war, wie es schien sogar zweimal.

Carnarvon war nahe daran zu sagen: Und dafür lassen Sie mich aus England anreisen? Damit ich wieder einmal Augenzeuge einer blamablen Pleite werde?

Niemand vermag zu sagen, was sich in diesem Augenblick im Kopf des unglückseligen Ausgräbers abspielte. Triumph und Niederlage, so nahe lagen sie beieinander. Carters Stimmung war noch verzweifelter als die des Lords; denn was Carnarvon noch gar nicht bemerkt hatte: Bei der Freilegung der letzten Steinstufen waren Fragmente und ein Skarabäus mit den Namen Thutmosis' III., Amenophis' III. und Echnatons zum Vorschein gekommen. Deutete dies nicht auf ein Versteck von Grabbeigaben hin, das hier irgendwelche Grabräuber angelegt hatten?

Am 25. November 1922 wurde das vermauerte Eingangsportal aufgebrochen. Der Verdacht, die Gruft könnte schon vorher geöffnet worden sein, bestätigte sich. Deutlich waren die Farbunterschiede im Schutt zu erkennen, der den schräg nach unten führenden Gang auffüllte. Links in der oberen Ecke des etwa zwei Meter hohen Gewölbes hatten die Einbrecher einen Kriechgang angelegt. Aber, meinte Carter, große Gegenstände konnten durch diesen niedrigen Kriechgang nicht entwendet worden sein.

Es war gegen 15 Uhr am folgenden Tag, als, nach Beseitigung der Schuttmassen, achteinhalb Meter von dem Eingangsportal entfernt, eine zweite versiegelte Tür sichtbar wurde. Zwar trug auch dieser Durchlaß Spuren eines nachträglich verputzten Mauerloches; aber diese Öffnung schien so klein gewesen zu sein, daß ein Mann alle Mühe gehabt hätte, sich hindurchzuzwängen. Als Carter Siegel mit dem Namensring Tut-ench-Amuns erkannte, faßte er neue Hoffnung. Vielleicht war das Grab des Tut-ench-Amun doch nicht ausgeraubt?

Carnarvon sah, daß Carters Hände zitterten. Behutsam setzte dieser in der linken oberen Ecke der versiegelten Tür den Meißel an. Alles, was in den nächsten Sekunden, Minuten und Stunden geschah, zog an Carter vorbei wie ein Traum, es war ein Tag, »so wunderbar, wie ich ihn nur ein einziges Mal erlebt habe und wie ich ihn niemals wieder erleben kann«.

Zuerst sah er nichts. Dann nahm er eine Eisenstange und stocherte durch das Loch in der Mauer. Er stieß ins Leere. Der hinter dieser Mauer liegende Raum war also nicht mit Schutt gefüllt. Carter zündete eine Kerze an, hielt sie vor die kleine Öffnung in der Wand, das Licht flackerte unter der heißen aus dem Inneren entweichenden Luft. Seine Angst, Giftgase könnten die Flamme zum Erlöschen bringen, war unbegründet.

Carter mußte, um die Kerze hindurchstecken zu können, den Mauerdurchbruch erweitern. Das dauerte lange, viel zu lange. Endlich war es soweit. Carnarvon und seine Tochter Evelyn starrten gebannt auf den Mauerdurchbruch, in dem der linke Arm des Ausgräbers mit der Kerze verschwand. Vorsichtig steckte er den Kopf hinein, soweit es ging. Wie hinter einem Schleier tauchten langsam und zart märchenhafte Dinge aus der Dunkelheit auf: Seltsame Tiere starrten ihn an, Menschen, lebensgroß, mit Stöcken bewaffnet, schritten ihm entgegen, kostbare Truhen standen dazwischen, Ge-

Der goldbedeckte hölzerne königliche Staatswagen mit Reliefdarstellungen aus dem Grab Tut-ench-Amuns. Er war in Einzelteile zerlegt

fäße aus leuchtendem Alabaster, Wagen warteten darauf, angespannt zu werden, zierliche Liegen mit Tierköpfen und -pranken lockten zur Ruhe.

»Können Sie etwas sehen?« fragte Lord Carnarvon ungeduldig.

»Ja«, antwortete Carter, »wundersame Dinge.«

Carter ließ den Lord nur kurz hineinblicken, dann erweiterte er die Maueröffnung so, daß sie zu zweit bequem hineinschauen konnten. Wie Kinder standen sie da und blickten im Schimmer einer inzwischen herbeigeschafften elektrischen Lampe in ein Märchenland, in ein Leben, das vor 3260 Jahren erloschen war.

Carnarvon war nicht der Mann, der die Sensation für sich behalten konnte. Er ließ den »Times«-Korrespondenten Arthur Merton nach Luxor kommen. Am 30. November 1922 berichtete die Londoner »Times« über den »ägyptischen Schatz«. Sie feierte Carnarvon als den großen Entdecker. Tags darauf schrieb seine Lordschaft an Wallis Budge, den Direktor der ägyptischen Abteilung im Britischen Museum in London, folgenden Brief.

»Sir Wallis,
ich muß Ihnen mitteilen, daß wir die ungewöhnlichste Entdeckung gemacht haben, die es je gab, vermutlich sowohl in Ägypten als auch irgendwo in der Welt. Zwar habe ich bisher nur zwei Räume betreten, aber darin befinden sich so viele Dinge, daß Sie damit die meisten Räume des Britischen Museums füllen könnten; und dann ist da noch eine versiegelte Tür, hinter der Gott weiß was sein wird. Es ist nicht nur die große Anzahl von Fundstücken, die diese Entdeckung so außergewöhnlich macht, sondern auch ihre einmalige Schönheit, Vollendung und Originalität. Ich fand einen Thron oder Stuhl, schöner als alles, was bisher in Ägypten gefunden wurde; Alabastervasen von wunderbarster Arbeit und sonst, von Gräberfunden abgesehen, völlig unbekannt; Liegen, Stühle, Betten, wundervolle Perlenarbeiten, vier Wagen mit wertvollen Steinen besetzt, lebensgroße schwarze Figuren des Königs mit soliden Goldsandalen und bedeckt mit Insignien, unzählige Kästchen, die Kleider des Königs, einen Uschebti, etwa drei Fuß hoch, und Zeremonialstäbe. Ich habe die Kästchen nicht geöffnet und weiß auch nicht, was sie enthalten; aber ich fand einige Papyrusbriefe, Fayencen, Juwelen, Bouquets, Leuchter in Form des Lebenssymbols. All das befindet sich im

Vorraum, von dem man vor lauter Inventar nichts sehen kann. Dann gibt es einen zweiten Raum, man kann ihn nicht mal betreten, weil er restlos mit Mobiliar verstellt ist, et cetera, Alabasterstatuen et cetera, vier bis fünf Fuß hoch. Schließlich kommt man zu der versiegelten Tür, hinter der, ich bin sicher, wir den König finden werden und Gott weiß was noch. Manches von dem Inventar ist in hervorragendem Zustand, anderes in schlechtem, aber die ganze Sache ist wunderbar; und dann ist da die versiegelte Tür!! Selbst Lacau war von diesem Anblick gepackt . . . Es wird mich eine schöne Stange Geld kosten, aber ich will das alles selbst machen. Ich glaube, Carter und drei Assistenten werden beinahe zwei Jahre brauchen, um das Grab auszuräumen, wenn wir hinter den Siegeln noch vieles finden. Ich komme in zehn Tagen zurück nach London und werde gleich versuchen, Sie zu erreichen.

Immer Ihr Carnarvon.«

Werden sie den König finden?

Budge stand wie die meisten Archäologen den Sensationsmeldungen aus Luxor zunächst skeptisch gegenüber. Zu oft war in den vergangenen Jahrzehnten ein »unberührtes Pharaonengrab« zu guter Letzt nur eine Abstellkammer von Grabarbeitern oder ein von Grabräubern geschickt wieder verschlossenes Grab. Obwohl er immer noch nicht sicher war, ob er Tut-ench-Amun finden würde, gab Carter sich selbstbewußt. Am 4. Dezember 1922 bat *er* den Kairoer Korrespondenten der Londoner »Times« in seinem Haus zu einem Interview. Beachtenswert ist die Sicherheit, die der bislang so zurückhaltende Ausgräber dabei an den Tag legte. Um so mehr, als bei dem Interview Lord Carnarvon anwesend war.

»Unser erster Eindruck ist«, sagte Carter, »daß die Kammer, die wir geöffnet haben, wirklich nur eine Vorkammer des Mausoleums des Königs ist; und da wir an der Tür ungebrochene Siegel vorgefunden haben, ist dies ein Zeichen dafür, daß wir den Pharao Tut-ench-Amun finden werden. Wir wissen von den bekannten Turiner Papyri, die eine Beschreibung des Grabes Ramses' IV. geben, daß es Sitte war, den König nicht nur in einem Sarkophag, sondern außerdem in drei Särgen zu bestatten, und daß der Sarkophag selbst wiederum von einer ganzen Reihe von Totenschreinen umschlossen war. Weil die Tür ungeöffnet war – abgesehen von einem kleinen Mauerdurchbruch, der auf das Konto von Grabräubern geht und unter Ramses IX. von den Friedhofswärtern wieder versiegelt wurde –, haben wir allen Grund zu hoffen, daß der König selbst unberührt gefunden wird, was mit den wertvollen Goldgegenständen geschah, sei dahingestellt . . .«

Und selbstbewußt fuhr Carter fort: »Was diese Entdeckung so glücklich und bedeutsam macht, ist die Tatsache, daß hier zum erstenmal ein Königsgrab mit unversehrten Türen gefunden wurde, versiegelt von den Inspektoren Ramses' IX. Natürlich sind wir sehr begierig, weitere Siegel aufzubrechen; doch das kann sicher nicht geschehen, bevor die Funde in der Vorkammer ausgeräumt und konserviert sind. Bis das geschehen ist, müssen wir die archäologische Welt um Geduld und Nachsicht bitten. Wir hoffen, in zwei Monaten mit der Ausräumung der übrigen Räume beginnen zu können.«

Es ist erstaunlich, mit welcher Präzision Howard Carter Details der späteren Entdeckung vorausgesagt hat. In einem freilich irrte er: Es waren nicht ramesidische Siegel, mit denen der Grabzugang verschlossen war, der Einbruch und die nachträgliche Siegelung erfolgten schon früher. Auch die nachträglich angebrachten Siegel trugen den Namenszug Tut-ench-Amuns.

Die unbeschreibliche Unordnung in der Vorkammer, die Carter und Carnarvon zunächst entgangen war, war ein Beweis für das Eindringen von Grabräubern. Abgerissene Verzierungen, aufgebrochene Truhen und zerbrochenes vergoldetes Holz legten Zeugnis ab von den Auswüchsen pietätloser menschlicher Habsucht.

Wie es schien, waren die Gangster bei ihrem frevelhaften Tun gestört worden und mußten das Grab überstürzt verlassen. Wer waren diese Grabräuber und warum hatten sie das Grab erbrochen?

Über die Lage der Königsgräber wußten nur die Priester und die Bauarbeiter von Der el-Medina Bescheid. Während die Priester ihr Wissen offiziell weitervererbten, gaben die Grabarbeiter diese Informationen widerrechtlich weiter, und gewiß hat Bestechung dabei eine bedeutende Rolle gespielt.

Als die antiken Friedhofsbeamten, die das Tal der Könige bewachten, den Einbruch im Grab Tut-ench-Amuns bemerkt hatten, verschlossen sie die von den Grabräubern geschlagenen Öffnungen mit Ziegeln und Gips und drückten ihr Siegel in die weiche Masse.

In einem Bericht an die Londoner »Times« hatte Lord Carnarvon behauptet, die äußeren Türen hätten Siegel Ramses' IX. getragen, der Einbruch sei also zu dieser Zeit (1127–1109) erfolgt. James Henry Breasted, der später von Carter mit der Untersuchung der Siegel beauftragt wurde, stellte jedoch fest, daß die vermeintlichen Ramses-IX.-Siegel in Wirklichkeit schlecht erhaltene Tut-ench-Amun-Siegel waren. Schließlich war das Grab des Kindkönigs bereits unter Ramses VI. (1142–1135) vergessen. Nur so ist es zu erklären, daß die Arbeiter, die das Grab Ramses' VI. in den Fels schlugen, ihre Bauhütten über dem Zugang zu dem Grab Tut-ench-Amuns errichteten. Nein, dieses Grab mußte schon bald nach seiner Vollendung aufgebrochen worden sein.

Des einen Freud, des anderen Leid

Dank der beinahe täglichen Berichte der Londoner »Times« wurde die Entdeckung in kürzester Zeit zur Weltsensation. Die Bewunderung für Carter wuchs, aber auch der Neid war unverkennbar. Ausgerechnet ein Laie, ein erfahrener Ausgräber zwar, aber ohne Hochschulbildung, hatte ihnen allen, den hochdekorierten Professoren, die Schau gestohlen.

Nicht alle ließen ihren Gefühlen so freien Lauf wie der angesehene britische Ägyptologe Alan Gardiner, der am 4. Dezember 1922 in der »Times« gallig schrieb: »Alle Ägyptologen warten jetzt zuversichtlich auf eine detaillierte Publikation, um so mehr, als Mr. Carter der beste lebende archäologische Zeichner ist.«

Die größte Entdeckung in der Geschichte der Archäologie hatte Carter zwar berühmt gemacht, aber ein Archäologe war er deshalb noch lange nicht – jedenfalls nicht in den Augen Professor Gardiners. Er blieb der, als der er vor 30 Jahren begonnen hatte, ein Zeichner.

Es wird wohl immer ungeklärt bleiben, ob es ein Irrtum war oder Absicht: Jedenfalls sandte Howard Carter diesem Alan Gardiner ein Telegramm. Er bat ihn, umgehend nach Ägypten zu kommen, um

»die philologischen Arbeiten in Verbindung mit dem Papyrus-Fund in der Vorkammer des Grabes« zu übernehmen. Hätte Gardiner geahnt, welche Blamage ihm diese Reise einbringen würde, er wäre zu Hause in London geblieben.

Carter hatte in einem der ersten Berichte in der »Times« ein Käst-

Zarte, mit Gold und Elfenbein verzierte Alabastervase aus dem Grab Tut-ench-Amuns. Zwei Nilgottheiten halten die Säulen mit den königlichen Uräusschlangen

chen erwähnt, in dem sich offensichtlich Rollen von Papyri befanden. Diese Papyri sollte Gardiner entschlüsseln. Der Professor, der seit zehn Jahren nicht mehr in Ägypten gewesen war, fühlte sich geschmeichelt, ganz ohne ihn ging die Entdeckung also doch nicht vonstatten.

Voll Stolz verkündete er in der »Times«: »Mit hoher Wahrscheinlichkeit werden die Papyri das sogenannte ›Totenbuch‹ enthalten, und zwar in einer späten und ziemlich korrupten thebanischen Version der 18. Dynastie. So ein Papyrus könnte mit gemalten Vignetten schön verziert sein, aber das ist nicht wahrscheinlich. Wenn die Papyri von aktuellem Inhalt wären, dann wären sie natürlich sehr interessant. Andererseits spricht der Zeitungsbericht von Papyri und nicht von einem Papyrus, und wenn es da andere Papyri als das ›Totenbuch‹ gäbe, dann wäre das höchstwahrscheinlich von größtem Interesse.«

Gardiner hat nie und nirgends über die Untersuchung dieser Papyri berichtet. Im ganzen Grab des Tut-ench-Amun gab es nämlich nicht ein Stückchen Papyrus. Als der Professor in den ersten Januartagen im Tal der Könige eintraf und das Kästchen mit den vermeintlichen Schriftrollen öffnete, machte er eine höchst peinliche Feststellung. Das Kästchen enthielt, eingerollt, die Unterhosen des Herrn Tut-ench-Amun, einen linnenen Lendenschurz und Unterwäsche zum Wechseln für das Reich der Schatten.

Das Unternehmen Tut-ench-Amun braucht Personal

Das Unternehmen Tut-ench-Amun, das hatte Carter schnell erkannt, überstieg seine Kräfte und Fähigkeiten. Nur mühsam vermochte er Lord Carnarvon von der Notwendigkeit zu überzeugen, daß zwei oder drei Assistenten zu wenig waren, daß ein ganzes Archäologen-Team erforderlich war, wenn dieses Grab wissenschaftlich exakt erforscht werden sollte. Carters Hilferuf erreichte eine Expedition des New Yorker Metropolitan Museums, die unter Führung von Arthur Mace ihre 1906 in Lischt begonnenen Ausgrabungen zum Abschluß bringen wollte. Eine entsprechende Rückfrage in New York beantwortete Dr. A. M. Lythgoe, der Chef der ägyptischen Abteilung des Metropolitan Museums telegraphisch kurz und bündig: »Do it – Tun Sie das!« Das Privatunternehmen Tut-ench-Amun war nun eine GmbH.

Der Leiter des amerikanischen Teams war ein Engländer. Arthur Cruttenden Mace hatte in Oxford die St. Edward's School und das Keble College besucht, das er mit einem akademischen Grad abschloß. Eigentlich wollte er Hochschullehrer werden, aber da war sein Cousin, der ihn immer wieder aufforderte mit ihm zu kommen. Dieser Cousin war Flinders Petrie. 1898 nahm Petrie Mace zum erstenmal mit nach Ägypten, und mit ihm zusammen grub er in Diospolis Parva und ein Jahr später in Abydos. Im Herbst 1901 schloß Mace sich der Hearst Expedition der California-Universität an und arbeitete mit Dr. Reisner und A. M. Lythgoe in Gise und Nag ed-Der.

Als Lythgoe im Oktober 1906 mit der Einrichtung einer ägyptischen Abteilung im Metropolitan Museum beauftragt wurde, machte er Mace das Angebot, für sein Museum zu graben. Der Engländer war einverstanden, beantragte eine Konzession für die Pyramiden von Lischt und begann noch im selben Jahr mit der Öffnung der Pyramide Amenemhets I. und dem umliegenden Grabmal. Dort fand Mace das berühmte Grab des Senebtisi. Im Ersten Weltkrieg wurde der »Amerikaner« Mace wieder ein patriotischer Engländer, er diente im 2. Bataillon des 29. Londoner Territorial Regiments (Artists Rifles), aus gesundheitlichen Gründen wurde er jedoch zum Army Service Corps versetzt, mit dem es ihn nach Italien verschlug. Nach Ende des Krieges ging Mace nach New York, dort stieg er zum stellvertretenden Leiter der ägyptischen Abteilung des Metropolitan Museums auf.

Mit Mace verstand sich Carter gut. Er war zwei Jahre lang seine beste Stütze, wenn es darum ging, der zahllosen Schwierigkeiten Herr zu werden, die noch auf sie zukommen sollten. Und noch ein zweiter Archäologe erwies sich als wahrer Freund: der Amerikaner James Henry Breasted.

Breasted erfuhr von der Entdeckung am 7. Dezember 1922. Er war zu Schiff aus Abu Simbel kommend in Assuan gelandet und hatte postlagernd einen Brief Lord Carnarvons vorgefunden. Carnarvon berichtete von einem Grab oder Versteck, das Carter im Tal der Könige gefunden hatte, ohne jedoch zu sagen, um welches es sich handelte. Breasted war jedoch überzeugt, daß es nur das Grab von Tut-ench-Amun sein könne, er bestieg sein Schiff und fuhr nilabwärts nach Luxor.

In Luxor gingen Gerüchte um. Von Goldschätzen war die Rede und einem ungeplünderten Pharaonengrab. Genaueres wußte niemand. Bisher hatte keine ägyptische Zeitung davon berichtet. Carter war verschwunden, angeblich war er nach Kairo gereist, Breasted und sein Sohn Charles mieteten zwei Esel und ritten zum Tal der Könige.

Als sie an dem braunen Haus vorbeikamen, das Carter während der jahrelangen erfolglosen Grabungen als Behausung gedient hatte, mußte Breasted an die erste Begegnung mit Carter denken. Das war nun beinahe zwanzig Jahre her, eine Zeit, in der Carter mehrmals alle Höhen und Tiefen eines Ausgräberlebens durchgemacht hatte. Aber er hatte sich nie von seiner Überzeugung abbringen lassen, daß dieser Tut-ench-Amun im Tal der Könige begraben sei. Wenn einer diesen Erfolg verdient hatte, dann war es Carter.

Schon von weitem sahen die Amerikaner die große ausgehobene Grube unmittelbar unter dem Grabeingang Ramses' VI. Sie war von Soldaten mit Gewehren im Anschlag umstellt. In der Mitte der Grube war ein Schutthaufen aufgeworfen. Darauf steckte eine Kalksteintafel mit dem flüchtig in schwarzer Farbe skizzierten Wappen der Carnarvons, eine Arbeit Howard Carters. Daneben saß Carters neuer Assistent A. R. Callender, ein Gewehr auf den Knien, er bewachte den Schutthaufen, unter dem sich offensichtlich der Zugang zu dem gefundenen Grab verbarg. Mehr war nicht zu sehen.

Die seltsame Wandlung des Howard Carter

Carter traf am nächsten Morgen mit dem Nachtzug aus Kairo kommend in Luxor ein. Als er von der Anwesenheit Breasteds erfuhr, nahm er eine Kutsche und fuhr direkt zur Anlegestelle am Nil, wo das Schiff der Amerikaner lag. Die Begrüßung war überschwenglich.

War das noch der kleine, getretene, zurückhaltende Ausgräber Howard Carter, jener Carter, der ein Leben lang Befehle auszuführen gewohnt war? Breasted bemerkte es sofort: Dieser Howard Carter war sich seiner Einmaligkeit bewußt, seines Erfolges, seiner historischen Leistung. Dieser Carter sprach wie ein Mann, der auf dem Weg war, einer der berühmtesten Archäologen der Welt zu werden.

»Denken Sie nur«, sagte Carter, »schon zweimal war ich nur zwei Meter von dieser ersten Steinstufe entfernt. Das erste Mal vor Jahren, als ich mit Davis grub. Er schlug damals vor, wir sollten unsere Arbeit an einen aussichtsreicheren Platz verlegen. Das zweite Mal vor wenigen Saisons, als Lord Carnarvon und ich beschlossen, die Ausgrabungen in diesem Gebiet für einige Zeit aufzugeben, um nicht den Besuchern des Grabes von Ramses VI. dauernd in die Quere zu kommen.«

Carter berichtete dies alles mit ungewöhnlichem Selbstbewußtsein; doch ab und zu war er so erregt, daß ihm die Stimme versagte. Dann hielt er inne, machte eine Pause und fuhr in leisem Tonfall fort: »Entschuldigen Sie, aber ich war genauso bewegt, als ich auf die unaussprechlichen Wunder der ersten Kammer schaute und die langen fruchtlosen Jahre überdachte, die mich zu dieser unglaublichen Erfüllung all meiner Hoffnungen geführt hatten.«

Während er das sagte, kramte er in den Jackentaschen, zog einen alten Brief hervor und begann darauf den Grundriß des Vorraumes zu skizzieren. Dann tupfte er mit seinem Bleistift auf verschiedene Punkte des Rechteckes und nannte einige Schätze, die sich hier und dort befänden.

In Kairo, erzählte Carter, habe er eine massive Stahltür zum Schutz vor Grabräubern in Auftrag gegeben. Außerdem habe er große Mengen von Watte, Kollodium, Paraffin, Präparier- und Konservierungsmitteln besorgt. Jetzt wolle er sich um die Verlegung von elektrischen Leitungen zu der Schatzkammer bemühen.

Es klang beinahe zaghaft, als Breasted fragte, wann er einen Blick in das Grab werfen könne.

»Wir werden jetzt den Eingang wieder ausgraben«, antwortete Carter, »wir werden die Stahltür anbringen und einige Vorbereitungen treffen. Das dauert drei Tage. Bitte, kommen Sie heute in drei Tagen über den Fluß wie zu einem Besuch der thebanischen Tempel. Steigen Sie auf den Hügel und tun Sie, als ob Sie die Aussicht genießen wollten, und kommen Sie dann ins Tal herunter. Richten Sie sich

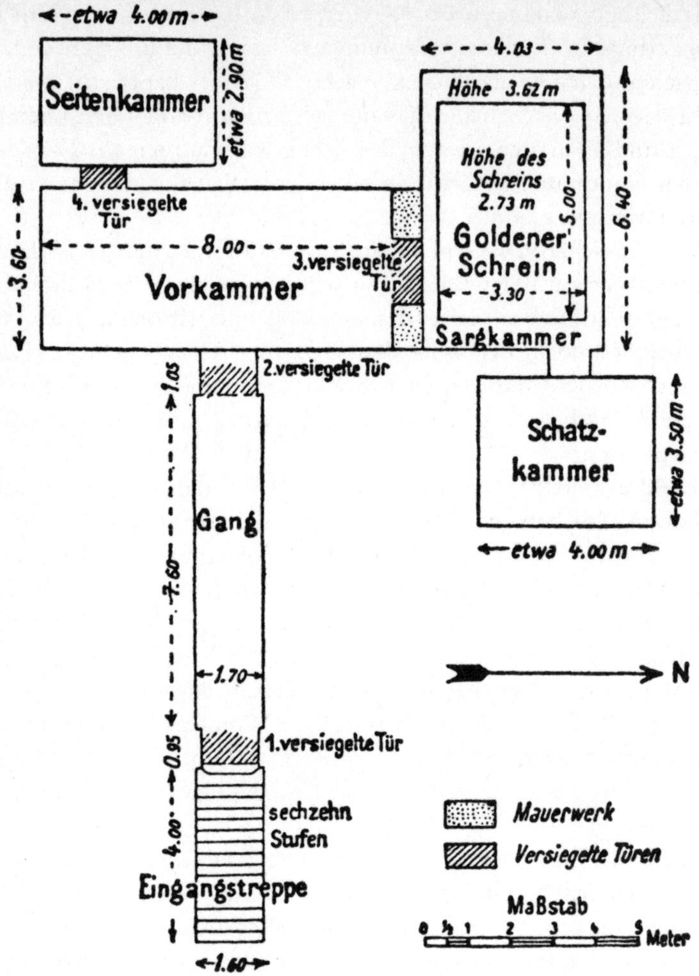

Grundriß des Grabes von Tut-ench-Amun: Eine Treppe und ein zehn Meter langer Gang führen zu der Vorkammer, in der Howard Carter die Tafel mit der verhängnisvollen Fluchformel fand. Rechts neben dem Vorraum liegt die eigentliche Sargkammer des frühverstorbenen Pharaos

so ein, daß Sie gegen 15 Uhr am Grab sind. Und«, rief er Breasted im Gehen zu, »bringen Sie eine Garnitur Unterwäsche zum Wechseln mit. Die Temperatur im Grab ist so hoch, daß man nach kurzer Zeit schweißtriefend herauskommt.«

Drei Tage später tat Breasted, wie Carter ihm geheißen. Um nicht den geringsten Verdacht aufkommen zu lassen und um nicht unnötig viele Zuschauer anzulocken, machte der Amerikaner sich auf den Weg wie zu einer Sightseeing-Tour. Unbemerkt von den Einheimischen und Touristen stieg er den ihm gut bekannten Pfad zu den Felsen empor und sofort auf der anderen Seite wieder hinunter, Carter wartete schon.

Das Aussehen der Grube hatte sich verändert. Statt des Schutthaufens war ein tiefer Schacht zu sehen, eine kleine Bauhütte war fertiggestellt. Neben Carter standen Callender, Burton, Mace und Herbert Winlock, der seine Frau und eine seiner Töchter mitgebracht hatte. Die Männer legten ihre Jacken ab und gaben sich Mühe, Witze zu machen, eine verständliche Reaktion in der Spannung des Augenblicks.

»Sind wir fertig?« fragte Carter erregt, aber korrekt wie ein Starter auf der Aschenbahn, und leise fügte er hinzu: »Bitte, kommen Sie!« Sechzehn Stufen führten in die Tiefe bis zu einem Gitter, das mit einem weißen Tuch verhängt war. Im Inneren des Grabes leuchteten Scheinwerfer, die den Schatten des Eisengitters auf das Tuch projizierten.

»Mein ganzes Leben«, sagte James Henry Breasted, »werde ich an dieses Bild der kleinen Gruppe von Männern denken, die mit glänzenden Augen warteten, während Carter mit der linken Hand an der oberen Ecke des weißen Tuches innehielt und es dann plötzlich fortzog.

Durch die Eisenstäbe bot sich uns ein unglaubliches Bild, eine unwahrscheinliche Szene aus einem Märchen, eine verzauberte Schatzkammer aus dem Opernhaus, Träume eines großen Komponisten. Drei Bahren standen uns gegenüber, auf denen einmal ein König gelegen hatte. Überall sah man Truhen, Kästen und Alabastervasen, Stühle mit Gold eingelegt und Sessel, die angehäuften Schätze eines Pharaos, der vor etwa 3250 Jahren gestorben war, bevor Kreta seinen Höhepunkt überschritten hatte, bevor Griechenland geboren und Rom gedacht war, vor der ersten Hälfte unserer Kulturgeschichte. In dem strahlenden Licht vor dem weißen Kalkstein flimmerten die Farben dieser Gegenstände, aber sie waren weich, ein Gemisch aus Braun, Gelb, Blau, Bernstein, Gold, Rötlichbraun und Schwarz.«

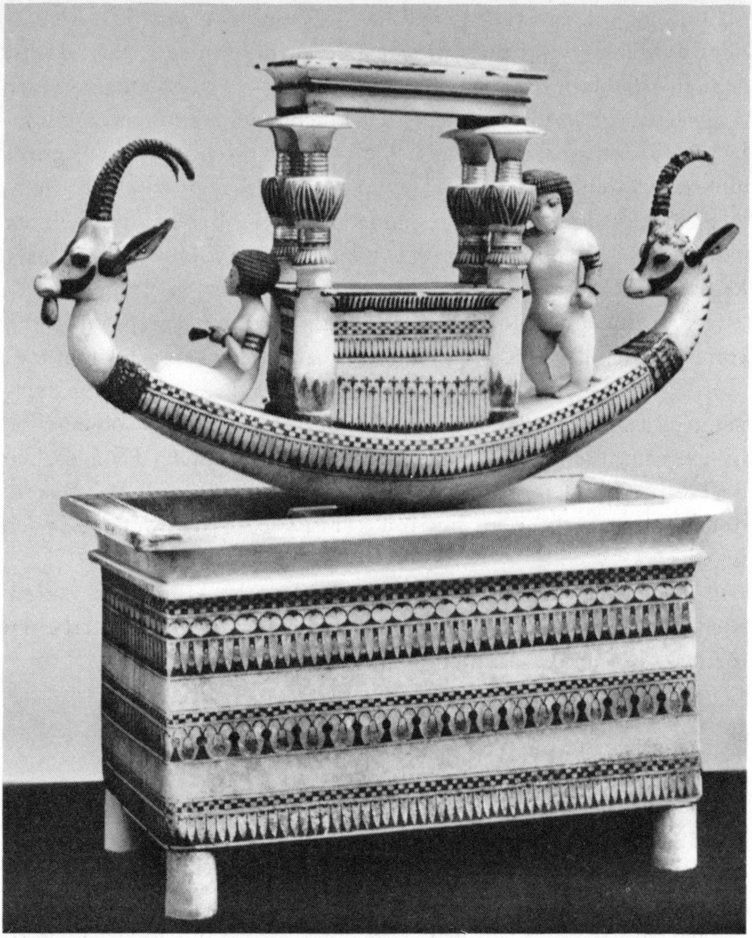

Bootnachbildung aus Alabaster auf einem Piedestal aus dem Grab Tut-ench-Amuns. Das Steinbock-Gehörn ist echt. Ein Zwerg mit sonderbarer Perücke bewacht die Kabine

Das Eisengitter war mit vier Schlössern und Ketten versperrt. Wie gebannt standen die Männer hinter Carter, als er das Gitter beiseite wuchtete. Beinahe erschrocken hörten sie ihn sagen: »Wollen Sie nicht eintreten?«

Das waren überflüssige Worte, gewiß, aber die Aufregung, die Spannung, war so groß, daß sich jeder Mühe gab, möglichst normal zu wirken, und natürlich ging das schief, es wirkte peinlich. Als keiner der Männer Carters Aufforderung nachkommen wollte, drehte er sich um, sah ihnen ins Gesicht: Die Männer hatten Tränen in den Augen. Auch Carter weinte, keiner brachte ein Wort hervor, plötzlich begannen sie sich einander die Hände zu schütteln, sie lachten albern, während sie sich die Tränen aus den Augen wischten. Breasted erinnert sich: »Die Aufregung kämpfte mit der Gewohnheit der Jahre, zu schauen und zu begreifen, ein Widerstreit, bei dem mein kritisches Urteilsvermögen völlig durcheinandergekommen war ... Nie war eine archäologische Entdeckung so dramatisch wie dieser erste Anblick der Stätte, die Tut-ench-Amuns Grab sein mußte.«

Es kostete Carters ganze Überredungskraft, den Lord zu überzeugen, daß die Vorkammer des Grabes nicht einfach von heute auf morgen ausgeräumt werden konnte. In Anbetracht der Einmaligkeit der Entdeckung müsse vielmehr alles fotografiert, aufgezeichnet und katalogisiert werden, bevor das erste Objekt das Grab verlassen konnte.

Lord Carnarvon dauerte das alles viel zu lange, er fuhr zurück nach England. Carter sollte Nachricht geben, wenn die Arbeiten fortgesetzt werden konnten.

Eine Sensation wird vermarktet

In London traf sich Lord Carnarvon mit seinem Freund Alan Gardiner.

»Ich kann keine Nacht schlafen«, klagte er. »Kaum bin ich im Bett, klingelt das Telefon. Sowie ich das Haus verlasse, werde ich von irgendeinem Journalisten aufgehalten.«

»Ich kann Ihren Unmut verstehen«, meinte Gardiner, »aber da die Öffentlichkeit nun einmal ein ungeheures Interesse an dieser Entdeckung nimmt, müssen sich derartige Vorfälle zwangsläufig ereignen. Die Journalisten erfüllen doch nur ihre Pflicht.«

Geoffrey Dawson, der Herausgeber der »Times«, hatte Wind bekommen, daß Carnarvon sich bei seinem Freund Alan Gardiner aufhielt. Während Carnarvon und Gardiner über den zweifelhaften Ruhm einer historischen Entdeckung diskutierten, klingelte das Telefon. Dawson wollte Carnarvon sprechen. Carnarvon sagte, Dawson solle herkommen. Alan Gardiner erinnert sich genau an das nachfolgende Gespräch:

»Dawson erklärte, er sei gekommen, um ihn zu bitten, ihm die ausschließlichen Rechte der Entdeckung für die ›Times‹ zu geben. Carnarvon erwiderte, er sei noch nie in einer solchen Situation gewesen; Dawson wies jedoch darauf hin, daß er sich viele Schwierigkeiten erspare, wenn er die ›Times‹ als Exklusiv-Agenten für die Verteilung von Nachrichten und Pressefotos akzeptiere. Carnarvon antwortete, er wolle es sich überlegen.«

Nach Gardiners Ansicht schwankte Carnarvon, ob er der »Times« die Exklusivrechte verkaufen sollte. Erst ein Gespräch mit dem Leiter der Königlichen Geographischen Gesellschaft, der eine Mount-Everest-Expedition auf ähnliche Weise vermarktet hatte, beseitigte seine Zweifel.

Offiziell goutierte Carter das Pressemonopol der Londoner »Times«, persönlich war er jedoch strikt dagegen, er sabotierte es sogar.

Anfang 1923 erschienen plötzlich in amerikanischen Zeitungen Berichte über das Unternehmen Tut-ench-Amun, die interessantere Informationen vermeldeten als die »Times«. In den »Chicago Daily News« berichtete ein George Waller Mecham regelmäßig über den Fortgang der Ausgrabungen.

Dieser Mr. Mecham, den in Luxor niemand kannte, war stets bestens informiert. Journalisten aus aller Welt machten Jagd auf den geheimnisvollen Unbekannten, aber nicht einmal der für seine Kriminalgeschichten bekannte Reuter-Korrespondent Valentine Williams, der extra nach Luxor gereist kam, konnte das Geheimnis lüften.

Drei Männer verfolgten die Journalistenjagd mit großem Vergnügen: Carter, James Henry Breasted und dessen Sohn Charles.

Jener Charles war damals 26 Jahre alt. »Nacht für Nacht«, gestand er später, »zwischen Mitternacht und vier Uhr morgens schrieb ich Mr. Mechams Depeschen, brachte sie in einem Wagen durch die schlafenden Straßen von Luxor zum Telegraphenamt auf dem Bahnhof, wo ich sie mit einem Effendi im Fez durchgab.« Um das Verhältnis Carters zu Breasted sen. nicht zu belasten, gestand Charles eines Abends dem Tut-ench-Amun-Entdecker, daß *er* Mr. Mecham sei. Carter sagte, das sei seine Sache, er wolle vergessen, was Charles ihm gesagt habe.

Der Vorteil des jungen Breasted bestand vor allem darin, daß er gar nicht an Ort und Stelle gewesen sein mußte, um seine Berichte zu schreiben. Er brauchte nur das zu Papier zu bringen, was Vater Breasted, der tagsüber mit Carter zusammenarbeitete, abends erzählte. Und so kam es, daß Mr. Mecham nie identifiziert wurde.

Im Tal der Könige ist die Hölle los

Der Ruhm der Entdeckung, den Carter zunächst dankbar genossen hatte, er wurde schon nach wenigen Wochen zur Bürde. Zeitungen aus aller Welt druckten die Berichte der Londoner »Times« nach und lösten eine Flut von Glückwünschen und Telegrammen aus. Das kleine Postamt in Luxor, sonst in der Hauptsache Annahmestelle für Ansichtskarten und Telegramme, war dem Ansturm nicht mehr gewachsen. Der Postverkehr stieg um 300 Prozent, das Personal wurde verdoppelt.

»Mit Glückwunschbriefen«, notierte Carter, »fing es an, dann erfolgten Hilfsangebote, der eine wollte Grundrisse zeichnen, der andere bot seine Dienste als Kammerdiener an, wieder andere baten um Souvenirs – sie gaben sich sogar mit einigen Sandkörnern vom Grabeingang zufrieden.

Phantastische Geldsummen wurden angeboten für die Erlaubnis, im Grab Filmaufnahmen zu machen. Es gab Ratschläge, wie die Funde am besten zu konservieren oder böse Geister und Naturgewalten am ehesten zu beschwichtigen seien. Zeitungsausschnitte wurden geschickt, kurze Abhandlungen, vermeintlich witzige Mitteilungen, harte Anschuldigungen wegen der Entweihung des Grabes, manche glaubten in mir einen Verwandten wiedergefunden zu haben, etwa so: ›Gewiß sind Sie der Vetter, der 1893 in Camberwall wohnte und von dem wir seither nichts mehr gehört haben ...‹ Zehn bis fünfzehn solcher dummen Briefe gingen während des ganzen Winters täglich ein.«

Carter war erstaunt, wie viele Freunde er plötzlich hatte. Nahezu 50 Jahre seines Lebens hatte er vereinsamt, in sich gekehrt das Leben eines Einzelgängers gelebt, der sich selbst genug war, auf einmal wollten ihn alle kennen, schon immer gekannt haben: »Howard, old fellow!«

Erst waren es Hunderte, dann Tausende, die mit dem Empfehlungsschreiben eines Freundes kamen, man möge ihnen die Ehre einer Grabbesichtigung zukommen lassen. Das Grab war nämlich im Gegensatz zu allen anderen Gräbern im Tal der Könige nicht zur Besichtigung freigegeben. In den Luxushotels von Luxor gab es nur ein Thema: »Haben Sie das Grab schon besichtigt? Nein? Sie müssen ein Empfehlungsschreiben vorweisen. Gehen Sie zu Mr. Sowieso, er ist ein persönlicher Freund von Howard Carter.«

Jeden Morgen, wenn die Sonne die ersten tiefen Strahlen auf das Randgebirge des Tales warf, pilgerten Menschenmassen an Carters Haus vorbei zu dem Weltwunder, wie es mittlerweile genannt wurde. Sie kamen in Pferdekutschen, auf Sandkarren, auf Eseln und zu Fuß, ausgerüstet wie Campingtouristen, und ließen sich am Rand der Umfassungsmauer nieder, die um den Grabeingang gezogen worden war. Unter luftigen Sonnenschirmen trieben die Herren Konversation, die Damen strickten, Hoteldiener brachten Picknickkörbe. Carters Dienstbeginn glich jeden Morgen dem Triumphzug eines Stummfilmstars, Händeschütteln, Beifallklatschen, Hochrufe, Fotoaufnahmen, Geschenke, Zettel, Briefe. Und je abweisender und mürrischer Carter reagierte, desto mehr stieg sein Ansehen.

Mit allen erdenklichen Tricks versuchten die Touristen, die aus aller Welt nach Luxor strömten, seine Bekanntschaft zu machen und zu dem Grab vorzudringen. Amerikanische Reisebüros verkauften Pauschalreisen inklusive Grabbesichtigung, ohne mit Carter jemals Kontakt aufgenommen zu haben. Touristen lauerten ihm auf, boten hohe Beträge für eine Führung, einer versuchte als Telegrammbote verkleidet in das Grab vorzudringen, ein anderer kam als Limonadenverkäufer.

Unter der Überschrift: »Touristen belagern das Grab« schrieb die Londoner »Times« am 17. Januar 1923:

»Auch heute scharte sich wieder eine große Menschenmenge, die durch Touristen eines Nildampfers Verstärkung erhielt, um den Grabeingang. Nach der gestrigen Ruhe erwartete man, daß wieder einige interessante Objekte herausgebracht würden, aber sie wurden enttäuscht.

Obwohl Mr. Carter alles vorbereitet hatte, wurden seine Pläne durchkreuzt: Die Installation des neuen Stahlgitters vor dem Grab Sethos' II., in das alle Funde zur weiteren Behandlung gebracht werden, bereitete Schwierigkeiten. Diese Arbeit, mit der gestern nachmittag begonnen wurde, nahm auch heute den ganzen Vormittag und Nachmittag in Anspruch, und sie wurde von den Archäologen beträchtlich gestört.«

Aus Kairo rückte eine Abordnung der gerade zurückgetretenen Regierung an: Sie kamen privat und brachten Frauen und Kinder mit: Ex-Premier Ebdel Khalek Sarwat Pascha, der Ex-Finanzminister Ismail Sidky Pascha und Ex-Informationsminister Wassif Simeika Pascha. Carter mußte Hände schütteln, freundlich sein, Führungen veranstalten, Fragen beantworten, Bewunderung teilen. Keine leichte Aufgabe für einen Mann, dem in dieser Situation Minister, Touristen, überhaupt alle Leute lästig waren, der nur eines auf der Welt wollte: die Entdeckung seines Lebens wissenschaftlich auswerten.

Doch die Ex-Exzellenzen waren entzückt und bestanden darauf, diesem Entzücken Ausdruck zu verleihen, es sei alles noch viel großartiger, als man sich das vorgestellt habe, die Schönheit des Geschauten sei einzigartig und unbeschreiblich. Sarwat Pascha erzählte Carter, er wolle morgen nach Wadi Halfa flußaufwärts weiterreisen, das sei seine erste Urlaubsreise seit 1914. Carter hörte es, aber in Gedanken war er ganz woanders. Und als die Exzellenzen mit ihren Familien abzogen, da war wieder ein Tag vergangen.

»Was sich gestern am Grab abspielte«, berichtete der »Daily Telegraph« am 25. Januar, »rief Erinnerungen an ein Derby wach. Der Weg, der zu dem von Felsen umschlossenen Tal führte, war verstopft mit den verschiedensten Fahrzeugen und Tieren. Die Fremdenführer, Eseltreiber, Antiquitätenhändler und Limonadenverkäufer trieben schwunghaften Handel. Nachdem heute die letzten Funde aus dem Gang herausgeschafft waren, hasteten alle Zeitungskorrespondenten durch die Wüste zum Nil, auf Eseln, Pferden und Landkarren, die wie Triumphwagen aussahen, lieferten sie sich ein Wettrennen, jeder wollte der erste am Telegraphenamt sein.«

Das Pressemonopol der »Times« verursachte immer mehr Spannungen in Journalistenkreisen. Korrespondenten anderer Blätter arbeiteten mit immer ausgefalleneren Tricks, um die Vorherrschaft der »Times« zu brechen. Bestechungsgelder wurden gezahlt und geboten – vor allem an die Hilfsarbeiter.

Unter der Überschrift: »Tut-ench-Amun-GmbH« wetterte der Londoner »Daily Express«:

»Wir bewundern zwar die Überzeugung und die Beharrlichkeit, die der mühsamen Arbeit Lord Carnarvons so großartigen Lohn eingebracht haben, wir können aber nur schwer die Art und Weise gutheißen, in der er es für angebracht hielt, seine Entdeckung auszubeuten ... Das Grab ist nicht sein Privateigentum, er hat nicht die Knochen seiner Vorfahren in den Waliser Bergen ausgegraben, er ist zufällig auf einen Pharao im Land der Ägypter gestoßen ... und dadurch, daß er den Inhalt der inneren Grabkammer zu einem exklusiven Geheimnis macht, hat er die Mehrzahl der einflußreichsten Zeitungen gegen sich aufgebracht.«

Sechs Tage später konterte die »Times«:

»Gegen Lord Carnarvons Arbeit wurden entehrende und unbegründete Verleumdungen geäußert. Man warf ihm vor, er habe in Luxor ein Nachrichtenmonopol geschaffen, und legte ihm sogar Geschäftemacherei zur Last ... etwas Unzutreffenderes hätte man ihm gar nicht vorwerfen können. Er hat die Artikel nur deshalb über die ›Times‹ verbreitet, weil er das für die beste und praktikabelste Möglichkeit hielt, alle Zeitungen der Welt, die daran interessiert waren, erschöpfend und unabhängig mit Meldungen zu versorgen. Seine Arbeit hat ihn veranlaßt, alle Nachrichten über einen Agenten laufen zu lassen.«

Die letzte Tür wird geöffnet

Die »Times« hatte ihren Lesern gemeldet, daß Carter am 17. Februar 1923 die versiegelte Sargkammer des Tut-ench-Amun-Grabes öffnen würde. Leser fragten in Briefen an die Redaktion, was hinter dieser Mauer zu erwarten sei, ob das nicht ein zu riskantes Unternehmen sei oder wo man Eintrittskarten für die Grabesöffnung erwerben könne.

An diesem 17. Februar hätte Howard Carter mehr Geld verdienen können als in seinem ganzen Leben. Aber das lag wohl gar nicht in seinem Interesse, vor allem lag es nicht in seiner Macht. Wer bei der Öffnung dabeisein durfte und wer nicht, hatte Lord Carnarvon allein entschieden.

Es ist ganz erstaunlich, wer im nachhinein alles bei diesem historischen Augenblick, der in der modernen Geschichte ersten und wohl auch einzigen Öffnung eines unversehrten Pharaonengrabes dabeigewesen sein will. Da tauchen immer wieder Zeitschriftenartikel und Bücher auf von »einem, der dabeigewesen ist«; doch schließlich war die Vorkammer von Tut-ench-Amuns Grab kein Theatersaal mit Hunderten von Plätzen, sie maß knappe dreißig Quadratmeter.

Carter bezeugt die Anwesenheit von folgenden Personen: Da war der Gouverneur der Provinz Kena, Bey Fahmy; der Unterstaatssekretär aus dem Ministerium für Öffentliche Arbeiten Mohammed Zaglul Pascha; der Vorsitzende des Aufsichtsrates des New Yorker Metropolitan Museums E. S. Harkness; Carters Freund, der Professor für Ägyptologie und orientalische Geschichte an der Universität Chicago Dr. James Henry Breasted; der Oberinspektor der Altertümerverwaltung in Oberägypten; der Kurator der Ägypten-Abteilung des Metropolitan Museums Albert M. Lythgoe; der Liverpooler Ägyptologe Professor Percy Edward Newberry; der Oxforder Ägyptologe und Carnarvon-Freund Sir Alan Gardiner, der Direktor der ägyptischen Expedition des New Yorker Metropolitan Museums of Art Herbert E. Winlock; der ehemalige britische Geistliche und Zeichner Norman de Garies Davies; der Anatomieprofessor von der Ägyptischen Universität Dr. Douglas Derry; der britische Chemie-Industrielle und Ausgrabungsfinanzier Sir Robert Mond; der Direktor des französischen Archäologischen Instituts G. Foucart; der Leiter einer französischen Expedition Bernard Bruyère; Major J. J. Astor; Flinders Petries Cousin Arthur Mace; Carters Assistent A. R. Callender; der britische Chemiker Alfred Lucas; der Fotograf Harry Burton; der Kairoer Museumsassistent Richard Bethell und Arthur Merton, der Korrespondent der Londoner »Times«.

Nur *er* konnte als Augenzeuge am nächsten Tag berichten, was am Vortag unter Ausschluß der Öffentlichkeit vor sich gegangen war. Der Reporter des »Daily Telegraph« machte aus der Not eine Tugend und lieferte einen Situationsbericht über das, was vor und während der atemberaubenden Vorgänge im Grab draußen zu sehen und zu hören war:

»Mr. Callender öffnete die massive Kerkertür, die vom Eingang zu den Stufen hinabführte, und eine Anzahl von Stühlen wurde hinuntergeschafft.

›Wir werden ein Konzert geben! Carter wird ein Lied singen!‹ scherzte Lord Carnarvon, daß es alle hörten, und er warf einen Blick nach oben auf die Journalisten, deren Anwesenheit ihn zu irritieren schien. Während der nächsten drei Stunden wurde jeder Laut und jeder Vorfall registriert und interpretiert. Manchmal wurde ein Stück Mauerwerk heraufgetragen, von Zeit zu Zeit hörten wir Lady Evelyns Ausrufe oder Meißelschläge oder Hämmern auf Holz. Die Erregung der Zuschauer auf der Schutzmauer stieg unermeßlich, als sie sahen, daß Arbeiter Blöcke von Mauerwerk und Körbe mit Schutt heraustrugen . . .«

Was spielte sich in diesen Minuten dort unten ab?

Alan Gardiner war Augenzeuge. Er erinnert sich: »Als Carter den oberen Teil der Mauer entfernt hatte, erkannten wir dahinter etwas wie eine Wand aus purem Gold. Aber als der Rest des Mauerwerks

Der dritte der vier hölzernen goldbedeckten Schreine, die den steinernen Sarkophag Tut-ench-Amuns umgaben. Auf der Goldhülle befinden sich Totengebete und Szenen aus der Unterwelt

fortgeschafft war, erkannten wir, daß wir auf eine Seite eines riesengroßen Außenschreines oder Tabernakels blickten. Solche Schreine kannten wir von antiken Papyri; doch das war die Wirklichkeit. Da stand er, strahlend in blauen und goldenen Farben, und füllte beinahe die ganze zweite Kammer aus. Er reichte beinahe bis an die Decke, und der Abstand zu den Seitenwänden betrug nicht viel mehr als 60 Zentimeter.

Zuerst gingen Carter und Carnarvon hinein, indem sie sich durch den engen Zwischenraum quetschten, während wir auf ihre Rückkehr warteten. Als sie zurückkamen, hoben sie beide vor Verwunderung über das Geschaute die Hände hoch. Dann gingen wir übrigen jeweils zu zweit hinein.«

Alan Gardiner ging zusammen mit James Henry Breasted. »Sie sollten es lieber nicht wagen«, rief Pierre Lacau Gardiner zu, »Sie sind viel zu dick!«

Gardiner: »Wir drängten uns hindurch, bogen dann nach links ab und befanden uns nun auf der Vorderseite des Schreines, der zwei große Türen hatte. Carter hatte den Riegel herausgezogen und die Türen geöffnet. Wir konnten sehen, daß sich innerhalb des großen äußeren Schreines ein weiterer kleinerer Schrein befand, ebenfalls mit einer Doppeltür, deren Siegel noch nicht erbrochen war. In Wirklichkeit befanden sich dort insgesamt vier von diesen vergoldeten Schreinen, die wie ein Satz chinesischer Kästchen ineinanderstanden und deren vierter den Sarkophag enthielt, den wir erst ein Jahr später sehen sollten.«

3260 Jahre nach seinem Tod: Tut macht Politik

Schon wenige Wochen nach der Entdeckung war das Unternehmen Tut-ench-Amun zum Politikum geworden. Die Engländer, die mit der Entdeckung zweifelsfrei zur Ausgräbernation Nr. 1 geworden waren, befürchteten, daß der Vertrag, der 1904 geschlossen war und den Franzosen für 30 Jahre die Leitung der Ägyptischen Altertümerverwaltung garantierte, sich nun nachteilig auswirken könnte.

Wallis Budge, vom Britischen Museum in London, ließ am 1. Dezember 1922 verlauten: »Die Gesetze, nach denen Ausgrabungen gestattet werden, sind von Ausländern gemacht und erlauben nur die Ausfuhr der Hälfte der Ausgrabungen. Unter Maspero wurden die Gesetze generös ausgelegt, und wir hoffen, daß dies auch bei dieser Entdeckung geschieht.«

Ein halbes Leben hatte Carter allein zugebracht, immer nur das eine Ziel vor Augen, an das er glaubte. Jetzt, auf einmal, im Zenit des Erfolges, war seine Arbeit eine Angelegenheit des Britischen Empires geworden, eine Angelegenheit der ganzen Nation. Man sah in dem Grabschatz des Tut-ench-Amun weniger eine kunsthistorische Sensation als eine Trophäensammlung nationalen Prestiges.

»Wir können nur hoffen«, tönte Sir Alan Gardiner, »daß Lord Carnarvon, der so viele Jahre ohne Entschädigung für seine Anstrengungen in Ägypten gearbeitet hat, in der Lage sein wird, alles, was man im Kairoer Museum nicht unbedingt braucht, nach England zu bringen. Denn nichts ist so erzieherisch wie die augenscheinliche Demonstration, sie ist der wahre Zweck, für den unsere Museen gebaut sind. Und wir dürfen wohl hoffen, daß M. Lacau die gleiche Freigebigkeit an den Tag legen wird, wie sie M. Maspero zweifellos einmal gezeigt hat.«

Ausgrabungen, Funde, Handel und Export von Antiquitäten regelte das Gesetz Nr. 14 vom 12. Juni 1912. Dieses Gesetz löste eine entsprechende Verordnung aus dem Jahre 1897 ab, die sich als unzureichend erwiesen hatte. Elf Jahre hatte die Fixierung dieses Gesetzes gedauert, elf Jahre hatten Politiker mit dem Comité d'Egyptologie in Kairo um Details gefeilscht und gestritten wie zum Beispiel um die Frage, was überhaupt als Antiquität anzusehen sei. Die Gesetzgeber gelangten schließlich zu der Ansicht, Antiquitäten seien Objekte aus pharaonischer, griechischer, römischer, byzantinischer und koptischer Zeit, Bauwerke, handwerkliche und künstlerische Arbeiten, Inschriften auf Felsen, Wänden und Häusern, Schlammziegel und Bausteine, kurz alle Relikte menschlicher Schaffenskraft.

Das Gesetz verpflichtete jeden Finder einer Antiquität, diese bei der Altertümerverwaltung abzuliefern. Konnte er nachweisen, daß sein Fund nicht aus einer illegalen Raubgrabung stammte, so stand ihm die Hälfte des Fundes oder der halbe Gegenwert zu. Wurde der Fund von der Altertümerverwaltung geteilt, so war dem Finder gestattet, sich *seinen* Teil auszusuchen.

Archäologische Grabungen, die gesonderter Lizenzen bedurften, wurden nur Archäologen, Universitäten, Akademien, wissenschaftlichen Gesellschaften und Privatpersonen erlaubt, die die notwendige Qualifikation nachweisen konnten. War die eigene Erfahrung nicht ausreichend, so konnte auf Wunsch der Regierung ein qualifizierter Archäologe hinzugezogen werden. Transport und Ausfuhr von Antiquitäten waren nur mit Erlaubnis der Altertümerverwaltung gestattet. Bei Erteilung der Exporterlaubnis kassierte die Altertümerverwaltung 1,5 Prozent des Schätzwertes. Carnarvons Konzession, die auf Antrag jährlich erneuert werden mußte, sah vor, daß erstrangige Funde der Altertümerverwaltung übergeben wurden. Die Ausgräber hatten nur auf Zweitrangiges und Doubletten Anspruch, die Exportbewilligung erteilte auch hier die Altertümerverwaltung. Diese Bestimmungen waren verschärft worden, weil in der Vergangenheit unersetzliche Kulturgüter außer Landes gebracht worden waren, teils mit Billigung der Behörden, teils mit verwerflichen Taschenspielertricks der Ausgräber.

»Mumien von Königen, Gaufürsten und Hohenpriestern«, hieß es in Carnarvons Konzession wörtlich, »bleiben mit Särgen und Sarkophagen Eigentum der Altertümerverwaltung.« Sollte Carter ein unberührtes Grab finden, so hatte er seinen Inhalt, ohne sich auch nur ein einziges Stück anzueignen, dem Museum zu übergeben.

Im Fall Tut-ench-Amuns war Paragraph 10 der entscheidende strittige Punkt: »Die Verwaltung der Altertümer hat bei Gräbern, die aufgebrochen entdeckt werden, neben Mumien und Sarkophagen . . . ein Recht auf alle Objekte, die von erstrangiger historischer Bedeutung sind. Der Rest ist mit den Konzessionsberechtigten zu teilen. Da wahrscheinlich die Mehrzahl der entdeckten Gräber unter diesen Paragraphen fällt, wird dem Konzessionsberechtigten eine anteilsmäßige Entschädigung für seine Mühe und Arbeit zugestanden.«

Dieser Paragraph, der mit Sicherheit nicht von einem Juristen konzipiert wurde, war doppeldeutig, auf jeden Fall ließ er für die Altertümerverwaltung alle Möglichkeiten offen. Da das Grab des Tut-ench-Amun zweifelsfrei aufgebrochen worden war, trat Paragraph 10 in Kraft, der dem Konzessionsberechtigten zumindest einen Teil des Inhalts zusicherte. Der Chef der Altertümerverwaltung deklarierte jedoch den gesamten Grabinhalt zu »erstrangiger Bedeutung«. Das hatte zur Folge: Lord Carnarvon stand kein einziges Stück aus dem gesamten Grabschatz des Tut-ench-Amun zu. Dieser Ansicht war auch Howard Carter. Und das trug dazu bei, das ohnehin angespannte Verhältnis zwischen dem Lord und dem Ausgräber noch zu verschärfen.

Nut, die Herrin des Himmels,
die weibliche Entsprechung von Amun-Re

VII.

Spurensicherung: Das mysteriöse Leben unter Tage

Carter hatte gegen manches zu kämpfen –
gegen behördliche Einmischung,
störende Verzögerungen, Mißverständnisse
und ein Übermaß an unerwünschter Zeitungspropaganda.
Und er war vielleicht nicht gerade
der umgänglichste Mensch.

Alan Gardiner

Erst jetzt begann die eigentliche Arbeit, die Bergung all der Schätze. Von Petrie und Naville hatte Carter gelernt, daß nicht nur das Fundobjekt an sich wichtig ist, sondern auch der Umstand und die Position seiner Auffindung. Wenn der Ausgräber die genaue Position eines Gegenstandes aufzeichnet, ist er in der Lage, bei anderer Gelegenheit Fundobjekte in der gleichen Position aufzufinden. Der Zufall, oft das bedeutsamste Hilfsmittel der Archäologen, wird dadurch weitgehend ausgeschaltet. Howard Carter hatte festgestellt, daß die Grabbeigaben in jedem Grab nach einem ganz bestimmten Plan angeordnet waren. Hatte man erst ein Objekt gefunden, so war es bei nicht ausgeplünderten Gräbern nicht schwer, auch die anderen nachzuweisen.

Aus diesem Grund legte er so großen Wert auf die wissenschaftlich exakte Spurensicherung unter Tage. Der kleinste wie der größte Gegenstand mußte, bevor er von der Hand eines Menschen berührt wurde, fotografiert, auf seine Lage hin vermessen und sofort nach seiner Bergung exakt beschrieben werden. Alle Daten und Informationen trug Carter auf 12 mal 20 Zentimeter große Karten ein, die auf der Vorderseite kariert, auf der Rückseite liniiert waren. Sie werden heute im Griffith-Institut Oxford aufbewahrt. Nehmen wir wahllos ein Blatt aus Carters Kartei.

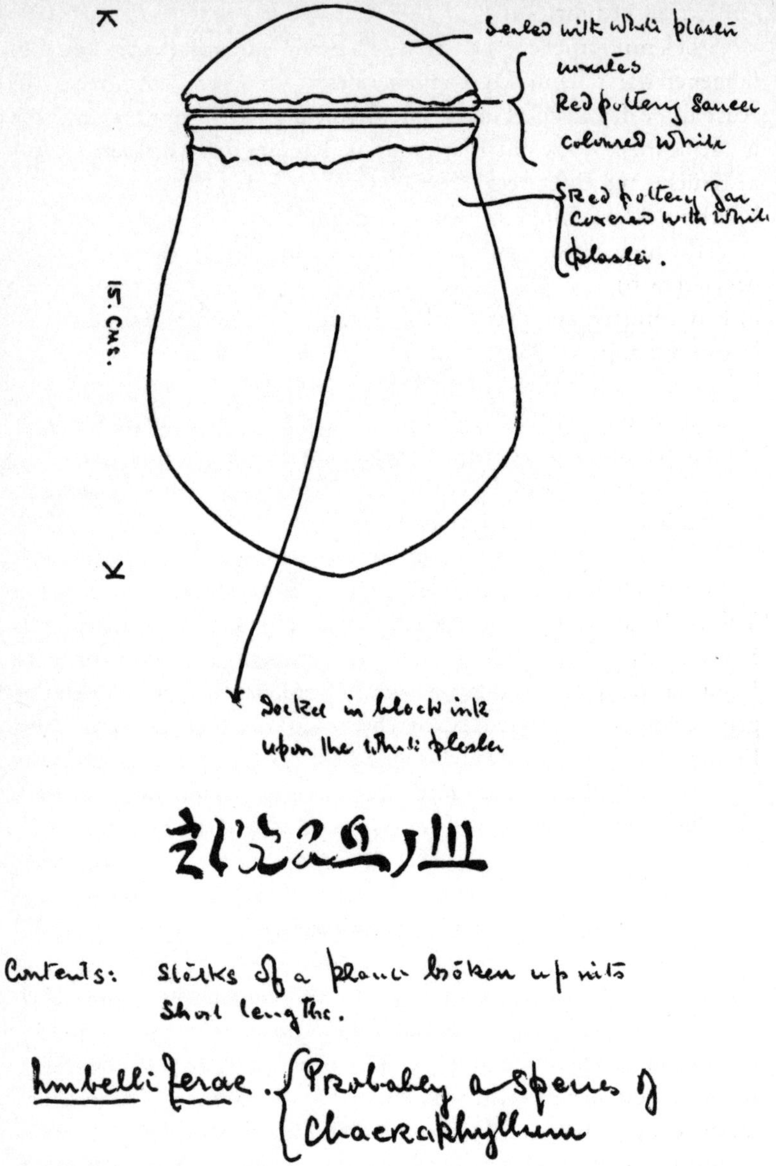

Seite aus Carters Tagebuch

Blatt 48 D führt auf:

»Stock mit Krücke, einen asiatischen und einen afrikanischen Gefangenen darstellend. Durchmesser des Stockes 2,2 Zentimeter. Mit Ausnahme der Krücke, der Köpfe, Arme und Beine der Gefangenen ist der ganze Stock mit Blattgold auf Kreidegrund verziert.

a) Krücke aus Elfenbein
b) Schmucklose Ringe mit fünf eingeschnittenen Linien
c) V-förmige Muster auf der ganzen Länge des Stockes
d) wie bei b)
e) Federmuster auf drei Seiten, darüber ein Relief, das über die ganze Länge verläuft.
f) Ein asiatischer und ein afrikanischer Gefangener, die mit dem Rücken aneinandergefesselt sind. Fesselung wird sichtbar, wenn man den Stock umdreht. Mit feuchtem Pinsel gereinigt, mit Zelluloid bespritzt, das in Amyl-Acetat aufgelöst wurde, dann mit aufgelöstem Paraffin behandelt.«

Meist blieb nur nachts Zeit für diese Arbeit des Kartographierens, und nicht selten erwiesen sich die Nächte im Laboratorium im Grab Sethos' II. als viel zu kurz, wenn außer dem Kartographieren das Konservieren, Ausbessern oder Zusammenfügen zerbrochener Funde anstand. Außerdem mußten Lohnbücher geführt, Rechnungen bezahlt, Streitereien geschlichtet und Grabungsarbeiter samt Frauen und Kindern ärztlich behandelt werden. Der einzige freie Tag in der Woche nach islamischer Sitte, der Freitag, reichte gerade, um alles während einer Woche unerledigt Gebliebene aufzuarbeiten.

Der König liebte Kragen, Carter haßte sie

Eine Modeerscheinung der 18. Dynastie und insbesondere der Amarna-Zeit, der Tut-ench-Amun noch anhing, machte Carter besonders zu schaffen. Damals waren Halsketten, Halskragen, Schmuckgehänge und Gürtel aus aufgefädelten Fayencen-Pailletten modern. Sie stellten die Geduld der Ausgräber mehr auf die Probe als alle anderen Grabbeigaben, Carter haßte sie.

Zwar wurden Ketten, Kragen und Gehänge im Grab aufgefunden, so wie sie vor über 3000 Jahren hier deponiert worden waren, aber man konnte diese Schmuckstücke nicht in die Hand nehmen. Man konnte sie nicht aufheben und fortbringen, weil die Fayence-Perlen erhalten, die Fäden, auf denen sie aufgereiht waren, aber zerfallen waren.

Carter wußte sich nicht anders zu helfen, als jede einzelne Perle mit der Pinzette aufzuheben und sie auf ein bereitliegendes Stück Karton, auf dem eine klebrige Plasticinschicht aufgetragen war, zu drücken. Richtig aneinandergereiht, lag schließlich ein Kollier auf der Pappe. Aber damit war die Arbeit nicht zu Ende. Im Laboratorium mußten die Pailletten auf Fäden gereiht werden. Carter arbeitete dabei manchmal mit zwölf Nadeln und Fäden gleichzeitig.

Was das bedeutet, habe ich mir anhand eines Halskragens von Tut-ench-Amun vor Augen geführt, der 1974/75 im Rahmen einer Nofretete/Echnaton-Ausstellung in Europa zu sehen war. Er ist einer von insgesamt 17 Kragen, die in dem Grab gefunden wurden. Das gute Stück setzte sich aus 93 gelben, 40 grünen, 50 roten, 71 blauen, 60 weißen und 57 blauen, also insgesamt 371 Kettengliedern zusammen, die von zwei lotosförmigen Schließen zusammengehalten wurden – eine unvorstellbare Geduldsarbeit, bei der kein Teilchen verlorengehen durfte. Und dabei war dies nur der kleinste Kragen.

Die Frage, ob er bei der Bergung nicht etwas übersehen hatte, beschäftigte Carter beinahe täglich. Wie leicht konnte eine winzige Perle verlorengehen, wie groß war das Risiko, daß einer der beteiligten Arbeiter irgend etwas verschwinden ließ! Carter machte es sich deshalb zum Grundsatz, kein Objekt bei der Aufnahme im Grab, beim Transport in das Laboratorium bis zur Aufnahme in seine Kartei aus den Augen zu lassen. Wenn die Arbeiter irgend etwas wegtrugen, Carter ging stets nebenher.

Diese absolute Gründlichkeit erwies sich bei der wissenschaftlichen Forschung als besonders hilfreich. So bereitete Carter zum Beispiel eine Zahl großes Kopfzerbrechen: Ausgerechnet 413 Dienerfiguren, sogenannte Uschebti, enthielt der Grabschatz des Tutench-Amun. Warum gerade 413?

Die Vermutung, daß einige Dienerfiguren verloren oder entwendet worden sein konnten, lag auf der Hand. Doch Carter, der sich ganz sicher war, daß weder ein Diebstahl noch sonst ein Verlust in

Frage kam, dachte nach und kam auf eine plausible Erklärung: Tut-ench-Amun hatte für jeden der 365 Tage des Jahres einen Diener; für jede Woche, die zu Zeiten der 18. Dynastie noch zehn Tage dauerte, stand ein Aufseher bereit, für jeden Monat ein Oberaufseher. Die Rechnung lautete: 365 + 36 + 12 = 413.

Die Dienerfiguren im Grab des Tut-ench-Amun waren aus unterschiedlichen Materialien gefertigt, aus Keramik, Alabaster, Sand-

Drei königliche Uschebti (Grabstatuetten) aus dem Grab Tut-ench-Amuns. Sie tragen die Gesichtszüge des Königs

stein, Granit und Holz. Vor allem die Holzfiguren aus dem Grab bereiteten Carter Schwierigkeiten. Manche waren mit einer Stuckschicht überzogen und mit Blattgold beschlagen. Und gerade diese schönsten Figuren begannen sich unter dem Einfluß der Luftveränderung selbst zu zerstören: Das Holz schrumpfte, der Stucküberzug warf sich, das Gold blätterte ab.

Eine Truhe bringt neue Probleme

Eine bemalte Truhe, an der Carter großen Gefallen gefunden hatte, gab dem Team besondere Probleme auf. Die Truhe war aus Holz, mit einer Stuckschicht überzogen und bemalt. Man konnte absehen, wann die kostbaren Malereien abspringen würden. An eine spezielle Präparierung war jedoch so lange nicht zu denken, bis das kleine Möbelstück geleert war. Und das nahm ganze drei Wochen in Anspruch. Warum dieser Arbeitsaufwand?

Man kann das Problem nur verstehen, wenn man erfährt, wie Howard Carter den Inhalt der Truhe beschreibt:

»Rechts oben liegen ein Paar Binsen- und Papyrusschilf-Sandalen, darunter, gerade noch sichtbar, eine vergoldete Kopfstütze, noch weiter unten eine wirre Masse Leinenzeug, Leder und Gold, womit wir zunächst noch nichts anzufangen wissen. Links liegt ein prachtvolles Königsgewand, zu einem Bündel zusammengedrückt, während in der oberen Ecke roh geschnittene Perlen aus dunklem Bernstein zu sehen sind. Das Gewand stellt uns vor das schwierige Problem – eines, das immer wiederkehrte –, wie soll man Stoffe behandeln, die, sobald man sie anrührt, zerfallen, die aber mit reichem und schwerem Schmuck besetzt sind? In diesem Fall ist das ganze Königskleid mit einem Netz aus Fayenceperlen und rautenförmigen goldenen Ornamenten in jedem zweiten Quadrat verziert. Perlen und Rauten waren ursprünglich am Kleid angenäht, jetzt sind sie lose. Viele liegen verkehrt, sie sind, als der Faden riß, abgesprungen . . .«

Beim Entfernen der einzelnen Gegenstände aus der Truhe mußte Carter ständig auf der Hut sein, daß er nicht, indem er einen Gegenstand entfernte, einen darunter liegenden, vielleicht kostbareren

Der goldene Thron des vergessenen Pharaos. Auf der Rückenlehne eine familiäre Szene Tut-ench-Amuns und seiner Frau Anches-en-Amun. Unverkennbar der Amarna-Stil dieser Darstellung.

Ein erregender Augenblick: Howard Carter (kniend) und sein Assistent Callender beim Öffnen des vierten und letzten Sargschreines.

Wandmalerei aus der Sargkammer des Grabes: Eje, der Nachfolger Tutench-Amuns (rechts), nimmt in der Tracht eines Priesters an dem zu Osiris gewordenen König die Mundöffnungszeremonie vor.

Der Mumiensarg ruht auf dem Steinsarkophag. Carter mußte ein Balkengerüst errichten und hievte Tut-ench-Amun mit Hilfe zweier Flaschenzüge aus seinem Grab.

zerstörte. Es wäre durchaus möglich gewesen, das Gewand mit flüssigem Paraffin zu fixieren und als Klumpen herauszuheben. Welchen Wert aber hätte dieses unansehnliche Objekt gehabt?

Für Carter gab es zwei Möglichkeiten: Entweder er versuchte möglichst große Stücke des Stoffes zu retten – dabei wäre die Perlenstickerei zerstört worden. Oder er rettete die Stickerei – dann ging beim Herauszupfen der Stoff in die Brüche. Carter entschloß sich zu letzterer Lösung. »Später«, meinte er, »wird es im Museum möglich sein, ein neues Gewand in genau derselben Größe herzustellen, an dem das ursprüngliche Ornament, die Perlstickerei, die Goldrauten und Sonstiges angebracht werden können.«

Die Truhe war noch nicht völlig leer, da machten sich auf der äußeren Bemalung bereits die ersten Risse bemerkbar. Carter hatte die Farben auf Anraten des Chemikers vorsichtig mit Benzin gereinigt und dadurch aufgefrischt, dann wurde das Ganze mit einer Lösung aus Zelluloid und Amylalkohol besprüht. Die Behandlung erwies sich als unzureichend, die Lösung mußte wieder abgewaschen werden. Carter griff zum letzten Mittel, heißem Paraffin. Würden die Farben, würde die Stuckschicht die heiße Flüssigkeit vertragen?

Vorsichtig trug er das Paraffin auf. Der erste Eindruck: Die Farben leuchteten. Doch das spröde Material sog das Paraffin völlig auf. Und gerade das war die Lösung. Nicht nur die Farbschicht, nicht nur der Stuck, auch das darunterliegende Holz mußte vom Wachs durchtränkt werden, damit das Material nicht mehr arbeiten konnte.

Der Arbeitsgang war aufregend; die Oberfläche der Truhe mußte in der Sonne vorgewärmt, das Paraffin beinahe auf Siedetemperatur gebracht werden. Blasen, die der Stuck durch den heißen Paraffinauftrag warf, konnten nach Einsetzen des Abkühlungsprozesses glattgedrückt werden. Einerseits mußte das Paraffin so hoch erhitzt werden, daß es sofort in das Material eindrang, andererseits durfte es nicht eine Temperatur erreichen, bei der Farb- und Holzschicht zu brennen begannen.

Wie kam dieser Thron ins Grab?

Das meistbewunderte Stück, das Howard Carter aus dem Grab des Tut-ench-Amun holte, ist der goldene Thron des jungen Königs. Er ist aus Holz gefertigt und vollkommen mit Goldblech beschlagen. Sein kleines Format und die künstlerische Ausschmückung zeigen, daß dieses Sitzmöbel dem König schon zur Verfügung stand, als er noch ein Kind war. Er wurde offenbar in späteren Jahren, als Tut-ench-Amun gewachsen war, etwas höher gemacht. Findige Kunsthandwerker montierten unter die Löwenfüße des Thrones zentimeterdicke Beilagscheiben. Dadurch wurde die Sitzfläche um mindestens sechs Zentimeter höher.

Das Prunkmöbel des Königs ist im typischen Amarna-Stil gearbeitet. Die innere Rückenlehne ziert eine familiäre, beinahe intime Familienszene zwischen Tut-ench-Amun und seiner schönen Gemahlin Anches-en-Amun. Ähnliche Darstellungen kennen wir von Echnaton und Nofretete. Die Szenerie auf dem Thronsessel zeigt die Königin, angetan mit einem weißen, durchsichtigen Gewand und der hohen Federkrone, wie sie den auf einem Sessel sitzenden Tut-ench-Amun salbt. Der junge Pharao hat den rechten Ellenbogen lässig auf die Lehne seines Stuhles gelegt und reckt seiner Frau die linke Schulter entgegen.

Das Gesicht des Tut-ench-Amun ist jung, beinahe kindlich, trotzdem hat er einen deutlichen Bauchansatz mit drei Querfalten, dem untrüglichen Kennzeichen der Amarna-Kunst. Ebenso typisch amarnisch: die im Wind flatternden Perückenbänder des Königs. Dominierend leuchtet über den beiden Gestalten die Sonnenscheibe des Aton und spendet mit ihren Strahlen, die in Händen auslaufen, dem Königspaar »anch«, Leben.

Halbedelsteine, Glasfluß, Fayence und gefärbtes Elfenbein, ganz verschiedene Materialien auf Gold gearbeitet, das entsprach den Intuitionen der Kunsthandwerker von Amarna. Dies alles und die Nennung seines früheren Namens Tut-ench-Aton in einem Königsring stellen die Frage, wie dieses zweifelsfreie Relikt aus der Ketzerzeit die Restitution der alten Religion überdauern konnte. Wie kam es überhaupt ins Grab?

Die Versäumnisse der Chemiker

Seit Öffnung des Grabes waren über zweieinhalb Monate vergangen, als der Chemiker Alfred Lucas die ersten bakteriologischen Untersuchungen anstellte. Zunächst im Sargraum. Lucas, ein Kriminalist, leitete seit mehreren Jahren das gerichtsmedizinische Institut in Kairo, er galt als Koryphäe für Gifte und Ballistik und hatte sich für die Forschungen im Tut-ench-Amun-Grab von seinem Dienst suspendieren lassen. Trotzdem beging er den unverzeihlichen Fehler, erst am Morgen nach der Sargraumöffnung, am 18. Februar, bakteriologische Abstriche zu nehmen, anstatt noch bevor der erste Mensch in die Sargkammer eingedrungen war. Das hat – wie wir noch sehen werden – zu Spekulationen geführt, die sich nicht mehr widerlegen lassen.

Fest steht, Lucas interessierte sich mehr für chemische Materialanalysen und maß dem Bakterienproblem keine große Bedeutung zu. Er machte insgesamt fünf Abstriche an der Rückwand der Kammer, an der Unterkante des äußeren Schreines und auf einigen Fußmatten und benützte dazu keimfreie Lappen, die ihm das bakteriologische Labor der königlichen Marine-Cordit-Fabrik in Wareham zur Verfügung gestellt hatte, wo man sich in der Hauptsache mit der Herstellung fester Raketentreibstoffe beschäftigte.

Lucas sandte die fünf Proben mit der Post nach Wareham, die Arbeiten im Grab gingen inzwischen weiter. Das Testergebnis lautete: Viermal negativ, einmal positiv. Lucas beschwichtigte die Grabungsteilnehmer, die Organismen an dem fünften Abstrich seien »von außen in das Grab gebracht worden«. Damit war das Problem abgetan. Pilzen, die alle Wände der Vor- und Hauptkammer und den Steinsarg überzogen, maß man keine besondere Bedeutung zu.

Der Chemiker Dr. Alexander Scott, der im Grab gleichzeitig mit Lucas Untersuchungen anstellte, widersprach der Ansicht seines Kollegen, daß das Grab keimfrei gewesen sei. Er schrieb in *seinem* Bericht, die zahllosen braunen Flecke, die überall an den Wänden zu erkennen waren, seien Schimmelpilze oder Bakterien gewesen, die sich von dem als Tünche benützten Leim oder von Eiweiß ernährt hätten. Aber auch er ging der Frage einer eventuellen bakteriellen Verseuchung des Grabes nicht weiter nach.

Dafür sammelten er und Alfred Lucas tote Insekten ein, die den

Boden in großer Anzahl bedeckten. Er schickte sie an den Entomologen des Landwirtschaftsministeriums, der gab sie weiter an den Entomologen der Königlichen Landwirtschaftlichen Gesellschaft in Kairo, wo sie als Käfer bestimmt wurden, die sich in der Hauptsache von abgestorbenen organischen Stoffen ernährten. Die Gattung ist noch heute in Ägypten anzutreffen und hat sich kaum verändert.

Schon damals, während die Entdeckung des Jahrhunderts ein immer größer werdendes publizistisches Echo fand, wurden Stimmen laut, die da meinten, das Grab des Tut-ench-Amun sei eine Generation zu früh entdeckt worden. Carters Lehrmeister, der nun siebzigjährige Flinders Petrie, fragte: »Ist die Welt bereit, die Verantwortung zu übernehmen für all diese Schätze der Vergangenheit, die Garantie dafür, daß sie noch ein paar tausend Jahre überdauern? Oder ist diese Aufdeckung das allerletzte Stadium?« Und Arthur Weigall, Ex-Generalinspektor der ägyptischen Altertümerverwaltung, gab zu bedenken: »Haben diese wunderbaren Funde nur dafür 33 Jahrhunderte überlebt, um uns, dieser einen Generation, gezeigt zu werden und dann in Stücke zu zerfallen – nur weil wir noch nicht die Möglichkeit haben, sie zu konservieren?«

Weigall wußte, wovon er sprach, er sah noch zu gut jenes ernüchternde Erlebnis vor Augen, das vor 15 Jahren Archäologen aus aller Welt schockiert hatte. Es war bei der Entdeckung des Grabes Nr. 55, wo die Ausgräber die vermeintliche Leiche Echnatons gefunden hatten. An einer Wand des Grabes lehnten die Seitenteile eines Sargschreines, der Teje zugedacht war. Weigall, der damals die Ausgrabungen von Theodore Davis beaufsichtigte, erinnert sich: »Wir konnten die Teile fotografieren und die Inschriften kopieren; doch ein paar Stunden, nachdem von außen Luft in das Grab eingedrungen war, riß der Goldstuck und sprang von dem darunterliegenden Holz ab.«

Wie lange würden die unermeßlich kostbaren Schätze aus dem Tut-ench-Amun-Grab noch Bestand haben? Würden sie eines Tages zu Staub zerfallen, sich in Nichts auflösen? Die chemischen Konservierungsmethoden waren zu jener Zeit noch sehr bescheiden. Das erste Jahrhundert der Archäologie war abgelaufen, aber das Jahrhundert der Chemie hatte eben erst begonnen.

Die Arbeiten im Grab wurden beinahe täglich unterbrochen, weil das Ministerium für Öffentliche Arbeiten den Besuch irgendwelcher Honoratioren ankündigte. Carter oblag dann die undankbare Aufgabe, Empfehlungsschreiben zu prüfen, die nicht selten gefälscht waren, und den Gästen, die ihm die Zeit stahlen, mit möglichst freundlichem Gesicht das geheimnisvolle Leben unter Tage zu erklären.

Es gab zwei Möglichkeiten, um in den Genuß einer Grabbesichtigung zu kommen. Entweder mit persönlicher Erlaubnis von Carnarvon und Carter oder aber mit einem Empfehlungsschreiben des Ministeriums in Kairo. Auf Betreiben Lord Carnarvons erteilte Carter nur noch höchst selten die Erlaubnis, nicht einmal Archäologen-Kollegen durften das Grab besichtigen.

Der Grund für dieses provozierende Edikt war der Exklusivvertrag mit der »Times«, der es selbst Ägyptologen verbot, das Grab zu betreten, wenn sie mit irgendeiner Zeitung in Verbindung standen. Und da nahezu jeder Archäologe irgendwann einmal in irgendeiner Zeitung irgend etwas veröffentlicht, war das Tut-ench-Amun-Grab für die meisten Experten tabu. Das machte die Atmosphäre nicht gerade freundlicher.

Die Vertragsklausel konnte jedoch umgangen werden, wenn man sich beim Ministerium für Öffentliche Arbeiten eine Genehmigung holte. Dort war zwar die Besichtigungserlaubnis zu erhalten, aber Carter durfte in diesem Falle keine Informationen geben. Die bekam nur die »Times«. »Welches Recht«, fragte die Kairoer Zeitung »Al-Ahram«, »hat ein Ausgräber an Ägyptens heiliger Vergangenheit?«

Die Lage wurde explosiv, als Kairoer Journalisten auf Einladung der Regierung nach Luxor kamen, um über die Entdeckung im Tal der Könige zu schreiben. Unglücklicherweise waren die Zeitungsleute eher an Ort und Stelle als das notwendige Empfehlungsschreiben des Ministeriums. Carter gab keine Auskunft, durfte keine Auskunft geben. Den Reportern wurde nur gestattet, über eine am Eingang der Vorkammer errichtete Absperrung einen Blick in die Unterwelt zu werfen.

Die bereits geborgenen Grabschätze im Sethos-Grab zeigte Carter überhaupt nicht. Den Tenor der Zeitungsartikel kann man sich vorstellen. Der Minister für öffentliche Angelegenheiten wetterte: »Es ist einfach unerhört, wir Ägypter sollen uns an eine Londoner Zeitung wenden, um Informationen über das Grab eines unserer Könige zu bekommen.«

Die Zurückhaltung, die den Ausgräbern auferlegt war, umgab das Unternehmen unter Tage mit einem Hauch von Mysteriösem. Luxor war zu Beginn des Jahres 1923 voll von Gerüchten. Zwei Flugzeuge, hieß es, seien in der Libyschen Wüste hinter dem Tal der Könige gelandet und hätten die kostbarsten Goldschätze ins Ausland

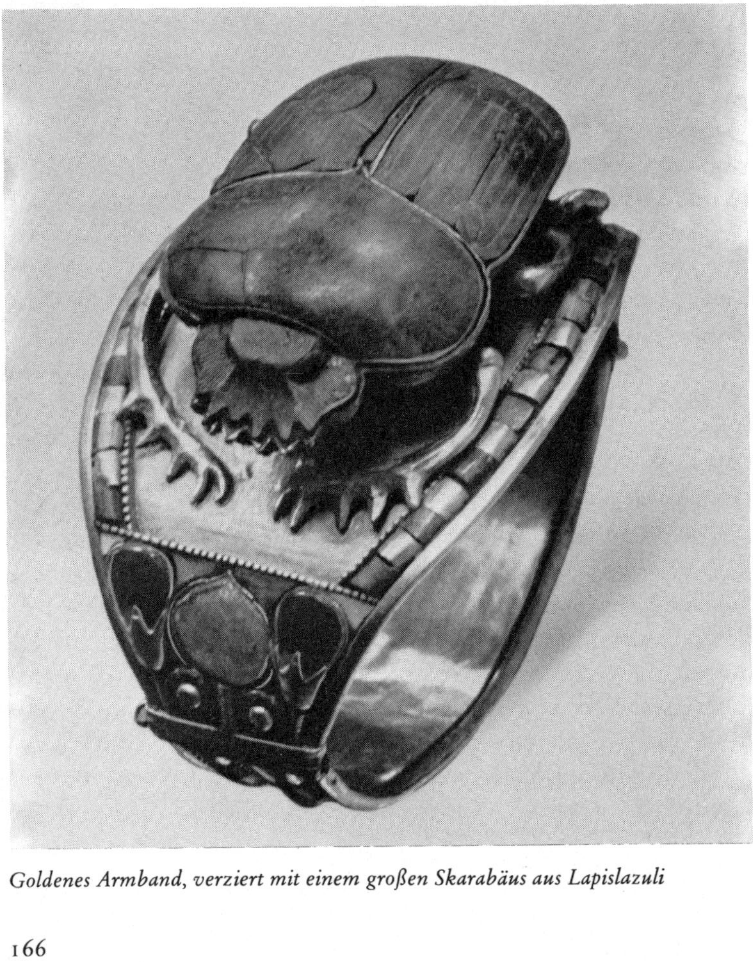

Goldenes Armband, verziert mit einem großen Skarabäus aus Lapislazuli

gebracht. Berühmte Persönlichkeiten seien beobachtet worden, wie sie mit Goldschmuck und Juwelen unter den Kleidern das Tut-ench-Amun-Grab verließen.

Das alles strapazierte Carters Nerven über Gebühr. Und tagtäglich drängten neue Besucher herein. Politiker, Staatsoberhäupter und andere Potentaten. Da kam der britische Hochkommissar für Ägypten und den Sudan, Lord Allenby, mit einer ganzen Kompanie Soldaten, die für den Weg des Oberbefehlshabers Spalier stehen mußten. Lord Allenby ging, die Soldaten blieben, um das Schauspiel für die belgische Königin zu wiederholen. Einer Operettenszene glich die Ankunft einer Sultanswitwe samt Gefolge.

Arthur Weigall, Generalinspektor der Altertümerverwaltung, der Augenzeuge des Ereignisses war, erinnerte sich: »Soldaten sprangen zur Begrüßung herum, Offiziere mit rasselnden Säbeln gaben lautstark ihre Orders, Film-Operateure rannten die Berge hinauf, gefolgt von einheimischen Jungen, die ihre Geräte schleppten, Massen von europäischen und amerikanischen Besuchern in allen nur erdenklichen Kostümen, vom Reitdreß bis zur Segelkleidung, belebten die Szene, angesehene Ägypter schwitzten in ihren westlichen Anzügen und roten Fezen, man sah lange schwarze Eunuchen in langen Kutten und Dolmetscher in leuchtenden Seidengewändern.«

Es war mehr Neugierde als Interesse, das die Sultanswitwe ins Tal der Könige trieb. Sie warf einen huldvollen Blick durch die Maueröffnung in die Sargkammer – und verschwand; aber wieder war ein Arbeitstag verloren. Dieser Tut-ench-Amun, Carters Tut-ench-Amun, war zum Schauobjekt der ganzen Welt geworden.

Nicht für Carter, für Tut-ench-Amun habe er Mitleid empfunden, berichtete Arthur Weigall. Die Öffnung dieses Grabes sei ihm wie die Störung eines Schlafenden vorgekommen und das gewaltsame Eindringen wie eine Gotteslästerung. Es war, als sei jemand in einem ihm fremden Zeitalter aufgewacht und als werde er von Tausenden von Augen angestarrt, aus denen nicht Ehrfurcht, sondern pure Sensationslust blickte.

Die Dämmerung vertrieb die Gaffer. Mit den Schatten, die sich über das Tal der Könige senkten, kam die Ehrfurcht zurück. Es war still. Nur vereinzelt unterbrach das Murmeln eines Wächters die unheimliche Stille. Flackernde Lichtpunkte wandelten von einem Grab zum andern, die Wächter mit ihren Laternen. Nur hinten am Ende des Tales sah man einen grellen Lichtschein: Carter arbeitete in seinem Laboratorium, ein Besessener arbeitete Geschichte auf.

Carter ist mit den Nerven am Ende

Kurz vor Mitternacht, der Zugang zum Grab des Tut-ench-Amun, flankiert von zwei bewaffneten Polizisten, verlor sich im Dunkel, machte Carter sich auf den Heimweg. Es war die Zeit, in der Stimmen durch das Tal ziehen, Stimmen wie die des thebanischen Priesters Neferhotep, der da flüsterte:

»Wie ruhig ist dieser gerechte Große. Das schöne Geschick ist geschehen. Menschen gehen vorüber seit der Zeit des Gottes, Nachwuchs tritt an ihre Stelle.

Ra zeigt sich am Morgen, und Atum geht im westlichen Fabelland Marun unter. Die Männer zeugen, die Weiber empfangen, und jede Nase atmet Luft – tagt es, so gehen ihre Kinder wie sie ins Grab.

Begehe den Tag fröhlich, Priester! Tue Salbe und feines Öl an deine Nase und Kränze und Lotusblumen an den Leib deiner Schwester, die du liebst und die neben dir sitzt. Laß Gesang und Musik ertönen. Wirf alles Böse hinter dich und erinnere dich an Freunde, bis jener Tag kommt, wo du landest in dem Land, das die Stille liebt . . .«

Der stille Engländer war mit seinen Nerven am Ende. Zehn Tage nach dem Öffnen der dritten Tür ließ er den Grabzugang zuschütten, sperrte das Laboratorium zu und lief davon. Eine volle Woche blieb er verschwunden. Kein Mensch hat je erfahren, wo er war, auf einmal war er wieder da.

Lord Carnarvon stellte Carter zur Rede. Der gab sich verstockt. So könne er nicht weiterarbeiten. Beide gaben sich gegenseitig die Schuld. »Diese peinliche Situation«, berichtet James Henry Breasted, »spitzte den Konflikt zwischen Carter und Carnarvon so zu, daß ein vollständiger Bruch unvermeidlich schien. Alan Gardiner und mir gelang es, die beiden zu beschwichtigen; doch wir haben dabei Carters Wohlwollen verloren. Das kann man dem Mann gar nicht übelnehmen, was er durchgemacht hat, hat ihn zerbrochen.«

Die Stunde ihres größten Erfolges hatte die beiden zu Gegnern werden lassen. 15 Jahre Abhängigkeit und Demütigung, 15 Jahre Ja-Sagen-Müssen, auch wenn es der eigenen Überzeugung widersprach, 15 Jahre Hoffen, Bangen, Verzweifeln hatten bei Howard Carter tiefe Spuren hinterlassen. Ist es ein Wunder, daß all dies jetzt aus diesem Mann herausbrach?

Carnarvon spürte das, er versuchte einzulenken, suchte Carter in seinem Haus am Eingang zum Tal der Könige auf. Der Mann, den er dort traf, war ein Nervenbündel, stotternd, sich beim Reden verhaspelnd, in Körben von Post herumwühlend, schimpfend und fluchend.

»So nehmen Sie sich doch zusammen, Carter«, fuhr Carnarvon seinen Ausgräber an. Ein Wort gab das andere.

Carter brüllte: »Verlassen Sie mein Haus und betreten Sie es nie wieder!«

Carnarvon ging, und er sollte in der Tat nie wieder seinen Fuß über diese Schwelle setzen, denn er hatte nur noch wenige Wochen zu leben.

VIII.

Carnarvons Tod: Fluch oder Legende?

Die große Zahl von Touristen und
Antiquitätensammlern,
die an den Fluch der Pharaonen glauben,
erfüllt mich immer mit Staunen,
weil doch die alten Ägypter das freundlichste
und liebenswerteste Volk der Antike waren . . .
In Ägypten erzählen sich die Fluchgläubigen
die absurdesten Dinge.
Gleichwohl versuche ich,
das alles unvoreingenommen zu sehen.

Arthur Weigall, Archäologe

Es gibt mehr Dinge zwischen Himmel und Erde,
als unsere Schulweisheit sich träumen läßt.

William Shakespeare

Lord Carnarvon war schockiert. So etwas war ihm in seinem ganzen Leben noch nicht passiert. Ausgerechnet jener Mann, der ihm zu großem Dank verpflichtet war, dieser Carter, der seit 15 Jahren aus seiner Tasche lebte, hatte ihn, George Edward Stanhope Molyneux Herbert, den fünften Earl of Carnarvon, aus dem Haus geworfen! Die Katastrophe schien unvermeidbar.

Am nächsten Tag erschien Carnarvon nicht im Grab. Er traf sich im Hotel Winter Palace mit John Maxwell und einem australischen Millionär namens McIntosh. Die beiden Engländer klagten, wie schwer es sei, für die Ausgrabungen der »Egypt Exploration Society« Geldgeber zu finden. Spontan sagte Mr. McIntosh zu, er wolle die »Society« sieben Jahre lang mit jährlich 500 Pfund unterstützen. Das entsprach damals dem Gegenwert eines Automobils. Darüber hinaus versprach der reiche Australier, in New South Wales eine Dependance der britischen »Egypt Exploration Society« aufzubauen. Carnarvon war begeistert.

Vereinbarungen, die beim Whisky getroffen werden, erlangen erst dann Bedeutung, wenn sie schriftlich fixiert sind. Deshalb schrieb Lord Carnarvon tags darauf einen Brief an »Mr. McIntosh, New Winter Palace Hotel, Luxor«. Darin bedankte er sich für die freundliche Zuwendung von 500 Pfund über sieben Jahre an die Society und die Bereitschaft, in Australien eine Zweigstelle der Gesellschaft zu errichten. Es war der letzte Brief, den Carnarvon schrieb.

Die letzten Tage eines aufregenden Lebens

Schon während des Schreibens wurde er von heftigen Fieberanfällen geschüttelt. »Ich fühle mich scheußlich«, sagte er schon morgens beim Frühstück, da hatte er bereits 40 Grad Fieber. Zwölf Tage wechselten sich Fieberanfälle und leichte Besserung ab. Der Lord führte sein schlechtes Befinden auf einen Moskitostich am Kinn zurück, den er beim Rasieren aufgeschnitten hatte.

Doch Carnarvon war nicht der Mann, den eine fiebrige Infektion beunruhigen konnte. Der Arzt in Luxor verordnete Diät und strenge Bettruhe; aber seine Lordschaft hielten sich nicht daran. Wie üblich trank er jeden Abend eine Flasche Wein, nicht den sauren ägyptischen Rotwein – Lord Carnarvon ließ regelmäßig französische Spitzenweine, die in großer Anzahl im Keller von Highclere Castle lagerten, nach Luxor importieren.

Als sich sein Zustand sichtlich verschlechterte, bat Carnarvon seinen britischen Hausarzt aus England nach Luxor. Es dauerte eine knappe Woche, bis der Doktor zur Stelle war, und als er eintraf, ordnete er sofort die Überweisung des Patienten in die Klinik nach Kairo an. Er wurde untersucht, der Verdacht auf Malaria bestätigte sich nicht, deshalb bestand Carnarvon darauf, die Klinik zu verlassen. Er zog ins Hotel Continental-Savoy, wo er immer abzusteigen pflegte. Die Fieberanfälle wurden schlimmer, der Lord begann zu phantasieren.

Lady Almina kam nach Kairo gereist, Carnarvons Sohn, der zu jener Zeit in Indien Militärdienst leistete, wurde nach Ägypten beordert, Carter erhielt ein Telegramm, aus dem hervorging, daß Lord Carnarvon lebensgefährlich erkrankt sei. Doch Carter reagierte nicht. Er setzte seine Arbeit im Grab fort.

»Mister, Mister!« Einer seiner Arbeiter kam aufgeregt gelaufen. Carter hatte ihn während der Arbeit in sein Haus geschickt, um irgend etwas zu holen. Der Mann hatte das Haus leer vorgefunden, die beiden Diener waren zum Markt nach Luxor geritten. Atemlos berichtete der Bote, was geschehen war. Während er ins Haus ging, hörte er einen schwachen Schrei wie von einem Menschen. Als er sich umdrehte, sah er im Käfig des Kanarienvogels eine Kobra, die gerade Carters Lieblingstier verschlang.

»Das war die Kobra des Königs!« sagte der Bote aufgeregt. »Sie hat sich an dem Vogel gerächt, weil er den Ort des Grabes verraten hat – und jetzt wird Schreckliches geschehen!«

Bei Howard Carter, der alles andere als abergläubisch war, hinterließ dieses Ereignis einen nachhaltigen Eindruck. Er reiste am nächsten Tag nach Kairo und besuchte den sterbenskranken Lord in seinem Hotel. Doch der erkannte ihn nicht mehr. Die beiden Männer haben sich nicht mehr versöhnt.

»Ein Vogel zerkratzt mein Gesicht«

Carnarvons Fieberphantasien wurden immer schlimmer. »Ein Vogel zerkratzt mein Gesicht«, wiederholte er immer wieder, »ein Vogel zerkratzt mein Gesicht.«

Dieser im Koma gesprochene Satz hat später die Archäologen beschäftigt. Dr. Ali Hassan, Generaldirektor des Ägyptischen Museums in Kairo, meint: »Dieser Satz ist deshalb von besonderem Interesse, weil es in einem Fluchtext aus der ersten Zwischenzeit sinngemäß heißt, der Nechbet-Vogel solle jedem das Gesicht zerkratzen, der gegen ein Grab vorgeht.«

Die alten Ägypter sahen Grabfrevel als ungeheures Verbrechen an, weil Grab und Mumie die irdische Wohnstätte des Ka sind, der bewahrenden Lebenskraft, die nach dem Tod des Menschen weiterlebt. Für den Ka waren auch die Speisen und Getränke im Grab gedacht, nicht für die Leiche. Eine Zerstörung und Ausraubung des Grabes oder der Mumie machte den Ka heimat- und namenlos. Das war die schlimmste Strafe, die einen Ägypter treffen konnte.

Fluchformeln gehen bis in die Anfänge der ägyptischen Geschichte zurück. Im Grab des Harkhuf in Assuan, das aus der 6. Dynastie (2423–2263 v. Chr.) stammt, ist die Drohung an der Wand zu lesen: »Wer je dieses Grab betritt, auf den werde ich mich stürzen wie auf einen Vogel; und der große Gott soll ihn dafür bestrafen!« Und Ursu, ein wohlhabender Bergwerksdirektor, ließ tausend Jahre später auf eine für ihn gefertigte Totenstatue die Worte einmeißeln: »Wer sich an meinem Besitz vergreift, wer mein Grab entweiht oder meine Mumie verschleppt, den soll der Sonnengott strafen. Er soll nicht die Möglichkeit haben, seinen Kindern ein Erbe zu hinterlassen. Er soll keine Freude haben im Leben. Er soll in seinem Grab verdursten, und seine Seele soll für immer vernichtet sein!«

Kannte Lord Carnarvon diese Grabestexte? Sind diese Fieberträume ein Zufall? Oder steckt mehr dahinter?

Die Geiergöttin Nechbet war die Landesgöttin von Oberägypten. Uto, die Schlangengöttin, regierte Unterägypten. Geier und Kobra prangen als Symbole der beiden Länder am Haupt des Pharaos. Zweifellos kannte Carnarvon diese Symbolik, doch als ebenso sicher dürfen wir annehmen, daß dem Lord der Fluchtext unbekannt war, Grabestexte waren ihm immer ein Greuel – vor allem dann, wenn das Grab nicht unter seinem Patronat ausgegraben war. Doch das ist erst der Anfang einer Kette mysteriöser Ereignisse.

Carnarvons Sohn, der letzte Augenzeuge

Der einzige noch lebende Augenzeuge dieses Geschehens ist Lord Carnarvons Sohn, der heute 80jährige Earl of Carnarvon.

Seine Lordschaft ist in vieler Hinsicht ein Abbild seines Vaters, obwohl er ihn, wie er freimütig gesteht, nicht gerade innig liebte. Das kam daher, daß der Vater dem Grundsatz nachhing, kleine Jungen solle man sehen, aber nicht hören. Deshalb führten er und seine Schwester als Kind ein bedauernswertes Schattendasein.

Es war dem heutigen sechsten Earl of Carnarvon nicht erlaubt, den Haupteingang zu benutzen oder den Salon zu betreten, er mußte sich über die Hintertreppe ins Kinderzimmer schleichen, und nur bei ganz seltenen Anlässen, zu Weihnachten oder Ostern oder bei einer großen Gesellschaft, beim Rennen oder zur Fasanenjagd wurde der junge Lord herausgeputzt, ins Speisezimmer gebracht und nach dem Lunch herumgezeigt wie ein preisgekrönter Pudel. Da bekam er dann auch manchmal ein Pfund geschenkt – als Trost für das peinliche Programm; denn auch finanziell wurde er knapp gehalten.

Man kann sich denken, daß all das die Liebe zum Vater nicht gerade förderte. Um so mehr genießt er heute das Ererbte. »Happy Highclere – glückliches Highclere« – wie er zu sagen pflegt, das neugotische Schloß, gebaut vom Architekten des Londoner Parlamentsgebäudes, ist »klein, aber mein«. Und dabei kokettiert der Lord mit seinem Prachtbau. Das riesige Schloß mit seinen hundert Zimmern wird nämlich nur von ihm, seiner Sekretärin Mary Povey, seinem Butler und einer Handvoll Domestiken bewohnt, seine Lordschaft ist zweimal geschieden.

1910, bei der Krönung des britischen Königs Georg V., debütierte er als weißgekleideter Page, und eigentlich war damit für ihn ein Weg als Heerführer, Staatsmann oder Bischof vorgezeichnet, wie ihn die meisten seiner bis ins 11. Jahrhundert zurückreichenden Vorfahren beschritten hatten. Aber nichts dergleichen. Seine einzige politische Mission zum Wohle des Königreiches war erfolglos; vielleicht deshalb, weil seine Lordschaft splitternackt verhandelte. Aber wer trägt schon Cut im türkischen Bad. Vor allem wäre es unhöflich gewesen gegenüber dem Kontrahenten:

Das war ein König ohne Kleider, der designierte Eduard VIII., besser bekannt als der Herzog von Windsor. Carnarvon hatte die höchstoffiziöse Aufgabe, seiner königlichen Hoheit in dieser schweißtreibenden Atmosphäre die Heiratsabsichten mit der zweimal geschiedenen Amerikanerin Wally Simpson auszureden. Der britische Premierminister Stanley Baldwin und alle Commonwealth-Regierungen hatten sich nämlich gegen diese unstandesgemäße Verbindung ausgesprochen.

Der Herzog von Windsor argumentierte kurz und bündig, er könne ohne diese Frau nicht leben. Lord Carnarvon meinte, das hätten schon Millionen gesagt und später bereut. Wie man weiß, war der Herzog von Windsor die Ausnahme dieser Regel, und der junge Lord Carnarvon beschränkte fortan seine Aktivitäten auf den unpolitischen gesellschaftlichen Bereich – wie sein Vater.

Über allem schwebt der Geist des Vaters

Bis in sein hohes Alter konnte der Lord sich nicht vom Vorbild seines ungeliebten Vaters befreien. Auch wenn es auf Highclere-Castle keine einzige Photographie, kein einziges Dokument und nicht ein Sammlerstück aus dem über zwanzigjährigen Ägyptenabenteuer gibt, ist der alte Lord doch unsichtbar präsent. Wie der Vater verbringt auch der Sohn die Winter im Ausland, zuletzt in Amerika, und es ist schwer, seine Lordschaft vor April in Highclere-Castle anzutreffen. Wie sein Vater liebt er Autos, nicht die feinen englischen, sein Nobelgefährt kommt aus München. Wie sieht er seinen Vater und die mysteriösen Umstände seines Todes heute? Glaubt er an den Fluch des Pharaos?

Carnarvons Antwort ist salomonisch: »Wenn man mich fragt, sage ich, ich glaube an den Fluch, und ich glaube nicht an den Fluch, aber das sind die Tatsachen.«

Diese Tatsachen sind in der Erinnerung des Lords noch sehr gegenwärtig. Am 4. April 1923 kam er in Kairo an. Er eilte sofort in das Hotel, wo sein Vater bereits bewußtlos lag. Carter und Lady Almina, seine Mutter, waren bei ihm. Die Ärzte hatten den Patienten bereits aufgegeben.

In der folgenden Nacht um 1 Uhr 50 klopfte es an der Tür des jungen Lords. Eine Schwester brachte die Nachricht, daß Lord Carnarvon gestorben sei. Der nunmehr sechste Earl of Carnarvon stand auf und ging zum Zimmer seines Vaters. Als er die Tür öffnete, gingen im Hotel alle Lichter aus. Das Hotelzimmer mit dem toten Lord war in ein gespenstisches Dunkel gehüllt, man suchte nach Kerzen, fand aber keine, schließlich, nach fünf Minuten, gingen die Lichter im Hotel Continental-Savoy wieder an.

Als tags darauf der junge Lord zu Feldmarschall Lord Allenby ging, um die Formalitäten einer Überführung der Leiche nach England zu besprechen, erfuhr er, daß in der vergangenen Nacht um 1 Uhr 50 ganz Kairo ohne Strom war. Eine Untersuchung hatte keine Erklärung für diesen Ausfall gebracht. Das verblüffendste sei jedoch, daß die Lichter der Millionenstadt von selbst, ohne Zutun eines Technikers, wieder angegangen seien. Doch dem nicht genug.

Zur selben Zeit, unter Berücksichtigung des Zeitunterschiedes, begann auf Schloß Highclere Susan, die Foxterrierhündin Lord Carnarvons, zu jaulen. Das Lieblingstier des Lords, das ihn sogar auf seinen Ägyptenreisen begleitet hatte, bevor es 1919 bei einem Unfall das linke Vorderbein verlor, fiel wie vom Blitz getroffen um und war tot. Der Vorgang ist von Mrs. McLean, der schottischen Haushälterin, bezeugt. Wie Lady Almina später berichtete, waren die letzten Worte, die Lord Carnarvon sprach: »Ich habe seinen Ruf vernommen, ich folge ihm.«

George Edward Stanhope Molyneux Herbert, der fünfte Earl of Carnarvon, wurde am 30. April 1923 auf Beacon Hill, in Sichtweite von Highclere-Castle, wo er als Kind gespielt und als Erwachsener nach archäologischen Schätzen geschürft hatte, begraben. *Ein* Mann fehlte: Howard Carter. Er zürnte dem Lord bis über den Tod hinaus.

Nur die engsten Verwandten und Freunde und die Hausangestellten waren anwesend. Unter ihnen J. G. Maxwell. Er sagte: »Sein Verlust für die Archäologie und Ägyptologie ist nicht wiedergutzumachen, und darüber hinaus ist es tragisch, daß Lord Carnarvon zu einem Zeitpunkt sterben mußte, als er im Zenit des Ruhmes stand und sein Name für die ganze Nation zu einem geläufigen Begriff geworden war, leider hat er sein Werk nicht vollendet gesehen. Uns und der Nachwelt bleibt es, seinen Namen in Ehren zu halten.«

Nach der Beerdigung tauchte auf Highclere-Castle eine unbekannte Frau auf, sie behauptete, sie heiße Wilma, verfüge über mediale Fähigkeiten und in ihr lebe der Geist des Verstorbenen weiter. Als der sechste Earl of Carnarvon sie empfing, sagte sie nur: »Gehen Sie nie zum Grab Ihres Vaters, es würde Ihnen Unglück bringen!« Dann verschwand sie. Lord Carnarvon hat den seltsamen Rat beherzigt und das Grab des Vaters bis heute nicht ein einziges Mal besucht.

Zur selben Zeit wurde auch James Henry Breasted von einem unheimlichen, täglich wiederkehrenden Fieber geschüttelt. Sein Sohn Charles charakterisierte es als »fiebriges Unbehagen«, das nun auf einmal immer schlimmer wurde. Es begann stets am Nachmittag mit Halsschmerzen, Schüttelfrost und einem Gefühl, als ob das Blut in den Adern brannte. Breasted vermutete Malaria. Er hatte sich diese Krankheit bereits einmal im Irak zugezogen. Aber der englische Arzt, der ihn untersuchte, schüttelte den Kopf, das war keine Malaria, der Laborbefund war negativ; auch Chinin, das er verordnete, zeitigte keine Wirkung. Dafür setzten pünktlich wie ein Uhrwerk jeden Nachmittag die Fieberanfälle ein.

Sechs Wochen hütete Breasted das Bett, dann hielt er es nicht mehr aus und nahm seine Forschungen im Tut-ench-Amun-Grab wieder auf. Zweimal die Woche ließ er sich mitsamt einer Pferdekutsche über den Nil setzen, um dann den Weg zum Tal der Könige zurückzulegen – zum Reiten auf einem Maultier war er viel zu schwach. Es sah gespenstisch aus, wenn James Henry Breasted mit einer weißen Stoffmaske als Schutz vor dem Mund im Königsgrab auftauchte.

Die Breasteds bewohnten zwei Zimmer im Parterre des vornehmen Hotels Winter Palace. Eines Tages zog im Nebenzimmer ein neuer Gast ein. Er stellte sich als »Professor La Fleur« vor. Auf Breasted machte er den Eindruck eines »kultivierten und ausgesprochen angenehmen« Menschen. Der lange, schlanke Mann mit lustigem Spitzbart lehrte an einer kanadischen Universität englische Literatur. Sein großer Wunsch war es, das Grab des Tut-ench-Amun zu besichtigen. Mit ein paar an Carter adressierten Briefen in der Tasche machte er sich auf den Weg zum Tal der Könige.

Als La Fleur am Abend ins Hotel zurückkam, war er selig, sein Wunsch war in Erfüllung gegangen; aber der Professor war auch krank, todkrank sogar, meinte der eilends herbeigerufene englische Arzt der Breasteds.

In dieser Nacht saß Sohn Charles an der Schreibmaschine und verfaßte seinen Tagesbericht für die »Chicago Daily News«. Er erinnert sich: »Etwa um drei Uhr . . . meine Zimmertür stand offen, ich merkte plötzlich, daß der Husten viel schwächer und seltener geworden war. Ich ging den Korridor hinunter zu La Fleurs Tür und lauschte. Der Husten hatte aufgehört, alles war still.«

Charles spürte, daß etwas Furchtbares passiert sein mußte. Da wurde die Tür von innen geöffnet, das ernste Gesicht des Doktors erschien im Rahmen. Der junge Breasted wagte nicht, eine Frage zu stellen, der Doktor nickte nur: Professor La Fleur war tot.

Der Totenschein, den der Arzt ausstellte, führte als Todesursache »Lungenentzündung« auf. La Fleur hatte Husten und Fieber, was hätte der Arzt schon anderes diagnostizieren sollen. Die Leitung des Luxushotels wurde alarmiert: Ein Gast war gestorben. Man war peinlich bemüht, die Leiche unauffällig aus dem Hotel zu bringen, keiner der illustren Gäste aus aller Welt durfte etwas bemerken.

Zwei Hoteldiener schleppten einen länglichen Weidenkorb herbei. Der tote Gast wurde hineingelegt und mit einer Decke zugedeckt. Noch bevor der Morgen graute und die ersten Gäste den luxuriösen Frühstücksraum im ersten Stock aufsuchten, war die Leiche verschwunden. Charles Breasted und der Arzt packten die letzten Habseligkeiten des Professors in seine Koffer und deponierten sie in einem Gepäckraum. Hoteldiener bezogen das Bett. Am nächsten Abend hatten die Engländer einen neuen Zimmernachbarn. Der Professor sei abgereist, hieß es.

Breasted selbst wurde zwar Zeit seines Lebens von rätselhaften Krankheiten verfolgt – eines Tages bei einer Vorlesung im Bryn Mawr College wurde sein linker Arm purpurrot und schwoll wie ein Ballon an –, aber er erreichte ein hohes Alter. Er war 70 Jahre, als er am 2. Dezember 1935, wenige Tage nach seiner Rückkehr von einer Ägyptenreise, in New York starb. Die Ärzte des Rockefeller-Instituts für Medizinische Forschung stellten eine virulente hämolytische Streptokokkeninfektion fest.

Der Anfang einer unheimlichen Serie

Doch zurück in das Jahr 1923. Der Tod Lord Carnarvons war nur der Anfang einer unheimlichen Todesserie. Noch im selben Jahr starben Carnarvons Bruder Oberst Aubrey Herbert, der Kairoer Archäologe Achmed Kamal und der amerikanische Ägyptologe

William Henry Goodyear. 1924 fanden der britische Röntgenologe Archibald Douglas Reed und sein Landsmann Hugh Gerard Evelyn-White den Tod. Reed starb auf dem Weg nach Luxor, wo er den noch ungeöffneten Mumiensarg des Tut-ench-Amun mit einem tragbaren Röntgengerät durchleuchten wollte. Evelyn-White, ein klassischer Archäologe mit Oxford-Vergangenheit, hatte sich 1909 der Expedition des Metropolitan Museums angeschlossen und in der thebanischen Totenstadt gegraben.

Im selben Jahr gab Carters Assistent Arthur C. Mace seinen Job auf. Von Fieberanfällen geschüttelt, war er oft zu schwach, um den Weg zum Grab des Tut-ench-Amun zurückzulegen. Er verbrachte die folgenden vier Jahre in Sanatorien in England, an der Riviera, in der Schweiz und in New York; immer wieder machte er Versuche, sein wissenschaftliches Werk zu ordnen und für eine Veröffentlichung vorzubereiten, vergeblich. Er starb 54jährig am 6. April 1928.

Zwei Jahre zuvor waren Carters Lehrmeister Edouard Naville, Carnarvons Freund George Jay-Gould, der britische Industrielle Joel Woolf, der Papyrologe Bernard Greenfell, der US-Ägyptologe Aaron Ember und die britische Krankenschwester, die Lord Carnarvon bis zu seinem Tod in Kairo betreut hatte, ums Leben gekommen. Naville war über 80 Jahre alt, aber der aus Rußland stammende Ember, der in Deutschland studiert und an der Universität von Baltimore eine Professur innehatte, fand mit 48 Jahren unter mysteriösen Umständen den Tod: Er versuchte am 1. Juni 1926 aus seinem brennenden Haus in Baltimore ein Manuskript zu retten, an dem er seit Jahren gearbeitet hatte, das ägyptische Totenbuch.

Der britische Industrielle Joel Woolf kam aus England gereist, um das Grab zu besichtigen. Auf dem Schiff nach Hause fiel er in tiefe Bewußtlosigkeit und starb. Ähnlich erging es dem US-Milliardär George Jay-Gould, der einen Tag nach Besichtigung des Grabes über starkes Fieber klagte. Wenige Stunden später war er tot. Bernard Pyne Greenfell hatte das Grab des Tut-ench-Amun zwei Jahre vor seinem Tod zum letztenmal betreten. Der Papyrologe aus Oxford galt als der führende Ausgräber römischer Dokumente in Ägypten, er starb mit 57 Jahren. Nur 28 Jahre alt wurde Carnarvons Krankenschwester. Sie hatte einen Gummipflanzer aus Tanganjika geheiratet und starb im Kindbett.

1929 meldeten die Zeitungen den Tod von Lord Carnarvons Frau, Lady Almina, von Carnarvons Freund und Testamentsvollstrecker John G. Maxwell und von Carters Sekretär Richard Bethell. Bethell wurde nur 35 Jahre alt, man fand ihn eines Morgens tot im Bett: Kreislaufversagen.

Nun steigerten sich die mysteriösen Umstände zur Groteske. Bethells Vater, der 78jährige Lord Westbury, stürzte sich, als er vom Tod seines Sohnes erfuhr, aus dem siebenten Stock seines Londoner Hauses. Der Leichenwagen, der die sterblichen Überreste des Lords zum Friedhof brachte, überfuhr auf einer belebten Kreuzung einen kleinen Jungen.

Als im darauffolgenden Jahr der Archäologe Harry R. Hall starb, er war als Zeichner am Unternehmen Tut-ench-Amun beteiligt und hatte 1924 von Wallis Budge das Amt des Keepers am Britischen Museum übernommen, da machten sich die ersten Wissenschaftler daran, in den Annalen der Ägyptologie zu forschen. Das Ergebnis war verblüffend.

Verblüffendes aus den Annalen der Ägyptologie

Seit den Anfängen der Ägyptologie im vergangenen Jahrhundert haben Dutzende von Archäologen und Forschern einen unerwartet frühen, unerklärlichen Tod gefunden. Dabei darf nicht verschwiegen werden, daß eine Reihe prominenter Ägyptologen – unter ihnen Richard Lepsius, Adolf Erman, Alan Gardiner, Gaston Maspero und Edouard Naville – ein hohes Alter erreicht hat. Aber das ist keine Erklärung für den unerwarteten Tod einer weit größeren Anzahl von Forschern.

Mit 29 Jahren starb William Berend, ein New Yorker Banker, der mit seinem Studienfreund Gaston Maspero eine Reise ins Tal der Könige unternommen hatte. Thomas Bromhead, ein englischer Forscher, machte im vorigen Jahrhundert auf dem Weg nach Persien am Nil Station, er starb 30jährig. Ebenfalls mit 30 Jahren fand der schottische Rechtsanwalt, Sammler und Ausgräber Alexander Henry Rhind den Tod.

Der Bibliothekar des Kairoer Museums, Joseph Galtier, ein französischer Orientalist, war 34 Jahre alt, als er am 2. April 1908 völlig unerwartet verstarb. Der französische Zeichner Prosper Marilhat starb 36jährig auf dem Weg nach Ägypten. Er hatte das Nilland 16 Jahre zuvor mit der Expedition des Deutschen Carl Alexander Freiherr von Hügel bereist und war mit demselben Schiff nach Frankreich zurückgekehrt, auf dem sich der 3200 Jahre alte Obelisk aus Luxor befand, der heute auf der Place de la Concorde in Paris aufgestellt ist.

Nur 37 Jahre alt wurde der amerikanische Hobby-Archäologe Robb de Peyster Tytus, der Naville bei den Grabungen am Palast Amenophis' III. in Theben assistierte. Nicht mehr als 39 Lebensjahre waren dem englischen Reisenden Verc Monro vergönnt, der Ägypten und Nubien bereiste und auf der Rückfahrt in Malta verstarb. George Bethune English, ein in Cambridge (Massachusetts) geborener US-Artillerie-Offizier, der an der Expedition Ismail Paschas nach Dongola und Senaar teilnahm, fand nach seiner Rückkehr nach Washington mit 41 Jahren ein vorzeitiges Ende.

Die französischen Ägyptologen Jean François Champollion und Jean Lesquier überlebten ihn damit nur um je ein Jahr. Champollion, der den Schlüssel zur Entzifferung der Hieroglyphen fand, ohne vorher ägyptischen Boden betreten zu haben, starb 1832 nach seiner ersten Ägyptenreise. Lesquier, dessen Forschungen in Ägypten sich auf die griechisch-römische Epoche beschränkten, wurde genau wie Champollion nur 42 Jahre alt. Er starb am 28. Juni 1921 in Neuilly-sur-Seine.

Champollions Schüler, der Italiener Ippolito Rosellini, der den Meister auf seiner Ägypten-Expedition begleitete, wurde nur ein Jahr älter als dieser. Er starb wenige Jahre, nachdem er in Pisa eine Professur für orientalische Sprachen übernommen hatte.

Rächten sich die Gottkönige des Nilreiches an den Amerikanern Henry Gorringe und Eckley B. Coxe Jr. und an dem deutschen Ägyptologen Georg Möller, die allesamt mit 44 Jahren den Tod fanden? War es, weil Gorringe jenen großen Obelisk von Alexandria in die Neue Welt brachte, der heute in New York zu sehen ist? Oder weil Coxe, ein reicher Geschäftsmann, die Ausgrabungen der Pennsylvania University in Nubien und Ägypten finanzierte? Oder weil Georg Möller sich in seinen Forschungen auf das Bestattungswesen der alten Ägypter spezialisiert hatte?

Der Fluch – wollen wir die ungewöhnlichen Todesfälle einmal so nennen – erreichte sie überall. In Amerika, Europa und in Asien.

Georg Möller starb am 2. Oktober 1921 in Schweden an Schüttelfieber. Der Sohn eines deutschen Kaufmanns kam in Caracas, Venezuela, zur Welt, zur Schule ging er in Deutschland, mit 28 Jahren wurde er wissenschaftlicher Attaché am deutschen Generalkonsulat in Kairo. In Abusir legte er vorgeschichtliche Gräber frei, in Der el-Medina fand er Gräber von vornehmen Ägyptern. Gräber waren sein Hobby. Wenige Monate nach seiner Ernennung zum Honorarprofessor starb er, fern von Ägypten und dem Tal der Könige.

Edward Ayrton, der mit Theodore Davis die Gräber der Königin Teje, der Pharaonen Haremhab und Siptah und das Geräteversteck der Arbeiter des Tut-ench-Amun-Grabes entdeckt hatte, kam im Alter von 31 Jahren auf geheimnisvolle Weise um. Das war in Ceylon.

Ayrton hatte 1910 Ägypten nach erfolgreicher Entdeckertätigkeit verlassen, um sich in Oxford dem indischen Sprachstudium zu widmen. Ein Jahr später, im Oktober, ging er für den »Archaeological Survey of India« als Direktor des Archäologischen Instituts nach Ceylon. Schon nach kurzer Zeit bekamen seine Freunde in Luxor bewegte Briefe, Ayrton plagte das Heimweh nach Ägypten. Bei nächstbester Gelegenheit, so schrieb er, komme er zurück. Aber er hat Ägypten, den grünen Nil, die rotbraunen Klippen im Tal der Könige nie mehr gesehen. Im Frühling 1914 fand man Edward Ayrtons Leiche im Sand einer Lagune. Neben ihm lag sein Begleiter, ebenfalls tot, daneben zwei Gewehre. Die beiden waren auf einem Jagdausflug.

Verletzungen oder irgendwelche Einwirkungen von Gewalt konnten weder bei Ayrton noch bei seinem Begleiter festgestellt werden, die Kleider waren trocken, die Leichen machten nicht den Eindruck, als hätten sie auch nur kurze Zeit im Wasser gelegen. Da aber der Tod eines jeden Menschen einer einleuchtenden amtlichen Erklärung bedarf, schrieb der Leichenbeschauer in den Totenschein: drowned – ertrunken.

Die unheimliche Aufzählung läßt sich beliebig fortsetzen. Dabei tauchen bekannte Namen auf wie der des britischen Generalkonsuls und Ausgräbers Henry Salt, des aus Padua stammenden Ingenieurs, Schauspielers und Archäologen Giovanni Belzoni oder des britischen Diplomaten Sir Eldon Gorst. Sie alle starben in einem Alter, das man gemeinhin als die besten Jahre bezeichnet. Ist das alles wirklich nur Zufall?

Wie sagte der sechste Earl of Carnarvon? – »Ich glaube an den Fluch, und ich glaube nicht an den Fluch, aber das sind die Tatsachen.«

Das letzte Interview des Gamal Mehrez

Tatsache ist folgendes: Es war vor ein paar Jahren bei den Recherchen zu meinem Buch »Der Fluch der Pharaonen«, das – inzwischen in 16 Sprachen übersetzt – ein Welterfolg wurde. Ich hatte mich mit Gamal Mehrez, damals Generaldirektor des Ägyptischen Museums in Kairo, im Hotel Omar Khayyam verabredet. Was er denn so vom Fluch der Pharaonen halte, wollte ich wissen.

»Sicher«, sagte Dr. Mehrez, »wenn Sie alle diese mysteriösen Todesfälle zusammenzählen, dann mag das zweifellos nachdenklich stimmen. Zumal in der altägyptischen Geschichte einige Fluchformeln vorkommen.« Dann lächelte Mehrez gezwungen und fuhr fort: »Aber ich glaube einfach nicht daran. Sehen Sie mich an. Ich habe mein ganzes Leben mit Pharaonengräbern und Mumien zu tun gehabt. Ich bin doch der beste Beweis dafür, daß das alles ein Zufall ist.«

In der Tat, kein Mensch auf dieser Welt hatte je so viele Mumien unter seinem Dach wie Dr. Gamal Mehrez. Die Mumiengalerie des Kairoer Nationalmuseums ist eine aufregende Anhäufung mumifizierter ägyptischer Geschichte. Da liegt Amenophis III. breit grinsend mit eingedrückten Augen, schlank und zierlich Sethos I. und sein Sohn Ramses II. adlernasig mit strohblondem Haarflaum. Mehrez' Antwort stimmte mich damals nachdenklich.

Noch nachdenklicher freilich wurde ich, als vier Wochen nach diesem Gespräch die Zeitungen meldeten, Dr. Gamal Mehrez, der Generaldirektor des Ägyptischen Museums in Kairo, sei plötzlich und unerwartet an einem Kreislaufversagen gestorben. Mehrez war 52 Jahre alt. Er hatte mir sein letztes Interview gegeben.

»Zufällig« sank er tot zusammen, als Transportarbeiter die Goldmaske des Tut-ench-Amun sorgfältig verpackt aus dem Museum trugen, um sie zum Flughafen zu bringen. Dort warteten zwei Düsenflugzeuge der Royal Air Force, die das kostbare Stück zur Tut-ench-Amun-Ausstellung nach London brachten.

Die Goldmaske, die Kopf und Schultern des Tut-ench-Amun bedeckte. Sie besteht aus geglättetem Gold und ist mit vielfarbigem Glas, Lapislazuli, grünem Feldspat, Karneol, Alabaster und Obsidian ausgelegt

Seit den Apriltagen des Jahres 1923, als die beiden größten ägyptischen Tageszeitungen »Al-Ahram« und »El Mokkatam« Carnarvons Tod auf schwarzgeränderten Titelseiten mit Hinweisen auf den Fluch des Pharaos gemeldet hatten, geistern romanhafte Erzählungen und Filmspektakel durch die Welt, die schön schaurig sind, dem Problem aber in keiner Weise gerecht werden. Und das besondere Interesse von Okkultisten für dieses Thema hat das Fluchphänomen eher noch mehr ins Dunkel gehüllt als Licht in das Thema gebracht.

Bisweilen werden wir, die skeptischen Realisten im letzten Drittel des 20. Jahrhunderts, jedoch durch wissenschaftliche Experimente aufgeschreckt, die zeigen, daß es offensichtlich doch mehr Dinge zwischen Himmel und Erde gibt, als unsere Schulweisheit sich träumen läßt.

Pyramidengeheimnisse

Das besondere Interesse der Naturwissenschaftler gilt seit jeher den Pyramiden. 1959 ließ sich der tschechische Radioingenieur Karel Drbal unter der Nr. 91 304 eine kleine hohle Pyramide patentieren, die sonderliche Dinge zustande brachte. Fische wurden unter der in Nord-Süd-Richtung ausgerichteten Pyramide innerhalb von 13 Tagen dehydriert, sie verloren zwei Drittel ihres Gewichtes und waren plötzlich mumifiziert. Stumpfe Rasierklingen erlangten unter der geometrischen Konstruktion innerhalb von sechs Tagen ihre frühere Schärfe zurück. Das Patent wurde angenommen, eine Erklärung freilich konnte Karel Drbal nicht liefern.

Es scheint, daß die Pyramiden nicht zufällig ihre Form haben und die alten Ägypter bereits empirische Experimente betrieben. In ihre Fußstapfen trat der amerikanische Kernphysiker Luis Alvarez, er ist Professor an der California-Universität in Berkeley und wurde 1968 mit dem Nobelpreis ausgezeichnet.

Der Wissenschaftler hatte 1962 zum erstenmal die Pyramiden von Gise besucht und mit Interesse vernommen, daß die Archäologen noch immer nicht wüßten, ob nicht noch verborgene Kammern in den Pyramiden zu finden seien. Der mit allen physikalischen Möglichkeiten vertraute Professor hatte sofort eine Theorie parat, wie dem Problem beizukommen sei. Man müsse die Pyramiden durchleuchten.

Kein Röntgengerät der Welt ist groß und stark genug, um auch nur die kleinste der ägyptischen Pyramiden zu durchdringen. Deshalb verfolgte Alvarez eine ganz andere Idee. Der Professor aus Kalifornien nahm sich die mittlere der drei großen Pyramiden von Gise vor, in der Giovanni Belzoni 1818 eine leere Grabkammer entdeckt hatte. Sie war so schlicht, daß die Archäologen einfach nicht glauben wollten, daß darin ein König bestattet worden war. Generationen von Forschern und Abenteurern hatten seither die Pyramide des Chefren nach einem möglicherweise unentdeckten Sargraum abgeklopft, vergeblich.

Alvarez installierte in der von Belzoni entdeckten Kammer 130 Meter unter der Pyramidenspitze elektronische Geräte im Gesamtgewicht von 30 Tonnen. Es war schon ein Kunststück, diese empfindlichen Instrumente in die Pyramide zu bringen, die Gänge in das Innere waren nicht breiter als 120 Zentimeter, und so mußten die Techniker ihre kostbaren Gerätschaften zunächst einmal zerlegen, um sie dann in der Gruft unter der Pyramide wieder zusammenzusetzen.

Die wichtigsten Instrumente waren sogenannte Strahlendetektoren, mit denen die anfallende kosmische Ultrastrahlung gemessen werden kann. Drei Monate dauerte es, bis das Laboratorium unter der Chefren-Pyramide betriebsbereit war, schließlich unterbrach der Sechs-Tage-Krieg das Unternehmen, im Frühjahr 1968 konnten die Wissenschaftler endlich an die Arbeit gehen.

Das Prinzip war das folgende: Die kosmische Ultrastrahlung ist so stark, daß sie auch die über vier Millionen Tonnen Gestein einer Pyramide durchdringt; allerdings bremst Gestein die Myonenteilchen stärker ab als Luft. Das bedeutet auf die Praxis des Pyramidenexperiments angewandt: Gleichmäßiger Myoneneinfall bei ständiger Veränderung des Meßwinkels – keine weitere Kammer; stärkerer Myoneneinfall in einem sonst gleichmäßigen Meßfeld – ein Hohlraum. Das war die Theorie, die Praxis sah anders aus.

Zunächst spielten alle Meßinstrumente verrückt, der Myoneneinfall war dichter als erwartet, die Physiker in der Pyramide ratlos. Professor Luis Alvarez sagte damals: »Nennen Sie es Hexerei oder den Fluch der Pharaonen, nennen Sie es, wie Sie wollen, aber da ist etwas, das wir nicht erklären können!«

Die Tatsache, daß ein anerkannter Wissenschaftler ratlos vor irgendwelchen Phänomenen steht, muß auch den Skeptiker nachdenklich stimmen.

Bei nüchterner Analyse der frühzeitigen Todesfälle häufen sich drei verschiedene Todesursachen: schwere Fieberanfälle mit Wahnvorstellungen und Todesahnung, Schlaganfälle mit Kreislaufversagen sowie plötzlich auftretende Krebserkrankungen, die in kürzester Zeit zum Tod führen.

Weil nicht sein kann, was nicht sein darf, tun Archäologen die Fluchformeln meist mit einer Handbewegung ab. Es sind dieselben Archäologen, die alle übrigen überlieferten Texte bis ins Detail wörtlich nehmen. Und inzwischen hat sich die Naturwissenschaft des Themas angenommen. Ernsthafte Forscher stellten interessante Theorien auf, den Beweis freilich blieben sie schuldig. Da ist von todbringenden Bakterien und Giften die Rede, von Radioaktivität und von Nervengas und geheimnisvollen Strahlen aus dem All. Kaum ein Jahr vergeht, in dem nicht irgendein Naturwissenschaftler eine neue Lösungsmöglichkeit gefunden haben will.

Spuren in der Unterwelt

Der Mediziner und Biologe Dr. Ezzedin Taha von der Universität Kairo berichtete am 3. November 1962 vor Pressevertretern in Kairo über ein interessantes Forschungsergebnis. Taha behauptete, er sei dem legendären Fluch der Pharaonen auf der Spur. Untersuchungen von Archäologen und Museumsangestellten über einen längeren Zeitraum hätten ergeben, daß diese Männer unter einem Pilzbefall litten, der fiebrige Entzündungen, vor allem der Atemwege, hervorrufe. Nach mikrobiologischen Untersuchungen stellte Dr. Taha fest: Die Pilze konnten in Grabkammern und Mumien Jahrtausende überdauern. Wörtlich erklärte der Forscher: »Diese Entdeckung hat ein für allemal den Aberglauben zerstört, daß die in antiken Gräbern arbeitenden Forscher durch eine Art Verwünschung den Tod fanden. Die Wissenschaftler wurden das Opfer von Krankheitserregern, mit denen sie bei der Arbeit in Berührung kamen. Zwar glaubt auch heute noch mancher, daß dem Fluch der Pharaonen übernatürliche Kräfte zuzuschreiben seien, aber das gehört in das Reich der Märchen.«

Das waren deutliche Worte eines nüchternen Naturwissenschaftlers. Sie verloren jedoch viel von ihrer Überzeugungskraft, als Dr. Ezzedin Taha kurz nach dieser Pressekonferenz zusammen mit zwei Mitarbeitern im Wagen von Kairo nach Sues fuhr. Auf der schnurgeraden, wenig befahrenen Wüstenstraße, 70 Kilometer von der Hauptstadt entfernt, wechselte Tahas Auto plötzlich die Straßenseite und fuhr frontal auf einen entgegenkommenden Wagen auf, Taha und seine Mitarbeiter waren auf der Stelle tot, aus dem anderen Fahrzeug wurden Verletzte geborgen.

Diese Zeugen bestätigten, daß sie den Wagen des Wissenschaftlers von weitem hatten kommen sehen, auf einmal sei er direkt auf sie zugefahren. Aufgrund der Schilderung wurde eine Obduktion der Leiche Tahas angeordnet. Ergebnis: Ein Kreislaufversagen hatte das Leben des Biologen jäh beendet, am Steuer des Wagens saß im Augenblick des Unfalls ein Toter. Es scheint, Dr. Taha war auf einer falschen Fährte.

Bakterien und Gifte wären an sich eine einleuchtende und entmystifizierende Erklärung für den sogenannten Fluch der Pharaonen, vor allem für die Tatsache, daß manche Archäologen in jungen Jahren ums Leben kamen, während andere ein hohes Alter erreichten. Denn Infektionen haben es nun mal an sich, daß sie den einen befallen und an den anderen spurlos vorübergehen. Alle bisherigen Erklärungsversuche, so interessant sie auch sein mögen, sind jedoch bloße Hypothesen. Deshalb gibt es auch mehrere davon.

Dr. John Wiles, ein südafrikanischer Geologe, stieg in den fünfziger Jahren in das Höhlensystem eines rhodesischen Bergmassivs, um den Fledermauskot auf seine Verwendbarkeit als Düngemittel zu untersuchen. Auf seiner Höhlenwanderung, 150 Meter unter der Erde, begegnete der Erdforscher Zehntausenden von Fledermäusen. Zurückgekehrt ans Tageslicht, klagte Wiles über Magenbrennen, Muskelschmerzen und hohes Fieber. Ein Arzt meinte, John Wiles habe sich in der unfreundlichen Höhlenwelt eine Lungenentzündung zugezogen. Als das Fieber schlimmer wurde, lieferte er den Patienten in das Geoffrey Hospital in Port Elizabeth ein.

Chefarzt Dr. Dean stellte bei der Untersuchung des Geologen ähnliche Krankheitssymptome fest, wie sie amerikanische Ärzte in einer Fachzeitschrift beschrieben hatten. US-Mediziner hatten das gleiche Krankheitsbild bei Männern erkannt, die sich der Erforschung von Inka-Höhlen verschrieben hatten. Dr. Dean nahm dem todkranken Wiles eine Blutprobe ab und schickte sie zur Untersuchung nach den USA. Das Ergebnis war nicht überraschend. Die amerikanischen Spezialisten bestätigten, der südafrikanische Geologe sei von derselben Höhlenkrankheit befallen wie die amerikanischen Inka-Forscher. Man nennt sie Histoplasmosis, und ihre Erreger werden in den Ausscheidungen der Fledermäuse übertragen. John Wiles konnte mit Antibiotika gerettet werden.

Eine ähnlich rätselhafte Krankheit entdeckten Mediziner in den siebziger Jahren des vorigen Jahrhunderts in Europa. Beim Bau des Sankt-Gotthard-Tunnels wurden so viele Arbeiter von einer rätselhaften »Tunnelkrankheit« befallen, daß das Projekt ernsthaft gefährdet war. Die Kapazität der Schweizer Kliniken reichte nicht aus, um alle Patienten ärztlich zu versorgen, Arbeiter vom St. Gotthard wurden bis nach Freiburg gebracht. Ein Schweizer Arzt entdeckte schließlich die Ursache des Krankheitsbefalles, einen winzigen Fadenwurm in den Ausscheidungen der Tunnelarbeiter.

Zwei Giftdrüsen am Kopf dieses Hakenwurms produzieren jene krankheitserregende Substanz, die über die Darmblutgefäße in den Blutkreislauf gelangt und die roten Blutkörperchen zerstört. »Bergarbeiteranämie« und »Anémie des mineurs« nannte man die Krankheit im deutschen Kohlenpott und im belgischen Grubenrevier. Vielleicht wurden auch Archäologen von dieser Grubenkrankheit befallen. Schwächeanfälle und Blutarmut sind ein häufiges Symptom.

Gift aus Ägypten: Handelsklasse A

Die beiden letztgenannten Möglichkeiten sind also eine ganz natürliche Erklärung, von einem Fluch kann in diesen beiden Fällen keine Rede sein. Anders ist es jedoch mit Gift. Hätten die Pharaonen ihre Gräber mit hochwirksamen Giften geschützt, so wären die Todesfälle durchaus kein Zufall. Und die alten Ägypter waren meisterliche

Giftmischer. Sie gewannen Blausäure aus Pfirsichkernen und setzten aus dem Eisenhut Aconitin frei – fünf Milligramm davon haben tödliche Wirkung.

Gift spielte überhaupt in der ganzen Antike eine bedeutende Rolle. Die alten Griechen betrieben Hinrichtungen »auf feine Art« – mit Blausäure; Sokrates mußte den Schierlingsbecher trinken, Medea beseitigte die Rivalin mit dem Gift der Herbstzeitlose, und König Mithridates IV., der König von Pontos, kannte neben Kriegführen nur eine Sucht – Gift. Aus Angst, eines Tages das Opfer eines Giftanschlages zu werden, gewöhnte er sich durch regelmäßige Einnahme geringer Dosierungen langsam an alle Gifte, so daß er schließlich immun war.

Kleopatra, die letzte ägyptische Königin, war eine der bedeutsamsten Giftmischerinnen der Geschichte. Sie kannte keine Skrupel, ihre eigenen Rezepte an Sklaven auszuprobieren, und selbst ihre Liebhaber fürchteten ihre Künste. Antonius dinierte mit der schönen Königin nie allein, er hatte stets einen Vorkoster neben sich. Mit welcher Raffinesse Kleopatra ans Werk ging, berichtet Plinius.

Antonius saß mit seiner Geliebten beim Wein, und auch am roten Rebensaft mußte zunächst der Vorkoster nippen. Er tat es, und da er den Schluck überlebte, nahm Antonius den Becher. Kleopatra griff verführerisch in ihr Haar, zupfte eine Blume aus ihrem Haarkranz und warf sie in den Weinbecher des Gastes. Der sah darin eine Geste der Koketterie und setzte den Becher an die Lippen. Doch die schöne Kleopatra riß ihm den Becher vom Mund. Sie ließ einen verurteilten Verbrecher kommen und hieß ihn den Wein trinken. Der Mann tat es und fiel tot um. Die Königin klärte den ratlos dreinblikkenden Antonius auf, nicht der Wein sei vergiftet gewesen, sondern die Blume. Mit der schauerlichen Vorführung habe sie nur demonstrieren wollen, daß es ihr ein leichtes wäre, ihn, Antonius, zu vergiften – wenn sie nur wolle. Den Vorkoster könne er sich sparen.

Die Qualität ägyptischer Gifte war sprichwörtlich, die Leistungen ägyptischer Toxikologen legendär. Römische Kaiser ließen ihre Giftmischer am Nil ausbilden. Caligula, Claudius, Nero und Caracalla pflegten umfangreiche Giftsammlungen. Caracalla soll in sein seltsames Hobby 7,5 Millionen Denare investiert haben.

Noch heute finden wir in Afrika eine große Anzahl hochwirksamer Gifte, die herzlähmend wirken. Am bekanntesten sind die Acokanthera Schimperi mit dem amorphen Glykosid Quadbain. Das Strophantusgift kann schon durch eine einfache Berührung Gleichgewichtsstörungen, Sinnestäuschungen und Verwirrtheitszustände auslösen. Toxikologen haben festgestellt, daß dieses Gift ein Herzkammerflimmern bewirkt, das zum Tod führen kann. Eine Infektion erfolgt schon durch den Körperschweiß. Starke Gifte auf Wandflächen der Gräber oder Grabbeigaben könnten also eine fatale Wirkung haben. Und auch die Haltbarkeit solcher Gifte über Jahrtausende in der luftdicht abgeschlossenen Atmosphäre der Grabkammer, abgeschirmt von jedem Lichteinfall, wird von Wissenschaftlern bejaht.

Ein Volk, das Pyramiden und Tempel baute, die der Nachwelt jahrtausendelang ein technisches Rätsel waren, sollte dieses Volk seine toten Gottkönige schutzlos Räubern und Abenteurern preisgegeben haben?

Das zweite Gesicht der Mumie

Selbst Leute, die dem Fluch ablehnend oder skeptisch gegenüberstehen, wie der eingangs zitierte Generalinspektor der Altertümerverwaltung Arthur Weigall, werden bisweilen mit Rätseln konfrontiert, die ihr Weltbild ins Wanken bringen. Im Fall Weigall ist es eine einfache Photographie.

Weigall war bei Ausgrabungen im westlichen Theben im Grab eines Wesirs der 18. Dynastie auf die Mumie eines Priesters gestoßen, der sich offensichtlich Grab und Sarkophag angeeignet hatte, um seinen Erben Kosten zu ersparen. Was mit der Mumie des rechtmäßigen Grabbesitzers geschehen war, konnte man nur mutmaßen.

Die Mumie samt Sarkophag wurde nach Luxor gebracht, wo Weigall sie im Magazin der Altertümerverwaltung einschloß. Jedesmal, wenn der Generalinspektor den Raum betrat, spürte er ein unerklärliches Gefühl von Ergriffenheit vor dieser Mumie, die in dem geöffneten Sarg lag. Dies war insofern bemerkenswert, als Weigall den Anblick von Mumien gewöhnt war. Er hatte manche Nacht allein mit einer Mumie in einem Grab verbracht und nicht selten einen geschlossenen Mumiensarkophag als Campingtisch benützt. Aber diese Mumie schien den Archäologen magisch anzuziehen.

Diese seltsame Rührung machte Weigall neugierig. Eines Morgens ging er ins Magazin und machte sich mutterseelenallein daran, die Bandagen, mit denen der frevelhafte Priester vor über 3000 Jahren eingehüllt worden war, zu lösen. Mit gewohnter Akribie machte Weigall Notizen über den Arbeitsvorgang, fertigte Skizzen und photographierte die verschiedenen Arbeitsstadien.

Die Leinentücher, die das Gesicht bedeckt hatten, waren von so hervorragender Qualität, daß Weigall sie zusammen mit der entkleideten Mumie mit nach Hause nahm, um sie Freunden zu zeigen. Die Mumie wurde unter einem Vordach des Hauses abgestellt, die Leinentücher deponierte Weigall in einem Regal seines Gästezimmers.

In diesen Tagen bekam der Archäologe Besuch von einer Dame und deren kleinem Töchterchen. Weigall dachte nicht mehr an die Mumientücher und stellte den beiden sein Gästezimmer zur Verfügung. Zwei Tage später wurde das Mädchen sterbenskrank. Der Arzt kam, aber er konnte keine Diagnose stellen. Der Zustand der Kleinen verschlechterte sich zusehends.

Am nächsten Morgen kam die Mutter mit den Mumientüchern in der Hand gerannt. »Hier«, schrie sie Weigall in höchster Erregung an, »nehmen Sie diesen schrecklichen Stoff und verbrennen Sie ihn. Und bringen Sie um Himmels willen die Mumie weg, sonst stirbt das Kind!«

Weigall, wie gesagt eher ein Skeptiker, tat der hysterischen Frau den Gefallen. Noch am selben Abend wurden die Tücher und die Mumie verpackt in einer Kiste per Bahn nach Kairo gesandt. Zwei Tage später war das Kind wieder auf den Beinen. Weigall vergaß den Vorfall.

Erst einige Wochen später wurde er jäh daran erinnert. Er hatte jene Filme entwickelt, die er während der Freilegung der Mumie angefertigt hatte. Weigall traute seinen Augen nicht: Auf einer Photographie starrte ihm, durchsichtig und nur in Schemen erkennbar, ein Gesicht entgegen, als habe sich ein ungebetener Besucher zwischen Kamera und die Mumie gestellt. »Eine Fälschung ist unmöglich«, sagte Arthur Weigall. Er hat das unheimliche Dokument zahlreichen Experten vorgelegt, eine Erklärung bekam er nicht.

Carter (zweiter von links) und Callender (rechts) entfernen das Dach des ersten Sargschreines. Die Ausgräber konnten das kostbare Kunstwerk erst zerlegen, nachdem sie die alte Konstruktion herausgefunden hatten.

Unten: Der heutige Zustand der Sargkammer. Die Mumie Tut-ench-Amuns verblieb als einzige im Tal der Könige. An der Rückwand der König in rituellen Totenszenen.

Oben: Ein Blick in die bereits zur Hälfte ausgeräumte Schatzkammer.
Unten: Lunch im Pharaonengrab. Von links: Breasted, Burton, Lucas, Callender, Mace, Carter und Gardiner.

Ein großer Tag für Howard Carter: Mit einem Zeremonialstab aus dem Grabschatz des vergessenen Pharaos schreitet der Archäologe zur Wiederöffnung des Grabes.

Wiederbeginn der Arbeiten im Tal der Könige: Arbeiter reißen den schweren Türverschluß am Grab Sethos' II. nieder, in dem die Grabschätze Tutench-Amuns aufbewahrt wurden.

Arthur Edward Pearse Brome Weigall war zwar klein und untersetzt, aber ein Hasenfuß war er nicht. Damals, im Winter 1908, hatte er in seiner Villa am Nil den bekannten amerikanischen Maler Joseph Lindon Smith und dessen Frau zu Gast. Smith, geboren in Boston, Studium in Paris, hatte bei seinem ersten Ägyptenbesuch 1898 die Herzen aller Archäologen im Sturm erobert, weil er es wie kein zweiter verstand, antike Reliefszenen zu kopieren. Er hatte für Davis in Theben, für Quibell in Sakkara und für Reisner in Gise gemalt und wollte diesen Winter seine Arbeit in den Noblengräbern von Theben fortsetzen. Der damals 28jährige Weigall und sein um beinahe 20 Jahre älterer Gast ließen sich jenseits des Nils, unterhalb der Gräberwelt von Scheich Abd el-Kurna ein großes Zelt errichten. Die Tage verbrachten sie im Schatten der Gräber, die Nächte in ihrem Zelt.

Während eines langen Spaziergangs, den die beiden nach Einbruch der Dämmerung unternahmen und der sie bis in die Gräberstadt von Biban el-Harem, ins Tal der Königinnen führte, kamen die beiden auf eine Idee: Der Mond, der sein weiches Licht wie ein Bühnenscheinwerfer in das Halbrund des Tals warf, verlockte sie, auf dieser eindrucksvollen Freilichtbühne Theater zu spielen.

Noch in dieser Nacht wurde das Stück konzipiert. Thema: Das Drama um Echnaton, der, seines Grabes und seiner Mumie beraubt, als Geist durch die Totenstadt irrt. Es war ein Drei-Personen-Stück. Weigalls Frau spielte den Echnaton – die Rolle des jugendlichen Träumers mußte mit einer Frau besetzt werden, Mrs. Smith verkörperte Echnatons Mutter Teje, und Lindon Smith stellte einen Boten aus der Unterwelt dar. Buch und Regie: Arthur Weigall.

Es war ein durchaus ernsthaftes Projekt. Zur Premiere wurde die High Society von Luxor eingeladen; doch die Premiere fand nicht statt. Während der Hauptprobe, Mrs. Smith hatte gerade ihren ersten Monolog beendet, wurde sie von einem stechenden Schmerz in den Augen niedergeworfen, und innerhalb von zwei Stunden fiel sie in eine Art Delirium, in dem sie allerlei Phantastereien von sich gab. »Die Story, wie wir sie gegen Mitternacht über die verlassenen Felder und über den Fluß in unser Haus in Luxor brachten, würde sich wie die Erzählung eines Alptraumes lesen«, schreibt Weigall.

Mrs. Smith hatte hochgradige Sehstörungen, sie wurde am nächsten Tag nach Kairo in die Klinik gebracht. Einen Tag später mußte auch Mrs. Weigall nach Kairo überführt werden, sie war unter unerklärlichen Umständen zusammengebrochen. Weigall erinnert sich: »Während der folgenden zwei oder drei Wochen hingen Mrs. Smiths Augenlicht und das Leben meiner Frau an einem seidenen Faden, wir waren verzweifelt. Gott sei Dank wurden beide nach angemessener Zeit wieder völlig gesund; aber keiner von uns verspürte das Verlangen, die Proben wiederaufzunehmen.«

Howard Carter hat nie an den Fluch der Pharaonen geglaubt – zumindest hat er das behauptet. Carter war Fatalist, er nahm das Leben, wie es kam. Aber sicher hätte er sich auch dann nicht von dem Unternehmen Tut-ench-Amun abbringen lassen, wenn ihm dadurch ein früher Tod gewiß gewesen wäre. Der Pharao hatte ihn in seinem Bann.

IX.

Die Sargkammer: Schätze für die Ewigkeit

Im Grab herrschte tiefe ehrfürchtige Stille.
Die Zeit schien erwartungsvoll stillzustehen.
Ich glaubte den Augenblick zu erleben,
da sie den toten König in den Sarg legten.

Howard Carter

Im Vorjahr hatte er noch in einem der billigen Stadthotels logiert. Als Howard Carter am 8. Oktober 1923 aus London kommend in Kairo eintraf, stieg er im vornehmen Continental-Savoy ab. Zwei Tage später reiste er weiter nach Luxor.

Lord Carnarvons Witwe, Lady Almina, hatte auf Carters Drängen die Grabungskonzession übernommen. Innerhalb eines Jahres, so war mit der Altertümerverwaltung vereinbart, sollten die Arbeiten im Tal der Könige abgeschlossen sein. Daß dies noch neun qualvolle Jahre dauern sollte – wer konnte das ahnen.

Im Zug nach Luxor ließ Carter das vergangene Jahr Revue passieren. Noch vor einem Jahr war er mit Herzklopfen nach Luxor gereist, er hatte alles auf eine Karte gesetzt, und er hatte gewonnen. Doch den Erfolg, den Triumph hatte er sich anders vorgestellt. Und er konnte es noch immer nicht fassen, daß Carnarvon tot war. 15 Jahre hatte er immer hinter ihm gestanden – auch wenn er gar nicht in Ägypten weilte. Jetzt auf einmal, wo er, Carter, der ungekrönte König im Tal der Könige war, jetzt fehlte ihm der Lord, seine barschen Anweisungen, seine herablassenden Befehle. Würde er überhaupt die Kraft haben, dieses Unternehmen Tut-ench-Amun allein zu Ende zu bringen? Hatte er genügend Autorität, um alle an diesem Projekt Beteiligten zusammenzuhalten?

Die Arbeiter, das wußte er, waren auf seiner Seite. Auf seine Vorarbeiter, die Rais, konnte er sich verlassen. Es waren insgesamt fünf: Achmed Gurgar, Hussein Achmed Said, Gad Hassan, Hassan Abu Owad und Abdelad Achmed.

Achmed Gurgar war der Mann, der die erste Stufe zu Tut-ench-Amuns Grab erkannt hatte. Mit ihm verband Carter ein ganz be-

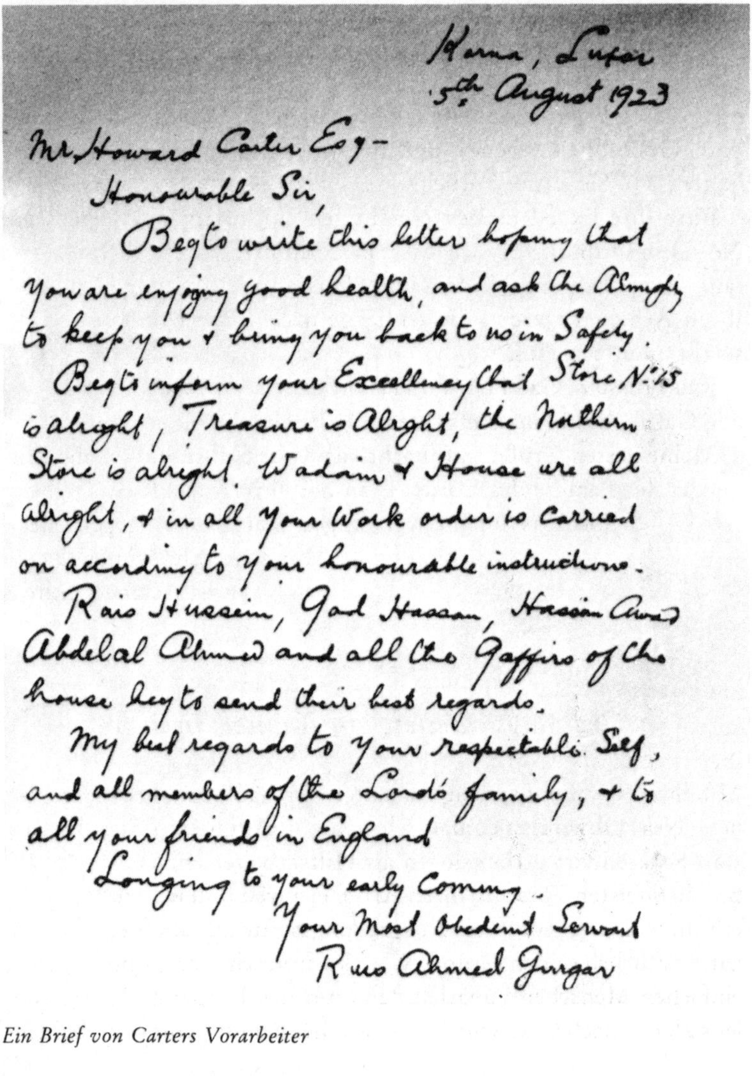

Karna, Luxor
5th August 1923

Mr. Howard Carter Esq –

Honourable Sir,

Beg to write this letter hoping that you are enjoying good health, and ask the Almighty to keep you & bring you back to us in Safety.

Beg to inform your Excellency that Store No. 15 is alright, Treasure is Alright, the Northern Store is alright. Wadain & House are all alright, & in all Your Work order is carried on according to your honourable instructions.

Rais Hussein, Gad Hassan, Hassan Awad Abdelal Ahmed and all the Gaffirs of the house beg to send their best regards.

My best regards to your respectable Self, and all members of the Lord's family, & to all your friends in England.

Longing to your early Coming.

Your Most Obedient Servant
Rais Ahmed Gurgar

Ein Brief von Carters Vorarbeiter

sonderes Verhältnis, er sprach ein drolliges Englisch und redete Carter stets korrekt mit »Sir« an. Carter trug einen Brief in der Tasche, den ihm Achmed in der Sommerpause nach England geschrieben hatte, er zog ihn heraus und las ihn zum wiederholten Male:

Kurna, Luxor
5. August 1923

Mr. Howard Carter Esq.

Ehrenwerter Herr,
bitte diesen Brief schreiben zu dürfen in der Hoffnung, daß Sie sich guter Gesundheit erfreuen, und bitte ich den Allmächtigen Sie zu erhalten, daß Sie sicher zurückkommen.

Bitte Ihre Exzellenz benachrichtigen zu dürfen, daß Lagerraum No. 15 in Ordnung ist, Schatz ist in Ordnung, der nördliche Lagerraum ist in Ordnung. Wadain und Haus ist in Ordnung, + bei allen Ihren Arbeiten werden die Aufträge nach Ihren ehrenwerten Instruktionen ausgeführt.

Rais Hussein, Gad Hassan, Hassan Owad, Abdelad Achmed und alle Gaffirs des Hauses möchten ihre besten Grüße senden.

Meine besten Grüße an Ihr achtenswertes Selbst und an alle Mitglieder der Familie des Lords + an alle Ihre Freunde in England.

Sehnsuchtsvoll Ihrem baldigen Kommen entgegensehend
Ihr sehr gehorsamer Diener
Rais Achmed Gurgar

Grabungsarbeiter, ein Kapitel für sich

Mit ihren Grabungsarbeitern hatten Archäologen bisweilen ihre liebe Not. Obwohl es damals wie heute in Ägypten nicht schwierig war, Scharen von Arbeitslosen als Hilfsarbeiter anzuwerben, blieben die meisten Forscher ihren Arbeitern treu und nahmen sie trotz erhöhter Kosten von einer Ausgrabungsstätte zur anderen mit. Das hatte natürlich seinen Grund. War es schon schwierig genug, diesen einfachen Menschen zunächst den Sinn des Im-Sand-Herumwühlens klarzumachen, so wurde es – war dies gerade gelungen – beinahe noch schwieriger, sie dazu zu bringen, die Funde nicht in den Falten ihrer langen Gewänder verschwinden und auf dem Schwarzen Markt verhökern zu lassen.

Der englische Archäologe Leonard Woolley war der erste, der ein Prämiensystem anwandte, bei dem den Arbeitern für jeden Fund, den sie gemacht hatten, in etwa der Schwarzmarktwert ausbezahlt wurde. Das erhöhte zwar Woolleys Etat, aber auch seine Fundquote; vor allem Kleinfunde tauchten plötzlich in erstaunlicher Vielzahl auf.

Aus der Masse der Arbeiter – Carter hatte zeitweise 100, Petrie und Woolley sogar 300 bis 400 – bestimmten die Archäologen jeweils einen oder mehrere Vorarbeiter, sogenannte Rais. Diese Rais hatten sich durch ein besonderes Gespür und durch Intelligenz hervorgetan. Konfrontiert mit den Männern der Wissenschaft, legten sie jedoch bisweilen ein Gemüt wie Kinder an den Tag.

Woolley zum Beispiel berichtete mit Schmunzeln von seinem Vorarbeiter Isgullah, mit dem er in Nubien Ausgrabungen durchführte. Dieser Isgullah kam eines Tages mit einer geschwollenen Backe, die ein böser Zahn verursacht hatte, und bat seinen Herrn, den Zahn zu ziehen. Woolley war »Doktor«, Dr. phil. zwar, aber man erkläre einem nubischen Vorarbeiter, daß ein »Doctor phil.« keine Zähne ziehen kann! Woolley rettete sich in die Ausrede, er habe das erforderliche Instrumentarium nicht zur Hand, und ohne Zange sei einem Zahn nicht beizukommen. Isgullah drehte sich um und ging; als er zurückkam, hielt er zwei riesige Beißzangen in Händen und bat Woolley, sein Werk zu beginnen.

Nach einem Blick in den leidenden Vorarbeiterrachen meinte Dr. Woolley, der Zahn sei zu retten, er bedürfe nur einer kräftigen Medizin. Unter den kritischen Blicken Isgullahs mixte »Doktor« Woolley einen Trank aus Jodid und Kalium, das er in seinem Erste-Hilfe-Koffer mit sich führte, und reichte ihn dem Patienten.

»Was soll das schon helfen?« schimpfte der, »das geht doch nur in meinen Magen, der ohnehin gesund ist; aber der Schmerz ist im Zahn!« Murrend ließ Isgullah sich überreden, schüttete die Medizin angewidert in sich hinein und verschwand.

Woolley war erstaunt und erleichtert, als er am nächsten Morgen seinen Vorarbeiter grinsend bei der Arbeit traf, ja, es sei alles wieder in Ordnung.

»Aber Isgullah«, meinte Woolley, »das kann doch nicht sein, du sagtest doch selbst, daß die Medizin nicht helfen könne.«

Isgullah machte ein ernstes Gesicht: »Es war eine sehr gute Medizin, sie hat wahre Wunder vollbracht. In der Nacht, als ich schlief, verschluckte ich den bösen Zahn, er kam hinab in die Medizin, und als ich aufgewacht bin, da war er wieder in meinem Mund, und er war geheilt.«

Das ist nur eine von vielen Vorarbeitergeschichten, die Archäologen gerne zum besten geben. Howard Carter war ein viel zu ernsthafter Mensch, als daß er Anekdoten über seine Vorarbeiter erzählte. Aber vielleicht war das der Grund, warum sie ihn so liebten.

Achmed stand am Zug, als Carter ankam. Der Engländer hat jahrelang herumgerätselt, wie es möglich war, daß immer, wenn er in Luxor ankam, einer seiner Vorarbeiter am Bahnhof stand, um sein Gepäck auf einen Esel zu verladen, auch wenn er seine Ankunft gar nicht gemeldet hatte. Erst viel später erfuhr er das Geheimnis dieser allzeitigen Präsenz: Wenn Carter im Anmarsch war – und die Arbeiter wußten ja, daß die Grabungen alljährlich etwa zur gleichen Zeit begannen –, dann wechselten sich die Rais ab. An jedem Tag ging ein anderer zu jedem Zug, der aus Kairo kam. Und da nur zwei Züge pro Tag aus Kairo ankamen, war das gar keine so große Zumutung. Man hatte alle fünf Tage Bahnhofsdienst.

Carters Haus, das Laboratorium, alles war in Ordnung. Die, wie alle meinten, letzte, aufregende Etappe konnte beginnen.

Einen goldenen Schrein zerlegen?

Der goldene Schrein, in dem Carter die Mumie des Tut-ench-Amun vermutete, gab den Forschern Rätsel auf. Wie war das 5,18 Meter lange, 3,35 Meter breite und 2,74 Meter hohe Prunkstück hierher gelangt? Selbst in Einzelteile zerlegt, paßte der Schrein nicht durch das Sargkammerportal, vor allem wäre es unmöglich gewesen, die sperrigen Einzelteile in dem engen Raum zusammenzusetzen.

Es gab nur eine einzige Erklärung: Die Wand zwischen Sargkammer und Vorraum war erst hochgezogen worden, nachdem der Sargschrein über dem Mumiensarg zusammengebaut war. Der Türdurchlaß, der dabei ausgespart wurde, hatte nur Symbolcharakter. Um an die Mumie zu gelangen, mußte Carter also den umgekehrten Weg gehen wie die Grabbauer, er mußte zuerst die Trennwand niederreißen und dann den Schrein in seine Einzelteile zerlegen – so wie er vor über 3000 Jahren montiert worden war.

Die beiden Flügeltüren an der Ostseite waren mit einem einfachen Riegel verschlossen, sie trugen keine Siegel, aber auch keinen Hinweis einer gewaltsamen Öffnung. Unsicherheit machte sich breit: Sollten die Grabräuber, die die Vorkammer durchwühlt, sie dann aber weitgehend ungeschoren gelassen hatten, sich an der Mumie des Königs vergriffen haben?

Howard Carter schob den Riegel zurück. Das bereitete nicht die geringsten Schwierigkeiten. Leichtgängig wie eine Zimmertür ließen sich die goldenen Flügel öffnen. Eine auf einem Stativ stehende elektrische Lampe warf ihr grelles Licht in das aus dem Dunkel auftauchende Innere. Carter erblickte einen zweiten Schrein. Und der Riegel, der diese zweite Tür verschloß, trug ein Siegel. Kein Zweifel, das Siegel war unversehrt, keines Menschen Hand konnte die Mumie des Königs Tut-ench-Amun seit seiner Bestattung berührt haben. »Ich glaube«, sagt Carter, »in diesem Augenblick war es gar nicht unser Wunsch, das Siegel zu erbrechen, wir hatten uns schon beim Öffnen der ersten Sargschreintür als Eindringlinge gefühlt.«

Der überwältigende Augenblick, die Gewißheit, vor dem Leichnam des legendären Königs zu stehen, veranlaßten Carter, die äußeren Türen des Sargschreines wieder zu schließen.

Er wandte sich zunächst einem niedrigen Mauerdurchlaß an der Ostseite der Sargkammer zu. Als er mit einer Lampe hineinleuchtete, verschlug es ihm den Atem: Alle die Kunstschätze, die in der Vorkammer aufbewahrt waren, sie erschienen wie Tand und Talmi im Vergleich zu dem, was hier aufeinandergetürmt war. Dies war die Schatzkammer des Königs.

Auf einer goldenen Truhe, vorne am Eingang, saß zum Sprung bereit ein Schakal, das heilige Tier des Totengottes Anubis, der über alle Grabgeheimnisse wachte. Die Truhe stand noch auf dem Tragegestell, so wie es von den Priestern hier abgesetzt worden war. Hinter dieser Truhe erkannte Carter einen hohen Kanopenschrein. Vier junge Mädchen in durchsichtigen Gewändern hielten schützend ihre ausgebreiteten Arme vor die goldenen Seitenwände.

Der Gott Anubis auf dem Goldschrein. Aus dem Grab Tut-ench-Amuns (Kairo-Museum)

Es fiel schwer, in diesen liebreizenden Geschöpfen die Göttinnen Isis, Nephthys, Neith und Selket zu erkennen. Der Schrein war wie der Sargschrein aus stuckiertem und vergoldetem Holz und verbarg einen riesigen Alabasterklotz, der über und über mit Hieroglyphen beschriftet war und an der Oberseite vier Öffnungen hatte. In diesen vier Öffnungen steckten vier kleine Mumiensärge mit den Eingeweiden Tut-ench-Amuns, jede Öffnung verschloß ein Deckel mit der Porträtskulptur des Königs. Diese vier Köpfe ragten, nachdem Carter den dachartigen Deckel des kostbaren Behälters abgenommen hatte, aus dem Alabasterklotz heraus.

Die vier Skulpturen der Schutzgöttinnen, die den äußeren Schrein bewachten, waren auf dem Alabasterbehälter im Hochrelief ausgebildet. »Meine Arme«, sprach Isis auf einer Inschrift, »bergen, was in mir ist. Imseti schütze ich, der in mir ist, Imseti des Osiriskönigs Neb-cheperu-Re, des Gerechtfertigten.« Und Selket sprach: »Ich lege meine Arme auf das, was in mir ist. Kebehsenuef schütze ich, der in mir ist, Kebehsenuef des Osiriskönigs Neb-cheperu-Re, des Gerechtfertigten.«

Die Worte der Göttinnen bedürfen einer kurzen Erklärung. Imseti und Kebehsenuef, die von den Göttinnen Isis und Selket geschützt werden, sind Halbgötter, die sogenannten Horussöhne. Es gab insgesamt vier: Imseti, Hapi, Duamutef und Kebehsenuef, die mit den Eingeweiden Leber, Lungen, Magen und Gedärme in Verbindung gebracht wurden. Beschützt wurden diese niederen Gottheiten von den Vollgottheiten Isis, Nephthys, Neith und Selket. Selket zum Beispiel wachte über die Gedärme des toten Königs.

Erst nachdem der Kanopenbehälter in das Laboratorium gebracht worden war, bemerkte Carter etwas Unerklärliches. Die Beschriftung auf der Innenseite der Kanopensärge war stellenweise retuschiert. Was war hier verändert worden, was sollte die Nachwelt nicht erfahren?

Die Spuren nachträglicher Bearbeitung beschränkten sich auf die Namensringe Tut-ench-Amuns. Sie waren über einem anderen Namen eingraviert. Carter hatte solche Usurpierungen, solche Besitzergreifungen eines Kunstwerkes, bei seinen Grabungen mit Edouard Naville im Hatschepsut-Tempel von Der el-Bahari kennengelernt. In vorliegendem Fall hatte sich Tut-ench-Amun Eingeweidebehälter angeeignet, die ursprünglich für Echnatons Mitregenten Semenchkare gefertigt worden waren.

In der rechten hinteren Ecke der Schatzkammer standen 22 schwarze Nachtkästchen, schmale hohe Schränkchen, die an der Vorderseite mit zwei schmalen Flügeltüren versehen waren. Die Türen waren mit gewöhnlichen Schnüren versiegelt. Carter öffnete ein Kästchen nach dem anderen, jedes enthielt ein stehendes Götterbild. Es waren jene Götter, die Tut-ench-Amun nach der Ketzerzeit von Amarna wieder auf ihre Throne gesetzt hatte.

Deckel eines Eingeweidebehälters (Kanope). Kopf des Tut-ench-Amun. Alabaster. Höhe 24 cm T 437

Über- und nebeneinander lagen 14 Schiffsmodelle. Sie sollten dem König im Jenseits zur Fortbewegung dienen, Lastkähne waren darunter mit Wohn- und Mannschaftsaufbauten, wie sie bei den jährlichen Pilgerfahrten nach Busiris und Abydos zum Einsatz kamen, Gondeln und Barken zum Spazierenfahren und schnelle Schiffe mit voller Besegelung, die den Toten zu den Gefilden der Seligen brachten.

In all dem Durcheinander machte Howard Carter eine grausige

Modell-Boot aus bemaltem Holz, das den König durch die Unterwelt tragen sollte (Tut-ench-Amun-Grab)

Entdeckung. Als er zwei puppenhafte Mumiensärge öffnete, in denen er Symbolfiguren vermutete, erkannte er die Mumien zweier Frühgeburten. Sie wurden bei späteren Untersuchungen als Mädchen im fünften und siebten Monat identifiziert und dürften zweifelsfrei Töchter Tut-ench-Amuns gewesen sein. Bis heute sind die beiden Frühgeburten jedoch von Geheimnissen umwittert: Sie sind, nachdem Carter sie nach Kairo gebracht hatte, spurlos verschwunden.

Das Puzzlespiel mit Gold und Edelsteinen

Die Kisten, Kästen und Truhen in der Schatzkammer waren vollgestopft mit Schmuck und kostbaren Kleinodien, deren Bergung hohen Zeitaufwand forderte. Kompliziert wurden die Arbeiten dadurch, daß der Inhalt der Schatzkästchen und Truhen sich nicht mehr im ursprünglichen Zustand präsentierte, so wie er vor über 3000 Jahren hineingelegt worden war. Die Grabräuber, die in pharaonischer Zeit die wertvollsten Objekte an sich gerafft und nur »Minderwertiges« zurückgelassen hatten, müssen alle Kästen durchwühlt und ihren Inhalt auf dem Boden verstreut haben. Als die Friedhofsbeamten den Einbruch bemerkten, haben sie, bevor sie das Grab wieder verschlossen, flüchtig aufgeräumt und die überall herumliegenden Schmuckstücke in Truhen und Schatullen zurückgelegt. Aber die Grabwächter wußten natürlich nicht, was wohin gehörte. Sie füllten wahllos einen Kasten nach dem anderen, und so kam es, daß Carter Einzelteile eines Fundstückes in verschiedenen Behältern fand, ein Puzzle, das höchste Konzentration und größte Erfahrung erforderte.

Man hat viel herumgerätselt, warum die Friedhofsbeamten der 19. Dynastie das Grab nach dem Einbruch nur so nachlässig instandgesetzt haben. Unwahrscheinlich ist die Auffassung, man sei bemüht gewesen, das Grab möglichst schnell, von heute auf morgen, zu verschließen; denn bevor die Friedhofsbeamten das Grab erneut versiegelten, ließ ihr Chef, ein Mann namens Maja, einen kleinen Totenschrein und eine beschriftete Holzmumie mit den Gesichtszügen Tut-ench-Amuns anfertigen und gab sie dem beraubten König mit ins Grab. Die Anfertigung dieser nachträglichen, mit Sorgfalt gefertigten Grabbeigabe war nicht in wenigen Tagen zu bewerkstelligen.

Carter konnte alle diese Schätze nicht eher herausholen, bevor der riesige Sargschrein zerlegt war. Dazu war es nötig, den schmalen Gang freizumachen, der zwischen der Wand und dem Schrein verblieben war. Im nördlichen Gang lagen elf Steuerruder auf dem Boden. Mit ihrer Hilfe sollte der Pharao in das Jenseits gelangen. Neben einem Strauß aus Persea- und Olivenzweigen lagen vier Weinkrüge, die das Datum der Regierungsjahre 5 und 9 und die Lage »Domäne des Aton am westlichen Flußufer« trugen. Die Siegel, mit denen man die Krüge verschlossen hatte, waren von den Grabräubern zerstört worden.

In der Südostecke des Umganges stand eine Alabasterlampe, für die es in der dreitausendjährigen Geschichte des alten Ägypten kein Vergleichsstück gibt: Ein auf einem Sockel stehender Kelch wird eingerahmt von zwei Figuren des Gottes der Ewigkeit, Hah. Der Kelch war an seiner Außenseite glatt und unverziert. Was auf den ersten Blick als kunstlose Arbeit erschien, entpuppte sich bei näherer

Untersuchung als ein Beleuchtungskörper von besonderer Raffinesse. Goß man Öl in den Alabasterkelch und entzündete man den schwimmenden Docht, so leuchtete die Schale von innen heraus, und auf der Innenwand erschien die geisterhafte Projektion einer trauten Szene, Tut-ench-Amun und seine Gemahlin Anches-en-Amun unter Girlanden. Der Trick dieser Erscheinung bestand darin, daß in dem Kelch ein zweiter bemalter Kelch steckte, dessen Szenerie, wenn die Öllampe brannte, auf die glatte Fläche der äußeren Schale projiziert wurde.

Unter den zahlreichen Kleinigkeiten, die Howard Carter in dem schmalen Gang fand, sind eine silberne Trompete und zwei mannshohe Anubis-Embleme erwähnenswert. Die Trompete ist noch heute spielbar – man konnte sie vor kurzem in einer Rundfunksendung hören. Die Funktion der Anubis-Embleme, mannshohe lotusförmige Stangen, an die ein Tierfell gebunden ist, mit einem blumentopfförmigen Alabastersockel, ist bis jetzt weitgehend ungeklärt. Weitere Gefäße waren mit Natron und einer Art Harz gefüllt.

Die Schreine werden geöffnet

Der lange erwartete Augenblick war gekommen. Carter öffnete die Türen des Sargschreines. Am Boden zwischen dem ersten und zweiten Schrein standen zwei Salbgefäße aus Alabaster. Das größere war flaschenförmig und wurde flankiert von zwei bauchigen Männergestalten mit Hängebrüsten, Symbolfiguren des Nilgottes Hapi. Das kleinere war zylinderförmig. Es stand auf Kugelfüßen, die zu menschlichen Köpfen ausgearbeitet waren und die Feinde Ägyptens, bärtige Asiaten und ohrberingte Neger, darstellten. An der Seite lehnte eine ganze Kollektion von Stäben und Stöcken.

Ein Balkengerüst vor dem zweiten inneren Schrein war verhängt mit einem Leichentuch. Dieses Bahrtuch hing vom Dach des zweiten Sargschreines herab. Aufgenähte vergoldete Rosetten aus Bronze hatten das Tuch durch ihr Gewicht stellenweise zerschlissen. Carter fixierte es mit einer Mischung aus Chlor und Gummi in einer organischen Zylinlösung. So gelang es, das Tuch auf einen Stab zu rollen und ins Laboratorium zu bringen. Dort zerfiel es, als Carter später die Arbeiten einstellen mußte.

Doch das nächstanstehende Problem war die Zerlegung des äußeren Sargschreines. Das riesige Mobiliar war aus 5,5 Zentimeter dikken Eichenbrettern gefertigt, stuckiert und mit Gold beschlagen, sein Gewicht betrug mehrere Tonnen. Die Einzelteile, Decke, Seitenwände und Türen – jedes im Gewicht zwischen 250 und 750 Kilogramm –, waren mit Holzsplinten verzapft. Vorsichtig erweiterte Carter die einzelnen Fugen, so daß er ein dünnes Sägeblatt hineinstecken konnte, dann sägte er die Holznägel ab und konnte so den Schrein in seine Einzelteile zerlegen.

Der zweite Schrein war kleiner, die Einzelteile hatten ein geringeres Gewicht, Carter glaubte, das Auseinandernehmen dieses Schreines würde kaum Schwierigkeiten bereiten. Er irrte sich.

Schon äußerlich unterschied sich dieser zweite Katafalk vom ersten. Der äußere war mit fünf Hieroglyphenbändern versehen, bei denen die Zeichen Djed (Dauer) und Tet (Blut der Isis) ein Ornament ergaben. Den zweiten zierten versenkte Reliefdarstellungen von Göttern und Genien.

Ein einfacher Strick mit einem Siegel aus Lehm verschloß die Flügeltüren. Carter löste das Siegel und öffnete die Flügeltüren. Wie erwartet kam ein dritter Goldschrein zum Vorschein. Vor der ebenfalls versiegelten Tür lagen Pfeile und Bogen.

Das Auseinandernehmen des zweiten Sargschreines bereitete unerwartete Schwierigkeiten, weil dieser mit Bronzebolzen verzapft war. An ein Durchsägen war nicht zu denken. Carter mußte jeden einzelnen Bolzen vorsichtig lockern und mit der Zange herausziehen. Dabei war stellenweise eine Beschädigung der Vergoldung nicht zu vermeiden.

In dem dritten Schrein stand noch ein vierter Schrein. Carter war sicher: das mußte der letzte sein. Die Spannung wuchs. Wie würde der König sich ihnen präsentieren.

Seit über 3000 Jahren hatte kein Mensch mehr die unversehrte Mumie eines Pharaos gesehen. Die Versuchung war groß, schneller und damit nachlässiger zu arbeiten. Carter mußte sich ganze 84 Tage lang beherrschen.

Zwei goldene Wedel, auf jedem steckten 30 weiße und braune Straußenfedern, lagen an der Längsseite des innersten Schreines. Der

Triumphzug eines Pharaos durch Theben

eine trug den Namen Echnatons. Solche Wedel, mit denen den Pharaonen ursprünglich frische Luft zugefächelt wurde, entwickelten sich im Laufe der Jahrhunderte zu Machtsymbolen. Bis vor wenigen Jahren wurden ähnliche Wedel hinter den Päpsten hergetragen.

Besonderes Interesse riefen die fächerförmigen Wedelschäfte hervor, in denen die Federn steckten, Federn, die wie eine Inschrift vermeldete, »Seine Majestät bei der Jagd in der Wüste östlich von On* erbeutete«.

Ein erhabenes Relief zeigt den jugendlichen König auf dem einen Fächerschaft mit gespanntem Bogen auf dem Streitwagen, einer Pose, wie sie später vor allem Ramses der Große liebte. Die Pfeile des Pharaos haben bereits zwei Strauße getroffen. Tut-ench-Amun zügelt die sich aufbäumenden Pferde mit dem Hintern, er hat die Zügel um sein Hinterteil geschlungen, um die Hände freizuhaben

* Heliopolis

– eine draufgängerische Pose, die man von diesem kindlichen Pharao nicht erwarten würde.

Die Fortsetzung der Handlung erscheint in Comic-Manier auf der Rückseite des Fächerschaftes: Zwei Diener haben die erlegten Strauße über die Schultern gelegt und marschieren vor dem in Triumphatorpose auf dem Wagen stehenden König nach Hause. Tut-ench-Amun trägt jetzt ein Prunkgewand. Der König, so berichtet eine Inschrift im Hintergrund, habe geschossen wie die katzenköpfige Göttin Bastet, und seine Pferde seien stark wie Stiere gewesen.

Der vierte Katafalk unterschied sich wiederum total von den drei äußeren. Der kapellenartige Schrein trug ein Gesims und Dach, das aus einem Stück gearbeitet war. Allein sein Gewicht bereitete den Ausgräbern schon Schwierigkeiten.

Im Grab herrscht Chaos

Über 80 Einzelteile standen endlich in der Vorkammer herum, nachdem Carter alle vier Sargschreine zerlegt hatte. Der eigentliche Sarkophag des Königs aus gelbbraunem Quarzit, an den vier Ecken beschützt von den geflügelten Göttinnen Isis, Nephthys, Neith und Selket, stand nun frei im Raum.

Um diesem wuchtigen steinernen Koloß beizukommen, errichtete Carter ein Balkengerüst über dem Sarkophag, es nahm den ganzen Raum ein. Carter berichtet: »Wir schlugen uns die Köpfe an, zwickten uns die Finger ein, wir mußten uns wie die Wiesel in die Sargkammer hinein- und herauswinden und in unmöglicher Haltung arbeiten.« Von nun an herrschte auch im Innern des Grabes das totale Chaos; Bretter, Bohlen und Arbeitsgeräte standen und lagen zwischen den Einzelteilen der vier Sargschreine. Kaum einer wußte noch zwischen alten Fundgegenständen und den Utensilien der Ausgräber zu unterscheiden. »Wenn ich nicht irre«, erinnert sich Carter, »nahm einer der großartigen Chemiker, die uns als Konservierer unterstützten, beim Zeichnen der seltenen Grabesfunde auch ein paar alltägliche Gegenstände aus unserem persönlichen Besitz mit auf.«

Die einzelnen Teile der vier Sargschreine waren numeriert und mit Orientierungszeichen der verschiedenen Himmelsrichtungen versehen. Allerdings mußte Carter feststellen, daß die Grabarbeiter im Jahre 1338 vor Christus sehr schlampig gearbeitet, Teile verwechselt und die Himmelsrichtungen vertauscht hatten. »Dieser Fehler mag ihnen verziehen sein«, schrieb Carter. »Denn die Kammer war lang und dunkel, andere Nachlässigkeiten sind unverzeihlich. Goldene Ornamente wurden beschädigt, noch heute sind tiefe Hammerschläge darauf zu erkennen. Stellenweise sind Bruchstücke abgeschlagen, Holzspäne und sonstiger Abfall wurden nie weggeräumt.«

Erst jetzt war die Malerei auf den goldenen Wänden der Sargkammer zu erkennen. Die Längswand hinter dem Sarkophag zeigte in Lebensgröße den Totengott Osiris, der von Tut-ench-Amun umarmt wird. Hinter dem König steht sein Ka, sein Schutzgeist, gleich groß und von gleicher Physiognomie. Daneben, dem Ka den Rücken zuwendend, ist die Göttin Nut zu erkennen. Nut ist nach der heliopolitanischen Götterlehre die Tochter des Luftgottes Schu, die Personifizierung des Himmelsgewölbes. Weil sie jeden Abend den Sonnengott Re verschlingt, um ihn am nächsten Morgen wieder zu gebären, symbolisiert sie im ägyptischen Totenglauben auch die Auferstehung. Auf dem Wandgemälde hält die Göttin Nut dem ihr gegenüberstehenden Tut-ench-Amun einladend die Hände entgegen. Der junge König im weißen Lendenschurz und mit bequemer Kurzhaarperücke ist offensichtlich für einen weiten Weg gerüstet, seine Rechte umklammert einen Wanderstab, die Linke trägt ein Zepter und den Lebensschlüssel.

In einer dritten Szene rechts daneben begegnen wir Tut-ench-Amun als Mumie. Nur Gesicht und Hände sind freigeblieben von Bandagen. Ein recht jugendlich wirkender Eje, mit dem Tigerfell eines Priesters und der Pharaonenkappe bekleidet, schreitet auf die Mumie zu, um die rituelle Mundöffnung vorzunehmen. Das dazu notwendige hakenförmige Instrument hält Eje in Händen, weitere Instrumente liegen auf einem kleinen Tisch bereit. Mit der Mundöffnung, die jeweils der Nachfolger des Pharaos zu vollziehen hatte, sollte dem Verstorbenen unter Anwendung magischer Formeln der Gebrauch seiner Organe wiedergegeben werden.

Eingerahmt wird die ganze Szenerie von Priestern und Verwandten, die die Mumie des Königs auf einem Schlitten ziehen, und von heiligen Affen des Sonnengottes Re.

Im ganzen Grab waren nur sechs Farben zu erkennen: Weiß, Schwarz, Blau, Rot, Gelb und Grün. Lucas analysierte das Weiß als Schlemmkreide, das Schwarz als gepulverte Holzkohle, Blau erwies sich als Kalkkupfersilikat, Rot war aus rotem Ocker, Hämatit oder gebranntem gelbem Ocker hergestellt. Eine Gelbprobe nahm der Chemiker von einer der leuchtendgelben Truhen, die Farbe war gelbes Schwefelarsen (Arsensulfid). Grün basierte nicht, wie in anderen Gräbern, auf Malachit, sondern auf einer Pulvermischung, deren Zusammensetzung dem Blau ähnelte.

Die eigentliche Schwierigkeit der altägyptischen Malerei war das Anmischen der Farben, um die Farbstoffe zum Haften zu bringen. Die Verwendung von Terpentin und Öl war unbekannt. Vermutlich mischten die Grabmaler ihre Farben mit Eiweiß, Gummi oder Leim, Substanzen, deren Anwendung nach so langer Zeit nicht mehr zu beweisen ist. Die fertigen Wandgemälde wurden gefirnißt mit einem unter Hitze verflüssigten, glasklaren Harz. Dieses Harz schloß die Farben luftdicht ab, dahinter verbirgt sich das Geheimnis, warum die Farben stellenweise so frisch aussehen, als seien sie erst gestern aufgetragen worden.

Die Spannung vor der Sargöffnung

Schwärme von Touristen behinderten Carter, wenn er jeden Morgen mit seinem Esel zum Grab hinaufritt. Um diesen lästigen Plagegeistern zu entgehen, stahl er sich nach einiger Zeit noch vor Sonnenaufgang hinauf ins Tal der Könige und verschwand ungesehen. Das schwerbewachte Grab war sein bestes Versteck – bis der Trick aufkam. Von da an skandierten die Gaffer und Sensationshungrigen mehrmals täglich »Carter, Carter, Carter«, bis der Gerufene erschien, den Beifall der Menge entgegennahm und, wie eine Heiligenerscheinung, wieder in dem dunklen Felsloch verschwand.

Die Hoffnung, die ersten nach Kairo gesandten und im Museum ausgestellten Fundstücke würden die Neugierde der Massen befriedigen, erwies sich als Trugschluß. Im Gegenteil: Die Ausstellung der ersten Funde wurde zur besten Reklame für einen Besuch im Tal der Könige.

Die Spannung wuchs, seit durchgesickert war, daß die Öffnung des Sarkophages kurz bevorstand.

Von Carter stammte diese Information nicht; aber mittlerweile redeten so viele Leute und Institutionen bei dem Unternehmen mit, daß kaum zu erkennen war, wer die Oberleitung hatte. Für den Minister für Öffentliche Arbeiten war sein Unterstaatssekretär am Ort des Geschehens. Er vertrat die Regierung und lud nach Gutdünken Archäologen und Diplomaten ein.

Pierre Lacau, seit 1914 Generaldirektor der Verwaltung der ägyptischen Altertümer, bevormundete Carter mit Befehlen und Instruktionen, schrieb Pressemitteilungen vor, meldete Besucher und Besuchszeiten und überwachte sogar die wissenschaftlichen Mitarbeiter. Die Arbeiten dauerten noch keine zwei Wochen, da hätte Carter am liebsten alles hingeworfen.

Als James Henry Breasted am 12. Februar, dem Tag, an dem der Sarkophag geöffnet werden sollte, im Tal der Könige ankam, traf er einen elend aussehenden Mann an. Carter sagte, er fühle sich krank, und reichte Breasted ein Schreiben des Ministeriums für Öffentliche Arbeiten, das das wissenschaftliche Programm für die nächsten beiden Tage festlegte. »Das«, sagte Carter, »hat mich krank gemacht.«

Breasted selbst wurde seit Tagen von rätselhaften Fieberanfällen und »Perioden, in denen das Blut in den Adern brannte«, heimgesucht. Den Verdacht auf Malaria konnten die Ärzte jedoch nicht bestätigen. Müde ließ Breasted sich im Schatten der Stufen, die in das Grab führten, nieder. Von tief unten hörte er die Anweisungen Carters; er installierte einen Flaschenzug. Nach der Mittagspause sollte der Deckel angehoben werden.

Es war gegen ein Uhr, als Carter und sein Assistent Callender staubig und müde die Treppen hochkamen. »Kommen Sie«, sagte Carter zu Breasted gewandt. Gemeinsam gingen sie zum Grab 41, das seit der Entdeckung als Speise- und Aufenthaltsraum diente. In dem namenlosen Grab war eine Küche eingerichtet, zwei einheimische Köche und ein Diener führten die Wirtschaft. Im Grabeingang, der noch vom Tageslicht beleuchtet wurde, stand ein langer, weißgedeckter Tisch, links und rechts davon rundgeschwungene Holzstühle wie aus einem alten Wiener Kaffeehaus. Der Raum war nur zwei Meter breit. Carter ging voraus und setzte sich an das hintere Ende des Tisches, wo einst Lord Carnarvons Stammplatz war, der seit seinem Tod stets leer gelassen wurde. Die Männer blickten erstaunt. An der linken Längsseite nahmen Alfred Lucas, Harry Burton und James Henry Breasted Platz, ihnen gegenüber A. R. Callender, Arthur Mace und Alan Gardiner.

Vor Carter auf dem Tisch lagen Stöße von Briefen und Zeitungen. Lustlos schob er sie beiseite. Der Lunch verlief stumm. Es schien, als konzentriere sich ein jeder auf das bevorstehende Ereignis. Welcher Anblick erwartete sie nach dem Abheben der Sargplatte?

Kurz vor 15 Uhr hob Carter die Tafel auf und ging zusammen mit seinen Mitarbeitern zum Tut-ench-Amun-Grab hinüber. Am Eingang warteten Unterstaatssekretär Mohammed Zaglul Pascha, einige Regierungsbeamte und Archäologen. Wortlos verschwand einer nach dem anderen in der Graböffnung.

Die Zeit schien stillzustehen

Die Schätze der Vorkammer waren ausgeräumt. Jetzt standen hier die Seitenwände und Decken der äußeren Sargschreine herum. Der Sargraum lag etwa einen Meter unter dem Bodenniveau der Vorkammer. Ein wuchtiges Balkengerüst über dem rötlich schimmernden Sarkophag diente als Aufhänger für zwei Flaschenzüge.

Carter hatte die Anhebung des Sarkophagdeckels in tagelanger Arbeit vorbereitet, sie war nicht ohne Probleme. Durch die fast eineinhalb Tonnen schwere Platte lief in der Mitte ein Sprung. Deshalb war äußerste Vorsicht geboten. Dieser Sprung in der Platte rührte jedoch nicht von einer Beschädigung her, er war von natürlicher Art und schon von Tut-ench-Amuns Kunsthandwerkern ausgespachtelt und übermalt worden.

Gewiß hätten die antiken Steinmetze einen neuen Sarkophagdekkel angefertigt, hätten sie damals nicht unter Zeitdruck gestanden. Im Gegensatz zu dem *Quarzit*-Sarkophag besteht die Deckplatte aus *Granit*. Das läßt darauf schließen, daß der ursprünglich vorgesehene Deckel beim Transport zersprungen war und so in aller Eile ein neuer gefertigt werden mußte. »Jedenfalls«, sagte Carter,

»wirkte diese roh gearbeitete Granitplatte durchaus behelfsmäßig.«

Howard Carter hatte an den Seiten der Granitplatte Winkeleisen angesetzt. Die Flaschenzüge konnten in Aktion treten. Carter erinnert sich: »Wir fühlten hier vor dem Sarg des jungen Königs die Erhabenheit, die auch nach dem Tod da war. Tiefe, ehrfurchtsvolle Stille herrschte in der Gruft. Die Zeit schien erwartungsvoll stillzustehen . . .«

Keiner der Männer sprach ein Wort. Harry Burton kurbelte an einer Filmkamera. Zwei starke elektrische Lampen erhellten den kleinen Raum. Die Hitze wurde immer unerträglicher. An dem einen Flaschenzug stand Callender, Carter stand an dem anderen. Aber nicht er gab das Kommando, sondern der Mann hinter der Filmkamera. Unheimliches Knacken und Knarren, jetzt begann die Deckplatte zu zittern, schließlich hob sie sich millimeterweise, aber deutlich sichtbar, sie begann unsicher zu schwanken und schwebte ein paar Zentimeter über dem Sarkophag – zu wenig, um im Innern schon etwas erkennen zu können.

Wie würde man den König finden?

Seit 15 Monaten bewegte diese Frage nicht nur Howard Carter. Archäologen, Touristen und Menschen in aller Welt hatten sich die Köpfe heiß geredet. Jetzt war der Augenblick gekommen, der diese Frage beantworten sollte, jetzt wurden die Sekunden zu Minuten, die Minuten dehnten sich wie Stunden.

Unter den Zuschauern in der Vorkammer stand James Henry Breasted. Er starrte abwechselnd auf die mechanische Szenerie der Flaschenzüge und auf das goldgelb schimmernde dahinterliegende Wandgemälde, auf dem Tut-ench-Amuns Nachfolger, der alte Eje, an der Mumie des jungverstorbenen Königs die Mundöffnungszeremonie vornimmt. Breasted erinnert sich: »Der Pharao auf dem Wandgemälde schien mir in diesem Augenblick eine merkwürdige Wirklichkeit anzunehmen. Als ich ihn ansah, kam in mir ein beunruhigendes Gefühl der Unwürdigkeit auf. Warum hatte er den Anschein so ruhiger Überlegenheit? Links von mir stand ein Vertreter der Regierung des modernen Ägypten und blickte auf den Sarkophag seines frühen Ahnen herab. Carters Vorbereitungen bewirkten bei ihm eitle Anmaßung, träge Neugier und gutmütige Unzulänglichkeit, die für den modernen Ägypter so charakteristisch ist. Drüben an der Wand stand Eje, er schwenkte immer noch sein Weihrauchfaß und verbrannte den letzten Weihrauch für die Seele seines verstorbenen Vorgängers.«

Nach 3263 Jahren der erste Lichtstrahl

Soweit man durch den langsam größer werdenden Spalt etwas erkennen konnte, wölbte sich ein feines verstaubtes Leinentuch über einer unbestimmbaren Form. Darauf lagen kleine Bruchstücke von Granit. Die Anwesenden waren verwirrt, beinahe enttäuscht. Endlich hing die Granitplatte etwa einen halben Meter über dem Sarkophag.

Carter nahm eine Taschenlampe. Behutsam, als könne der Lichtstrahl etwas zerstören, leuchtete er in das Innere. Dann verkündete er, und es klang feierlich: »Im Sarkophag steht ein Sarg. Der Sarg steht auf einer goldenen Bahre in Löwengestalt.«

Photograph Harry Burton hantierte jetzt mit einer Photokamera, er stellte sein Stativ am Fußende des Sarkophags auf, knipste und wandte sich dem Kopfende zu. Die Geräusche, die er verursachte, wirkten erlösend in dem beklemmenden Schweigen. »In dieser Stille«, erinnert sich Breasted, »traten Carter und Mace in einer Weise, die an die Routine der Gehilfen moderner Leichenbestatter erinnerte, ruhig an das Kopfende der schlafenden Gestalt. Sie lösten an jeder Seite das Leichentuch und rollten es ganz langsam und sorgfältig vom Kopf bis zu den Füßen auf.«

Das Tuch war angekohlt und brüchig und löste sich an manchen Stellen bei der zartesten Berührung in Nichts auf. Ein zweites Leinentuch kam zum Vorschein, so dünn, daß darunter die goldene Gestalt eines Königs hindurchschimmerte, das Gesicht, die über der Brust gekreuzten Arme mit Krummstab und Geißel. »Strahlend war das Bild, das sich uns bot«, erinnert sich Carter, »ein goldenes Abbild des jungen, knabenhaften Königs in großartigster künstlerischer Ausführung lag in dem Sarg.«

So hatten tiefreligiöse Menschen vor 3263 Jahren Tut-ench-Amun zur Ruhe gebettet, damit Osiris ihn dereinst in sein Schattenreich hole, um ein zweites Mal geboren zu werden, bevor er auf ewig an den Ufern der himmlischen Flüsse, die die Galaxien umströmen, sich ergehen sollte und in eine Zeit eintreten, die kein Gedächtnis mehr kennt. Die goldene Hülle, die den toten Pharao umgab, war Abbild eines zeitlos schönen Jünglings, idealisiert, schöner als das natürliche Vorbild, sie war Wunschbild für die Wiedergeburt.

Waren die Archäologen nicht gerade dabei, Geburtshilfe zu leisten? Erlebten sie nicht eben in diesem Augenblick die Wiedergeburt eines Pharaos, eines vergessenen Pharaos? Die goldene Hülle, Macht, Pracht und Glorie ausstrahlend, sie wurde zum Vorbild der Vorstellungskraft für künftige Generationen, nicht das armselige, zerrissene Knochengerüst des ermordeten Jünglings, das ihnen viel später in die Hände fallen sollte.

Die Augen des goldenen Königs, eingelegt mit Arragonit und Obsidian, sie lebten. Aber sie blickten niemanden an. Majestätisch nach oben gerichtet, der Unsterblichkeit gewiß, schienen sie die Eindringlinge keines Blickes zu würdigen. Darüber wölbten sich Augenbrauen aus lapislazulifarbenem Glas. »Fast unheimlich wirklich erschien die Gestalt«, notierte Howard Carter.

Schlange und Geier, die Wahrzeichen von Ober- und Unterägypten, und Königssymbole leuchteten auf der Stirn. Der Geier, die Gottheit Oberägyptens, wies nach Süden, die Kobra, die Gottheit Unterägyptens, nach Norden – so, wie es der geographischen Lage der beiden Länder entsprach.

Der in Mumienform getriebene Körper zeigte den Pharao als Osiris, als personifizierte Wiederauferstehung. Blauer Glasfluß und rote Steine auf Goldgrund zeichneten ein Federmuster. Dieser goldene Sarg war 2,25 Meter lang und 70 Zentimeter hoch. Allein das Ausmaß brachte die Ausgräber zu der Überzeugung, daß hier mehrere Särge ineinandergeschachtelt waren.

Die Spannung war gewichen. Keiner der Männer in der Vorkammer hatte den Wunsch, den goldenen Mumiensarg zu öffnen. Es war noch keine Stunde vergangen, seit sie das Grab betreten hatten; aber das Erlebnis war so überwältigend gewesen, daß es wie selbstverständlich erschien, als einer nach dem anderen sich dem Ausgang zuwandte und die 16 Stufen zum strahlendblauen Himmel emporstieg.

Die Empfindungen, die sie dabei bewegten, drückte Breasted so aus: »Wir kamen mit einem Gefühl heraus, als ob wir die Zeit und die Bestattungsriten des Königs Tut-ench-Amun geschaut hätten.« Und Howard Carter sagte: »Nur mit Mühe konnten wir unsere Gedanken loslösen von der Pracht des dahingegangenen Pharaos und seiner letzten Bitte auf dem Sarg, die sich uns ins Herz geschrieben hatte: ›O Mutter Nut, breite deine Flügel über mich, wie die unvergänglichen Sterne.‹«

Kurz vor dem Ziel beginnt das Drama

Am nächsten Morgen. Howard Carter war in aller Herrgottsfrühe über den Nil nach Luxor gekommen und hatte Breasted in seinem Hotel aufgesucht. Carter tobte. Aus einem Bündel von Aktenunterlagen und Briefen zog er ein Telegramm. Es war unterzeichnet von Marcos Bey Hanna, dem neuernannten Minister für Öffentliche Arbeiten.

Der Minister hatte über einen seiner Beamten, der sich bei den Ausgrabungen wichtig machte, erfahren, daß Carter am 13. Februar, also heute, die Ehefrauen der an dem Unternehmen beteiligten Wissenschaftler aus England und Amerika zu einer Führung durch das Grab eingeladen hatte. Nach Ansicht des Ministers hätte diese Führung der Genehmigung des Ministeriums bedurft. Da diese nicht eingeholt worden war, verbot Marcos Bey Hanna generell allen Ehefrauen und Familienmitgliedern der Archäologen, das Tut-ench-Amun-Grab zu betreten. Gleichzeitig war in den frühen Morgenstunden Polizei vor dem Grab aufmarschiert, offenbar in der Absicht, jeden zu kontrollieren, der das Grab betreten wollte.

Carter und Breasted kamen überein, ihre Arbeit unter diesen Bedingungen einzustellen. Wütend und nervös, mit auf dem Rücken verschränkten Armen, schritt Carter im Hotelzimmer auf und ab und diktierte Breasted eine öffentliche Mitteilung. Er formulierte scharf und beleidigend und mühsam, wie man es von ihm gewohnt war. Breasted schüttelte jedesmal den Kopf und sagte: »So können Sie das nicht machen!« Carter begann von neuem.

Mindestens zwanzig verschiedene Fassungen brachte Breasted zu Papier, sie wurden im Ton immer versöhnlicher, die letzte hatte den folgenden Wortlaut:

13. Februar 1924

Mitteilung
Aufgrund der unmöglichen Beschränkungen und Unhöflichkeiten des Ministeriums für Öffentliche Arbeiten und seiner Altertümerverwaltung weigern sich alle meine Mitarbeiter aus Protest, die wissenschaftlichen Untersuchungen an dem entdeckten Grab des Tut-ench-Amun fortzusetzen.

Ich sehe mich daher gezwungen, der Öffentlichkeit bekanntzugeben, daß das Grab unmittelbar nach einer Pressebesichtigung heute vormittag zwischen 10 und 12 Uhr geschlossen und die Arbeit eingestellt wird.

Howard Carter

Dieser Aushang wurde in aller Eile an allen Anschlagtafeln von Luxor befestigt, die Stadt hatte wieder einen Skandal, die feinen Leute auf den Hotelterrassen etwas zu reden.

Die Pressekonferenz im Grab des Tut-ench-Amun wurde zu einem Triumph für Carter. Der Ausgräber hatte die gesamte öffentliche Meinung auf seiner Seite. Unter diesen Umständen, meinte er, werde das Kairoer Ministerium zurückstecken, in ein paar Tagen würde die Kontroverse aus der Welt geschafft sein. Carter ließ deshalb die schwere Deckplatte an den Seilen über dem Sarkophag hängen, verschloß das Grab und zog sich indigniert ins Hotel Winter Palace in Luxor zurück, wo er mit Breasted Kriegsrat hielt.

Einen Tag später kam ein Telegramm aus Kairo: Carter habe innerhalb von 48 Stunden die Arbeit wiederaufzunehmen, und zwar ohne jede Bedingung. Geschehe dies nicht, so sei es ihm untersagt, das Grab jemals wieder zu betreten, und der Countess of Carnarvon werde die Konzession entzogen.

Carter lehnte ab. Er wandte sich an ein »Gemischtes Schiedsgericht« in Kairo, einen ministeriellen Vermittlungsausschuß; doch dessen Mühlen mahlten langsam. Mit jedem Tag, der verstrich, wurde Carter unruhiger. Schließlich hing über dem goldenen Mumiensarg des Königs noch immer die eineinhalb Tonnen schwere Deckplatte an zwei dünnen Seilen. Hing sie überhaupt noch? Vielleicht hatte sie bereits den kostbaren Mumiensarg zerschmettert?

Vielleicht hatte Tut-ench-Amun sich so den sensationslüsternen Gaffern der Nachwelt entzogen. Was tun?

Das Grab war Tag und Nacht von Miliz umstellt. Es gab für Carter keine Möglichkeit hineinzukommen. Auf Drängen Breasteds schickte er dem Minister für Öffentliche Arbeiten ein Telegramm, er bat, das Grab nur noch ein einziges Mal betreten zu dürfen, um die Granitplatte herabzulassen, die Folgen seien sonst unabsehbar.

Die Antwort war: Nein. Marcos Bey Hanna beschuldigte den Ausgräber nun der Nachlässigkeit und machte ihn für alle Folgen verantwortlich. Lady Carnarvon wurde mit sofortiger Wirkung die Konzession entzogen. Die Regierung, so teilte der Minister mit, werde das Grab am 22. Februar 1924 offiziell übernehmen. Carter zitterte bei dem Gedanken: Würde bis dahin die Mumie des Königs nicht von der Deckplatte zermalmt sein?

Die aufregendsten Tage im Leben Howard Carters

Während dieser Tage des Wartens und Bangens rannte Carter planlos wie ein gehetztes Wild durch Luxor. Die Breasteds, bei denen er sich zwischenzeitlich aufhielt, versuchten ihn zu trösten und ihm manchen Rat zu geben. »Doch«, erinnert sich Sohn Charles, »er war mit den Nerven zu sehr herunter und gefühlsmäßig zu durcheinander, um auch nur einen Rat befolgen zu können.« Es waren die aufregendsten Tage im Leben Howard Carters.

Am Morgen des 22. Februar ritt Charles Breasted mit einem Esel zum Tal der Könige. Er wollte Carter, der bei seinem Vater im Hotel geblieben war, berichten, was geschah. Hatten die Seile gehalten? Charles Breasted setzte sich auf die von Soldaten bewachte Umfassungsmauer am Grabeingang und harrte der Dinge, die da kommen sollten. Der Zugang war mit einem Eisengitter versperrt, den Schlüssel hatte Carter, der saß im Hotel Winter Palace.

Während Charles Breasted wartete, kam ihm die Tragik der Situation zu Bewußtsein. Im Jahre 1905 war der damals achtjährige Charles nicht weit von hier Carter zum erstenmal begegnet. Das war nun beinahe 20 Jahre her. In dieser Zeit hatte Carter nichts anderes getan als dieses Grab gesucht. Er hatte es entdeckt, entgegen der

Voraussage berühmter Wissenschaftler. Er hatte Ägypten ein weltweites Prestige verschafft und mehr Touristen ins Land gebracht, als die größten Optimisten mit ungeheuren Werbeanstrengungen sich erträumen konnten. Er hatte seine Nerven geopfert und hohe Geldsummen ausgeschlagen, nur um keinen Tag bei der Ausräumung des Grabes und der Präparierung der Funde zu verlieren. Er hatte sich mit Carnarvon zerstritten, weil der Grabschatz komplett in Ägypten bleiben sollte. Und jetzt waren Soldaten aufmarschiert, um diesen Mann am Betreten »seines« Grabes zu hindern, dessen kostbarster Schatz, die vergoldete Königsmumie, jeden Augenblick unter tonnenschwerem Gestein zerbersten konnte.

Es war gegen 14 Uhr, da kam Pierre Lacau. Hinter ihm eine Regierungsabordnung, dahinter einige Handwerker mit großen Werkzeugen. Die Szene war theatralisch: Lacau stellte sich vor dem Grabeingang in Positur, wie er es seinem Amt als Chef der Altertümerverwaltung für angemessen hielt, zog einen Brief von Howard Carter aus der Tasche und begann ihn laut vorzulesen. Inhalt: Carter weigere sich, den Schlüssel zum Grab herauszugeben. Zwei Advokaten, die hinter Lacau standen, machten eifrig Notizen. Dann traten die Handwerker vor und begannen an den schweren Vorhängeschlössern zu sägen. Aber kamen sie nicht schon zu spät?

Die Sägearbeiten an den beiden Eisentüren dauerten bis zum späten Nachmittag. Lacau stürmte, als sich die zweite Tür öffnen ließ, in das Grab. Schon nach wenigen Augenblicken kam er zurück, und seinem Gesichtsausdruck war zu entnehmen, daß das Schlimmste nicht eingetreten war. Wie sich herausstellte, hatten sich die Seile so stark gedehnt, daß die Deckplatte beinahe wieder auf dem Sarkophag lag. Lacau und seine Mannschaft gingen zu Carters Laboratorium im Grab Sethos' II. Auch dort brachen sie die Tür auf. Das Unternehmen Tut-ench-Amun war nun eine rein ägyptische Angelegenheit.

Carter war inzwischen in sein Haus zurückgekehrt, von wo aus er die Rückkehr der Beamtenprozession gut beobachten konnte. »Er sah verzweifelt und erschöpft aus«, berichtet Breasted, »aber er war ganz ruhig und zeigte keine Bitterkeit, als er den letzten der vielen merkwürdigen Zwischenfälle, die ihn verfolgt und der größten archäologischen Entdeckung in der Geschichte des Orients beraubt hatten, schilderte.«

Die Ursache für die ständigen Zwischenfälle ist in der politischen Situation Ägyptens zu suchen. Die Aufgaben der britischen Protektoratsherrschaft und die nachfolgende Anerkennung des ägyptischen Königs Fuad hatten nationale Emotionen ausgelöst, die alle ausländischen Aktivitäten im Lande zu ersticken drohten. Diese »arroganten, selbstbewußten, triumphierenden Nationalisten« – wie sie James Henry Breasted einmal nannte – schossen dabei oft über das Ziel hinaus. Gewiß, Ägyptologie war bisher vorwiegend eine Angelegenheit von Engländern, Franzosen, Italienern und Deutschen, aber es gab eben keinen ägyptischen Ägyptologen von Rang. Wer sollte Carters Werk fortsetzen?

Carter fuhr zur Schiedsgerichtsverhandlung nach Kairo. Sein Anwalt Sir John Maxwell genoß in Ägypten hohes Ansehen. Er war einst Oberbefehlshaber der britischen Armee in Ägypten und ein guter Freund Lord Carnarvons gewesen. Die beiden hatten sich in Ägypten kennengelernt. Sir John war 1882 mit den britischen Besatzungstruppen an den Nil gekommen und hatte hier eine beispiellose Karriere gemacht. Und das nicht nur, weil er die Protektion seines Onkels, Sir Francis Grenfell, des Oberkommandierenden der ägyptischen Armee, genoß.

Onkel Francis hatte bei John auch das Interesse für Archäologie geweckt, jedenfalls hatte dieser stets mit Interesse beobachtet, wenn der alte Feldmarschall seinen Säbel mit dem Spaten und die hochdekorierte Uniform mit dem schmucklosen Arbeitsanzug vertauschte und zwischen Nachschub und Attacke im Boden grub. Lord Grenfell war Präsident der britischen »Egypt Exploration Society«, nach seinem Tod hatte John Maxwell das Amt übernommen.

Die Carnarvon-Vermögensverwaltung schickte ebenfalls einen Anwalt namens Maxwell ins Gericht. F. H. Maxwell haftete jedoch der Makel an, daß er wenige Jahre zuvor den derzeitigen Minister für Öffentliche Arbeiten, Marcos Bey Hanna des Verrats bezichtigt und die Todesstrafe für ihn gefordert hatte. Und Marcos Bey Hanna war jetzt der Repräsentant der gegnerischen Partei. Ein Umstand, der nicht gerade zur Beruhigung der Situation beitrug.

Weil er das Schlimmste befürchten mußte, sandte Howard Carter seinem Freund James Henry Breasted in Luxor ein Telegramm und

Mädchen in durchsichtigen Kleidern mit Saiteninstrumenten und Doppelflöte

bat ihn als außergerichtlicher Vermittler aufzutreten. Breasted fuhr trotz angegriffener Gesundheit nach Kairo, arbeitete einen annehmbaren Kompromiß aus und erreichte einen Aufschub der Gerichtsverhandlung.

Der Kompromiß war durchaus diskutabel, selbst die beiden Anwälte rieten Carter zur Annahme, doch der war nicht mehr Herr seiner Sinne. »Er verlor alle Beherrschung«, berichtet James Henry Breasted, »wurde hochfahrend und arrogant. Seine Mißgeschicke haben ihn anscheinend so überwältigt, daß er unfähig ist, wichtige Entscheidungen zu treffen.« Breasted trug sich mit dem Gedanken, seine Vermittlertätigkeit aufzugeben, schreckte dann aber wieder davor zurück, als er einsah, daß es um mehr ging als die Schlichtung eines Streitfalles, es ging um die Zukunft der Archäologie in Ägypten.

Der Breasted-Kompromiß war schließlich Grundlage der Gerichtsverhandlung. Völlig unerwartet erklärte sich die Regierung mit der Wiederaufnahme der Arbeiten durch Howard Carter einverstanden. Einzige Bedingung: Carter müsse schriftlich auf jegliche Ansprüche verzichten. Das war nahezu grotesk, weil Carter ohnehin stets dafür eingetreten war, daß der gesamte Grabschatz in Ägypten bleiben sollte. Aus diesem Grund hatte er sich schließlich mit Lord Carnarvon zerstritten. Doch Carter wollte einen Sieg auf der ganzen Linie. Störrisch beharrte er auf einer moralischen Verurteilung der Regierung.

Breasted versuchte inzwischen, wenigstens die Carnarvonschen Testamentsvollstrecker und die Regierung einander näherzubringen. Er argumentierte, die ägyptische Regierung solle sich großzügig zeigen und in Anbetracht der enormen Bedeutung für Ägypten die ehrenamtlichen Dienste der britischen und amerikanischen Archäologen honorieren. Dies könne am besten dadurch geschehen, daß einige der vielen Duplikate aus dem Grabschatz im Namen von Lady Carnarvon dem Britischen Museum London und dem Metropolitan Museum New York zum Geschenk gemacht würden.

Das Unerwartete geschah. Die streitenden Parteien einigten sich ohne Carters Zustimmung. Für den 11. März war die Unterzeichnung eines entsprechenden Abkommens anberaumt. Mitten in diese Zeremonie platzte einer der Regierungsanwälte. Er sagte, dieses Abkommen dürfe nie und nimmer unterzeichnet werden; denn der Anwalt der Carnarvonschen Erben habe die Regierung noch am Abend zuvor beschuldigt, sie sei »wie ein Bandit« in das Grab des Tut-ench-Amun eingedrungen. Die Regierungsvertreter verließen daraufhin den Konferenzraum.

Ein letzter Vermittlungsversuch endete mit dem Angebot des Ministers für Öffentliche Arbeiten, Breasted solle die Grabungskonzession übernehmen. Breasted lehnte kategorisch ab. Das konnte er seinem Freund Howard Carter nicht antun.

Dieser kehrte verbittert, enttäuscht und voll Zorn nach England zurück. Die Zeitungen feierten ihn als Märtyrer, ein Held hatte sein Schlachtfeld verloren.

X.

Carters Triumph: Aug' in Aug' mit Tut-ench-Amun

Hier ist vielleicht eine Rechtfertigung
für den Vorwurf am Platz,
warum wir Tut-ench-Amun entkleidet und untersucht haben.
Viele nennen unseren Eingriff eine Entweihung.
Sie meinen, wir hätten den König ruhen lassen sollen.
Aber da das Grab nun einmal entdeckt war
und da Grabräuber zu allen Zeiten ihr Unwesen trieben,
hätte die Erwartung ungeheurer Reichtümer in dem Königsgrab
den Räubern keine Ruhe gelassen.

Douglas E. Derry, Anatomieprofessor

Bunte Raketen stiegen auf über dem Tal der Könige, die Felswände, in denen drei Dynastien ägyptischer Pharaonen ihre letzte Ruhe gefunden hatten, hallten wider vom Krachen explodierender Knallkörper. Nirgends, so glaubten die Ägypter, konnten sie ihre wiedergewonnene Unabhängigkeit passender und pompöser demonstrieren als hier an der Ruhestätte ihrer großen Vorfahren. Man hatte die englischen Ausgräber zum Teufel gejagt, das Tut-ench-Amun-Grab war wieder fest in ägyptischer Hand.

Der Sarg mit der Mumie des Pharaos war provisorisch verschlossen worden, jetzt wurde das Grab Besuchern zugänglich gemacht. Der Andrang war unbeschreiblich. In einem Augenzeugenbericht der englischsprachigen »Egyptian Gazette« heißt es: »Eine ergreifende Note erhielt das Ganze durch zwei von Mr. Carters vertrauten Vorarbeitern. Sie, die ihm unermüdlich treu und ausdauernd gedient hatten, bewachten nicht weit vom Eingang des Grabes einen Haufen persönlicher Habseligkeiten ihres Herrn. Die traurigen Gesichter ließen kaum einen Zweifel über ihre Gedanken aufkommen, als sie die unbekümmerte Menge sich in das Grab drängen sahen, das für sie und ihren Herrn die heilige Krönung einer lebenslangen Arbeit darstellte.«

Howard Carter befand sich inzwischen auf einer Vortragsreise durch die Vereinigten Staaten von Amerika. Die Amerikaner feierten ihn als den größten Ausgräber des Jahrhunderts. Die Yale University in New Haven verlieh ihm den Ehrendoktor. Carter sprach oft vor mehr als 3000 Zuhörern. Seine Dollar-Honorare ließen ihn für die nächsten Jahre alle materiellen Sorgen vergessen. Hätte er die Mumie des Tut-ench-Amun, die noch immer in ihrem goldenen Sarg verborgen lag, nur einen kurzen Augenblick gesehen, er wäre jetzt glücklich gewesen. So aber erfüllte ihn die Triumphfahrt durch Amerika auch mit Wehmut. Es war höchst ungewiß, ob er diesen Tut-ench-Amun überhaupt noch jemals erblicken würde.

Auf der Rückreise nach England im Dezember 1924 machte Howard Carter in Spanien Station. Die Akademie der Wissenschaften in Madrid ließ es sich zur Ehre gereichen, dem nunmehr weltberühmten Archäologen einen weiteren Ehrendoktorhut zu verleihen. Carter war stolz darauf, und er hörte es nicht ungern, wenn man ihn fortan mit »Doktor Carter« anredete.

Die unerwartete Rückkehr

Die britische Botschaft in Madrid übermittelte Dr. Carter ein Telegramm aus London, das ihn aufforderte, sich so rasch wie möglich nach Kairo zu begeben und die Arbeiten im Grab des Tut-ench-Amun wiederaufzunehmen. Was um Himmels willen, fragte Carter, war passiert?

In Kairo hatte am 20. November 1924 ein ägyptischer Nationalist den Oberbefehlshaber der britischen Armee Sir Lee Stack auf offener Straße erschossen. Die Lage war explosiv. Den Briten konnte dieser politische Mord als Vorwand für eine Wiederherstellung der Protektoratsherrschaft dienen. Britisches Militär befand sich nach wie vor im Lande. In Kairo hielt man den Atem an.

In dieser hochexplosiven Situation entschlossen sich die Ägypter zu einem Schritt, der wie kein anderer geeignet war, die Emotionen zwischen Ägypten und England zu glätten: Die Regierung lud

Howard Carter formell ein, die Arbeiten am Grab des Tut-ench-Amun wiederaufzunehmen. Die Geste kam völlig unerwartet, vor allem für Howard Carter. Er konnte jetzt gar nicht anders, er mußte annehmen. Diese Einladung war keine Aufforderung einer Behörde an einen Wissenschaftler, diese Einladung war eine diplomatische Order.

Carter sah in seiner Rückkehr nach Ägypten einen persönlichen Sieg: Man hatte ihn zurückgeholt. Für die Öffentlichkeit war er ein Märtyrer, der für seine Überzeugung gelitten hatte. Seine Popularität war größer als je zuvor. Als Gast der Regierung stieg er im Kairoer Hotel Continental-Savoy ab. Dort gab es erste Kontakte zwischen dem neuen Minister für Öffentliche Arbeiten und dem zurückgerufenen Ausgräber. Um nicht sein Gesicht zu verlieren, bat der Minister, Carter möge sich mit einem formellen Briefwechsel einverstanden erklären. Das Ganze war eine Farce, der Brief und die Rückantwort wurden an ein und demselben Tag geschrieben. Aber Carter kannte ja die Verhältnisse in diesem Land, er willigte ein. Hier die beiden Briefe im Wortlaut:

Kairo, 13. Januar 1925

An seine Exzellenz
den Herrn Minister für Öffentliche Arbeiten
Kairo

Euer Exzellenz,
ich habe die Ehre Ihnen mitzuteilen, daß ich am 29. Dezember 1924 seiner Exzellenz, dem Herrn Ministerpräsidenten, ein Schreiben gesandt habe mit dem Vorschlag, die Arbeiten im Grab des Tut-ench-Amun wiederaufzunehmen, und zwar auf der Grundlage der allgemeinen Bedingungen des Konzessionsentwurfes für Lady Almina of Carnarvon vom Juni letzten Jahres. Ich habe des weiteren darum ersucht, die Frage des Eigentumsrechts an den Gegenständen gemäß Punkt 12 der genannten Konzession so lange zurückzustellen, bis die Arbeiten beendet und die Grabfunde im Kairoer Museum untergebracht sind. Bei einer Zusammenkunft von Monsieur Lacau und Bedawi Pascha einerseits und Merzbach Bey und mir andererseits am vergangenen Mittwoch hatte ich Gelegenheit, meine Ansicht über die Konzession darzulegen.

Nachdem es sowohl den Wünschen seiner Exzellenz, des Herrn Ministerpräsidenten, als auch den Wünschen Euer Exzellenz entspricht, die Arbeiten wiederaufzunehmen, darf ich Mitteilung machen, daß Lady Almina of Carnarvon sehr verbunden wäre, wenn Euer Exzellenz die Erlaubnis zur Wiederaufnahme der Arbeiten erteilen würde, und zwar unter den ihr bereits übermittelten Konditionen und unter Berücksichtigung der vom Ministerium für Öffentliche Arbeiten und von der Altertümerverwaltung ergänzten Vorschriften.

Im Falle der Versicherung von Euer Exzellenz, Lady Almina of Carnarvon die Konzession unter diesen Bedingungen zu erteilen, wird Lady Almina of Carnarvon es als ihre Pflicht ansehen, auf jede Handlung, Einspruch oder Forderung gleich welcher Art zu verzichten und zu veranlassen, daß auch die Testamentsvollstrecker sich diesem Verzicht anschließen, und zwar in bezug auf das Grab Tut-ench-Amuns und seiner Schätze als auch in bezug auf die Nichtigkeitserklärung der Konzession und der daraus von der Regierung veranlaßten Maßnahmen.

Im Vertrauen auf eine wohlwollende Konzessionserteilung von Euer Exzellenz bitte ich Sie, die Versicherung meiner vorzüglichen Hochachtung entgegenzunehmen.

Howard Carter

Noch am selben Tag antwortete der Minister:

Kairo, 13. Januar 1925

Ministerium für Öffentliche Arbeiten
Der Minister
Nr. 133–2/4

Herrn Howard Carter
Continental-Savoy
Kairo

Sehr geehrter Herr!
Ich habe die Ehre, den Empfang Ihres heutigen Briefes zu bestätigen, in dem Sie mir das Gesuch der Lady Almina of Carnarvon mitteilen, die Erlaubnis zur Wiederaufnahme der Arbeiten im Grab

Tut-ench-Amuns zu erhalten, und zwar unter den ihr im Juni letzten Jahres mitgeteilten Bedingungen sowie unter Berücksichtigung der vom Ministerium für Öffentliche Arbeiten und von der Altertümerverwaltung dieser Konzession hinzugefügten Vorschriften.

Die Wiederaufnahme der Arbeiten entspricht meinem aufrichtigen Wunsch, und ich bin bereit, die Erlaubnis unter den vorgenannten Bedingungen zu erteilen, vorausgesetzt, Lady Almina of Carnarvon verzichtet auf jede Handlung, Einspruch und Forderung jedweder Art und sie veranlaßt die Testamentsvollstrecker ebenfalls zum Verzicht, und zwar in bezug auf das Grab Tut-ench-Amuns und seiner Schätze als auch in bezug auf die Nichtigkeitserklärung der Konzession und der darauf von der Regierung veranlaßten Maßnahmen.

In dem Bemühen, ihre Anerkennung dieser bewunderungswürdigen Entdeckung zu betonen, jedoch ohne Anerkennung einer Verpflichtung, ist die Regierung bereit, so wie Monsieur Lacau bereits am Tage nach der Entdeckung vorgeschlagen hat, Lady Almina of Carnarvon eine möglichst umfassende Auswahl Doubletten des Grabschatzes zur freien Verfügung zu überlassen, vorausgesetzt, diese Doubletten können aus dem Grabschatz ohne Schaden für die Wissenschaft entnommen werden.

Darüber hinaus wird die Altertümerverwaltung, um dem Ausgräber jede unangenehme Auslegung zu ersparen, für den Fall der Überführung der Königsmumie nach Kairo, sich allein mit dieser Überführung befassen und die Verantwortung dafür übernehmen.

Mein Herr, nehmen Sie die Versicherung meiner vorzüglichen Hochachtung entgegen.

Der Minister für Öffentliche Arbeiten
M. Sidky

Einen Tag später, nach Beendigung dieser Farce, bestieg Howard Carter den Zug nach Luxor, wo er wie ein Held empfangen wurde. Einheimische und Touristen geleiteten den berühmten Ausgräber vom Bahnhof zur Nilfähre und von dort zu seinem Haus am Eingang zum Tal der Könige. Die Rais stellten verwundert fest, daß Carter zugenommen hatte, das ausgemergelte Gesicht war voller, sein Gang schwerfälliger geworden.

Bis Carter seine alte Mannschaft um sich gesammelt, sein Haus und das Laboratorium in Ordnung gebracht hatte, vergingen zehn Tage. Am Morgen des 25. Januar erschien Howard Carter im grauen Flanellanzug mit steifem Hut und einem Stab in der Hand vor dem Grabeingang. Der 1,30 Meter lange Stab mit einer 9 Zentimeter hohen Tut-ench-Amun-Figur aus Gold an der Spitze war ein Zeremonialstab des Pharaos, den Carter zwischen dem ersten und dem zweiten Sargschrein gefunden hatte. Wie ein Herold klopfte er dreimal auf den Boden. Das war das Zeichen, das Grab zu öffnen.

Die kleine und doch so große Welt des Howard Carter

Carter betrat das Grab des Pharaos wie ein Pennäler, der seinen Fuß zum erstenmal in das Boudoir einer Dame setzt. Obwohl er schon hunderte Male den schmalen Gang hinabgestiegen war, hatte er Herzklopfen. Würde es ihm endlich gelingen, die Mumie des Tut-ench-Amun freizulegen? Die politischen Verhältnisse, die ihn so überraschend an diesen Ort zurückgebracht hatten, konnten genauso schnell wieder umschlagen. Reibungspunkte zwischen Ägypten und Großbritannien gab es genug.

Da war die Sueskanalzone, über die die Briten noch immer ihre Hand hielten, oder das angloägyptische Kondominat im Sudan. Zudem waren die innenpolitischen Verhältnisse in England nicht gerade stabil. Die erste Labour-Regierung war eben, nach nur elf Monaten, wieder von den Konservativen abgelöst worden, und auf dem europäischen Kontinent richteten sich die Augen aller auf Deutschland, wo ein Mann namens Hitler gerade aus der Haft entlassen und der erste Reichspräsident, Friedrich Ebert, gestorben war.

Es ist ein Irrtum zu glauben, Carter hätte aufgrund der unsicheren politischen Lage die Arbeiten beschleunigt. Im Gegenteil, seine Welt war das Grab und das Laboratorium; was an der Erdoberfläche vor sich ging, interessierte ihn wenig, oder sagen wir überhaupt nicht. Eine kleine und doch so große Welt. Und da er davon ausging, daß er die Mumie ohnehin nicht vor Beginn der heißen Jahreszeit bergen konnte, verlegte er seine Arbeit zunächst auf das Laboratorium.

Dort, im Grab Sethos' II., türmten sich die Schätze des Tut-ench-Amun zu einem riesigen Warenlager. Gewiß war Sethos' Grabausstattung einst weit weniger aufwendig gewesen als die des Tut-ench-Amun. Denn Sethos II., der knapp eineinhalb Jahrhunderte nach dem Kindkönig und nur sechs Jahre regierte, war ein unbedeutender Pharao. Aus seiner Regierungszeit (1200–1194) ist praktisch nichts überliefert außer einem Gerichtsreport über einen versuchten Totschlag, der beim Bau seines Grabes ruchbar geworden war. Nun aber war sein Grab mit Reichtümern ausgestattet, wie er sie sich nicht einmal hätte erträumen können.

Carter ging daran, die einzelnen Fundstücke zu verpacken. Er hatte in Kairo 1600 Meter Watte und ebensoviel Mullbinden besorgt, außerdem standen Säcke mit Kleie bereit, das beste Verpackungsmaterial für zerbrechliche Gegenstände.

Die Kartei des Ausgräbers umfaßte inzwischen 3000 Fundobjekte, winzig kleine Schmuckstücke und sperriges Gut wie Wagenteile und die überlebensgroßen Wächterfiguren. Carter stand vor der komplizierten Aufgabe, diese 3000 Stücke unbeschädigt in das 500 Kilometer entfernte Kairo zu überführen. Weder die Ausgräber noch die Behörden hatten in Erwägung gezogen, die Schätze an Ort und Stelle oder in Luxor zu belassen. Dazu war das Sicherheitsrisiko zu groß.

In wochenlanger Arbeit verpackten Carter und seine Helfer alles bis auf die sperrigen Objekte in 89 Holzkästen. Diese wurden schließlich in 34 schwere Transportkisten verladen. Die teilweise zentnerschweren Kisten galt es nun aus dem Tal der Könige über eine unbefestigte Wüstenstraße zum Ufer des Nils zu bringen. Dort wartete ein von der Altertümerverwaltung gechartertes Dampfschiff. Die Idee, dafür ein Automobil einzusetzen, erwies sich als unbrauchbar. Lord Carnarvon hatte zwar kurz vor seinem Tod einen Open-Tourer nach Luxor bringen lassen, aber das Gefährt mußte von den Grabungsarbeitern häufiger aus dem Wüstensand geschaufelt werden, als es dienlich war.

Unter unsagbaren Schwierigkeiten gelang es Carter, eine Feldbahn aufzutreiben. Dieses Verkehrsmittel erschien ihm ideal zum Transport der Grabschätze, weil damit das Risiko von Stößen und Stürzen am geringsten war. Allerdings standen nur drei Loren und fünf Schienen zur Verfügung. Die Feldbahnwagen mußten daher hoch beladen, die Schienen hinten abgebaut und vorne wieder angesetzt werden.

Diese Prozedur vom Grab des Tut-ench-Amun im Tal der Könige über acht Kilometer zum Nilufer wurde noch dadurch erschwert, daß – es war bereits Mitte Mai – Temperaturen von über 37 Grad im Schatten herrschten. Die Schätze in den Kisten, die zum Teil mit Paraffin präpariert waren, durften jedoch möglichst nicht direkter Sonneneinstrahlung ausgesetzt werden. Carter behalf sich mit feuchten Tüchern, die er während des Transports über die Kisten breitete.

Fünfzig Arbeiter waren nach einem exakten Arbeitsplan eingeteilt, Waggonschieber, Schienenabbauer, Schienenträger, Schienenleger, eskortiert von einer Wachmannschaft in Uniform und Fez, den Karabiner über der Schulter, gewiß ein seltsamer Anblick. Gegen Mittag wurden die Gleise so heiß, daß man sie nicht mehr anfassen konnte. Carter trieb zur Eile. Am 15. Mai, morgens um 10 Uhr, hatte der Treck den Nil erreicht, Carter konnte aufatmen.

Bei dieser Hitze war an eine Öffnung der Mumiensärge nicht zu denken. Carter schüttete den Grabeingang zu, verschloß das Laboratorium und nahm das nächste Schiff nach England. Eigentlich hatte er daran gedacht, Urlaub zu machen, aber daraus wurde nichts. Der Entdecker Tut-ench-Amuns wurde von einem Empfang zum anderen, von einem Vortrag zum anderen herumgereicht. Er sprach vor der »Royal Institution of Great Britain« ebenso wie in kleinen Clubs. Die Diapositive, die er dabei vorführte, waren eine Sensation. »The Wonders of Egypt – Die Wunder von Ägypten« schrieb das Massenblatt »The Illustrated London News« und feierte das Ereignis auf mehreren Seiten. Kein Zweifel, Howard Carter war ein Star.

Die vierte Saison

Am 23. September 1925 machte er sich wieder auf den Weg nach Ägypten. Die Arbeiten im Grab des Tut-ench-Amun gingen nun in das vierte Jahr.

Ein Gefühl des Stolzes überkam ihn, als er im Museum in Kairo, wo der Grabschatz nun ausgestellt war, vor den Früchten seiner Arbeit stand. Der Thron des Pharaos war inzwischen nachgedunkelt. Carter schlug vor, ihn wie die übrigen Gegenstände mit Paraffin zu behandeln. Im Museum traf er den stellvertretenden Direktor der Altertümerverwaltung, Edgar. Er bat ihn, bis zum 11. Oktober elektrische Leitungen zu verlegen, damit die Arbeiten im Grab sofort wiederaufgenommen werden könnten. »Diese wissenschaftliche Untersuchung«, meinte Carter, »sollte so still und ehrfurchtsvoll wie möglich durchgeführt werden.« Ein Wunsch, der freilich nicht in Erfüllung ging. Denn der Besucherstrom wuchs und wuchs.

Für die Untersuchung der Mumie sicherte sich Carter die Mitarbeit der Anatomen Dr. Douglas E. Derry und Dr. Saleh Bey Hamdi sowie des Chemikers Alfred Lucas. Der Chef der Altertümerverwaltung, Pierre Lacau, machte in Europa Urlaub und schickte ein Telegramm, Carter möge mit der Mumienöffnung bis zum 10. November warten, er wünsche zugegen zu sein.

Das Tal der Könige empfing seinen ungekrönten König mit Temperaturen zwischen 35 und 45 Grad Celsius. Das war für diese Jahreszeit durchaus ungewöhnlich. Es schien, als wehre sich der vergessene Pharao mit allen ihm zu Gebote stehenden Mitteln gegen die Eindringlinge. Doch Carter hatte sich im Lauf seines mehr als 35jährigen Ausgräberdaseins an solche Temperaturen gewöhnt. Er engagierte 25 Männer und 75 Jungen als Hilfskräfte. Die bevorstehenden Arbeiten machten keine größere Anzahl erforderlich.

»Auch dieses Mal«, schreibt Carter, »überwältigte uns das Geheimnis des Grabes wieder, die Scheu und die Ehrfurcht vor dem Vergangenen und noch immer Mächtigen. Selbst während rein mechanischer Betätigungen bei der Arbeit verliert der Archäologe dieses Gefühl nie ganz.« Am 13. Oktober machte er sich an die Arbeit. Die schwere Deckplatte des Sarkophags war bereits abgenommen, die Forscher hatten beschlossen, die Mumiensärge zunächst im Sarkophag zu belassen und *einen* Deckel nach dem anderen abzuheben. Doch das hatten sie sich viel einfacher vorgestellt, als es war.

Der erste und zweite Mumiensarg waren mit Silbernägeln verschlossen, sie trugen Köpfe aus purem Gold. Die Nägel des dritten Sarges waren aus 18–21karätigem Gold. Der Chemiker Alfred Lucas, der die goldenen Särge an Ort und Stelle untersuchte, zeigte sich vor allem von der Verschiedenfarbigkeit des verwendeten Goldes beeindruckt. Chemische Analysen brachten schließlich an den Tag, daß das matte Gold Zusätze von Silber und Kupfer enthielt und das grauschimmernde Gold mit besonders viel Silber angereichert war. In dem rötlich schimmernden Gold analysierte Lucas Eisen, Silber und Kupfer, das oxydiert war.

Probleme mit den drei Särgen

Die Leichenbestatter hatten den zweiten Mumiensarg mit einem zarten, durchsichtigen Leinentuch verhüllt, das jedoch bei der leisesten Berührung zerfiel. Mit Besorgnis registrierte Carter, daß das Gold des zweiten Mumiensarges von einem grauen Belag überzogen war. Offensichtlich war Feuchtigkeit eingedrungen, oder aber das Begräbnis des Königs mußte so kurzfristig anberaumt worden sein, daß die Mumie noch nicht vollständig trocken war.

Da sich die Arbeit an den ineinandergeschachtelten Mumiensärgen immer komplizierter gestaltete, unternahm Carter den Versuch, die Mumiensärge mit Hilfe der beiden Flaschenzüge aus dem Steinsarkophag zu heben. Sie waren jedoch so eng ineinandergepaßt, daß es unmöglich war, ein Seil darunter hindurch zu ziehen. Als einzige, wenn auch nicht sehr »feine« Lösung bot sich an, dicke Schrauben mit einem ringförmigen Kopf in den Rand des ersten vergoldeten Holzsarges zu drehen. An diesen Ösen konnten die Seile der Flaschenzüge befestigt werden. Die Operation gelang. Als der große Mumiensarg über dem Steinsarkophag schwebte, legte Carter Bretterbohlen quer über den Sarkophag, dann ließ er den Mumiensarg herunter.

Das war kaum gelungen, da tauchte ein neues Problem auf: Wie konnte er den zweiten Mumiensarg aus dem äußeren heben?

20. Oktober 1925. Eintrag in Carters Tagebuch:

»Das Öffnen eines Sargdeckels oder das Hochheben eines Sarges mag vergleichsweise einfach erscheinen; aber wenn man sich vorstellt, daß dieser Sarg tief und fest in einem zweiten Sarkophag sitzt, daß er in sehr zerbrechlichem Zustand ist und unwahrscheinlich schwer, daß der Raum über dem Sarkophag nur sehr niedrig ist und man nicht einmal weiß, ob das Holz des Mumiensarges gut genug erhalten ist, um dem eigenen Gewicht standzuhalten, dann mag man vielleicht allmählich verstehen, welch spannende Arbeit das ist.«

Keiner der Männer im Grab hatte daran gedacht, daß die Sargkammer viel zu niedrig war, um einen der inneren Mumiensärge aus dem äußeren zu heben; bis zur Balkenkonstruktion der Flaschenzüge war nur ein halber Meter Zwischenraum. Schließlich entwikkelte Carter folgenden Arbeitsplan: Der zweite Sarkophag mußte ebenso angebohrt werden wie der äußere. Durch die Ösen der Halteschrauben sollten die Seile der Flaschenzüge gezogen und der innere Sarg leicht angehoben werden. Danach würde man unter dem äußeren Mumiensarg Seile hindurchziehen, die Bretter wegziehen und den äußeren Sarg vorsichtig in den Steinsarkophag hinablassen. Nachdem Bohlen über den Sarkophag gelegt wären, könnte man den zweiten Mumiensarg darauf abstellen.

Das komplizierte technische Manöver gelang, wie Carter es geplant hatte. Jetzt konnte der Deckel des zweiten Innensarges abgenommen werden.

Was die Männer wenig später sahen, verschlug ihnen die Sprache. Ein dritter Mumiensarg aus massivem Gold kam unter einem schlichten Leinentuch zum Vorschein. Das also war die Erklärung, warum die Särge ein so ungeheures Gewicht hatten. Der innerste allein wog 224 Kilogramm. Acht Männer konnten ihn nur mit Mühe heben.

Wie die vergoldeten Holzhüllen, die ihn umgaben, hatte er die Form einer Osiris-Gestalt, er trug die Gesichtszüge Tut-ench-Amuns und ein stilisiertes Federmuster auf dem Körper. Rotes, blaues und türkisfarbenes Email war zwischen den Zellen des Federmusters eingeschmolzen.

Der überwältigende Anblick wurde getrübt durch eine harzige Masse, ein Trankopfer, das bei der Bestattung darübergegossen worden war. Die Priester hatten an Weihegüssen nicht gespart, so daß der millimeterbreite Zwischenraum zwischen innerem und mittlerem Mumiensarg mit dem schwarzen Zeug verklebt war.

Lucas machte sich sofort an die Untersuchung der verhängnisvollen, klebrigen Masse und stellte fest, daß sie sich in der Hauptsache aus Stearinsäure, einer festen kristallinen Fettsäure, und Palmitinsäure, die besonders reichlich im Palmfett vorkommt, zusammensetzte. Da sich beide Säuren jedoch erst durch die chemische Zersetzung gebildet hatten, wurde die Identifizierung der ursprünglichen Substanzen zum Problem. Carter meinte, es rieche nach Kokosnußfett, Lucas vertrat die Ansicht, der Geruch rühre nur von der Zersetzung, er sei nicht der eigentliche Geruch der Substanz.

Laut Analyse des Chemikers setzte sich die schwarze Masse, mit der die kostbaren Mumiensärge übergossen waren, zu 46 Prozent aus Fetten, zu 19 Prozent aus braunem Harz und zu 35 Prozent aus unidentifizierbaren spröden organischen Substanzen zusammen. Teer oder mineralisches Pech waren nicht enthalten.

Für die weiteren Arbeiten brachte Howard Carter den inneren Mumiensarg, der noch immer im unteren Teil des mittleren Sarges steckte, in die Vorkammer. Jetzt mußten die Forscher nach einem Rezept suchen, wie der klebrigen schwarzen Masse beizukommen war. Lucas meinte, nachdem sie an den Seiten hinabgelaufen war, müsse sie einmal flüssig gewesen sein, und was einmal flüssig war, könne man auch wieder verflüssigen, auflösen oder schmelzen.

Endlich am Ziel: die Mumie

Zunächst aber wollte Carter den letzten Deckel öffnen. Die ineinandergeschachtelten Särge hatten die Nerven des Ausgräbers nun doch über Gebühr strapaziert.

Nach Entfernung zehn goldener Nadeln, mit denen Unterteil und Deckel zusammengehalten wurden, ließ sich die obere Hälfte problemlos abheben. Gebannt starrten die Männer auf die Mumie des vergessenen Pharaos. »In solchen Augenblicken«, schrieb Carter später, »versagt die Sprache, tausend Gefühle bestimmen den ehrfürchtigen Forscher und Menschen. Doch der Archäologe hat seine Gefühle zu unterdrücken, er hat nur zu forschen.«

Ein Tuch über dem Kopf verbarg eine goldene Totenmaske. Carter schob es zurück: Starr, majestätisch blickte Tut-ench-Amun an den Ausgräbern vorbei. Der Körper war fest bandagiert und mit Salböl übergossen, nur Maske und Füße waren vom Trankopfer verschont geblieben. Es war nicht leicht, den Blick von diesem jugendlich schönen, majestätischen Kopf zu wenden, auf dessen Stirn der Nechbet-Geier und die Buto-Schlange prangten, die Symbole

Ober- und Unterägyptens. Eine zerfallene Kette aus blauen Fayence-Ornamenten und Goldringen zierte den Hals, auf der Brust hing ein großer Skarabäus. Die Arme waren über der Brust gekreuzt, die Finger steckten in goldenen Hülsen und umklammerten Krummstab und Geißel. Als Carter sie berührte, zerfielen die Insignien zu Staub.

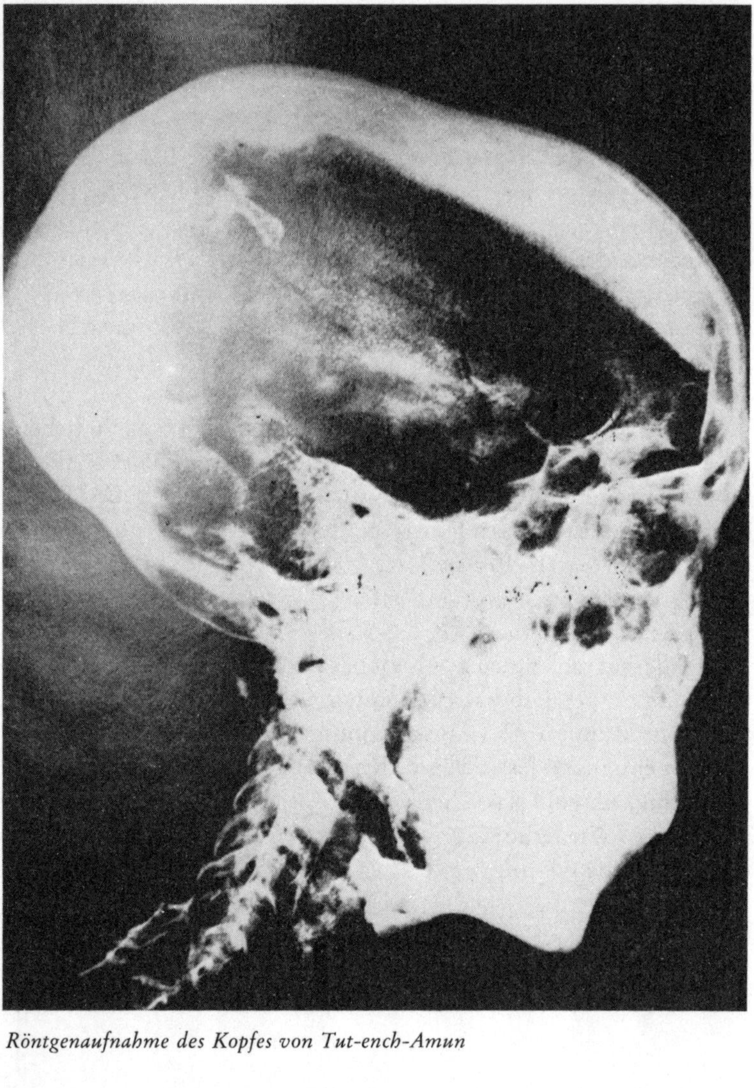

Röntgenaufnahme des Kopfes von Tut-ench-Amun

Breite Goldbänder, mit denen die Bandagen zusammengehalten wurden, trugen rituelle Aufschriften wie einen Willkommensgruß der Himmelsgöttin Nut: »Ich bin deine Mutter, die deine Schönheit geschaffen hat, o Osiris, König, Herr der Länder, Neb-cheperu-Re. Deine Seele lebt, deine Venen sind stark. Du atmest die Luft und gehst aus als ein Gott, gehst aus als Aton, o Osiris Tut-ench-Amun. Du gehst aus und trittst ein mit Re.« – Und der Gott der Erde, der Götterfürst Geb, sprach auf demselben Band: »Mein geliebter Sohn, Erbe des Osiristhrones, König Neb-cheperu-Re, wie trefflich ist dein Adel, wie mächtig ist dein Königsthron, dein Name ist im Mund der Untertanen, deine Unendlichkeit ist im Mund der Lebenden, o Osiris Tut-ench-Amun, dein Herz ist in deinem Körper ewiglich. Es ist an der Spitze der Lebenden und bleibt wie Re im Himmel.«

Salböle und Trankopfer hatten der Mumienhülle stark zugesetzt. Die äußeren Bandagen waren nahezu völlig zerstört oder von Säuren verkohlt; doch es blieb die Hoffnung, daß sie nach innen besser würden.

»Ich habe versucht«, schrieb Carter am 31. Oktober in sein Tagebuch, »die Mumie mitsamt der Goldmaske aus dem Sarg zu heben, aber leider mußte ich feststellen, daß beide am Sargboden festklebten. Man könnte unter den gegenwärtigen Umständen die Mumie höchstens mit großer Kraftanstrengung herausreißen, und das nur unter großer Gefahr für die Mumie und die Totenmaske . . .«

Die Ausgräber richteten nun alle Hoffnung auf Aton, die schmelzende Kraft der Sonne.

Tags darauf schleppten 25 Grabungsarbeiter den offenen Sarg mit der Mumie zum Laboratoriumsraum im Sethos-Grab. Dort gab Carter die Mumie des Pharaos den Sonnenstrahlen preis. Am Abend stellte er enttäuscht fest, daß die Hitze des Tages nichts auszurichten vermochte, obwohl das Thermometer 65 Grad in der Sonne anzeigte. Eine Wiederholung der Prozedur am nächsten Tag brachte ebenfalls keinen Erfolg.

Die Mumie mußte also im Sarg untersucht werden. Am 9. November bat Howard Carter Unterstaatssekretär Saleh Enan Pascha, den Direktor der Altertümerverwaltung Pierre Lacau, den Provinzgouverneur Said Fuad Bey el-Khouli, die Ärzte Dr. Douglas Derry und Dr. Saleh Bey Hamdi sowie Altertümerinspektor Taufik Effendi Boulos und Museumsassistent Mohammed Schaaban Effendi für Mittwoch, den 11. November, zur Obduktion. Harry Burton, der Photograph, und Alfred Lucas, der Chemiker, waren bereits vor Ort.

11. November 1925. Eintrag in Carters Tagebuch:

»Heute war ein großer Tag in der Geschichte der Archäologie, ich möchte sogar sagen, in der Geschichte der archäologischen Entdekkungen, und der Tag aller Tage für einen, der nach Jahren der Arbeit, des Grabens, Konservierens und Aufzeichnens die Bestätigung seiner früheren Vermutungen gefunden hat . . .«

Gegen 10 Uhr 35 begannen Carter und Lucas die äußeren Lagen der Bandagen mit flüssigem Paraffin zu bestreichen. Sie waren brüchig und zerfielen sofort bei der kleinsten Berührung. Als das Wachs erkaltet war, setzte Dr. Derry das Skalpell an. Alle blickten gebannt auf das kleine, blitzende Messer in der Hand des Arztes. Mit einer vorsichtigen, sägenden Bewegung machte er einen nur wenige Millimeter tiefen Schnitt von der Brust bis zu den Füßen. Jetzt ließen sich die oberen Lagen wie Apfelsinenschalen abnehmen. Dabei kamen verschiedene Schmuckstücke und Amulette zum Vorschein. Man hatte sie dem toten König zum Schutz vor bösen Mächten auf den Leib gewickelt. 35 magische Amulette zog Howard Carter allein aus den 13 Lagen zwischen Hals und Bauch. Jedes Stück mußte photographiert, numeriert und skizziert werden, erst dann durfte es aus den Bandagen gezogen werden.

Die Vermutung, der Zustand der Bandagen würde sich bessern, je tiefer sie kamen, erwies sich als falsch. Im Gegenteil: Je näher Dr. Derry dem Körper des toten Königs kam, desto brüchiger und verkohlter waren die Bandagen. Das ursprüngliche Vorhaben, den Verlauf der Mumienbinden zu skizzieren, mußte aufgegeben werden. Der Anatom registrierte jedoch die unterschiedliche Leinenqualität der Bandagen, außen und innen feinster Leinenbatist, dazwischen ein gröberer Stoff. Soweit zu erkennen war, kreuzten sich die Lagen auf der Brust und liefen jeweils über eine Schulter auf den Rücken.

Carter und Dr. Derry hielten es für den besten Weg, den Leichnam des Königs vollkommen freizulegen und ihn dann aus der im Mumiensarg festklebenden Goldmaske herauszuziehen. Das sollte am nächsten Morgen, dem 12. November, geschehen.

Harry Burton war als erster zur Stelle. Er hatte beim Entwickeln der Platten im Labor gepfuscht und mußte einige photographische Aufnahmen wiederholen. Danach drehten die Ausgräber den Mumiensarg, der immer noch im Eingang zum Sethos-Grab stand, um 180 Grad. Jetzt war der Kopf besser beleuchtet. Im Laufe des Tages gelang es, den Körper vom Bauch abwärts bis auf die Haut freizulegen.

Die Haut war verledert und grauweiß. Die Füße steckten in goldenen Sandalen, über die Zehen waren wie über die Finger goldene Hütchen gestülpt. Am rechten Fußgelenk trug der Monarch

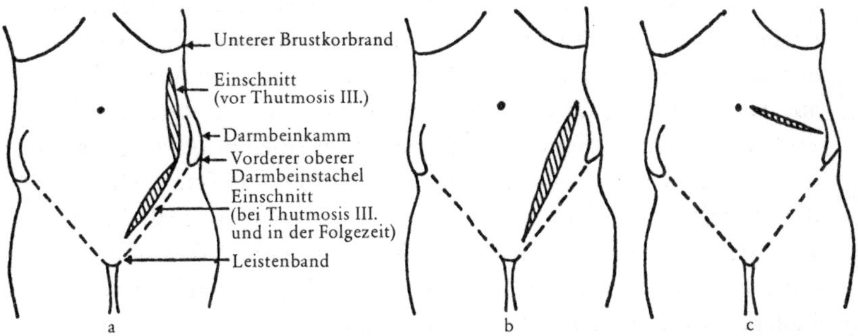

Die Kenntnis über Länge und Position des Unterleibschnitts, den die königlichen Einbalsamierer vornahmen, verdanken wir im wesentlichen Elliot Smith. In seinem Buch Royal Mummies *(»Königliche Mumien«) betont er, daß die verschiedenen Ärzte den Einschnitt nicht alle an der gleichen Stelle machten. Die zwei Schnitte in Abbildung a kamen ziemlich häufig vor, während die Schnittstelle in Abbildung b seltener zu finden ist.*
Völlig ungewöhnlich ist der Einschnitt bei Tut-ench-Amun wie in Abbildung c. Eine solche Schnittstelle ist bei Elliot Smith nicht erwähnt.
Derry berichtet, daß ein Einschnitt allem Anschein nach 86 mm lang war, doch sei die ursprüngliche Länge, fügt er hinzu, durch die darüberliegende Harzschicht möglicherweise nicht mehr eindeutig zu bestimmen. Das ist denkbar, denn viele Einschnitte sind anderthalbmal so lang

einen dünnen Fußreif. Auch die Unterarme schmückten Goldreifen.

Der Bauchschnitt der Mumienmacher verlief 86 Millimeter lang vom Nabel bis zum oberen Darmbeinstachel. Die übliche Goldtafel auf der Narbe fehlte. Dr. Derry in seinem Sektionsbericht: »Der Einschnitt ist nicht ganz an der gleichen Stelle wie bei den anderen von Professor Elliot Smith untersuchten Königsmumien. Bei denen verlief er mehr senkrecht auf der linken Seite, nicht wie hier unterhalb der letzten Rippen bis zum vorderen Darmbeinstachel. In späterer Zeit wurde der Einschnitt oft an einer tiefergelegenen Stelle, parallel zum Leistenband, aber stets auf der linken Seite gemacht.«

Am Kopf und um den Penis war der König kahl

Der fünf Zentimeter lange Penis seiner Majestät war in erigiertem Zustand bandagiert, Schamhaare fehlten völlig. Die linke Kniescheibe war lose. Als Dr. Derry sie abhob, erkannte er deutlich das untere Ende des Oberschenkelknochens und den Gelenkhöcker.

Die Gelenkhöcker sind für den Anatomen ein unverkennbares Indiz zur Feststellung des Alters eines Toten. In jungen Jahren sind die knorpeligen Gelenkhöcker noch nicht fest mit dem Knochen verwachsen. Erst nachdem das Wachstum beendet ist, werden die Knorpel zu Knochen, etwa im Alter von 18 bis 20 Jahren. Da diese Verknöcherungen stellenweise bereits vorhanden waren, andere Knochen wie das obere Ende des Schienbeins jedoch noch keine Veränderung zeigten, schätzte Dr. Derry Tut-ench-Amuns Todesalter auf 18 bis 20 Jahre. Der Körperbau war zart und feingliedrig. Carter meinte, man habe es mit den sterblichen Überresten eines Jugendlichen zu tun.

Tags darauf machten sich die beiden Anatomen an die Freilegung der Arme. Obwohl Oberkörper und Kopf des toten Königs noch in Mumienbinden beziehungsweise der goldenen Totenmaske steckten, hatte das Team bereits 52 Amulette und Schmuckstücke zutage gefördert.

Am 14. November wandten sich die Wissenschaftler dem Oberkörper und den Schultern zu. Jetzt konnte man den Leichnam des

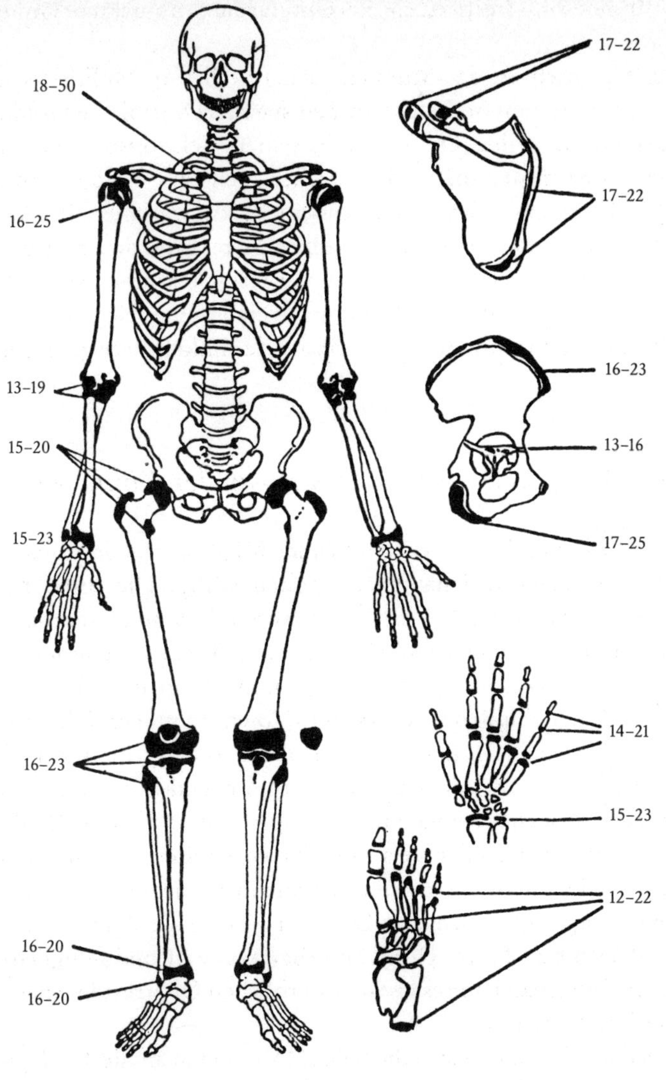

Die Abbildung zeigt die ungefähren Lebensalterstufen, innerhalb derer die Endstücke der Röhrenknochen sich völlig verknöchern und miteinander verbinden. Diese Altersangaben, auf die man sich heute allgemein geeinigt hat, beziehen sich allerdings auf Europäer. Es wird vermutet, daß diese Entwicklung bei Orientalen früher einsetzt

Königs bereits vorsichtig hochheben. Auf dem Rücken zwischen den Schulterblättern fanden sich mehrere Teile eines Ornaments. Sie klebten auf dem Sargboden und waren nicht herauszubrechen. Jetzt konzentrierten Dr. Derry und Dr. Saleh Bey Hamdi ihre ganze Geschicklichkeit auf den Kopf des Tut-ench-Amun, der noch immer in der goldenen Maske steckte.

Trankopfer und Salböle hatten Kopf und Maske so stark verklebt, daß Howard Carter allen Ernstes vorschlug, Hammer und Meißel anzuwenden. Irgend jemand aus dem Team hatte dann aber eine bessere Idee: Warum versuchen wir es nicht mit heißen Messern?

Und tatsächlich, die über dem Feuer erhitzten Messer lösten die verharzte Masse, so daß die Maske schon nach einem halben Tag vorsichtiger Schmelzarbeit abgehoben werden konnte. Nur ein paar Bandagen blieben innen in der Goldmaske hängen.

Das war der Augenblick, auf den Howard Carter drei Jahre lang gewartet hatte: Aug' in Aug' mit dem vergessenen Pharao. Obwohl die Augenhöhlen leer waren, schien es Carter, als blickte ihn der König an. In der Nase steckten Pfropfen. Sie sollten verhindern, daß die Nase unter dem Gewicht der Goldmaske zusammengedrückt wurde. Diese Vorsichtsmaßnahme erwies sich als nutzlos, die Nase hatte stark gelitten. Die aufgeworfene Oberlippe legte das obere Gebiß zu einem häßlichen Grinsen frei. Die Ohren waren verhältnismäßig klein, die Ohrläppchen beinahe zentimeterdick durchstochen. Tut-ench-Amun hatte eine Glatze. Das Haar auf dem Breitschädel, dessen Hinterkopf stark ausgeprägt war – Kopfumfang 54,7 Zentimeter –, schien dem Barbier zum Opfer gefallen zu sein. Warum, ist bis heute ungeklärt. Der König trug dafür ein mit kleinen Perlen besticktes Käppchen – vielleicht war es gerade Mode.

Die Mumie des Königs maß vom Kopf bis Fuß 1,64 Meter. Dr. Derry schätzte seine Lebendgröße auf 1,67 Meter. Messungen an den lebensgroßen Wächterfiguren des Tut-ench-Amun, die vor dem Zugang zur Sargkammer standen, bestätigten diese Größe in etwa.

Carter vertrat damals noch die Ansicht, die im Grab der Teje gefundene Mumie sei die des Echnaton. Erst später konnte nachgewiesen werden, daß es sich dabei um Semenchkare handelte. Vergleichende Messungen am Schädel der Mumien beweisen das Verwandtschaftsverhältnis der beiden.

	Tut-ench-Amun	Semenchkare
	mm	mm
Schädellänge	187	190
Schädelbreite	155	154
Schädelhöhe	132,5	134
Stirnbreite	99	98
Obere Gesichtshöhe	73,5	69,5
Untere Gesichtshöhe	122	121
Kieferbreite	99	99,5
Kopfumfang	547	542
Körpergröße	1670	1660

Am 18. November waren Freilegung und Untersuchung der Mumie abgeschlossen. Altertümerdirektor Pierre Lacau reiste mit dem Untersuchungsbericht des Anatomieprofessors ab. Die Ärzte folgten einen Tag später.

Ein offenes Geheimnis: Tut-ench-Amun wurde zerrissen

Weder der Bericht von Dr. Derry noch die Aufzeichnungen von Howard Carter gaben einen Hinweis auf eine bedauerliche, aber unleugbare Tatsache: Bei den Arbeiten im Grab Sethos' II. wurde die Mumie Tut-ench-Amuns regelrecht zerrissen. Erst spätere Untersuchungen der in ihrem Grab verbliebenen Mumie haben gezeigt, daß die Ausgräber mit dem vergessenen Pharao nicht gerade vorsichtig umgegangen sind. Der Kopf war abgerissen, ebenso Hände, Arme und Beine. Für eine photographische Aufnahme, die den König nackt zeigte, wurden die einzelnen Teile an die richtige Stelle gelegt. Zweifellos hatten sich die Befürchtungen derer, die da meinten, das Grab sei eine Generation zu früh entdeckt worden, damit bewahrheitet.

Carter sah sich jetzt noch vor der Aufgabe, den inneren goldenen Mumiensarg aus der zweiten Hülle zu präparieren. Das sei eine fürchterliche Arbeit gewesen, erinnert sich der Ausgräber, mindestens zwei Eimer verhärtete harzige Substanz waren über die Särge gekippt worden. Hitze, das hatte Carter bei der Lösung des Kopfes aus der Goldmaske gesehen, war das einzige Mittel, um diesem Zeug beizukommen, Hitze zerstörte aber auch die Särge. Vor allem der äußere Mumiensarg, aus Holz geschnitzt und mit Blattgold überzogen, war gefährdet. Der innere Sarg hingegen, aus durchschnittlich 3,5 Millimeter starkem Gold, konnte durchaus höhere Temperaturen aushalten.

17 Tage brauchte Howard Carter für die Lösung dieser Aufgabe. Der innere Goldsarg, in dem noch immer die Totenmaske des Tut-ench-Amun klebte, wurde mit Zinkplatten ausgekleidet. Dann legte Carter die ineinander haftenden Mumiensärge über zwei Holzgestelle, bedeckte den oberen, äußeren Sarg mit feuchten Tüchern und stellte zwei Paraffinlampen darunter. Drei Stunden vergingen, dann wurde die verharzte Masse zähflüssig wie dicker Sirup; es schien, als gleite der innere Goldsarg ganz langsam millimeterweise nach unten. Erst nach einer weiteren Stunde war die Operation geglückt – der Holzsarg ließ sich von dem Goldsarg abheben. Carter konnte nun auch die Goldmaske aus dem Innensarg lösen.

Am 31. Dezember 1925 schrieb er knapp und stichwortartig in sein Tagebuch: »Mit Lucas nach Kairo abgereist, im Gepäck drei Kästen mit dem Goldsarg 255 und der Maske 256a. Dem Museum übergeben.«

Howard Carter kehrte am Neujahrstag 1926 nach Luxor zurück. Für ihn war das Unternehmen Tut-ench-Amun noch immer nicht zu Ende.

XI.
Mumienmacher: Rekonstruktion einer Verwandlung

Für jeden Ägypter bedeutete der Tod
die gewünschte Verwandlung, den Durchgang,
der zu dem wahren, dem ewigen Leben führt.

Christiane Desroches-Noblecourt, Archäologin

»Mr. Carter, woran ist Tut-ench-Amun gestorben?«

»Mr. Carter, warum wurden Tut-ench-Amun so viele Schätze mit ins Grab gegeben?«

»Mr. Carter, wie wurde die Mumie Tut-ench-Amuns präpariert?«

»Mr. Carter! Mr. Carter!«

Touristen und Bildungshungrige aus aller Welt bestürmten den berühmtesten Ausgräber der Welt. Carter war ein ägyptisches Denkmal geworden wie Abu Simbel oder Karnak. Vor seinem Haus, vor dem Laboratorium, vor dem Eingang zum Grab, überall standen Trauben von Menschen, versuchten einen Blick des erfolgreichen Mannes zu erhaschen oder ihn am Ärmel zu berühren. Wer hatte eigentlich wen berühmt gemacht? Carter Tut-ench-Amun oder Tut-ench-Amun Carter?

12000 Besucher schleuste Carter zwischen 1. Januar und 15. März 1926 durch das Grab, 278 Besuchergruppen reichten Gesuche für eine Besichtigung des Laboratoriums ein. An eine geregelte wissenschaftliche Tätigkeit – die Vorkammer und die Schatzkammer bargen noch immer ihre Geheimnisse – war vorläufig nicht zu denken. »Wir gönnten uns nun«, schreibt Carter, »eine Pause des Nachdenkens und des Überlegens, was das Grab des Tut-ench-Amun über die Bräuche bei der Bestattung eines Pharaos gelehrt hatte.«

War dieses Grab nun wirklich das armseligste Pharaonengrab im Tal der Könige?

Archäologen und Historiker bejahten diese Frage bisher, vornehmlich aus zwei Gründen: Das Grab des Tut-ench-Amun ist das kleinste und innenarchitektonisch am bescheidensten ausgestattete Pharaonengrab. Und es ist das Grab eines Pharaos, der in neunjähriger Regierung weder politische noch kulturelle Großtaten vollbracht hat, nicht zu vergleichen mit Thutmosis III., Amenophis III. oder Echnaton. Welche Schätze mögen etwa in dem riesigen, luxuriös ausgestatteten Grab Sethos' I. gelagert haben, bevor es Grabräubern in die Hände fiel?

In jüngster Zeit mehren sich jedoch die Stimmen von Wissenschaftlern, die das Gegenteil behaupten. Sie halten den Grabschatz des Tut-ench-Amun für den reichsten, der einem Pharao je mitgegeben wurde.

Prominenter Verfechter dieser Theorie – und solange nicht ein zweites unberührtes Pharaonengrab gefunden wird, bleibt es eine Theorie – ist der Kairoer Ägyptologe Labib Habachi. Dr. Habachi verweist auf Überlieferungen, nach denen gegen Ende der 18. Dynastie in Ägypten Goldknappheit herrschte. Die meisten der damals bekannten Minen waren ausgebeutet. Der reichhaltige Goldschatz in Tut-ench-Amuns Grab steht dazu allerdings im Widerspruch – allein der im Kairoer Museum gezeigte innere Mumiensarg besteht aus 2,5 Zentnern purem Gold. Woher kam dieses Gold?

Habachi behauptet, für den Grabschatz des Tut-ench-Amun sei alles Gold verbraucht worden, das Echnaton in Tell el-Amarna verarbeitet habe. Als Tut-ench-Amun starb, war Amarna bereits eine leerstehende Geisterstadt. Daß Echnatons Hauptstadt »goldstrotzend« ausgestattet war, ist mehrfach überliefert. Seinen Goldbedarf hat der exzentrische Pharao durch Demontage thebanischer Amun-Heiligtümer gedeckt. Darunter waren zum Beispiel die beiden 30 Meter hohen Obelisken der Königin Hatschepsut, die mit Elektron, einer Gold-Silber-Legierung, überzogen waren. Jedenfalls hatte Echnaton so viel Gold, daß er – wie im Eje-Grab als Relief zu sehen – damit herumwerfen konnte.

Für die Nachfahren des Ketzerkönigs war es, so meint Habachi, eine Art Vergangenheitsbewältigung, als sie alle Goldschätze aus Amarna einschmolzen und daraus den Grabschatz Tut-ench-

Amuns anfertigten. Pretiosen aus früherer Zeit, die Echnaton okkupiert, aber in ihrem ursprünglichen Zustand belassen hatte, fanden auch vor Tut-ench-Amuns Leichenbestattern Gnade. Sie gaben dem toten Pharao etwa 40 Beigaben mit ins Grab, die von seinen Vorgängern stammten, zurückreichend bis Thutmosis III., darunter sogar ein Wedel mit dem Namensring Echnatons. »Ich glaube«, sagte Labib Habachi, »der Dank der Ägypter für die Religionsrestauration war so groß, daß alle Schichten der Bevölkerung dem Pharao ihre Reverenz erwiesen, indem sie sein Grab mit den Reichtümern der Vergangenheit überluden.«

Eine »Stätte der Wahrheit« en miniature

Nach pharaonischer Sitte wurde mit der Planung des Königsgrabes am Tag der Thronbesteigung begonnen. Seit die Pharaonen des Neuen Reiches ihre letzten Ruhestätten im Tal der Könige anlegen ließen, wurden diese Planungen immer komplizierter, erforderten sie immer mehr Sorgfalt. Denn die Gefahr war groß, daß die Steinhauer bei der Arbeit einen der schon vorhandenen, oft über 100 Meter langen Grabgänge anstachen. Es mußte also geheime Pläne geben, in welchen Lage und Grundrisse *aller* Pharaonengräber aufgezeichnet waren. Wie es scheint, waren in diesen Plänen tatsächlich alle Gräber festgehalten – bis auf eines, das des Tut-ench-Amun. Die von Haremhab betriebene Demontage seines Namens war offensichtlich so gründlich, daß man schon 200 Jahre nach seinem Tod von diesem Grab nichts mehr wußte. Nur so ist die scheinbare architektonische Fehlplanung des Grabes Ramses' VI. zu erklären. Denn von den 62 Gräbern im Tal der Könige kommen sich nur zwei in die Quere, das des Tut-ench-Amun und das von Ramses VI.

Für die Grabarbeiten, die bisweilen Jahrzehnte in Anspruch nahmen, war nicht der Pharao selbst verantwortlich, sondern sein Wesir, bei Tut-ench-Amun also Eje. Während es aber sonst üblich war, Entwürfe und Grabtexte dem Pharao zur Begutachtung vorzulegen, dürfte dies bei Tut-ench-Amun unterblieben sein. Tut war neun Jahre, als diese Entscheidungen anstanden, in diesem Fall hat wohl Eje allein entschieden. Hat Eje aber auch entschieden, daß diesem seinem Schützling, der offizieller Herrscher von Ägypten war, das kleinste, unscheinbarste Grab im ganzen Totental gebaut wurde?

Starb ein Pharao vor Fertigstellung seines Grabes, so wurden die Arbeiten umgehend eingestellt. Sogar Schutt blieb dann im Grab liegen. Er wurde nur soweit wie nötig beiseite geräumt, damit die Leichenträger mit dem Mumiensarg durchkamen, dann wandten sich die Grabbauer sofort dem Grab des neuen Königs zu. Die Ruhestätte des Tut-ench-Amun ist jedoch durchaus kein Provisorium, sie ist ein architektonisch abgeschlossener Bau – wenn auch mangelhaft ausgestattet und von geringem Ausmaß.

Dies alles war zweifellos beabsichtigt und entsprach wohl der geringen Bedeutung, die dem Pharao zu Lebzeiten zuerkannt wurde.

Technisch warf das Grab des Tut-ench-Amun keine Probleme auf. Die Bauarbeiter von Der el-Medina, die in Gruppen von 40 bis 60 Mann arbeiteten, hatten weder mit porösem, schwer zu bearbeitendem Gestein zu kämpfen wie 150 Jahre vorher beim zweiten Grab der Königin Hatschepsut noch mit mangelhafter Luftzufuhr wie ein halbes Jahrhundert später bei der Anlage des tief in den Berg führenden Sethos-Grabes.

Luft kam ausreichend durch den nur acht Meter langen Zugang zur Vorkammer. Licht warfen die Arbeiter mit Hilfe von Spiegeln, die vor dem Zugang aufgestellt waren, in das Innere. Die Fremdenführer von el-Kurna beherrschen diese Technik noch heute. Beim Bau der Sarg- und der Schatzkammer dürften die »Diener an der Stätte der Wahrheit« auf die üblichen Lichtquellen zurückgegriffen haben, überdimensionale Dochte, die aus Leinentüchern gedreht, mit Sesamöl getränkt und mit Salz bestreut wurden. Das Salz minderte die Rußentwicklung. Man hielt die etwa 35 Zentimeter langen Dochte wie Fackeln in der Hand oder legte sie in Tonschalen, für die Mauernischen geschlagen wurden. Da die Arbeiter über Arbeitsleistung und Materialverbrauch genau Buch führten, wissen wir auch, wie viele Dochte pro Tag gebraucht wurden: im Durchschnitt 50 Stück.

Der Archäologe Percy E. Newberry, ein studierter Botaniker, hat die Jahreszeit, in der Tut-ench-Amun beigesetzt wurde, auf sechs Wochen genau bestimmt. Dies gelang ihm anhand der Blumen, Kränze und Früchte, die dem toten König mit ins Grab gegeben wurde, und die er einwandfrei identifizieren konnte.

Auf dem dritten Sarg lag ein Blumenhalskragen aus Blättern, Blüten, Beeren und Früchten. Newberry erkannte Dattelpalmblätter, Kornblumenblüten, Blüten der Picris coronopifolia, Beeren des Waldnachtschattens und elf Alraunenfrüchte. Eine Blumengirlande auf der Brust des zweiten Mumiensarges war aus Olivenblättern, Kornblumen, Blättern des wilden Sellerie und Blütenblättern der blauen Wasserlilie gewunden. Die Uräusschlange an der Gesichtsmaske des zweiten Sarges zierte der sogenannte »Rechtfertigungskranz«, der unter dem Murmeln von Zauberformeln, die das Totenbuch vorschrieb, am Sarg niedergelegt wurde. Dieser Kranz war ebenfalls aus Kornblumen, Olivenblättern und Blütenblättern der blauen Wasserlilie gebunden.

Die Blüten der blauen Wasserlilie paßten Percy E. Newberry

Relief im Tempel von Karnak:
Pflanzen und Tiere, die Thutmosis III. von seinen asiatischen Feldzügen mitgebracht hatte

nicht ins Konzept. Die Wasserlilie blüht heute in den stehenden Gewässern Unterägyptens von Juli bis November. Kornblume und Picris hingegen stehen im März und April, zur Erntezeit, in voller Blüte. Das ist auch die Reifezeit der Früchte des Nachtschattens. Newberry schloß daraus, daß Tut-ench-Amun zwischen Mitte März und Ende April beigesetzt wurde. Er glaubt, die Wasserlilie wurde in thebanischen Bassins gezogen und dort vorzeitig zur Blüte gebracht.

Es ist merkwürdig, die Ägypter, das mitteilsamste Volk der Weltgeschichte, haben alle Bereiche des menschlichen Lebens umfangreich beschrieben, auch das Sterben. Darstellungen und Texte enthalten detaillierte Schilderungen des Bestattungsrituals; aber das Ritual und die Technik der Einbalsamierung, das bei ihnen typisch und ureigen war, das haben sie mit ins Grab genommen. Archäologen, Historiker und Mediziner sind heute auf wenige Hinweise angewiesen, die jedoch nur ein ungefähres Bild dessen wiedergeben, was damals mit der Leiche eine toten Pharaos geschah.

Herodot und der Anatomieprofessor

Der griechische Geschichtsschreiber Herodot, der im 5. Jahrhundert v. Chr. Sitten und Gebräuche der alten Ägypter beschrieben hat, ist – wie stets – mit Vorsicht zu genießen, wenn er behauptet: »Es gibt Leute, die sich zu diesem Zweck (der Einbalsamierung) niedergelassen haben und diese Kunst als erblichen Besitz ausüben. Sie zeigen, wenn ihnen der Tote gebracht wird, denen, die ihn gebracht haben, Musterstücke von Leichen aus bemaltem Holz, die eine Form der Einbalsamierung ist, wie sie sagen, die kostbarste. Die zweite zeigen sie als minderwertiger als die erste und billiger vor, die dritte als die billigste. Wenn sie sie vorgezeigt haben, fragen sie die Trauernden, wie sie ihren Toten behandelt wünschen. Diese entfernen sich, nachdem sie sich für eine der drei Arten entschieden haben, aber die in den Häusern Zurückgebliebenen führen die Einbalsamierung auf folgende Art aus.

Zuerst ziehen sie mit einem gekrümmten Eisen das Gehirn durch die Nasenlöcher heraus, genaugenommen ziehen sie jedoch nur einen Teil des Gehirns heraus, der übrige Teil wird dadurch entfernt, daß sie zersetzende Substanzen hineinleiten. Sodann schneiden sie mit einem scharfen äthiopischen Stein den Leib an den Weichteilen entlang auf und holen die Eingeweide heraus. Wenn sie diese gereinigt und mit Palmwein ausgespült haben, spülen sie es noch einmal mit zerriebenem Räucherwerk. Sodann füllen sie die Bauchhöhle mit unvermischter zerriebener Myrrhe, Kasia und den üblichen Spezereien, außer Weihrauch, und nach Ausführung der Füllung nähen sie sie wieder zu. Wenn sie das gemacht haben, balsamieren sie die Leiche mit Natron ein und verwahren sie 70 Tage; sie länger einzubalsamieren ist nicht erlaubt. Nach Ablauf der 70 Tage waschen sie die Leiche, umwickeln sie den ganzen Körper mit Streifen von Leinwand aus Byssos, die sie mit Gummi überstreichen, den die Ägypter in der Regel anstelle von Leim verwenden . . .«

Immerhin ist Herodot eine der wenigen antiken Quellen, in denen der Vorgang der Mumifizierung beschrieben wird. Ein deutscher Anatomieprofessor hat im Jahre 1908 die Arbeit der Mumienpriester experimentell nachvollzogen. Das Unternehmen war streng geheim.

Anatomiediener Gustav Hagedorn hatte bereits alles vorbereitet, als Professor Sudhoff am frühen Morgen in der Anatomie der Leipziger Universität erschien. Der aus Frankfurt stammende Leiter des Medizinhistorischen Instituts hatte ein Wochenende während der Sommerferien für sein Experiment gewählt, weil da in der Klinik kaum Betrieb war.

Sudhoff und Hagedorn stiegen zusammen das kahle Treppenhaus zu den im zweiten Stock gelegenen Sezierräumen hinauf. In Raum 1 lag die Leiche eines unbekannten Selbstmörders auf dem Seziertisch. Doch auf dem Gerätetisch, der sonst mit zahlreichen Klingen und Messern bestückt ist, war nichts weiter zu sehen als ein etwa 30 Zentimeter langer, leicht gekrümmter Haken. James Simon, ein Berliner Privatsammler, der Ausgrabungen in Ägypten finanzierte, hatte dem Anatomieprofessor diesen bei Ausgrabungen entdeckten Original-Mumienhaken zur Verfügung gestellt.

Hagedorn schloß die Tür, reichte dem Professor die Gummihandschuhe, der nahm den Haken, durchtrennte mit dem vorderen, scharfen Ende die Nasenscheidewand der Leiche und stieß das Instrument etwa 20 Zentimeter in das Innere des Schädels.

Professor Sudhoff hielt das Experiment zunächst geheim. Erst drei Jahre später gab er sein Geheimnis preis und veröffentlichte seine Erfahrungen.

»Das Einstoßen der Lamina cribrosa«, berichtete Sudhoff, »glückte sofort; ebenso leicht gelang das Zerbrechen der Lamina perpendicularis, ja die völlige Zerstörung der oberen und unteren Nasenmuschel . . . Ging man nun in den Schädel ein und zerriß das Tentorium und alle sich entgegenstellenden festen Membranteile im Schädelinnern unter Einhaken der Hakenspitzen oder unter Stoßen mit der gewölbten Stumpfseite des Hakens, rührte das leicht mazerierte Gehirn um und legte die Leiche dann auf den Bauch, so lief unter leichtem Nachhelfen mit dem Haken oder seinem Stielende in 15 bis 20 Minuten das Gehirn so gut wie völlig aus . . .«

Herodot hatte berichtet, was Priester ihm erzählt hatten, oder besser: so wie er es verstanden hatte. Wie vieles bei Herodot geriet seine Nacherzählung oberflächlich, stellenweise falsch, zum Beispiel, wenn er sagt, die Leichen seien mit Natron einbalsamiert worden. Natron (altägyptisch Neter, Soda) ist eine heute wissenschaftlich ungenaue Bezeichnung für Natrium. Dieses Natrium hatte keine konservierende, sondern eine dehydrierende Funktion, es sollte dem Körper alle Feuchtigkeit entziehen, um ihn so vor der Verwesung zu bewahren. Das Prinzip wird noch heute angewandt: Blumen, ein paar Tage in Natrium gelegt, werden starr und trocken wie Strohblumen, sie welken nicht und behalten ihr frisches Aussehen.

Genau das wollten die alten Ägypter mit ihrer komplizierten Mumifizierungstechnik erreichen. Welcher Sinn steckte dahinter?

Warum mußten die Toten so schön sein?

In der ägyptischen Religion war der Auferstehungsgedanke tief verwurzelt. Ba und Ka, die den Körper bei seinem Tod vorübergehend verlassen hatten, sollten in diesen Körper zurückkehren. Ba war der Träger der unvergänglichen Kräfte, Ka eine Art Schutzgeist. Er wurde mit dem Menschen geboren, er überlebte seinen Tod jedoch. Ba und Ka sollten bei der Rückkehr ihre körperliche Hülle wiederfinden können; deshalb durfte sie nicht der Verwesung preisgegeben werden. Jeder mumifizierte Leichnam stellte darüber hinaus eine Nachbildung des Totengottes Osiris dar. In seiner Macht lag es nach dem Volksglauben, dem Verstorbenen das ewige Leben zu geben.

Sicher hatten die alten Ägypter durch Versuche erkannt, daß die Technik der Einbalsamierung unvollkommen war, solange der tote Körper Weichteile und Innereien enthielt. Die Entfernung des Gehirns erwies sich dabei als die schwierigste Prozedur, durfte doch das Äußere nach Möglichkeit nicht verletzt werden. Wir wissen nicht, wann die Mumienhaken für die makabre Prozedur des Gehirn-durch-die-Nase-Ziehens zum erstenmal Anwendung fanden, Professor Sudhoffs Versuch hat jedoch bewiesen, daß sie benutzbar waren. Kupferne Mumienhaken werden im Britischen Museum London, im Louvre Paris, im Nationalmuseum in Leiden und im Ägyptischen Museum in Ost-Berlin aufbewahrt.

Wie Sudhoff gezeigt hat, war zur Entfernung des Gehirns ein einziger gekrümmter Haken notwendig. Der Medizinalhistoriker meint sogar, die von Herodot beschriebene Ausspülung des Schädels mit irgendwelchen Klistieren sei unnötig gewesen, weil die Leiche ohnehin in eine Natron- oder Kochsalzlauge gelegt worden sei.

Die Entfernung der inneren Organe war wesentlich einfacher. Herodots Schilderung wird von Diodor präzisiert. Danach wurde der Leichnam auf die Erde gelegt, und ein Schreiber bezeichnete an der linken Körperseite die Schnittlinie. »Dann führte der Sezierer mit einem äthiopischen Stein den Schnitt durch das Fleisch, soweit wie das Gesetz es bestimmte.«

Der äthiopische Stein, den auch Herodot erwähnt, könnte Obsidian gewesen sein, der am Oberlauf des Nils vorkommt. Obsidian ist ein charakteristischer Werkstoff des vorderasiatischen Neolithikums, ein Gesteinsglas, das vor allem für Klingen, Pfeilspitzen und Schaber Verwendung fand. Seinen Namen erhielt es von dem Römer Obsius, der das Gestein in Äthiopien entdeckt haben will.

Weitere Überlieferungen über die Sektion gibt es nicht. Nur Diodor bemerkt, daß Herz und Nieren im Körper zurückblieben. Warum, das weiß er nicht, und uns bleibt es bis heute ebenfalls rätselhaft.

Karl Sudhoff hat die Arbeit der ägyptischen Mumienchirurgen minuziös rekonstruiert. Demnach wurde das Zwerchfell von unten geöffnet, Bronchien oder Trachea zur Lösung der Lunge durchschnitten, ebenso die Aorta unter dem Aortenbogen. Der Sezierer fuhr mit dem rechten Arm durch die Öffnung in der linken Bauchhöhle, und nach Entleerung der Bauchhöhle kam die Brusthöhle an die Reihe. Das Diaphragma wurde perforiert, Lungen und große Gefäße durch seine Öffnungen entfernt.

Wie haben wir uns das vorzustellen? Haben die Mumienmacher den Toten die Eingeweide aus dem Leib gerissen?

Zwei Möglichkeiten der Organentnahme

Fest steht, daß bis zur 21. Dynastie (1070–945 v.Chr.) Leber, Lungen, Magen und Eingeweide in Kanopenkrügen aufbewahrt wurden. Die vier Söhne des Horus mußten sie bewachen, Amset die Leber, Hapi die Lungen, Duamutef den Magen und Kebehsenuef die Eingeweide. Die moderne Anatomie vertritt die Ansicht, daß es für die Entfernung der einzelnen Organe nur zwei Möglichkeiten gab.

Die erste: Man ließ den Toten erst ein paar Tage liegen, bis der Zersetzungsprozeß einsetzte, dann konnten die Organe mit bloßer Hand aus dem Körperinneren geholt werden. »Aber«, wendet Professor Sudhoff ein, »eine derartig weitgehende Fäulnis der Leiche, daß das Zwerchfell leicht mit der Hand zu durchstoßen war, daß die Trachea und die Aorta oder Ligamenta lata und gar die Vagina mit der Fingerspitze bohrend und reißend zu durchtrennen gewesen wären, daß man schneidender Instrumente dazu nicht bedurft hätte, eine so weitgehende putride Zermatschung der Gewebe hätte ein auch nur einigermaßen beabsichtigtes Auseinanderhalten der einzelnen Bauch- und Brustkontenta völlig illusorisch gemacht; dann wäre das übrige bestimmt zu einem undefinierbaren Brei durch die Manipulation der Taricheuten zerstört worden.«

Bleibt nur die zweite Möglichkeit: Die Sezierer müssen ein Messer mit einer hakenähnlichen Klinge auf der Innenseite benützt haben. Solche Bronzemesser von der Länge einer mittelgroßen Hand wurden bei verschiedenen Ausgrabungen zutage gefördert. Die geschärfte Klingenspitze ist nach einer Seite gebogen, der übrige Messerteil ist stumpf. Das Instrument konnte also in der Hand des Chirurgen liegend eingeführt werden. Da das Unterende des Messers meißelartig verbreitert ist, wurde es auch zum Schaben verwendet. Ein besseres Instrument, meinte Professor Sudhoff, lasse sich für die Sektion kaum erfinden.

Dieser Vorgang entsprach einem geheiligten Ritual. Die Chirurgen gehörten deshalb keinem gewöhnlichen Berufsstand an, es waren Priester, die sogenannten Ut-Priester. Diese Ut-Priester waren es auch, die die chirurgisch vorpräparierte Leiche weiterbehandelten. Entgegen der Ansicht Sudhoffs, die Leichen seien in eine Natrium*lauge* gelegt worden, wird von der modernen Wissenschaft heute die Ansicht vertreten, daß die Leichen trocken behandelt wurden. Man bestreute sie mit trockenem Natrium, einer natürlichen Mixtur aus Karbonat, Bikarbonat, Chlorid und Natriumsulfat. Diese 35 Tage währende Prozedur entzog dem Körper alle Flüssigkeit. Die Anwendung des Trockenverfahrens ist schon deshalb wahrscheinlich, weil nur Seziertische überliefert sind, auf denen der Dehydrierungsprozeß stattfinden konnte, Laugentröge nicht.

Da die Toten nach dieser chemischen Behandlung meist ein recht unansehnliches Aussehen angenommen haben, rückten ihnen die Mumienmacher mit allerlei Schminke zu Leibe. Hände, Füße und Haare färbten sie mit Henna (altägyptisch: Puker), einem bräunlich bis rötlichem Farbstoff des gleichnamigen Weiderichgewächses. Die übrigen sichtbaren Körperteile wurden beim Mann mit rotem Okker, bei Frauen mit gelbem Ocker getönt. Eingefallene Körperpartien wie Bauch, Busen oder Backen stopften die Ut-Priester mit in eine klebrige Masse getauchten Leinenbällchen, mit Lehm, Sägemehl oder Heu aus. Glasaugen sollten möglichst lebensecht wirken. Erst dann begann die eigentliche Balsamierung.

Wein, Öl, Fette, Harze und Honig mußten nun dem ausgemergelten, ausgestopften Körper einen möglichst angenehmen Geruch verleihen. Die Einbalsamierung lief nach einem feierlichen Ritual ab.

Es gibt nur zwei Papyri, die uns unabhängig voneinander dieses Ritual überliefern, der eine wird im Kairoer Museum aufbewahrt, der andere im Louvre. Die beiden hieratischen Schriftstücke aus spätägyptischer Zeit sind Abschriften eines älteren Originals. Leider sind beide unvollständig, und leider geben beide keine technischen Details der Einbalsamierung wieder; aus den zeremoniellen Anweisungen lassen sich jedoch Rückschlüsse auf die Einbalsamierung ziehen. Ein dritter Papyrus, der das Ritualbuch für die Balsamierung der Apisstiere enthält, kann nur zum Vergleich herangezogen werden.

Der Kairoer Papyrus fiel eines Tages dem bedeutendsten Mumienforscher, Dr. Elliot Smith, in die Hände. Smith hat während seiner Tätigkeit an der Kairoer Universität Tausende von Mumien untersucht. Er sprach übrigens nie von »Mumien«, Smith nannte sie immer seine »Patienten«. Und wie Patienten behandelte er die jahrtausendealten Leichen dann auch. Er begutachtete etwa 25 000 Schädel auf Knochendeformationen; an 500 Schädeln, die bei Ausgrabungen in Gise gefunden wurden, stellte er Parodontose fest. Oft war er so bei der Sache, daß er ganz vergaß, daß seinen Patienten gar nicht mehr zu helfen war. Eines Tages wurde er in Kairo beobachtet, wie er mit einer Mumie im Taxi fuhr. Es war Thutmosis III., der Ehemann der herrschsüchtigen Königin Hatschepsut, und Smith war vom Nationalmuseum zu einer Klinik unterwegs, um seinen »Patienten« zu röntgen.

Gebrauchsanweisung zum Einbalsamieren

Dieser Professor Smith hat zusammen mit seinem Kollegen Warren R. Dawson nach dem Kairoer Papyrus zwölf Anweisungen für die Balsamierung rekonstruiert, die zum Teil sehr kompliziert oder obskur sind:

1. Anweisung an die Ut-Priester, den Kopf der Mumie mit Weihrauch zu versehen.
2. Anweisung, ein Salbgefäß mit Ingredienzien zu nehmen, wie sie bei der Mundöffnungszeremonie Anwendung finden. Damit hat ein Offiziant den ganzen Körper von Kopf bis Fuß zu salben – mit Ausnahme des Kopfes selbst.
3. Die folgende Anweisung ist völlig unklar: Sie bezieht sich auf eine weitere Salbung und erwähnt die »Kinder des Horus«, was offensichtlich mit den separat einbalsamierten inneren Organen in Zusammenhang steht.

Deckel eines Schreins, eingelegt mit Ebenholz und Elfenbein. Der König und seine Frau, dargestellt im Stil der Amarna-Zeit, lustwandeln in einem Garten.

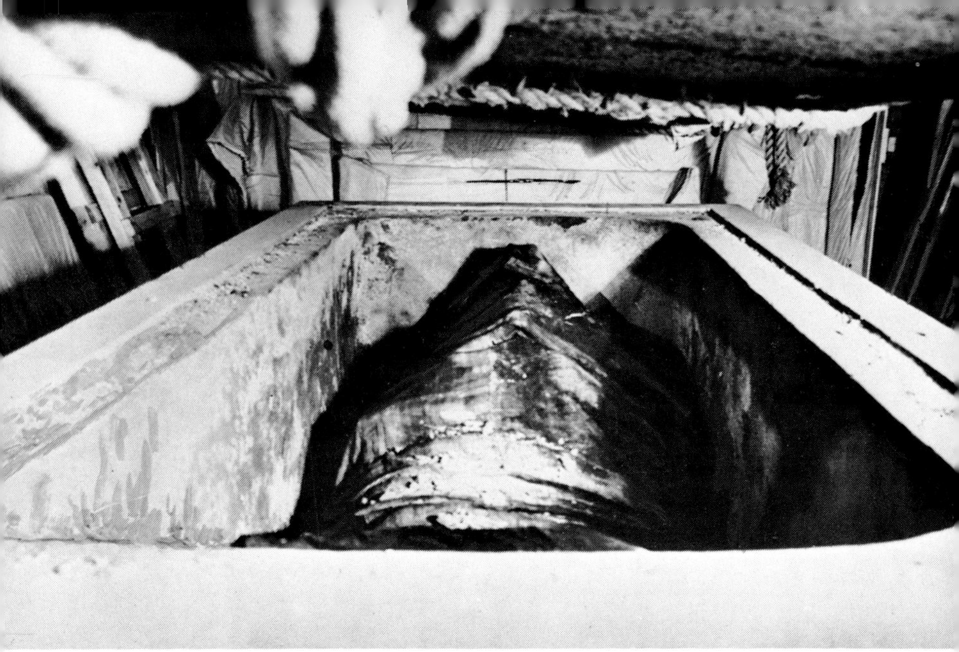

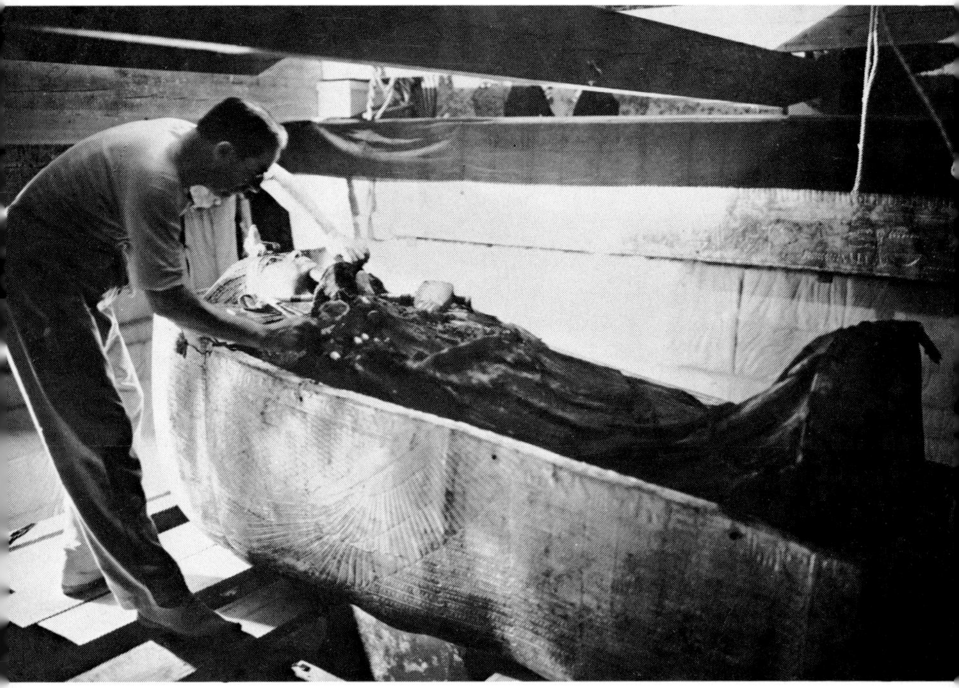

Oben: Die Deckplatte des Sarkophages hängt an zwei Seilen, die eingehüllte Mumie wird sichtbar.
Unten: Der Mumiensarg ist aus dem Sarkophag gehoben, Carter rollt das Leichentuch zurück.
Rechts: Dr. Douglas Derry (dritter von rechts) setzt das Skalpell an. Daneben die entkleidete Mumie Tut-ench-Amuns. Darunter der vergessene Pharao in seinem Goldsarg.

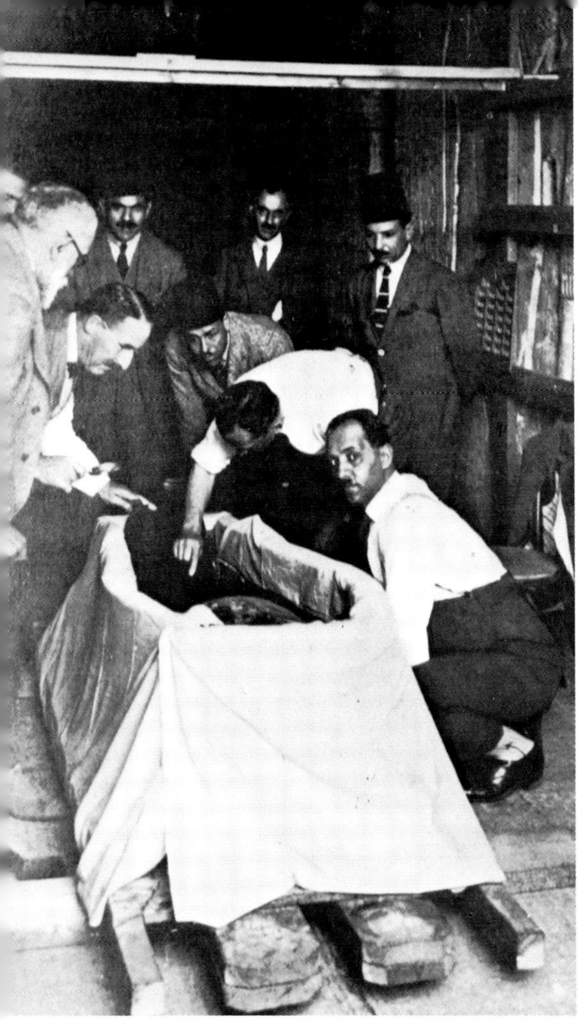
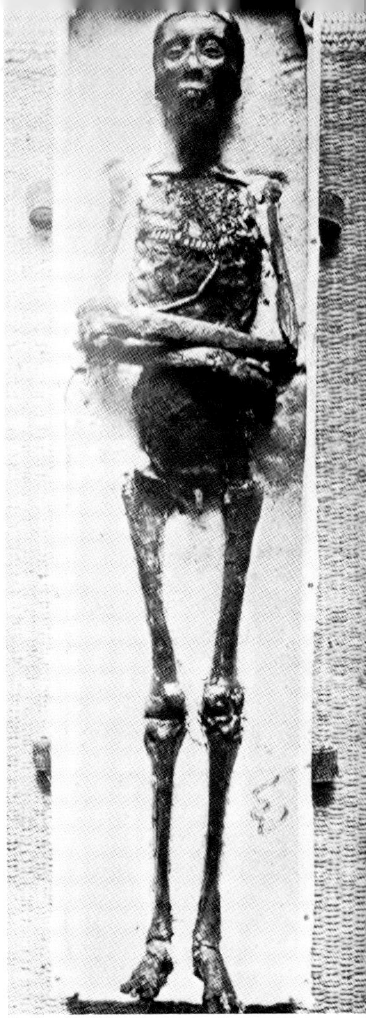

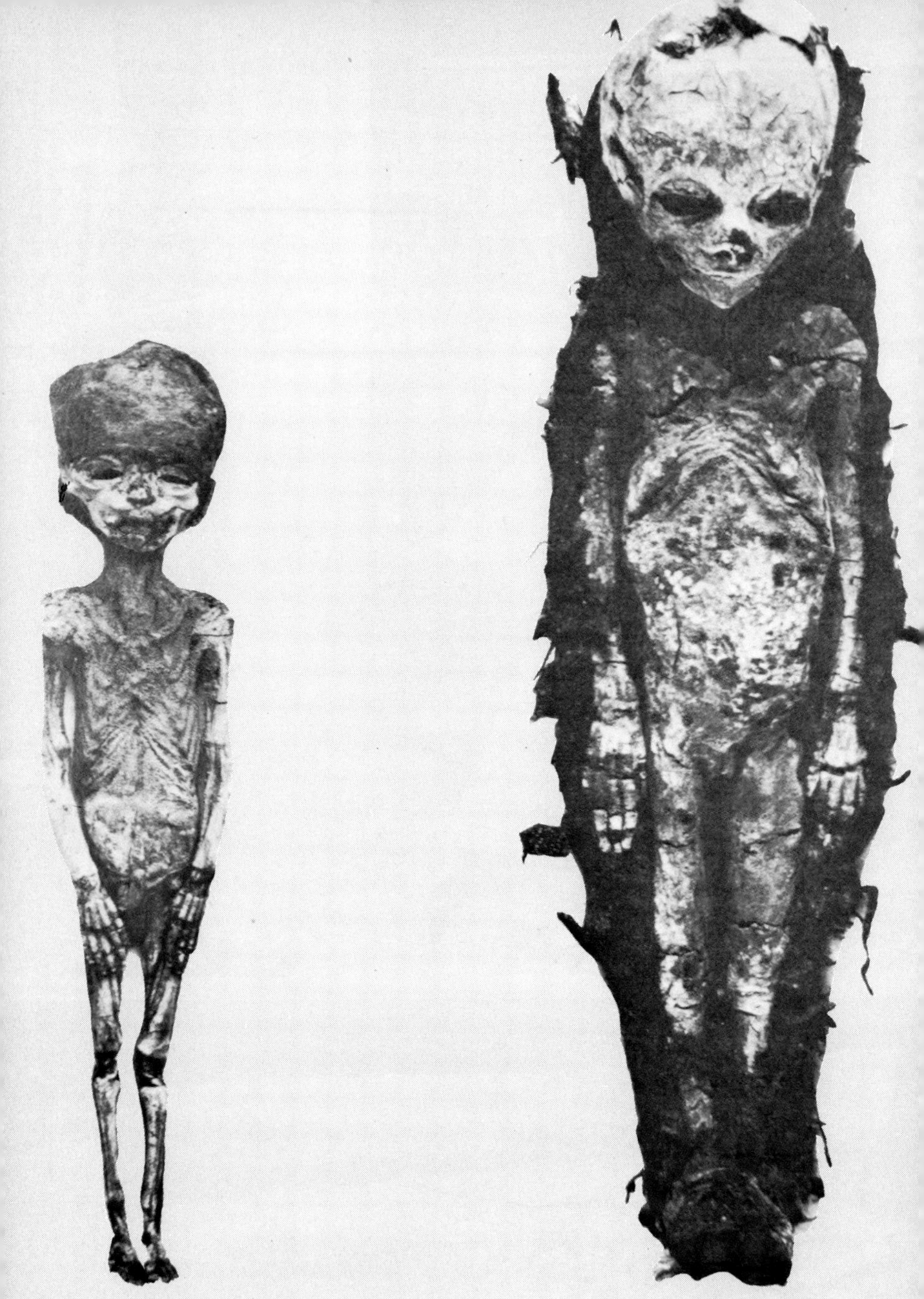

Die mumifizierten Frühgeburten im Grab des Tut-ench-Amun. Die weiblichen Fötusse waren offensichtlich Töchter Tut-ench-Amuns. Carter brachte sie nach Kairo, wo sie auf rätselhafte Weise verschwanden.

Der König als Gott Horus zielt mit der Harpune auf Nilpferde, in die sich der böse Gott Seth und seine Gefährten verwandelt haben. Die vergoldete Holzstatuette symbolisiert das Gute schlechthin.

Dieser aus einer Lotosblume ragende Porträtkopf Tutench-Amuns zeigt den Pharao in jungen Jahren. Die Ohrläppchen sind durchstochen, Ohrringe waren damals große Mode.

Oben: Zwei der zahlreichen Alabastergefäße, die dem König mit ins Grab gegeben wurden.

Links: Der erste Anblick, der sich Carter nach Beseitigung des Leichentuches bot.

Rätselhaft ist der Sinn und Zweck dieser Königsfigur, an der Brüste und die Krone Oberägyptens zu erkennen sind.

Die goldgetriebene Rückseite des Königsthrones. Tut-ench-Amun gießt seiner Frau Anches-en-Amun Duftwasser in die aufgehaltene Hand.

4. Anweisung an die »Kinder des Horus« sowie Anweisung, den Rücken mit Fett einzureiben.

5. Weitere Anweisungen zum Einschmieren und Einwickeln des Rückens und zum Auffüllen des Schädels mit Medikamenten.

6. Anweisung zum Vergolden der Nägel und Umwickeln der Finger in »Leinen aus Sais«.

7. Zeremonien, ausgeführt von »Anubis«*, dem »Leiter der Mysterien« und Mumienmacher.

8. Eine lange Passage gibt Hinweise für die Balsamierung und Bandagierung des Kopfes. Dabei werden detailliert die magischen Namen der Bandagen für die einzelnen Teile des Kopfes aufgeführt. Auf diese Weise erfahren wir Art und Bezeichnung einer langen Serie von Bandagen, mit denen Ohren, Nasenlöcher, Backen, Brauen, Mund, Kinn und Nacken versehen werden. Ein zwei Finger breites Band soll schließlich alle Kopfbinden zusammenhalten, dann wird der mumifizierte Kopf mit »dickem Öl« übergossen.

9. Anweisung zur weiteren Behandlung des Kopfes mit Weihrauch und Fett und für das Einwickeln bestimmter Gewürze.

10. Detaillierte Hinweise zum Salben und Bandagieren der Hände. Anwendung einer Salbe, die zu gleichen Teilen aus »Amu«-Blumen, Harz aus Koptos und Natron besteht. Die Bandagen werden identifiziert mit Göttern und Göttinnen. (Eine Vignette am Kopf des Papyrus zeigt verschiedene Gottheiten, die zu der auf einer Liege ruhenden Mumie Bandagen bringen.)

11. Eine ähnliche Passage beschreibt Bandagen mit Götterfigürchen, die in die Hände eingebunden werden.

12. Anweisung zur Salbung und Bandagierung der Arme, Füße und Beine.

»Man kann sich schwer vorstellen«, schreibt Elliot Smith, »daß alle diese Anweisungen immer strikt ausgeführt wurden, aber bei der bescheidenen Kenntnis der Bandagierung können wir nicht mit Sicherheit sagen, ob die beschriebenen Bandagen und andere Einzelheiten des Rituals nachweisbar sind oder nicht.« Eines scheint allerdings glaubhaft: Diese Prozedur der Mumifizierung muß wirklich drei Monate gedauert haben.

* Anubis wurde bei der Zeremonie von einem Priester dargestellt

17 Tage waren allein für die Bandagierung angesetzt. Diese Angabe finden wir in zwei Papyri, die der schottische Rechtsanwalt Alexander Henry Plind Mitte des vorigen Jahrhunderts in einem thebanischen Privatgrab der 18. Dynastie entdeckt hat. Das Grab war in ptolemäischer Zeit mit mehreren Mumien belegt worden. Plind, der wie Lord Carnarvon aus gesundheitlichen Gründen nach Ägypten gekommen und dort aus Langeweile zum Ausgräber geworden war, brachte im westlichen Theben eine ganze Reihe von Papyri ans Tageslicht, die heute allesamt seinen Namen tragen. Nach Angaben dieser beiden Papyri – der eine beschreibt die Mumifizierung eines Mannes, der andere die einer Frau – wurde der Kopf sieben Tage lang mumifiziert, die inneren Organe vier Tage, je zwei Tage wurden für Arme und Beine gebraucht, für Brust und Rücken je einer. Zitat aus dem hieratischen Papyrus Plind Nr. 1: »Die große Isis, die Mutter des Gottes, leitet das schöne Begräbnis des N.* Zweihundert und sechs Maß Fett wurden gekocht, wie man es für heilige Tiere tut. Du wurdest mit Balsam eingerieben von Horus, dem Herrn des Laboratoriums, Schesmu** wand mit seinen Fingern die göttlichen Bandagen, um deinen Körper mit den Hüllen des Gottes und der Göttin einzuhüllen. Anubis als Einbalsamierer füllte deinen Schädel mit Harz, Korn der Götter, Zedernöl, mildem Ochsenfett und Zimtöl. All deine Glieder wurden in Myrrhe gehüllt. In heilige Bandagen wurde dein Körper gehüllt. Komm heraus und schaue die Wintersonne des 26. Tages des Pharmuti.«***

Seit dem Tod waren 70 Tage vergangen. Ein bis zwei Tage nach dem Trauerfall wurde mit der Reinigung und Dehydrierung begonnen, diese dauerte 52 Tage. 17 Tage nahm die Konservierung und Mumifizierung in Anspruch. Jetzt legten die Ut-Priester die Mumie in den Mumiensarg. Stundenwachen standen drei weitere Tage und Nächte an der nun zu Osiris gewordenen Leiche. Dann war der Tag gekommen, an dem der tote König zu Grabe getragen wurde.

* Hier folgen Name, Titel und Abstammung des Verstorbenen
** Der Keltergott Schesmu reicht dem Toten Wein
*** Pharmuti, der vierte Wintermonat, dauert vom 15. Januar bis 15. Februar.

Vergessen wir die Zeit, überspringen wir 33 Jahrhunderte, werden wir zu Augenzeugen dieses erregenden Schauspiels, der Beisetzung des Tut-ench-Amun:

Theben wimmelt von Menschen. An der Nilllände drängen sich die Boote. Hunderttausende sind vom Norden und Süden herbeigeströmt, um diesem Ereignis beizuwohnen. Für das Volk ist dies kein trauriges Ereignis. Der Pharao geht in den »schönen Westen« ein. »Wie schön«, heißt es, »was ihm zuteil wird.« Ein Grund für ein gewaltiges Volksfest. Trauer herrscht nur in der Familie des Pharaos, doch es ist eher Abschiedsschmerz.

Der dreifach ineinandergefügte Mumiensarg des jungen Königs, der für alle unerwartet aus dem Leben geschieden ist, wird von den Höflingen auf eine Nilbarke getragen. Unter einem Baldachin, dessen Schabracken im Morgenwind flackern, glänzt der bauchige Sarg in purem Gold wie ein Symbol aus einer anderen Welt.

Die Totenpriester murmeln den Singsang ihrer Gebete: »Heil dir, Osiris, Herr der Ewigkeit, König der Götter, der viele Namen hat und prächtige Gestalten und geheimes Wesen in den Tempeln.« Hunderttausende gaffen, saugen gierig den Duft und die Gerüche ein, welche die Weihrauch- und Opferfeuer an der Landestelle nahe dem Amun-Mut-Chons-Tempel verbreiten. Hausrat, Schätze und Speisen werden herbeigetragen und auf eine der fünf bereitstehenden Barken geladen. Entzücken rufen die Puppen hervor, die man an der Menge vorbeiträgt, Dienstboten en miniature, für jede er-

Ein Trompeter und ein Trommler führen eine religiöse Prozession an

denkliche Arbeit eine – aber auch für jedes Vergnügen: Sistrum-Spielerinnen, Striptease-Tänzerinnen und splitternackte Liebesmädchen. An ihnen ist alles dran, nur die Beine fehlen, sie sollen nicht davonlaufen können.

»Steuermann, nimm Kurs auf den schönen Westen, auf das Land der Gerechtfertigten!« ruft ein Priester, der im Bug des ersten Schiffes steht. Dann legt eine Barke nach der anderen ab, das Schiff mit der Priesterschaft, die Barke mit dem toten Pharao, beräuchert vom kahlgeschorenen Sem-Priester, die Witwe mit den Verwandten und Freunden, der Hofstaat, die Beamten und Offiziellen, zum Schluß das Schiff mit den Schätzen, dem Hausrat und den Speisen. Die hunderttausendköpfige Menge bleibt zurück am diesseitigen Nilufer.

Die Menge, von der die Flotte auf dem anderen Ufer empfangen wird, ist zahlenmäßig viel geringer, und sie ist auch ausgesucht zivilisiert. Die Leute, die hier in Gruppen wartend herumstehen, sind »Bewohner des Westens«, Grabarbeiter, Kunsthandwerker, Totentempelpriester, Grabeswächter und Beamte. Sie alle haben hier ihre Arbeit, das Ostufer des Nils sehen sie nur aus der Ferne. So wie das gemeine Volk nur vom Hörensagen weiß, was auf dem Westufer vor sich geht, so kennen die Westlichen das hunderttorige Theben mit seiner Tempelstadt Karnak, den goldenen Pylonen und Obelisken nur aus Erzählungen.

Im Schlitten zum Tal der Könige

Der roh gezimmerte, niedrige Holzschlitten, auf den der goldene Mumiensarg des Königs jetzt gehoben wird, macht einen beinahe ärmlichen Eindruck. Vier Ochsen sind davorgespannt. Der Sem-Priester gibt ein Zeichen, der Schlitten setzt sich in Bewegung, gleitet kreischend durch den Sand. Dahinter schreitet Anches-en Amun. Sie trägt ein zartes, weißes, in langen Falten herabwallendes Gewand und spricht monoton auswendig gelernte Sätze:

»Unglück, Unglück! Ich bin deine vielgeliebte Schwester. Warum bist du doch so ferne von mir, der du so gut mit mir zu scherzen und mich zu lieben wußtest. Doch dieser Tag ist ein schöner Tag, denn der Glückliche wird wiedergeboren im Leib des Osiris . . .«

Die staubige Straße, auf der zuletzt vor 26 Jahren Amenophis III., der mächtige Eroberer, zu Grabe gezogen worden war, läßt schon bald das fruchtbare Schwemmland hinter sich. Grüne Wiesen und Felder und kleine Häuser werden von karstigem Gestein verdrängt. Schroff, abweisend, grausam liegen steinerne Kolosse am Weg, der sich jetzt über Geröllhalden und um Felsrücken herumschlängelt. Der Schlitten mit der Mumie quietscht und ächzt.

»O Elend, o Elend«, murmelt Anches-en-Amun, »du schweigst und sprichst kein Wort mehr. Du, der so viele Diener hatte, nun bist du vielleicht dort, wo es niemanden gibt außer Ungeheuern mit glimmenden Augen. Doch dieser Tag ist ein schöner Tag; denn beschützen werden dich der Mensch, der Schakal, der Affe, der Falke, welches sind die vier Gesichter des Horus . . .«

Wenden wir unseren Blick zurück, so erspähen wir hinter dem Trauerzug mit der Königsmumie eine zweite und eine dritte Prozession, die sich wie Vielfüßler bergwärts winden. Es sind der Tekenu-Zug und die Kanopen-Prozession. Der Tekenu, eine Ritualfigur, wird von einem Priester dargestellt. Er liegt auf einem Schlitten wie die Mumie und ist mit einem Tierfell zugedeckt. Der Schlitten wird von vier Männern gezogen. Der Tekenu repräsentiert den Sonnengott in Tiergestalt. »Zum Westen, zum Westen«, rufen die Schlittenknechte, »dem Land mit dem angenehmen Leben, zum Ort, wo du sein sollst.«

Der ihm folgende Kanopenzug mit den inneren Organen Tut-ench-Amuns unterscheidet sich kaum von der Tekenu-Prozession. Auch hier ziehen die vier Männer einen Schlitten. Auf ihm steht der Kanopenkasten. Am Ende dieses dritten Zuges gehen zwei Männer, jeder hält eine langstielige Papyruspflanze in Händen.

Der Eingang zum Grab, das für Tut-ench-Amun in aller Eile präpariert worden war, liegt schräg gegenüber der Stelle, wo vor wenigen Jahren Teje ihre letzte Ruhe gefunden hatte. Auf einem provisorischen Altar lodert das Opferfeuer. Die Teilnehmer der Totenprozession haben sich inzwischen um dieses Feuer placiert. Speisen, welche die Diener mitgebracht haben, werden mitsamt den kostbaren Gefäßen ins Feuer gestellt und verbrannt. Ein junges Rind, mit Blumen bekränzt, wartet auf seinen Tod. Der Opferpriester eilt mit einer Axt herbei, schlägt dem Tier mit einem Hieb das rechte Vorderbein ab, so will es das geheimnisvolle Ritual, das Rind stürzt zu Boden, Männer mit Äxten und Messern zerlegen es bei lebendigem Leib. Die einzelnen Teile werden ins Feuer gelegt. Qualm und Gestank machen sich breit.

Jetzt treten die Männer mit den Grabbeigaben aus dem Trauerzug vor. Unter den dumpfen Schlägen von Stöcken auf hölzernen Trommeln, während Oberpriester Räuchergefäße schwingen und Milch sprengen, schreitet ein jeder würdevoll zu der Erdöffnung, die in das

Urnenschrein auf vergoldeten hölzernen Kufen, der eine alabasterne Urne enthielt (Tut-ench-Amun-Grab)

Grab führt. Zunächst bahnt sich eine Prozession von Statuen ihren Weg, gefolgt von Kästen- und Kistchenträgern, man sieht Kleinmobiliar, Geschirr, Gefäße mit Salben und Ölen.

Die Witwe schreit, dann wird getanzt

Als die »neun Freunde« hervortreten, um den Mumiensarg Tutench-Amuns zu ergreifen, wirft sich Anches-en-Amun über ihn und schreit – wie es das Ritual vorschreibt: »Jammer, Jammer! Grausam ist meine Klage. Du, der sich mit mir erging in den Gärten an den Ufern des Nils, eingezwängt in Binden sind nun deine Beine. Erkennst du mich? Ich bin deine Gattin, deine vielgeliebte Schwester . . . Die Freude ist in ihm, der nun friedlich ruht. Mit dem osirischen Djed-Zeichen* wird er die Speisen des Osiris essen können . . . O Leid, o Leid! Mein Leib fleht nach dir, aber dein Leib ist ganz kalt. Doch dieser Tage ist ein schöner Tag für die Mumie, die in ihrem Leib einen Skarabäus trägt. Ich bin deine Schwester, du hast mich verlassen. Allein muß ich heimgehen in mein Haus . . .«

Anches-en-Amun wird weggeführt, die neun Männer fassen den Mumiensarg, das Schlagen der Tommeln wird lauter, die Räucherpriester schwingen ihre Gefäße heftiger. »Es kommt der Gott«, rufen die »neun Freunde« abwechselnd, »es kommt der Gott.« So verschwindet der goldblinkende Mumiensarg in der Grabesöffnung. Erst in 3263 Jahren wird er wieder das Sonnenlicht sehen.

Die Andacht und Trauer verbreitenden Trommeln sind verstummt, schnell wechselt die Szene: Matten werden ausgebreitet, Tische aufgestellt, Speisen verteilt, Getränke gereicht, der Leichenschmaus. Die Musik spielt Heiteres. Tänzerinnen mit nichts als Lotusblumen am Leib sind bemüht, die verfinsterten Mienen aufzuhellen.

Das Totenritual, das im Innern des Grabes abläuft, ist noch lange nicht zu Ende. Der tote König gehört nun nicht mehr den Lebenden, er ist in den Besitz der Priester übergegangen.

Dunkel und unerklärbar sind die Zeremonien und Bräuche, die

* Der Djed-Pfeiler ist das Symbol des Osiris

Anches-en-pa-Aton, die Frau Tut-ench-Amuns

sich im Innern des Grabes abspielen, wenige Stunden bevor die Gruft für immer geschlossen wird. Wie uns das Wandgemälde in der Sargkammer zeigt, hat der alte Eje, Tut-ench-Amuns Nachfolger, die symbolhafte Handlung der Mundöffnung vorgenommen. Und Anches-en-Amun war es wohl, die einen letzten Blumenstrauß am Sarg des geliebten Gatten niederlegte, jenen Strauß, den Howard Carter fand.

XII.

Die Bürde: Der Clan von Karnak und der Ketzer von Achetaton

Amun war ursprünglich nur ein einfacher thebanischer Gott,
wurde aber durch die lange Gunst der Pharaonen
zum reichsten und mächtigsten Gott in Ägypten.
Sein Kult wurde zum offiziellen Kult erklärt,
wodurch praktisch alle anderen bescheidenen Nebengötter
zu Lokalgöttern herabsanken und ihr Kult in die Provinzen
verdrängt wurde.

Eléonore Bille-De Mot, Archäologin

Damals gab es Wissenschaftler, die da meinten, nach der Entdeckung des Grabes Tut-ench-Amuns müsse die Geschichte der 18. Dynastie neu geschrieben werden. Das erwies sich als Irrtum; denn bei allem Reichtum des Inhalts und trotz vieler Details, die das Leben und die Persönlichkeit des Kindpharaos illustrierten, kamen kaum neue historische Fakten ans Tageslicht, und die Versuche, Tut-ench-Amun nach seiner Wiederentdeckung zu einem der bedeutendsten Pharaonen der ägyptischen Geschichte hochzustilisieren, mußten größtenteils revidiert werden.

Sein Standort in der Geschichte, seine Bedeutung oder Zweitrangigkeit wird erst verständlich, wenn wir die Leistungen seiner Vorgänger betrachten und – ihre Motive. Dabei taucht ein Name auf, der alles überschattet: Amun.

Amun (»der Verborgene«) zählt nicht zu den uralten traditionellen Göttern wie Re oder Osiris. Erst in der 11. Dynastie (2133–1991) tauchte er in Theben auf, und er war wohl – nicht anders als ein halbes Jahrtausend später Aton – ein neuer Gott, an den sich, nach Bürgerkriegen und sozialen Revolutionen, neue Hoffnungen knüpften.

In Theben, das sich zu Beginn des Mittleren Reiches zu entwik-

Amun von Theben

keln begann, war ein religiöses Vakuum entstanden. So wurde Karnak gebaut, und der Reichsgott Amun gewann an Bedeutung. Der Tempel von Karnak weitete sich innerhalb weniger Jahrhunderte zum religiösen Zentrum des Landes aus, andere, bestehende Heiligtümer wurden mit einbezogen. Vor allem mußte Amun, der neue Reichsgott, in das traditionelle Pantheon integriert werden.

Das ging nicht ohne Schwierigkeiten vonstatten, und manchmal gebrauchten die Theologen auch ein bißchen Gewalt. Zum Beispiel dann, wenn der Zuständigkeitsbereich, den man Amun gerne zugeschrieben hätte, bereits von einem anderen Gott besetzt war; dann schluckte Amun einfach den hinderlichen Vorläufer. So geschehen mit dem Fruchtbarkeitsgott Min und dem allmächtigen Sonnengott Re. Es gibt Darstellungen, auf denen Amun die Attribute beider Götter besitzt, einen menschlichen Körper mit erigiertem Phallus (Min) und eine hohe Federkrone mit der Sonnenscheibe (Re).

Häufig wird Amun als Widder dargestellt oder mit einem Widderkopf auf einem menschlichen Körper; denn der Widder war für den alten Ägypter ein Tier, das Macht und Ansehen suggerierte. Gleiches sollten auch die Attribute symbolisieren, die ihm zeitgenössische Künstler in die Hand gaben: Geißel, Götterzepter oder Krummschwert.

Das Zentrum des Amun-Kultes

In Theben gab es gleich drei wichtige Kultstätten für Amun: Karnak, Luxor und Medinet Habu. Karnak war die Residenz Amuns. Im Luxor-Tempel – dem »Südlichen Harem«, wie er auch genannt wurde – verehrte man Amun als Fruchtbarkeitsgott, in Medinet Habu, wo schon im Mittleren Reich ein Tempel stand, wurden Amun die Ehren eines schöpferischen Urgottes zuteil. Nach und nach errichteten die Priester eine ganze Tempelkette für Amun, die von Unterägypten (Tanis, Xois, Letopolis) und den westlichen Oasen (Siwa, Deir el-Hagar) bis Oberägypten (Hermopolis, Dendera, Elephantine) und Nubien (Wadi es-Sebua, Abu Simbel, Amara) reichte. Damit hatte Amun allen Göttern den Rang abgelaufen.

Das Zentrum seiner Verehrung, das Rom des Amun-Kultes, blieb jedoch Theben mit seiner Tempelstadt Karnak. Hier residierte der Papst von Ägypten, der Hohepriester des Amun – auch Erster Prophet des Amun oder Türöffner des Himmels genannt –, assistiert von vier Stellvertretern, Schalt- und Kommandozentrale einer übermächtigen Staatsreligion.

Tausende von Priestern und Beamten teilten sich in eine perfekt organisierte Hierarchie, die der ökonomisch und politisch bedeutsamste Faktor im Land war. Es gibt Zahlenangaben, nach denen Ramses III. den Amun-Priestern jährlich 32 Tonnen Gold, 1000 Tonnen Silber und 185 Sack Korn zu zahlen hatte. Das Gesamtvermögen der ägyptischen Tempel und der Priesterschaft belief sich zu dieser Zeit auf 750000 Morgen Land, eine halbe Million Stück Vieh und 107000 Sklaven. 169 Städte in Ägypten und Syrien wurden dem Priester-Clan steuerpflichtig.

Echnaton mag ein intellektueller Träumer und krankhafter Sektierer gewesen sein, eines kann man ihm nicht absprechen: Er war der erste und einzige in der dreitausendjährigen Geschichte des Nilvolkes, der zumindest den Versuch unternahm, die Vetternwirtschaft der Priester zu beenden, den Priester-Clan in die Schranken zu weisen und ihn auf seine ursprüngliche Funktion zu reduzieren.

Traditionell war der Pharao der Nachfolger des Gottes Geb an den Ufern des Nils, wo er das Erbe der Götter Horus und Seth zu verwalten hatte. Folglich oblag ihm auch die Ernennung zum Priesteramt, das ursprünglich von den weisesten Männern beider Länder

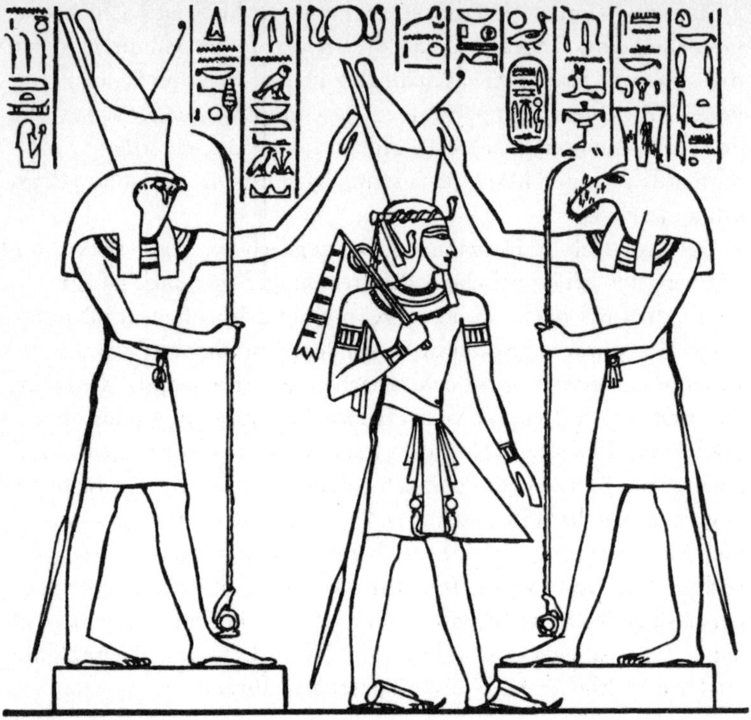

Horus und Seth krönen einen ägyptischen König

getragen werden sollte. Da sich aber der Tempeldienst im Laufe der Zeit zu einem lukrativen Job entwickelte, wurde der Andrang für dieses Amt immer größer, Oberpriester vererbten bisweilen sogar das einmal Erworbene ihren Söhnen – was im Staatsdienst durchaus üblich war.

Mahnungen wie die des weisen Ani, der da wetterte: »Ämter haben keine Kinder!«, blieben ungehört. Zu verlockend war das »heilige« Leben, das sich hinter Tempelmauern und in den Latifundien des Amun-Kults abspielte. Freie Kost und Logis, ein bißchen Singen und Tanzen, ein stolzes Gehalt – und das alles auf Lebenszeit – waren in der Tat nicht zu verachten. Kalt baden, dreimal täglich, zweimal des Nachts, das Reinlichkeitsritual konnte man in Kauf nehmen, meist war es ohnehin eine erfrischende Abkühlung. Und Zölibat gab es auch keines.

Ist es ein Wunder, daß die Tempel und die ihnen angeschlossenen Domänen eines Tages voll von diesen »heiligen« Männern waren, daß sich diese Hierarchie allmählich zu einem Staat im Staat entwikkelte? »Erhebe nicht den Sohn eines (einflußreichen) Mannes über den Geringen«, rät Ani an die Adresse des Königs gerichtet, »sondern hole dir einen Mann nach seiner Tüchtigkeit.« Doch die Praxis sah anders aus.

Der Ägyptologe Hermann Kees, der sich mit dem Leben und Treiben der altägyptischen Priester eingehend beschäftigt hat, meint, die Entscheidung, ob ein König die Erblichkeit des Priesteramtes akzeptiert habe oder ob er auf der persönlichen Auswahl und Ernennung bestand, habe sich danach gerichtet, wie stark die Beamten- und Priesterfamilien vom Pharao abhängig waren oder ob umgekehrt der Pharao auf sie angewiesen war. Suchte er in der Gesellschaft neue Stützen seiner Macht, dann wird er das Erbrecht der alten Familien beiseite geschoben haben. Hatte er einen Stamm von Getreuen um sich gesammelt, so hat er vermutlich das Erbrecht berücksichtigt. Das war, so Hermann Kees, bei den Priestern nicht anders als bei den Staatsbeamten, denn der Hohepriester war nicht allein »Gottesdiener«, sondern als Verwalter des Tempelgutes zugleich weltlicher Herr und Wirtschaftsführer.

Von Pharaonen und Propheten

Unter Bezugnahme auf das ewige Leben war es dem Hohepriester ein leichtes, dem Pharao materielle Güter abzupressen. Der Dominikaner Johannes Tetzel konnte also durchaus auf historische Vorbilder zurückblicken, als er zu Beginn des 16. nachchristlichen Jahrhunderts die Voraussetzungen für ein angenehmes Leben nach dem Tod in klingende Münze umzuwandeln verstand. Das Ansehen und die Bedeutung, die die Propheten des Amun, so ihre offizielle Berufsbezeichnung, auf sich vereinigten, läßt sich am ehesten in ihren reich ausgestatteten Gräbern und zahlreichen Gedenksteinen erkennen, die auf uns überkommen sind.

So begann die 18. Dynastie mit einem Priesterinnen-Skandal: Königin Ahmes-Nofretari, die Frau des Dynastiengründers Ahmose, erhielt das Amt des Zweiten Propheten des Amun, also des stellvertretenden Hohepriesters der Staatsreligion. Obwohl es eine entsprechende Rechtsurkunde über die Installation der schönen Königin in ihrem Amt gibt, verschweigt das Dokument den Grund für ihre Ernennung. Nun taten zur damaligen Zeit hinter den Tempelmauern »Sängerinnen« und »Haremsdamen« ihren Dienst, aber daß der Chef von einer Frau vertreten wurde, war durchaus ungewöhnlich – jedenfalls bis zur 21. Dynastie.

Die später von ihrem Mann »vergöttlichte« Ahmes-Nofretari stellte jedoch ihr Amt gegen eine angemessene Ablösesumme zur Verfügung. Dies geschah während einer feierlichen Zeremonie in der südlichen Säulenhalle des Tempels von Karnak vor dem versammelten Rat der Propheten, der Stundenpriesterschaft des Amun und großem königlichem Gefolge, wobei Amun selbst als Zeuge angerufen wurde. Als Abfindung erhielt die Königin 400 Scheffel Korn, Leinenstoffe, Gold und Silber sowie Ackerland, das Ahmes-Nofretari auf Lebenszeit ein schönes Taschengeld sicherte.

Eine so gewaltige Tempelstadt wie Karnak konnte überhaupt nur unter dem – zumindest moralischen – Druck der Amun-Priesterschaft entstehen. Begonnen wurde mit dem Bau des großen Reichstempels schon während der 12. Dynastie (1991–1786), ihr Gesicht bekam die Anlage jedoch erst unter Thutmosis I., Hatschepsut, Thutmosis III. und Amenophis III. (später dann auch unter Ramses II. und Ramses III.).

Thutmosis I., der die Grenzen des Reiches bis hinter den Euphrat ausdehnte, regierte zu kurz, um Karnak seinen Stempel aufzudrükken. Der vierte und fünfte Pylon, als deren Urheber er gilt, lassen jedoch ahnen, was Thutmosis vorhatte.

Der unglückliche Thutmosis II. konnte in den vier Jahren seines Königtums noch weit weniger errichten als sein Vater. Doch auch er hinterließ ein sichtbares Zeichen seines Wollens oder besser: Müssens; er begann den sogenannten Obeliskentempel. Ramses II. vollendete ihn, unter Taharka wurde er erweitert. Der über 30 Meter hohe Obelisk, der 357 von Kaiser Konstantin nach Rom gebracht und unter Papst Sixtus V. im Lateran aufgestellt worden ist, stammt von hier.

Thutmosis' II. Gemahlin und Halbschwester Hatschepsut, die sich auserkoren sah, die Regierungsgeschäfte ihres Gatten weiterzuführen, legte in Karnak mehr Hand an als alle Männer vor ihr. Sie errichtete Amun einen »Horizont«, das heißt ein Allerheiligstes, auf ihren Wunsch wuchsen der achte Pylon in den Himmel sowie die beiden Obelisken, die aus Anlaß ihres Regierungsjubiläums errichtet wurden.

Auf dem Sockel der riesigen Steinnadeln, deren Transport und Weihe im Terrassentempel von Der el-Bahari beschrieben wird, legte die Königin das Lippenbekenntnis ab: »Was die beiden großen Obelisken betrifft, die meine Majestät für meinen Vater Amun mit Elektron (75% Gold, 22% Silber 3% Kupfer) bedeckt hat, damit mein Name dauerhaft und für immer bis zur Vollendung der Jahrhunderte mit diesem Tempel verbunden bleibt: Sie bestehen aus einem einzigen Stein, aus hartem Granit und haben keinen Fehler. Ich habe Amun ein Zeugnis der Zuneigung gegeben, wie es einem König gegenüber jedem Gott geziemt . . .«

Das klingt beinahe so, als hätte sich Hatschepsut einer lästigen Pflicht entledigt, die ihr auferlegt war. In diesem Zusammenhang drängt sich die Frage auf: Ist es ein bedeutungsloser Zufall oder steckt System dahinter, wenn sowohl an den Karnak-Bauten Hatschepsuts wie in der el-Bahari zum erstenmal die Aton-Scheibe mit ihren heilversprechenden Strahlen auftaucht?

Hapuseneb, ein Günstling von Königin Hatschepsut, und sein Stellvertreter, der zweite Amun-Priester Ipuemre, hatten durch gute Beziehungen Amt und Würden erlangt. Ipuemres Mutter war »große Amme«, Hapusenebs Mutter eine attraktive Haremsdame. Hapusenebs Vater hatte es bis zum dritten Vorlesepriester des Amun gebracht, Ipuemres Vater war ein schlichter »Herr«. Beide ließen sich im westlichen Theben pompöse Gräber schlagen, wo sie sich und ihre Leistungen kunstvoll darstellten.

Die Karriere der beiden Propheten ist beispielhaft. Sie begnügten sich nicht mit ihrer geistlichen Würde. Als Rindervorsteher des Amun und als »einer, der die Zählung bei den Jungkühen für Amun berechnet«, als »Ackervorsteher des Amun« und »Vorsteher aller Ämter des Amun-Tempels« waren sie die Bosse einer Organisation, die überall im Land Besitzungen verwaltete und Lohnabhängige bezahlte.

Hapuseneb zeigte von Anfang an auch politisches Interesse, Ipuemre zunächst nicht. Das hatte zur Folge, daß Hapuseneb

Der Truchseß Antef jagt ein Nilpferd mit Harpune

schließlich das politische Amt des Wesirs, des Ministerpräsidenten, für sich beanspruchte und der machtbesessenen Königin Hatschepsut nach dem Tod Thutmosis' II. die Entlassung des amtierenden Wesirs abringen konnte. Nur noch einmal während der 18. Dynastie gab es eine derartige Ämterkonzentration, als Amenophis III. seinen Hohepriester Ptahmose ebenfalls zum Wesir machte.

Ipuemre hatte sich während Hapusenebs politischem Aufstieg zurückgehalten. Er glänzte mehr als Schriftkundiger und Gelehrter und kümmerte sich um die thebanischen Tempelbauten, seine Mitwirkung am Bau des von Howard Carter entdeckten Taltempels der Hatschepsut ist nachgewiesen. Und einmal an der Spitze der Hierarchie, sorgte Ipuemre auch für seine Söhne. Der älteste wurde Prophet im Totentempel Thutmosis' III., ein zweiter brachte es dank väterlicher Beziehungen zum Webpriester des Amun.

Thutmosis III., der 1468 die Macht an sich riß, erlangte mit 17 Kriegszügen Bedeutung, aber er war auch ein Herrscher so recht nach dem Herzen der Amun-Priester. Sie hatten ihn an die Macht gebracht, jetzt revanchierte er sich mit Gold von seinen asiatischen Beutezügen. Wo Hatschepsut aus finanziellen oder zeitlichen Gründen ihr Bauprogramm beschneiden oder einstellen mußte, da setzte Thutmosis III. das Werk demonstrativ fort.

Im Mittelhof zwischen dem dritten und vierten Pylon richtete der Pharao zwei Obelisken auf, er baute den sechsten Pylon, einen Granitaltar im Allerheiligsten. Quer zur Hauptachse des Tempels ließ er die große Festhalle entstehen, die einen Zeltbau symbolisierte, 44 mal 16 Meter, mit 20 Zeltstangensäulen und 32 Pfeilern und mit dem reizvollen »Botanischen Zimmer«, in dem wir noch heute Pflanzen und Tiere bewundern können, die der Pharao von seinen Kriegszügen aus Asien mitbrachte, darunter das Huhn. Nördlich dieser Festhalle wuchs ein weiterer Tempel in den Himmel, den Thutmosis III. dem Weltschöpfer Ptah weihte.

Doch anscheinend wurden auch diesem altägyptischen Napoleon die maßlosen Forderungen der Amun-Priester zuviel, und er beschloß, auf seine alten Tage dem Re-Harachte, der aufgehenden Sonne, in einem östlich des Amun-Tempels gelegenen Heiligtum einen Obelisken zu weihen.

Der Clan von Karnak mag das als Affront aufgefaßt haben, doch zum Eklat kam es nicht, weil Thutmosis III. das Zeitliche segnete, noch bevor der Obelisk aufgestellt war. Und so blieb die Steinnadel nahe dem Heiligen See liegen.

Prinz Amenophis, Sohn seiner Lieblingsfrau Merietre, auf dessen Erziehung Thutmosis III. streng geachtet hatte, konnte sich dem Druck der Priesterschaft ebensowenig entziehen wie seine Vorgänger – wenngleich sich seine Bauten in Karnak auf einen Tempel nahe dem Heiligen See und ein kleines Heiligtum zwischen dem neunten und zehnten Pylon beschränkten. Sein Verhältnis zum Priester-Clan bleibt weitgehend im dunkeln.

Beziehungen und Erbansprüche sorgten dafür, daß das Ämterkarussell der Amun-Priester auch in diesen Jahren nicht zum Stillstand kam. Wäre die Mutter des Mencheperreseneb nicht die Milchschwester Amenophis' II. gewesen, hätten beide also nicht dieselbe Amme gehabt, so wäre ihr Söhnchen nie zum Hohepriester des Amun aufgestiegen. Jedenfalls war Mencheperreseneb einer, »den der König groß machte, als er ein Kind war«.

Am Anfang dieser Karriere stand das Amt des Zweiten Propheten, ein Job, für den man nichts weiter brauchte als Beziehungen. Dann wurde er Hohepriester von Karnak, »Vorsteher der Propheten von Ober- und Unterägypten«, »Vorsteher des Gold- und Silberhauses des Amun«, einer, »der berechnet, was in den Dörfern von Ober- und Unterägypten vorhanden ist«, »Vorsteher der Weber des Königs von Ober- und Unterägypten« und »Oberhaupt der Werkmeister und Oberbaumeister«. Wann, fragt man sich, fand Hochwürden noch Zeit zum Beten?

Hermann Kees schreibt, es sei kennzeichnend für diese Würdenträger gewesen, daß sie sich wie weltliche Herren fühlten und daß sie wie die Männer des Hofes und des Heeres mitten im Leben standen. Im Unterschied zu diesen lebten sie jedoch nicht in materieller Abhängigkeit vom Pharao, sie hatten für ihre Entscheidungen also weitgehend freie Hand.

Amenophis-Sise, der eine abgelegte Gespielin aus dem Harem Thutmosis' IV. ehelichte, mußte seine Entscheidung nicht bereuen. Der Pharao belohnte ihn mit dem Amt des Zweiten Propheten des Amun. Als »Speichervorsteher des Amun« und »Vorsteher des Silber- und Goldhauses« schaffte er sich ein Zubrot, und den Darstellungen in seinem noblen Grab nach zu schließen, führte er ein von Terminen bestimmtes Leben: Seine Einsetzung in das Priesteramt, die im Amun-Tempel von Karnak stattfand, wird beinahe zurückgedrängt von der Überwachung der Erntearbeiter, Schreiner, der Bildhauer im Grab des Königs, der Lederarbeiter und Kunstschmiede. Exzellenz fuhren im Wagen, während Diener mit Klappstuhl und Sandalen des hohen Herrn hinterherrannten.

Es gibt eine ganze Reihe von geistlichen Würdenträgern, die ihr hohes Amt auf dem Umweg durch den Harem des Königs erlangten.

Meri, ein Hoherpriester des Amun unter Amenophis II. verdankte seinen Aufstieg seiner Mutter, die »große königliche Amme des Landesherrn« war. Dieses persönliche Verhältnis zum Pharao mag eine größere Rolle gespielt haben als das Amt seines Vaters, der in Koptos Hoherpriester des Min war. Meri ließ es denn auch nicht bei seinem Priesteramt bewenden und übernahm auch noch den Titel des »Oberhauptes und Vorstehers von Oberägypten«, also eines der ranghöchsten Beamten des Staates.

Schriftliche Überlieferungen aus der Zeit Amenophis' II. beschränken sich auf die Verherrlichung seiner sportlichen Leistungen. Hätte es zu dieser Zeit schon Olympische Spiele gegeben, Amenophis II. hätte mit Sicherheit alle Goldmedaillen gewonnen.

In Memphis legte er eines Tages eine Probe seines Könnens ab. Die Handwerker des Landes brachten ihm 300 Bogen, die er zunächst einmal alle nacheinander zur Probe spannte, »um«, wie es in einem Hieroglyphentext in Gise heißt, »die Arbeit der Handwerker zu vergleichen und um den Nichtskönner vom Könner zu unterscheiden«. Dann suchte sich der königliche Kraftprotz vier Bogen aus, ließ vier Zielscheiben aufstellen, jede angeblich eine Handbreit dick, und jagte hintereinander vier Pfeile auf die Scheiben, daß sie hinten wieder herauskamen. Seine Bogen, so hieß es, konnte keiner spannen. Auch soll Amenophis II. ein hervorragender Reiter, ein unerreichbarer Läufer und ein ausdauernder Ruderer gewesen sein.

Wenn Thutmosis IV. mit den Göttern redete

Sein Sohn Thutmosis IV., der zehn Jahre lang die Geschicke des Nilreiches lenkte, scheint mit dem Clan von Karnak auf Distanz gelebt zu haben. Bemerkenswert ist immerhin, daß er die Bauwut seiner Vorgänger nicht teilte. Er fand das Amun-Imperium groß, reich und mächtig genug, beschränkte sich auf die Restaurierung von Tempeln und verzichtete auf die Stiftung weiterer Heiligtümer, ohne jedoch in Konflikt mit dem Reichsgott und seiner Priesterschaft zu geraten. Ein Dokument aus dem Jahre 8 seiner Regierung, also um 1404, schildert recht anschaulich, wie Thutmosis IV. bei einem Besuch in Karnak von einer Rebellion in Nubien erfuhr. Darauf schritt der König am Morgen zum Tempel des Amun, verrichtete sein Opfer und fragte den Reichsgott, was gegen »alle Vagabunden und Rebellen eines anderen Landes« zu tun sei. Und Amun wies dem König den Weg, »so wie ein Vater mit seinem Sohn spricht«.

Amenophis III., ein begeisterter Anhänger des Amun-Kultes, betet sich selbst an.

Thutmosis IV. suchte auffallend oft den Dialog mit den Göttern. Amun kam dabei offensichtlich etwas zu kurz. Aber Re, der Sonnengott, erschien dem kleinen Prinzen einst zwischen den mächtigen Pranken des Sphinx von Gise, der – das ist beinahe unvorstellbar – schon zu Thutmosis' Zeiten über tausend Jahre alt war. Thutmosis hatte mit dem Pferdegespann einen Jagdausflug gemacht und sich in der glühenden Mittagshitze im Schatten des großen Sphinx zur Ruhe gelegt.

Da fielen ihm die Augen zu, und im Traum hörte er eine Stimme: »Sieh mich an, blicke auf mich, mein Sohn. Ich bin dein Vater Horus-im-Horizont-Re-Atum, der dir das Königtum auf Erden vor den Lebenden geben wird.« Der Sonnengott Re prophezeite damals dem Prinzen, er werde eines Tages die weiße und rote Krone, die Krone Unter- und Oberägyptens, tragen, die Erde werde ihm gehören auf ihrer ganzen Länge und Breite, er werde Tribute empfangen aus dem eigenen Land und aus den Fremdländern und – hier irrte der Sonnengott – er werde »eine Lebenszeit mit großer Dauer an Jahren« haben.

Der Prinz erwachte, fuhr zurück nach Memphis, opferte Re Rinder, Blumen und duftende Kräuter und ließ zum Gedächtnis an dieses Traumerlebnis eine gewaltige Steinplatte schlagen, die ihren Platz zwischen den Pranken des Sphinx von Gise fand.

Amenophis der Prächtige

Hielt sich der Tribut, den der Pharao dem Reichsgott Amun zollte, unter Thutmosis IV. in Grenzen, so versuchte sein Nachfolger Amenophis III. all das nachzuholen, was sein Vater unterlassen hatte. Er baute Tempel, Parkanlagen, Alleen und Paläste zum Ruhme des Reichsgottes Amun und vergaß dabei auch nicht, der göttlichen Familie, Mutter Mut und Sprößling Chons, die nötige Reverenz zu erweisen. Nie seit den Tagen der Pyramiden von Gise hatte ein Pharao sich mit Bauprojekten so verausgabt, und wäre nicht ein gutes Jahrhundert später der große Ramses an die Macht gekommen, Amenophis III. könnte den Rang des bedeutendsten Baumeisters für sich in Anspruch nehmen.

Theben, die Reichshauptstadt und das Zentrum des Amun-Kultes, erhielt sein Gesicht durch den dritten Amenophis. Er war der letzte Pharao, der Amun und dem Priester-Clan alle erdenklichen Ehren angedeihen ließ. Nach ihm kam die Revolution, als Reaktion auf seinen überzogenen Amun-Kult, und selbst unter den Restauratoren Tut-ench-Amun, Eje, Haremhab und den Ramessiden erlangte Amun diesen Machteinfluß nicht mehr zurück.

Sein Totentempel im westlichen Theben, von dem heute kaum noch die Umrisse zu erkennen sind, war Amun geweiht. Die Ausmaße übertrafen alles bisher Dagewesene. Man gelangte dorthin über eine Auffahrtsallee, die flankiert war von hunderten Schakalen, durch einen Toreinlaß mit zwei 720 Tonnen schweren Skulpturen, jede so hoch wie ein sechsstöckiges Haus, jede das aus einem einzigen Sandsteinblock geschlagene Abbild des Pharaos.

Auf einer Steinplatte hinter den Kolossen gab Amenophis III. bekannt, daß die Besten seines Heeres zu den Bauarbeiten herangezogen worden waren. Das war unüblich, aber verständlich; denn die Armeen des Pharaos wurden während seiner 38jährigen Regentschaft kaum beansprucht, Thutmosis III. und Amenophis II. hatten so viele neue Gebiete erobert, daß es für die Finanzbeamten des Hofes schwierig genug war, die Termine für die Tributlieferungen der verschiedenen Länder auseinanderzuhalten. Auch Staatsbesuche in fremden Ländern waren dem Pomp und Prunk liebenden Pharao lästig, er bat die Ausländer – vor allem, wenn sie hübsche Töchter hatten – viel lieber zu sich nach Theben, wo er sich auf dem westlichen Nilufer, nahe der Totenstadt, einen neuen Palast hatte errichten lassen.

Dieser Neb-maat-Re – so sein Königsname, der soviel bedeutet wie »Der Herr der Wahrheit ist Re« – war als Politiker miserabel, als Genießer akzeptabel und als Hochzeiter ein Genie. 3200 Jahre bevor die Österreicher die Heirat als erfolgreiche Waffe der Diplomatie entdeckten, betrieb Amenophis III. gegenüber seinen asiatischen Verbündeten expansive Heiratspolitik, das heißt, er ließ Prinzessinnen der Vasallen anreisen, ehelichte sie und sparte so teure, zeitraubende Feldzüge. Dabei lebte Amenophis III. wirklich nicht in sexuellem Notstand.

Im Jahre 1399 hatte er ein sehr attraktives Mädchen namens Teje geheiratet, die Tochter des Priesters Juja und der königlichen Haremsdame Tuja, deren Mumien 1906 von Theodore Davis in ihrem Grab im Tal der Könige entdeckt worden waren. Diese Teje, ebenso schön wie klug, verstand es, den jugendlichen Amenophis III. – er war bei seiner Eheschließung zwischen 15 und 18 Jahre alt – um den Finger zu wickeln. Und sie belohnte ihren Mann mit reichem Kindersegen: Ein Kronprinz Thutmosis verliert sich in der Überlieferung. Von vier Töchtern, Satamun, Isis, Henuttanebu und Nebetah, erhalten die ersten beiden später den Titel »Königin«, ein Hinweis darauf, daß er die beiden Töchter zu Nebenfrauen auserkor. Und schließlich war da noch der Nachzügler Amenophis IV. (Echnaton), der um 1376 zur Welt kam und Thronfolger werden sollte.

Teje mußte ihren Mann mit einem Dutzend Nebenfrauen und einigen hundert Haremsdamen teilen, was sie ihrerseits zum Anlaß nahm, ihr Vergnügen anderweitig zu suchen. Vermutlich ist – wie wir noch sehen werden – Tut-ench-Amun die Frucht eines solchen Seitensprunges.

Der genußsüchtige Pharao merkte davon nichts, oder er tolerierte es stillschweigend; jedenfalls war er selbst viel zu sehr in Weibergeschichten verstrickt, als daß er daraus einen Skandal gemacht hätte.

Königin Teje

Die schönen Mädchen von Mitanni

Amenophis III. hatte vor allem an den schönen Mitannierinnen einen Narren gefressen. Mitanni war ein Königreich im Gebiet des heutigen Syrien. Dort regierte im 14. Jahrhundert ein König mit dem exotischen Namen Schutarna. Dieser Schutarna hatte eine hübsche Tochter, die dem Pharao ins Auge stach. Gegen eine angemessene Menge Gold und Gerätschaften schickte er sie in das Wunderland am Nil. Mit im Gepäck waren 317 Haremsdamen, »aber nur die Besten«, verkündete Amenophis stolz. Giluchepa hieß die Dame.

Giluchepas Bruder Tuschratta, der sieben Jahre später den Mitanni-Thron bestieg, war Vater einer Tochter, die Taduchepa hieß. Tuschratta, der von seinem Vater gelernt hatte, wie mit schönen Töchtern Geld zu machen war, schickte dem Pharao ein Bild seiner Tochter und pries Taduchepa so lange an, bis der einen Kurier entsandte. Er sollte sich das Mädchen einmal ansehen. Der Kurier war begeistert. Weniger schön fand er jedoch, daß der künftige Schwiegervater seines Herrn ihn unter Hausarrest stellte, weil die Geschenke, die er mitgebracht hatte, nach dessen Ansicht nur Plunder waren. Amenophis schickte neue Geschenke, der Handel wurde perfekt. Tuschratta erhielt Gold und Silber, soviel er brauchte. Manche Archäologen vermuten, daß die mitannische Prinzessin Taduchepa in Ägypten den Namen Nofretete annahm.

Das gleiche Spiel trieb Amenophis III. mit dem Babylonierkönig Kadaschmancharbe. Obwohl die Schwester Kadaschmancharbes längst die Seine war, wollte Amenophis auch noch seine Tochter haben. Das machte den Babylonier mißtrauisch, er schickte zwei Boten nach Theben, sie sollten nachsehen, ob seine Schwester überhaupt noch am Leben war. Aber die beiden Gesandten erkannten die Frau, die ihnen als Schwester ihres Königs vorgestellt wurde, nicht.

Daraus ergab sich ein heftiger Briefwechsel: Der Babylonier behauptete, das Mädchen sei gestorben, der Ägypter bezichtigte die Gesandten der Lüge. Angeblich hätten sie in Ägypten keine Geschenke erhalten, dabei habe er, Amenophis, die Lügenbolde reich beschenkt; sie hätten dem Babylonierkönig zugesteckt, daß er seine Schwester ein häßliches Weib genannt habe, auch das sei unwahr. Der briefliche Schlagabtausch ging über Jahre und verlief schließlich im Sande.

Brandbriefe aus den Provinzen ließ Amenophis III. meist unbeantwortet, oder er sandte zum Trost eine Ladung Gold. Vermutlich auch damals, als Rib-Addi, der König von Byblos, von wo Amenophis III. das Holz für seinen Palastbau bezogen hatte, um Hilfe rief. Feindliche Truppen stünden vor der Stadt Gubla. Siebenmal, schrieb Rib-Addi, werfe er sich dem Pharao zu Füßen, der König möge die Entsendung von Truppen beschleunigen, sonst müßten alle sterben, und Gubla würde eingenommen. Beschwörend schloß der König von Byblos: »Siehe, an dem Tag, an dem Du Dich auf den Weg machst, wird das ganze Land um den König, meinen Herrn, zusammenströmen.« Von einem Feldzug nach Byblos ist dennoch nichts bekannt.

Amuns mörderische Befehle

Zwar ließ sich der Pharao im Tempel von Luxor als einer verherrlichen, der »die Fremdländer zu Leichenhaufen macht«, der ihnen das Streit-Anfangen ein für allemal ausgetrieben habe, der standhaft auf dem Schlachtfeld und mutig beim Nahkampf sei; aber Konkretes erfahren wir nur ein einziges Mal, bei der Niederschlagung einer Rebellion in Nubien. Und auch dabei bleibt ungeklärt, ob Amenophis III. an diesem Feldzug überhaupt persönlich teilgenommen hat.

Als sicher darf gelten: Um das Jahr 1397 haben im Gebiet des ersten Nilkatarakts Aufstände stattgefunden. Vier Steininschriften bei Semneh, Konosso und Assuan berichten davon. Nach der erstgenannten Quelle hat das Heer des Vizekönigs von Kusch, das dem Oberbefehl des Pharaos unterstand, *»auf Befehl Amuns«* die Feinde »geschlachtet«. Die Kraft des Amenophis habe sie erbeutet.

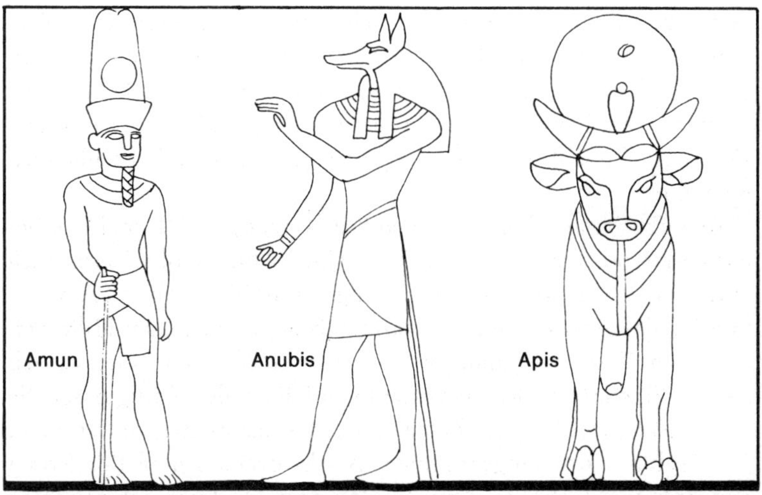

Die Götter Amun, Anubis und der Apis-Stier

Da jedoch konkretere Hinweise auf die Kriegstaten des Pharaos fehlen, dürfen wir wohl annehmen, daß sich Majestät hierbei nicht die Finger schmutzig machte. Zumal die Bilanz das Unternehmen als nicht gerade bedeutsam ausweist. Da heißt es in einer Beuteliste:

Lebende Nubier	Köpfe 150
Junge Männer	Köpfe 110
Nubierinnen	Köpfe 250
Nubische Diener	Köpfe 55
Kinder	Köpfe 175
Gesamt	Köpfe lebend 740
Hände von ihnen (Arbeiter)	312
Summe der lebenden Personen	1052

Auf dem Konosso-Gedenkstein desselben Jahres erfahren wir jedoch, daß Amenophis III. zurückgekehrt sei, »nachdem er bei seinem ersten siegreichen Feldzug gegen das Fremdland des elenden Kusch triumphiert hatte«. Und ein Stein in Assuan verkündet: »Kühn war er (Amenophis III.) beim Töten, Hinschlachten und Abschneiden der Hände. 30000 Mann wurden gefangengenommen.« Ob es sich dabei um einen, zwei oder drei Feldzüge handelt oder ob alle drei Inschriften auf dasselbe Ereignis Bezug nehmen – möglicherweise mit unterschiedlicher Autorschaft –, bleibt unergründlich und ist auch nicht von Bedeutung.

Bedeutsam erscheint jedoch der Hinweis auf dem Stein von Semneh, die Feinde seien »auf Befehl Amuns« getötet worden. Das bedeutet: Der politische Einfluß der Amun-Priester war unter Amenophis III. nach wie vor groß. Der Clan von Karnak diktierte sogar Krieg und Frieden.

Festungen für die Ewigkeit

Für die gigantischen Tempelbauten konnte Amenophis III. auf ein eingespieltes Team zurückgreifen. Der »Vorsteher aller königlichen Arbeitsvorhaben« war ein persönlicher Freund des Königs, der Weise Amenophis, der Sohn eines gewissen Herrn Hapu. »Kommt zu mir, damit ich das, was mir gesagt wurde, Amun-Re in Karnak vorlege«, steht auf einer Statue dieses Bauministers geschrieben, die zusammen mit einem Gegenstück von dem französischen Ausgräber Georges Legrain in Karnak gefunden wurde. Sein persönliches Verhältnis zum König, das in dem Zugeständnis gipfelte, sich im westli-

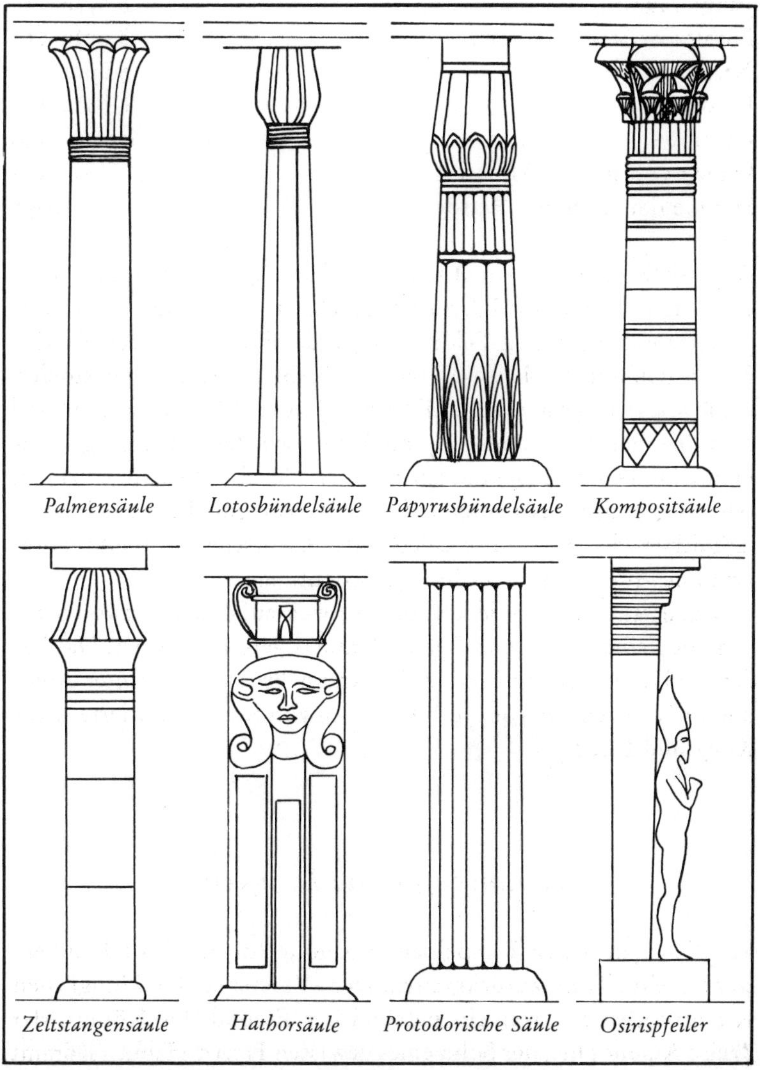

chen Theben einen eigenen Totentempel errichten zu können, und die Bereitschaft, dem König Wünsche der Untertanen vorzutragen, hat ihm später den Ruf der Göttlichkeit eingebracht.

Dem Weisen Amenophis standen die Architekten Suti und Hor zur Seite, ein Zwillingsbrüderpaar. Suti war Oberaufseher der Arbeiten im Westen, Hor leitete die Bauarbeiten im Osten. Ihre Leistungen schätzte Amenophis III. so sehr, daß er sie bei den feierlichen Götterprozessionen in Karnak in seiner Prozession mitgehen ließ. »Das Herz seiner Majestät«, verkündet eine Steintafel aus dem Totentempel des großen Amenophis, »war zufrieden beim Errichten von sehr großen Denkmälern, ohne daß Gleiches geschehen war seit der Urzeit der beiden Länder. Er machte es als sein Denkmal für seinen Vater Amun, den Herrn der Throne der beiden Länder, indem er ihm einen hehren Tempel auf der Westseite von Theben errichtete, eine Festung der Ewigkeit bis zur Unendlichkeit, aus Sandstein, vollkommen mit Gold verkleidet, der Fußboden kultisch rein hergestellt aus Silber, seine Tore alle aus Gold, weit und sehr hoch und in Ewigkeit prächtig, geschmückt mit einem sehr hohen Denkmal, reich ausgestattet mit Statuen des Herrn aus Granit von der Insel Elephantine, Sandstein und allerlei Edelsteinen, die in Arbeit für die Ewigkeit prächtig ausgeführt waren, indem ihre Höhe mehr als der Himmel leuchtete und ihre Strahlen auf die Gesichter fielen wie die Sonne, wenn sie am Morgen aufleuchtet . . .«

Selbst wenn wir die übliche Übertreibung solcher Lobeshymnen gehörig reduzieren, so verbleibt noch immer ein bestaunenswertes pompöses Bauwerk, in dem mit Gold, Silber und Juwelen nicht gespart wurde. Dieser Pomp, mit dem Amenophis III. sich und seinen Reichsgott Amun umgab, brachte ihm schließlich vor der Geschichte den Beinamen »der Prächtige« ein.

Wie Ludwig XIV. liebte er weite Parkanlagen mit Seen und exotischen Bepflanzungen. Auch der oben geschilderte Totentempel war von solchen Anlagen, für die buntgefiederte Vögel und seltene Blumen importiert wurden, umgeben. Die angegliederte Domäne, das Wirtschaftsgut mit seinen Magazinen und Vorratshäusern, soll mit Gütern überfüllt gewesen sein, so daß – wie Amenophis stolz vermerkte – man deren Zahl nicht kannte. Bewirtschaftet wurde das Unternehmen von Fremdarbeitern, die dem Pharao von den Vasallenfürsten als Tribut geliefert wurden.

Zu feststehenden Terminen nahm der König seine Tribute in einem Gartenhaus entgegen, das er gegenüber dem Südlichen Harem, also dem Luxortempel, hatte errichten und Gott Amun weihen lassen. Hier, unter den wachsamen Augen der Amun-Priester, mußten die Fürsten der Fremdländer im Rahmen einer feierlichen Zeremonie »ihr Silber, ihr Gold, ihre Herden und die Edelsteine ihrer Länder zu Millionen, Hunderttausenden, Zehntausenden und Tausenden« abliefern.

Der Tempel von Luxor ist sein Werk. Nicht einmal Ramses II. vermochte mit der Brutalität seiner dem Tempel vorgesetzten Bauten das Gesamtwerk Amenophis' III. zu zerstören. Amenophis III. baute seinen Tempel zu Ehren von Amun, Mut und Chons, der göttlichen Familie von Theben.

Überreste des Aton-Tempels in Luxor

Vor dem ramessidischen Umbau betrat man den Prachtbau durch einen Säulengang mit 16 Meter hohen Papyrussäulen. An den Außenwänden hat später Tut-ench-Amun das Opet-Fest von Luxor verewigt. Tut-ench-Amun war es auch, der den sich anschließenden Säulensaal vollendete. Er konnte, im Gegensatz zu der anschließenden Vorhalle und dem Heiligtum mit den Krönungsreliefs, zu Lebzeiten Amenophis' III. nicht fertiggestellt werden. Zur Zeit Echnatons wurde diesen Bauten übel mitgespielt. Alle erreichbaren Amun-, Mut- und Chonsdarstellungen fielen dem Bildersturm zum Opfer. Nahe der geschändeten Stätte errichtete Echnaton seinen Aton-Tempel, und als Laune der Geschichte vermerkt der Besucher, daß die letzten Steine eben dieses Aton-Tempels heute im Schatten des Amun-Tempels gelagert werden.

Feste im Südlichen Harem

Der Südliche Harem in Luxor stand einmal im Jahr, um die Mitte der Überschwemmungszeit, im Mittelpunkt des Amun-Kultes. Die Götterbilder von Amun, Mut und Chons kamen auf drei Barken nilaufwärts aus Karnak. Für diese 2500 Meter lange Nilfahrt ließ Amenophis III. eigens ein großes Schiff bauen, das den Namen »Amun-Re ist der mit starker Stirn« erhielt. Das Zedernholz für den Schiffsbau stammte aus dem Libanon und war jeweils von den Fürsten transportiert worden, durch deren Länder der Weg nach Ägypten führte. Goldplatten zierten die Barke an den Außenseiten, im Innern war sie mit Silber beschlagen.

Zu Ehren des Amun, den Amenophis III. »den einzigen Gott« nannte, obwohl er auch das übrige Pantheon nicht zu kurz kommen ließ, wurden die größten Feste gefeiert, die das Reich je erlebt hatte. Der Pharao stiftete tägliche Opfer, ja sogar Stundenopfer, und ernannte eine nie gekannte Anzahl von Priestern. Allein in Karnak bevölkerten sie eine ganze Stadt. Diese Priester kassierten die Opfergaben zu allen erdenklichen Kalenderfesten.

Da gab es nicht nur Speisen und Lebensmittel, die, wie Amenophis auf einer Bauinschrift am Südflügel des dritten Pylons von Karnak vermerkt, bei ihm »hervorquollen«, der König stiftete bei diesen

Opferhandlungen auch Gold und Silber, echten Lapislazuli, Türkise, Jaspis, Karneole, Schwarzkupfer, Bronze, Blei und Farben. Der Priester-Clan verwahrte alles in seinen Schatzhäusern und mehrte damit seine Macht und seinen Einfluß. Als der König das Verhängnis bemerkte, war es viel zu spät, und er konnte sich dem Druck der Priesterkaste nicht mehr entziehen.

Eine starke Persönlichkeit war Amenophis III. nie. Sein protziges Auftreten, seine Weibergeschichten, all das war kompensierter Ausdruck seiner phlegmatischen Hilflosigkeit. Als er den Thron bestieg, war er kaum älter als acht Jahre, als er wenig später mit Teje verheiratet wurde, nahm ihm diese das Zepter aus der Hand. Und hinter ihr standen wiederum deren Eltern Juja und Tuja. Tuja stand dem Harem des Gottes Amun vor. Sogar innerhalb der Familie hatte Amun seine Parteigänger. Bei allen offiziellen Anlässen war Teje anwesend, sie korrespondierte freimütig mit ausländischen Potentaten und hatte unter den Höflingen ihre eigene Hausmacht. Die Toleranz ihrem Gatten gegenüber ist wohl nur damit zu erklären, daß sie ihn nicht ganz für voll nahm und ohnehin die dominierende Rolle spielte.

Kein Wunder, daß der dritte Amenophis sich seine Frauen kaufen mußte: Er war alles andere als eine einnehmende Erscheinung. Victor Loret, der 1898 seine übel zugerichtete Mumie im Grab Amenophis' III. fand, traute seinen Augen nicht: Der »Prächtige« maß vom Scheitel bis zur Sohle nur 150 Zentimeter, er hatte einen fetten Bauch, ein Vollmondgesicht und Glatze, die Schneidezähne fehlten. Gegen Ende seines Lebens war er schwer krank. Sogar die Kunst der berühmten ägyptischen Ärzte versagte, und Amenophis ließ schließlich aus Ninive eine wundertätige Statue herbeischleppen. Aber auch sie versagte ihren Dienst, Amenophis III. starb nach 38jähriger Regierung. Der Priester-Clan von Karnak war sich seiner Sache sicher, der neue Pharao würde total unter seiner Abhängigkeit stehen. Sie irrten sich.

Während der beinahe 38jährigen Regierungszeit Amenophis' III. hatte die Ämterhierarchie der Amun-Priester die seltsamsten Blüten getrieben. Echnaton sah in dem von seinem Vater geduldeten Treiben offenbar den Anlaß für seine Reformation. Wir erkennen erstmals eine Polarisierung in der Priesterschaft: Der Hohepriester Meriptah war ein Mann von Integrität, er hatte sein Amt ohne die üblichen Beziehungen erlangt und auch auf den Titel »Vorsteher der Propheten aller Götter von Ober- und Unterägypten« zugunsten des schlichten Titels »Vorsteher der Propheten aller Götter von Theben« verzichtet.

Ihm gegenüber stand der machtbesessene Hohepriester Ptahmose, der auch als Staatsmann zu glänzen verstand, und schließlich, in den letzten Regierungsjahren Amenophis' III., Ramose, der zuerst Wesir war und erst dann das Amt des »Vorstehers der Propheten von Ober- und Unterägypten« übernahm.

Der vierte Amenophis muß diese Entwicklung mit Argwohn verfolgt haben. Möglicherweise fanden bei ihm aber auch Ratgeber einer gegnerischen Partei ein offenes Ohr – womit freilich noch nicht die Frage beantwortet ist, warum der junge König zusammen mit den Amun-Priestern auch deren Götter in die Wüste schickte.

Es gibt Hinweise darauf, daß Jung-Amenophis längere Zeit in Asien verbrachte. Der Massenauflauf Hunderter von Göttern zwischen Nil und Euphrat, die untereinander in Rivalität standen, könnte bei einem jungen kritischen Intellektuellen durchaus den Gedankenprozeß verursacht haben, der – ausgelöst durch einen äußeren Anlaß – jene Revolution von Amarna in Gang setzte.

Nach der Erbfolge war der gemeinsame Sohn von Amenophis III. und Teje für den Thron bestimmt. Der aufgeweckte Junge war den Priestern unbekannt, noch nie war er bei offiziellen Anlässen gesehen worden. Amenophis III. hat ihn auf keinem einzigen Dokument erwähnt. Vermutlich war der vierte Amenophis nach Absolvierung der Priesterschule von Hermopolis an verschiedenen ausländischen Fürstenhöfen erzogen worden.

Amenophis IV. war zwölf, als er an die Macht kam, und er setzte vor aller Welt ein Zeichen: Er ließ sich nicht in Karnak, dem Sitz des Reichsgottes Amun, zum König krönen, sondern in Heliopolis, nahe der alten Reichshauptstadt Memphis. Dann kehrte er zurück in den Palast von Malkatta, den sein Vater auf dem linken Nilufer von Theben erbaut hatte. Die Opfer für Amun wurden storniert. Das wirkte wie ein Schock auf die Priester.

Bauarbeiter kamen und begannen inmitten der Amun-Heiligtümer von Luxor und Karnak die Fundamente für einen Tempel auszuheben, dessen Ausmaße noch die des Reichstempels übertrafen.

Echnaton mit Opfertafel (Kalkstein, Amarna)

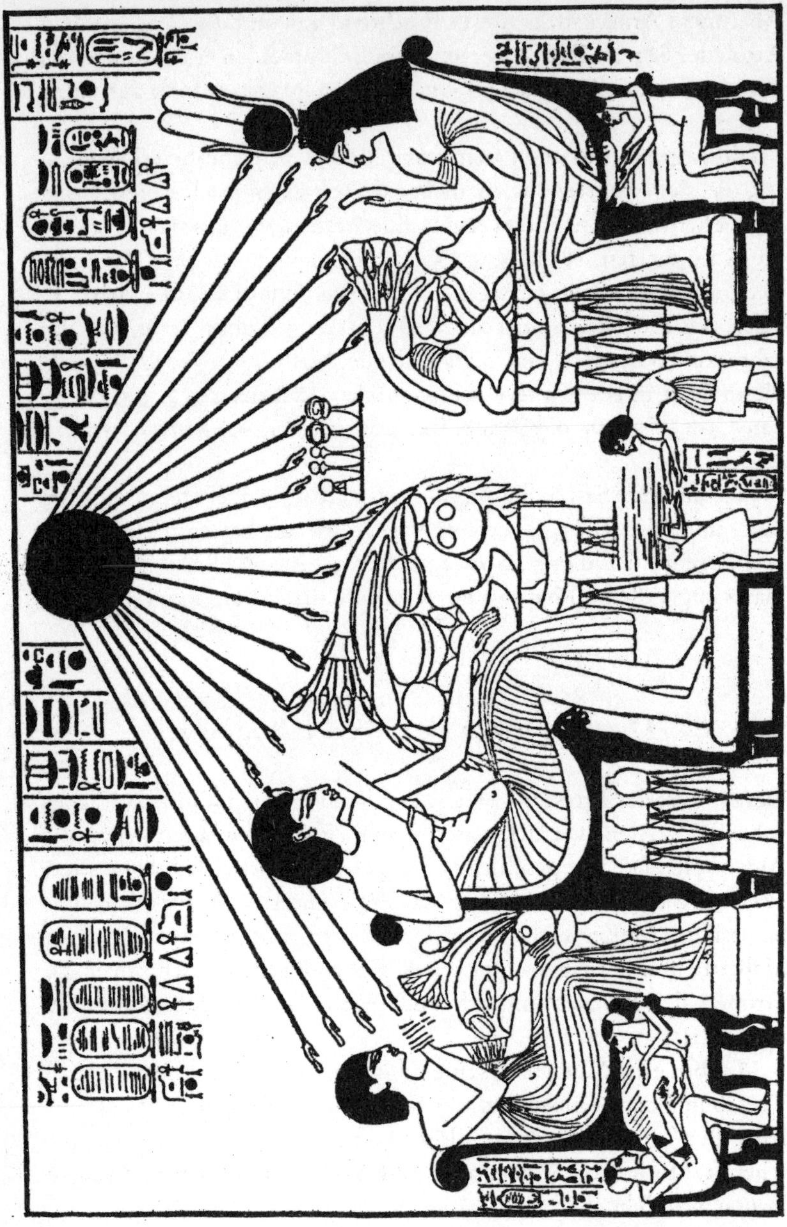

Echnaton, Nofretete und einige Töchter sitzen unter den Strahlen Atons. Die Königin trägt Kuhgehörn, Sonnenscheibe und Federn wie Isis und Hathor.

Aber nicht Amun sollte dieser Prachtbau geweiht werden, sondern Aton, der Sonne. Die empörten Priester entfachten einen Sturm des Protests, sie stießen bei dem jugendlichen Pharao jedoch auf taube Ohren.

Dieser ging sogar noch weiter und machte sie lächerlich. Die Götter, die sie verehrten, seien nichts weiter als Menschenwerk, einschließlich ihres Anführers Amun; die Statuen, vor denen sie sich auf die Knie warfen, seien bearbeitete Steine, nichts weiter. Es gebe überhaupt nur einen einzigen Gott, jenen, der alles am Leben erhalte, der die Tiere wachsen, die Pflanzen gedeihen lasse, der die Jahreszeiten steuere und tagtäglich die Nacht vertreibe. Obwohl dieser Gott unendlich fern sei, strahle er doch bis zur Erde, dieser eine Gott sei Aton, die Sonne. Ihn, und nur ihn, lohne es zu verehren.

Jahrtausende hatten die Ägypter ihre Götter angebetet, sie sich in Tier- und Menschengestalt vorgestellt; Priester hatten mit pompösem Zeremoniell diesen Götterglauben gefördert, und da kam nun dieser jugendliche Pharao und versuchte dies alles zu zerstören?

Die Flucht vor den Amun-Priestern

Der Protest der Priester steigerte sich zum offenen Konflikt. Sicher gab es Pläne, den »verrückt gewordenen« Pharao zu beseitigen, doch Amenophis IV. war geschickt genug, einer direkten Konfrontation aus dem Wege zu gehen. Als er sah, daß der Aton-Tempel am thebanischen Ostufer nicht zu vollenden war, und als der Boden in Malkatta immer heißer unter seinen Füßen wurde, da scharte er die Großen des Reiches um sich und segelte dreihundert Kilometer nilabwärts.

Mit ihm ging Nofretete, seine Frau, die wie ihre Schwiegermutter Teje dem Pharao nicht von der Seite wich. Die schöne Nofretete hatte dem gerade 16 Jahre alten König bereits drei Töchter geschenkt, Merit-aton, Maket-aton und Anches-en-pa-Aton, die noch in den Windeln lag.

Am vierten Tag des vierten Wintermonats des Jahres 1360 v. Chr. landete das Königspaar mit seinen Getreuen in einer namenlosen

Flußebene, halbwegs zwischen Theben und Memphis. Mit Nofretete auf einem goldenen, zweirädrigen Wagen stehend, umfuhr der König die weite Ebene und fand sie ideal für die Neugründung einer Hauptstadt geeignet. Sie sollte Achetaton, Horizont der Sonne, heißen.

Amenophis IV. rief die Beamten und Offiziere aus seiner Begleitung zu sich und sprach: »Seht, Achetaton, das hat Aton gewünscht. Es soll gebaut werden als Denkmal für seinen Namen in Ewigkeit.« Hier auf diesem Wüstenplateau, so fuhr der König fort, habe bisher weder ein König noch ein Gott irgendwelche Aktivitäten gezeigt. Deshalb biete dieser Ort ideale Voraussetzungen als neues Reichs- und Religionszentrum.

»Böses« sei geschehen, verkündete Amenophis IV. auf einem der Grenzsteine von Tell el-Amarna. Diese Verbrechen gingen bis in die Zeit Thutmosis' IV. zurück. Was das »Böse« war, darüber hat sich Amenophis IV. nicht ausgelassen. Sicher dachte der junge König an die Konflikte mit den Amun-Priestern. Nicht umsonst galt ihnen seine ganze Abneigung.

Denken wir an das Schlimmste: Vielleicht hat der Priester-Clan einen Staatsstreich inszeniert, der jedoch scheiterte oder niedergeschlagen wurde. Diese Möglichkeit ist nicht unwahrscheinlich, saßen doch in leitenden Positionen der Verwaltung und der Armee Priester, die – je nach Auffassung – die eine oder die andere Aufgabe als Nebenerwerb betrachteten.

Was Amenophis als so »böse« erschien, kann aber auch nur der ständig wachsende Einfluß der Amun-Priester in allen öffentlichen Ämtern gewesen sein.

Tatsache ist, daß der revolutionäre Pharao das Übel an der Wurzel anging. Nicht gegen die Priester richtete sich sein Zorn, sondern gegen den Gott, dem zu dienen sie vorgaben. Nicht die Priester wurden verfolgt, sondern Amun.

Rollkommandos hetzten durch das Land auf der Suche nach Zeugnissen dieses Gottes. Wo sein Name zu lesen war, wurde er abgeschlagen, abgekratzt, ausgelöscht. Minister und Beamte erhielten Order, in ihren Akten nach dem Namen Amuns zu forschen und ihn zu tilgen. Der königliche Schreiber wurde beauftragt, die außenpolitische Korrespondenz zu durchforsten, ob nicht einer der asiatischen Potentaten in einem Keilschriftbrief den Namen Amuns gebraucht hatte. Tatsächlich, der Schreiber wurde fündig und kratzte gehorsam aus, was sein König nicht mehr sehen wollte.

Kunstwerke und Texte mußten von den Befehlsempfängern sinnlos zerstört werden. Manche der Namenstilger konnten nicht einmal lesen, sie zerschlugen, was auch nur entfernt dem Namen Amun ähnlich sah. Der Zufall wollte es, daß die Schriftzeichen, die den Namen von Amuns Frau Mut symbolisierten, identisch waren mit denen, die für das Wort »Mutter« standen. Fazit: Überall in Ägypten, wo das Wort Mutter auftauchte, wurde es ausgemerzt. Der König selbst ging mit leuchtendem Beispiel voran, indem er seinen Namen Amenhotep (Amenophis ist die gräzisierte Version) ablegte und sich fortan Echnaton (dem Aton wohlgefällig) nannte.

Dies geschah im Jahr 5 seiner Regierung, etwa um das Jahr 1359

Echnaton auf dem tragbaren Löwenthron unter den Strahlen von Aton. In seinen Händen die alten pharaonischen Insignien der Staatsgewalt (Krummstab) und Herrschaft (Geißel).

herum. Und das Groteske daran ist, daß wenige Jahre später diese Entwicklung wieder rückwärts lief: Tut-ench-Aton änderte seinen Namen in Tut-ench-Amun. Das Priesterkarussell begann sich von neuem zu drehen. Der Hohepriester des Aton, Meriere, wurde arbeitslos, ebenso Pinhasi, der »Zweite Prophet des Landesherrn«.

Merieres Stellung als Hoherpriester war unter Echnaton von weit geringerer Bedeutung als die seiner Vorgänger. Dafür gibt es zwei Gründe. Eje, der »Wedelträger zur Rechten des Königs«, der »Vater des Gottes«, der »Oberbefehlshaber der Reiterei«, der »Oberverwalter der königlichen Viehbestände«, der »Gelobte seines Herrn«, hatte als ranghöchster Staatsbeamter und Privatsekretär alle wichtigen politischen Ämter auf sich vereinigt. Meriere mußte sich mit den Titeln eines »Schatzhausvorstehers«, eines »Domänenvorstehers« und eines »Vorstehers des königlichen Harems der großen königlichen Gemahlin Nefer-neferu-Aton-Nofretete« zufriedengeben. Zudem war der Hohepriester Meriere dem Pharao direkt unterstellt. »Ich gebe dir dieses Amt«, sagt Echnaton in einer Grabinschrift, »damit du die Speise des Pharaos, deines Herrn, im Hause des Aton essest.« Eje hingegen beschränkte sich auf die Politik, sein Titel »Vater des Gottes« hat keinen religiösen Inhalt. Mit »Gott« ist der Pharao gemeint.

Auf einmal war alles anders

Die Planungen von Achetaton umfaßten einen großen und einen kleinen Aton-Tempel, zwischen denen die königliche Residenz mit Magazinen und Archiven vorgesehen war. Auf der gegenüberliegenden Seite der Hauptstraße, die alle Gebäude miteinander verband, lag der Regierungspalast. Hier spielte sich das öffentliche Leben ab.

Amenophis IV. und seine schöne Gemahlin legten besonderen Wert auf volksnahen Umgang. Sie präsentierten sich bei vielen offiziellen Anlässen als glückliche Familie, küßten sich vor allen Leuten, das hatten die Ägypter in eineinhalb Jahrtausenden Geschichte noch nicht erlebt. Gemeinsam inspizierten König und Königin den Fortgang der Bauarbeiten in Achetaton.

Für das gigantische Bauprojekt, das in nur zwei Jahren aus dem Wüstenboden gestampft wurde, rekrutierte der Pharao Arbeiter aus den Tempeldomänen des Amun. Die Priester wurden enteignet. Man kann sich denken, daß dies nicht ohne Komplikationen vonstatten ging. Gewiß war der Volksglaube bei den Ägyptern tief verhaftet, noch stärker war jedoch das von Ehrfurcht getragene Verhältnis zu ihren Königen, den Abkömmlingen der Götter.

Wie alles Neue fand auch der neue Aton-Glaube Zuspruch beim Volk, zumal gerade Unterprivilegierte in der neuen Hauptstadt Aufstiegschancen sahen. Als im Jahre 6 seiner Regierung Achetaton die prunkvolle Weihe erhielt, schien ein Zeichen gesetzt für einen neuen Anfang und eine gerechtere Zukunft, eine Zukunft ohne Korruption, ohne Cliquenwirtschaft, ohne Skandale. Wer konnte

Echnaton im typischen Amarnastil

ahnen, daß gerade diese Epoche zur skandalösesten in der ägyptischen Geschichte ausufern sollte!

Es begann damit, daß der König von einer rätselhaften Krankheit heimgesucht wurde. Echnaton war als Kind völlig normal – von seinem stark ausgeprägten Hinterkopf einmal abgesehen; doch seit seinem 17. Lebensjahr plagte ihn die Fettsucht, Arm- und Beinmuskeln, Hüften und Brustkorb schwollen zu ungewöhnlichen Dimensionen und verliehen dem unglücklichen König ein weibisches Aussehen.

Echnaton akzeptierte das Gebrechen zunächst als gottgewollt. Er war ein absoluter Verfechter des »Maat«, der Wahrheit, und wies seinen Oberbildhauer Bak sogar an, ihn so darzustellen, wie er sich präsentierte. Das war eine Revolution, nicht minder bedeutsam als die Proklamation des neuen Aton-Glaubens oder die Ablösung der Hieroglyphen durch eine Umgangsschrift. Noch nie hatten ägyptische Künstler Menschen oder Götter anders abgebildet als in statischer Haltung, Beine im Profil, Schultern und Arme von vorne. Die magische Kraft der Abbildung duldete keine perspektivische Verdeckung. Ein Körperteil, den man auf einer Darstellung nicht sehen konnte, war dem Verlust preisgegeben.

Der ursprüngliche Gedanke des Realismus wurde von den Künstlern in Achetaton innerhalb kürzester Zeit zu einer Art Expressionismus übersteigert. Echnaton und Nofretete treten uns mit langgezogenen Gesichtern, voluminösen Oberschenkeln und langen, dünnen Armen entgegen. Die Kolosse, die der König im Aton-Tempel von Karnak aufstellen ließ, zeigen ein schwangeres Zwitterwesen, das in nichts an einen Religionsgründer oder den Lenker eines Weltreiches erinnert. Die »Maat«, die Wahrheit, die er suchte, Echnaton führte sie selbst ad absurdum.

Der exzentrische König verfolgte die einmal eingeschlagene Richtung mit aller Konsequenz. Seine Ideen waren Dogma, nicht nur im religiösen Bereich. Gräber wie das des Wesirs Ramose, die noch unter Amenophis III. begonnen, aber erst unter Echnaton vollendet wurden, lassen in ihrer Ausstattung den deutlichen Stilbruch erkennen.

Auch technisch gesehen arbeiteten die Künstler unter Echnaton anders als zuvor. Bisher hatten die Reliefbildhauer ihre Motive vorgezeichnet und dann das Gestein ringsherum weggeschlagen, so daß die Darstellung aus der Wand hervortrat. Nun war es Mode, das vorgezeichnete Motiv in die glatte Fläche einzumeißeln, so daß es in der Wand verschwand. Kunsthistoriker sagen: Das erhöhte Relief wurde vom versenkten Relief abgelöst.

Einen ersichtlichen Grund für die Änderung der Arbeitsweise gibt es nicht. Erst eine Generation später zeigte sich der unverkennbare Vorteil der versenkten Technik: Im Gegensatz zu den traditionellen erhabenen Reliefs waren die versenkten Reliefs nur schwer abzuschlagen. Das heißt, Echnaton hatte es leicht, die Amun-Bildwerke seiner Vorgänger zu zerstören, seine Nachfolger taten sich später mit den Relikten aus der Ketzerzeit viel schwerer. Aber ob Echnaton daran gedacht hat?

Echnaton machte einen entscheidenden Fehler: Besessen von der Idee seiner Sonnenreligion, kümmerte er sich kaum um Politik. Während er im eigenen Land Kunst, Kultur und Politik dieser Idee unterzuordnen verstand, ließ er in der Außenpolitik die Zügel schleifen. Das war mehr als leichtsinnig, es war sogar gefährlich, denn Ägypten war ein Weltreich.

Seit einem halben Jahrhundert führten die ägyptischen Armeen ein Schattendasein, die Bestände waren reduziert, die Generale alt

König Amenophis IV. (Echnaton), neben seiner Gattin auf dem Sofa sitzend

geworden. Kein Wunder, wenn es an den Grenzen des Reiches zu rumoren begann. Doch zwei Friedensgenerationen hatten das Kriegshandwerk im Land beinahe aussterben lassen. Die Leibwache des Königs rekrutierte sich bereits aus ausländischen Söldnern.

Achetaton war eine kleine, scheinbar heile Welt, obwohl es doch das Zentrum eines Weltreiches hätte sein sollen. Bis zum Jahre 12 lieferten die Vasallen ordnungsgemäß ihre Tribute ab, Echnaton, inzwischen Vater von sechs Töchtern, nahm mit seiner Frau Nofretete huldvoll den Gold- und Silberzins entgegen, das war am 21. November 1352 v.Chr. Danach brach in Achetaton das Chaos aus.

Das turbulente Leben von Achetaton

Die Reihe unglückseliger Ereignisse begann mit dem Tod der zweitältesten Tochter, Maketaton. Fassungslos und vom Schmerz überwältigt standen Echnaton und Nofretete am Totenbett ihrer neunjährigen Tochter. Wir kennen die Szene von einer aufgefundenen Grabskizze. Dann überstürzten sich die Ereignisse.

Der exzentrische König und seine schöne Gemahlin, die sich auf Tausenden von Darstellungen als ein Herz und eine Seele präsentiert hatten, entzweiten sich. Echnaton verheiratete seine älteste Tochter, Meritaton, mit einem gewissen Semenchkare, einem von seiner Herkunft wie seinem Wesen nach rätselhaften Mann. Archäologen streiten sich, ob dieser Semenchkare vielleicht ein illegitimer Sohn Amenophis' III. gewesen ist oder ein Fehltritt seiner Frau Teje oder ob er dem Verhältnis Amenophis' III. mit seiner eigenen Tochter Satamun entstammte.

Dieser Semenchkare sicherte sich jedenfalls durch die Heirat der ältesten Königstochter den Thronanspruch. Nofretete, 14 Jahre lang First Lady des Reiches und mit allen Machtbefugnissen ausgestattet, wurde aller offiziellen Aufgaben beraubt und in ihrem Nördlichen Palast von Achetaton unter Hausarrest gestellt. Den Würdentitel »Große königliche Gemahlin« übernahm Meritaton. Ihr Mann Semenchkare stieg mit sofortiger Wirkung zum Mitregenten auf. Echnaton und Semenchkare regierten gemeinsam.

Doppelregentschaften waren seit der 12. Dynastie durchaus

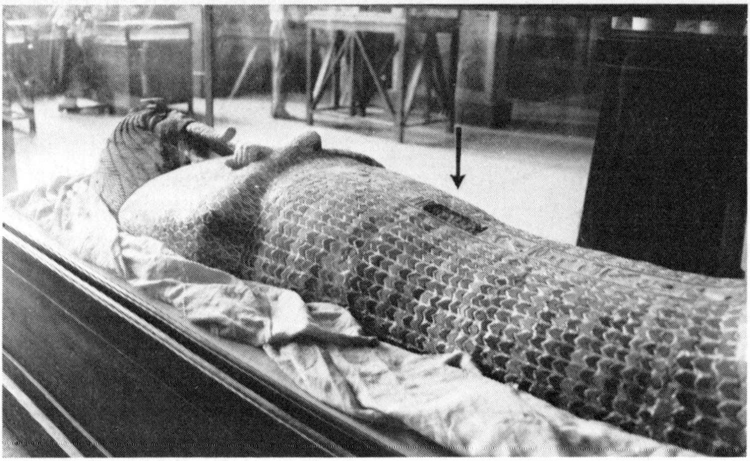

Semenchkares Mumiensarg aus dem Grab Nr. 55. Der Pfeil zeigt den ausgeschlagenen Namen

üblich; besorgte, aber auch vom Ehrgeiz getriebene Väter wollten ihre Sprößlinge noch zu Lebzeiten auf dem Thron sehen. Bei Echnaton und Semenchkare war die Situation anders. Echnaton erkaufte sich mit diesem Schritt die Gunst des rätselhaften Emporkömmlings. Denn gleichzeitig mit der Verstoßung seiner Ehefrau Nofretete ließ Echnaton homosexuelle Neigungen erkennen. Anders sind die Darstellungen, die die beiden Männer in zärtlicher Umarmung zeigen, kaum zu erklären.

Das Verwirrspiel erreichte seinen Höhepunkt, als Echnaton, der aus seiner Zuneigung zu Semenchkare kein Hehl machte, seine dritte Tochter, Anches-en-pa-Aton, heiratete. Ob diese Hochzeit eine Alibifunktion hatte, aus welchen Motiven sie zustande kam, wir wissen es nicht. Das turbulente Leben von Achetaton nahm jedoch ein schnelles Ende.

Unerwartet – zumindest für die Geschichtsschreibung – fand der designierte Nachfolger und Günstling Echnatons den Tod. Die Nachricht war noch nicht einmal in die entferntesten Teile des Landes vorgedrungen, da erreichte das dramatische Geschehen seinen Höhepunkt: Echnaton, der Gründer von Achetaton, der Verkünder der neuen Heilslehre, starb im Alter von 29 Jahren nach 17jähriger Regierung. Das Reich stand vor der größten Belastungsprobe seiner Geschichte.

XIII.
Der Kindkönig: Wer war Tut-ench-Amun?

Ich glaube,
Tut-ench-Amun hat von den wenigen Jahren,
in denen er den Horusthron innehatte,
den bestmöglichen Gebrauch gemacht.

Pierre Montet, Archäologe

Der Tod eines Pharaos stürzte Ägypten immer in eine Krise. Jeder Regierungsbeginn war ein neuer Zeitabschnitt, kenntlich schon an der Zeitrechnung, die wieder bei 1 begann. Doch diesmal hatte Ägypten nicht nur seinen König verloren, mit dem Tode Echnatons war dem Reich auch das religiöse Leitbild abhanden gekommen. Die Aton-Religion war noch zu jung, als daß ihr Fortbestand ohne dieses Leitbild gesichert gewesen wäre. Oberpriester und Priester, die Erfüllungsgehilfen des Königs, hatten weder die Macht noch die Autorität, die nötig gewesen wäre, um Achetaton vor der Krise zu bewahren. So sahen die Ägypter im Jahre 1347 v. Chr. einer ungewissen Zukunft entgegen.

Mit dieser unerwarteten Entwicklung war die große Stunde einer Frau gekommen, die man schon beinahe vergessen hatte: Nofretete. Sie war, wie die Geschichte zeigt, nicht nur schön, sondern auch klug und fristete noch immer ihr Dasein im Nördlichen Palast von Achetaton. Doch um den Thron zu retten, brauchte sie einen Mann, einen Mann von königlichem Geblüt.

Ein Brief, der in der Hethiterhauptstadt Chattuscha, dem heutigen Boghazköi in der Türkei, entdeckt wurde, spiegelt die verzweifelte Situation wider, in der Nofretete sich befand. Der Brief hat folgenden Wortlaut: »Mein Gatte ist tot, und ich habe keinen Sohn.

Die Leute sagen, daß deine Söhne erwachsen sind. Wenn du mir einen deiner Söhne schickst, wird er mein Gatte werden, denn ich will keinen von meinen Untertanen nehmen, um ihn zu meinem Gatten zu machen.«

Unterschrieben war das wie üblich undatierte Dokument »Die Königin«. Es gibt Historiker, die meinen, der Brief könnte auch neun Jahre später von Anches-en-Amun geschrieben worden sein, als Tut-ench-Amun so unverhofft starb. Diese Vermutung ist nicht zu widerlegen, aber auch nicht zu beweisen. Sie wird jedoch dadurch unwahrscheinlicher, daß Tut-ench-Amun während seiner neunjährigen Regierung weder mit den Vasallenfürsten noch mit den hethitischen oder babylonischen Großkönigen korrespondiert hat. Nofretete war auch die weltgewandtere, intelligentere Frau, der man diesen ungewöhnlichen Schritt zutrauen konnte. Denn ungewöhnlich war dieser Schritt zweifellos. Man muß sich das einmal vorstellen: Eine Königswitwe bittet den Erbfeind um die Hand seines Sohnes.

Wären die vorderasiatischen Könige, wären Babylonier, Hethiter und Mitannier damals nicht in Grenzstreitigkeiten und Territorialansprüche restlos zerstritten gewesen, hätte nur einer von ihnen ein Heer gen Ägypten geführt, das Nilreich wäre ihm kampflos in die Hände gefallen. Doch das Land lebte noch immer von der Fama der Eroberer Thutmosis III. und Amenophis II. Nicht einmal, als der Hethiterkönig auf den Hilferuf der Königin hin seinen Sohn Zannanza nach Ägypten schickte und dieser vor Erreichen der Hauptstadt, vermutlich von Parteigängern Ejes oder Haremhabs, ermordet wurde, griff der Großkönig ein. Die wohlgemeinte Allianz zwischen Ägypten und dem Hethiterreich kam nicht zustande.

Kinderkleider, ein erster Hinweis

Da tauchte in der Geschichte ein Name auf, von dem man bis dahin nichts gehört hatte: Tut-ench-Aton, ein Zwölfjähriger. Schon beim Ausräumen der Vorkammer war Carter zu der Ansicht gelangt, daß dieser König in jungen Jahren an die Macht gekommen sein mußte und daß er nicht lange regiert haben konnte. Denn die Grabbeigaben stammten zur Hälfte von einem Erwachsenen, zur Hälfte von einem Kind.

»Unser erster Gedanke war«, sagt Carter, »daß der König Kleider hatte aufbewahren lassen, die er als Kind getragen hatte.« Doch bei näherer Untersuchung der Kleidungsstücke mußten die Ausgräber feststellen, daß in dieser Kinderkleidung die Königsringe Tut-ench-Amuns eingearbeitet waren, daß er also schon als kleiner Junge König geworden sein mußte.

Die Aufschrift eines Kästchens wies sogar auf die »Schläfenlocke des Königs als Knabe« hin. Ein hölzerner Sessel, der ebenfalls das Namensschild Tut-ench-Amuns trug, maß trotz hoher Lehne nicht mehr als 75 Zentimeter und konnte höchstens einem zehnjährigen Kind als Sitzgelegenheit gedient haben. Die Pantoffeln und Sandalen des Königs hingegen hatten allesamt die Durchschnittsgröße 41, und da sie ebenfalls ein Besitzerzeichen trugen, schien erwiesen: Tut-ench-Amun, der seine Regierung als Kind angetreten hatte, stand bei seinem Tod gerade an der Schwelle des Mannesalters.

Ohne Proteste oder Widerstand von irgendeiner Seite war er zum König gekrönt worden, Ägypten hatte einen neuen Pharao, die Zeitrechnung zählte das Jahr 1 des Tut-ench-Aton.

Woher kam dieser Tut-ench-Aton? Was prädestinierte ihn zu diesem Schritt? Warum hatte man noch nichts von ihm gehört?

Sicher hatte er verwandtschaftliche Beziehungen zum Königshaus; doch wer sein Vater war, darüber gibt es nur Spekulationen. Amenophis III. kann nach neuesten chronologischen Forschungen wohl kaum sein Vater gewesen sein. Denn selbst wenn der »Prächtige« in seinem 38., dem letzten Regierungsjahr einen Sohn gezeugt haben sollte, dann wäre dieser nach 17 Jahren, die Echnaton regiert hatte, mindestens 16 Jahre alt gewesen, als er den Thron bestieg. Die anatomischen Untersuchungen der Mumie Tut-ench-Amuns lassen jedoch keinen Zweifel aufkommen, daß der vergessene Pharao höchstens 20 Jahre war, als er starb. Da Krugaufschriften aber eine neunjährige Regierung nennen, muß Tut-ench-Amun im 12. Lebensjahr auf den Thron gekommen sein. Es fehlen also vier Jahre.

Es gibt nur eine einzige Theorie, nach der Amenophis III. doch der Vater Tut-ench-Amuns gewesen sein könnte; allerdings wird sie von den bedeutenden Chronologie-Forschern abgelehnt.

Wenn Echnaton während der letzten Jahre Amenophis' III.

gemeinsam mit seinem Vater regiert hätte, dann wäre das Jahr 34 unter Amenophis III. gleichzeitig das Jahr 1 der Regierung Echnatons gewesen. Solche Doppelregentschaften wurden jedoch immer mit zweifacher Zahlenangabe datiert, also »Jahr 34/1«. Eine derartige Datierung ist unter Amenophis III. oder Echnaton nicht überliefert. Während der Doppelregentschaft Echnaton/Semenchkare tauchen dagegen mehrfach die Aufschriften 1/14, 2/15, 3/16 und 4/17 auf. Das macht die Vaterschaftstheorie in bezug auf Amenophis III. unwahrscheinlich. Wenn Tut-ench-Amun auf einer Löwenstatue des Tempels von Soleb Amenophis III. als »meinen Vater« bezeichnete, so ist das nichts weiter als eine übliche Redewendung. »Vater« steht hier für Ahne, Vorfahre auf dem Thron.

Die Schlüsselfigur ist Echnaton

Da erscheint die Annahme, Tut-ench-Amun sei ein Sohn Echnatons gewesen, wesentlich realistischer. Allerdings wäre er dann ein illegitimer Sproß, ein Seitensprung seiner Majestät. Nofretete ist gewiß nicht Tut-ench-Amuns Mutter; denn ihr Familienleben ist lückenlos dokumentiert. Die Geburt des ersehnten Thronfolgers, die zwischen der Geburt der dritten Tochter Anches-en-pa-Aton und der vierten Tochter Nefer-neferu-Aton Tascherit im Jahre 5 des Echnaton hätte stattgefunden haben müssen, wäre mit Sicherheit in der Überlieferung mehrfach genannt. Außerdem berichtet Nofretete in dem erwähnten Brief an den Hethiterkönig, sie habe keinen Sohn.

Die spektakulärste Deutung fanden Archäologen im Grab des »Verwalters des Hauses, des Doppelten Schatzhauses und Harems der großen königlichen Gemahlin Teje«, Huja, in Tell el-Amarna. Auf einem Wandrelief, das im Jahre 12 der Regierung Echnatons entstand, sitzen sich Teje und ihr Sohn Echnaton trinkend gegenüber, und der begleitende Text spricht von Teje als »des Königs Mutter und großer königlicher Gemahlin«. Unterhielt Königin Teje mit ihrem Sorgenkind Echnaton blutschänderische Beziehungen? Ist Tut-ench-Amun aus einer Verbindung Tejes mit ihrem Sohn Echnaton hervorgegangen?

Die Historiker warten noch immer auf einen Zufallsfund, der Antwort auf diese Fragen geben könnte.

Verblüffend ist die Ähnlichkeit zwischen Teje und Tut-ench-Amun. Der wulstige Mund, das Nasenprofil, die Augen und die hervortretenden Backenknochen, das läßt die Frage, wer Tut-ench-Amuns Mutter war, beinahe überflüssig erscheinen. Warum sollte Teje, die eine attraktive Frau war, nicht nach dem Tod ihres Mannes Amenophis III. ein spätes Liebesverhältnis gehabt haben?

Christiane Desroches-Noblecourt, eine bekannte französische Archäologin, die sich mit diesem Problem beschäftigt hat, schreibt dazu: »Man hat behauptet, Königin Teje wäre zu der Zeit, als Tut-ench-Amun geboren wurde, schon unfruchtbar gewesen. Wer kann dies aber bestätigen? Wenn man die Konstitution der ägyptischen Frauen und der Nubierinnen kennt und wenn man sich daran erinnert, daß kaum zwei Jahre vor der Geburt des künftigen Königs, Teje die kleine Prinzessin Baketaton zur Welt gebracht hat, so kann man auch schwer abstreiten, daß sie imstande gewesen wäre, dem Prinzen zu einer Zeit das Leben zu schenken, da sie selbst etwa 48 Jahre zählte, vorausgesetzt, daß sie mit 13 Jahren geheiratet hatte.«

Von Liebe, Lust und Leidenschaft

Die Rolle der Erotik bei den alten Ägyptern ist für die modernen Archäologen noch ein weites Feld; denn seltsame Prüderie hat dieses Thema bisher aus der Forschung erfolgreich verdrängt. Andererseits blieben Liebe, Lust und Leidenschaft aus einem merkwürdigen Grund der Fachwissenschaft vorbehalten. Es gibt in Ägypten kaum erotische Darstellungen, die den Ablauf zwischenmenschlicher Beziehungen beschreiben. Dies könnte zu der Annahme verleiten, Erotik sei im alten Ägypten tabu gewesen. Das ist falsch, es zeigt sich nur, daß sich Erotik nicht so sehr in der bildlichen Überlieferung abspielt wie bei Griechen und Römern, sondern in der schriftlichen.

Hier allerdings nehmen die Autoren kein Blatt vor den Mund. Der große Papyrus Turin zeigt, daß man schon vor 3000 Jahren am Nil seine Pornohefte hatte. Wir wissen, daß die Ägypterin üblicherweise die Normallage bevorzugte, daß aber in »feineren« Kreisen Coitus a tergo, Analerotik, Autofellatio, Fellatio, Nekrophilie, Päderastie und Zoophilie nicht unbekannt waren.

Außer durch Pornos ließen sich die alten Ägypter durchaus von Hilfsmitteln, wie man sie heute aus Plastik in Sex-Shops kaufen kann, von geheimnisvoll gemixten Aphrodisiaca und – wenn das alles nichts half – von göttlichen Sex-Beiständen wie Bebon, Bes, Hathor, Qadesch, Reschef und Seth anregen. Und so präsentiert die erotische Literatur der alten Ägypter allerlei göttliche Freuden unterhalb der Gürtellinie. Auge, Mund, Hand, Schlange oder Pfeil müssen für die Umschreibung der Sexualorgane herhalten. Aber genauso oft werden die Dinge auch beim Namen genannt, zum Beispiel wenn Re angesichts der das Kleid lupfenden Hathor Vergnügen überkommt, wenn Gott Atums Hand, die als seine göttliche Partnerin verehrt wurde, beim Masturbieren das All zustande bringt, wenn Isis und Nephthys sich rührend um den schlaffen Penis des Osiris mühen.

Vergleichen wir die erotische Literatur der Ägypter mit jener der Griechen und Römer, so fällt auf, daß die Ägypterin in der Liebe ungewöhnlich freizügig, verführerisch und aggressiv war und keineswegs die große Dulderin, der wir in Ovids »Ars amatoria« oder in Lukians Hetärengesprächen begegnen. Die Frau des Staatsbeamten Potiphar war ein sinnliches Weib, das den keuschen Joseph nach allen Regeln weiblicher Verführungskunst ins Bett zu bringen versuchte und erst nach vergeblicher Liebesmüh den jungen Mann der Zudringlichkeit beschuldigte.

Auch in dem gegen Ende der 18. Dynastie im Papyrus d'Orbiney aufgezeichneten Märchen von den beiden Brüdern macht sich die Frau des Bauern Anubis an ihren jungen Schwager Bata heran, während ihr Mann auf dem Feld ist. Die Geschichte liest sich so:

Der jüngere Bruder fand die Frau des älteren, wie sie da saß und sich die Haare flocht. »Steh auf, gib mir Korn«, sagte er, »ich muß wieder aufs Feld, mein Bruder wartet, mach schon.«

Sie aber sprach: »Ach, mach dir doch den Kornspeicher selber auf und hol dir soviel du brauchst; ich will meine Frisur fertigmachen.«

Der junge Mann ging in den Stall und holte ein großes Gefäß für das Korn. Er schüttete Gerste und Weizen hinein und kam heraus. »Wieviel hast du da auf deinen Schultern?« wollte da die Frau wissen. Er antwortete: »Drei Sack Weizen und zwei Sack Gerste, fünf im ganzen.«

Darauf sie: »Du hast aber Kraft, ich sehe jeden Tag, wie stark du bist.« Und sie wünschte, sich ihm hinzugeben.

Deshalb stand sie auf, faßte ihn am Arm und sagte: »Komm, wir wollen uns vergnügen und miteinander schlafen, das ist auch gut für dich. Ich nähe dir dafür auch ein schönes Gewand.«

Doch über das schlechte Ansinnen ward der Jüngling wütend wie ein Leopard . . ., heißt es in dem Märchen.

Natürlich ist das eine Erzählung, ein Märchen; aber Märchen spiegeln immer ein Stück Wirklichkeit wider. Und in der Tat wirkte die weit fortgeschrittene Emanzipation der Ägypterin auf die Völker der Antike befremdend. Herodot ist darüber so verwirrt, daß er meint, im Verhältnis von Mann und Frau sei in Ägypten alles umgekehrt, die Frauen gingen auf den Markt, und die Männer blieben zu Hause, ja, die Frauen blieben beim Wasserlassen stehen, während die Männer sich hinkauerten.

Das ist sicher übertrieben; doch es ist ein Hinweis auf die Tatsache, daß die Ägypterin einen weitaus aktiveren Part im menschlichen Zusammenleben spielte als die Frau in der übrigen Welt. Und das galt natürlich auch oder gerade auf erotischem Sektor.

Wo sonst in der Welt gab es zu dieser Zeit Striptease und Schönheitstänzerinnen. Der ersten begegnen wir während der Regierung von Tut-ench-Amuns Urgroßvater Thutmosis IV., das heißt, ein Tempelschreiber unter Thutmosis IV. ließ so eine Schönheitstänzerin in seinem Grab abbilden. Und seither sah man diese Art Damen häufig in thebanischen Privatgräbern. Sogar im geheiligten Tempel von Luxor sind sie zu bewundern, und Herodot, der züchtige Grieche, meinte, es sei einfach obszön.

Wo sonst in der Welt leisteten sich die Könige so viele Frauen?

Die Frau im Leben des Tut-ench-Amun

Ramses II. war stolz darauf, vier Hauptfrauen, ein halbes Dutzend Nebenfrauen und ein paar hundert berufsmäßige Beischläferinnen zu beglücken. Im Harem Amenophis' III. warteten ebenfalls ein paar hundert Damen auf ein Zeichen, offiziell teilte er mit Königin Teje, Nebenfrau Giluchepa, Tochter Satamun und Nebenfrau Taduchepa Tisch und Bett.

So gesehen war Tut-ench-Amun ein Waisenknabe. Zwar wurde er nicht einmal halb so alt wie Amenophis III., und das biblische Alter von Ramses II. erreichte er nur zu einem Bruchteil, aber Ramses hatte schon mit 16 zwei Frauen und vier Söhne. Der französische Ägyptologe Pierre Montet sagt über Tut-ench-Amuns Beziehungen zum anderen Geschlecht: »Der König und die Königin führten eine harmonische Ehe bis zum Ende ihrer Regierungszeit, und offenbar gewann keine andere Frau im Leben des Königs auch nur die geringste Bedeutung.«

Tut-ench-Amuns Frau war eine Frau mit Vergangenheit. Als die beiden um das Jahr 1347 v. Chr. heirateten, geschah dies vor allem aus Gründen der Staatsräson. Anches-en-pa-Aton war ein Königskind, eine legitime Thronerbin.

Die dritte Tochter Echnatons und Nofretetes wurde um das Jahr 1360 vermutlich in Theben geboren. Sie zog mit ihren Eltern in die neue Hauptstadt Achetaton und erlebte dort den frühen Tod ihrer älteren Schwester Maketaton und die Vermählung der ältesten Schwester Meritaton mit dem seltsamen Günstling ihres Vaters, Semenchkare. Mit zwölf, während es in der Ehe ihrer Eltern kriselte, mußte sie ihrem Vater Echnaton zu Willen sein. Der Pharao machte sie dafür zur Nebenfrau. Das Verhältnis blieb nicht ohne Folgen: Anches-en-pa-Aton gebar eine Tochter, die sie Anches-en-pa-Aton Tascherit nannte, Anches-en-pa-Aton die Jüngere.

Nun hatte Echnaton Semenchkare als seinen Nachfolger vorgesehen – Echnaton war erst 25 Jahre alt, als er seinem designierten Nachfolger die Tochter Meritaton zur Frau gab und sie umgehend zur First Lady machte. Dies war ein deutlicher Affront gegen die schöne Nofretete, mit der Echnaton inzwischen getrennt von Tisch und Bett lebte. Doch als Echnaton zwei Jahre später die zwölfjährige Tochter Anches-en-pa-Aton in sein Prunkbett holte, da scheint diese ihrer älteren Schwester Meritaton sehr schnell den Rang abgelaufen zu haben.

Das geht aus einem Brief des Babylonierkönigs Burnaburiasch II. (1370–1343 v. Chr.) hervor, der im Tontafelarchiv von Amarna gefunden wurde. Der Babylonier brüskiert in dieser Botschaft die als erste Dame des Staates fungierende Meritaton und schickt Geschenke »an die Herrin Deines Hauses« Anches-en-pa-Aton. So wurde im offiziellen Sprachgebrauch nur die Königin angeredet. Anches-en-pa-Aton erhielt schließlich im großen Aton-Tempel von Amarna eine eigene Kapelle – genau wie zuvor ihre schwesterliche Rivalin Meritaton.

Ein Scherbenfund hat die Archäologen in helle Aufregung versetzt. Das winzige Ding aus Terrakotta trägt nämlich die zweifelsfrei echte Königstitulatur Semenchkares und daneben den Namen der »Königlichen Gemahlin Anches-en-pa-Aton«. Dies ist ein Beispiel für eine der vielen, winzigen Scherben, die Geschichte machten. Sagt sie doch nicht weniger, als daß Anches-en-pa-Aton außer mit Echnaton, ihrem Vater, auch mit Semenchkare, seinem designierten Nachfolger, verheiratet gewesen sein soll, bevor sie mit 13 Jahren die Thronbesteigung Tut-ench-Atons durch Heirat legitimierte. Eine unvorstellbare psychische Belastung für ein Mädchen im Pflichtschulalter – von der physischen ganz zu schweigen.

Waren die alten Ägypter Unmenschen, hemmungslose Sexualprotze, die nicht einmal vor dem eigenen Kind haltmachten, Männer, die ihre Frauen verschoben wie Schwarzmarktware; wer am meisten bot, erhielt den Zuschlag? An dieser Stelle wird es Zeit, uns mit der Ehe im alten Ägypten und speziell mit der am Hofe des Pharaos auseinanderzusetzen.

Statt Standesamt: Man probierte es miteinander

Im pharaonischen Ägypten schritt man nicht zum Traualtar, man tauschte keine Ringe und gab sich kein feierliches Jawort, man probierte es einfach miteinander. Ging es gut, so machten die beiden Partner einen Ehevertrag, ob Onkel mit Nichte, Vetter mit Kusine, Bruder mit Schwester spielte keine große Rolle, je höher der Rang der Heiratslustigen, desto freier das Verhältnis.

Es gab keinen Priester, der das Verhältnis sanktionierte, und das ist – wo doch die Religion der alten Ägypter eng mit dem Alltag verbunden war – merkwürdig. Anscheinend sah man die Eheschließung als so nebensächlich an, daß es nicht einmal einen Standesbeamten gab, der einen staatlichen Formalakt vornahm. Hochzeit wurde gefeiert, nicht besiegelt, Heiraten war eine Privatsache und eine Angelegenheit des Brauchtums, nicht der Religion oder der Gesetze. Deshalb konnte ein Ägypter ohne weiteres eine Nubierin, Syrerin oder Babylonierin heiraten, wenn sie ihm gefiel, vor allem die Herrscher der 18. Dynastie machten davon regen Gebrauch.

Obwohl die Ehepartner meist der gleichen sozialen Schicht entstammten, gab es kein Reglement, das einer reichen Ägypterin die Ehe mit einem mittellosen Kriegsgefangenen verbot. Eine Eheurkunde aus ptolemäischer Zeit dokumentiert anhand ungewöhnlich vieler »Frauensachen« (Hausrat wie Bett, Spiegel, Ofen und Geschirr), die von ihr mit in die Ehe gebracht wurden, die Verbindung einer begüterten Frau mit einem einfachen Soldaten, der von kargem Wochensold lebte.

All das hat schon in antiker Zeit ausländische Beobachter ziemlich verwirrt und erschien bisweilen sogar suspekt. Der griechische Geschichtsschreiber Diodor, der zeitweilig in Alexandria lebte, berichtete in seinem 40bändigen Geschichtswerk »Historische Bibliothek«, die Ägypter hätten polygam gelebt, nur die Priester hätten sich mit einer Frau bescheiden müssen. Herodot aus Halikarnass hingegen wußte in seinen »Historien« schon ein paar hundert Jahre früher über die ägyptischen Ehemänner zu berichten: »Nur eine einzige Frau hat jeder von ihnen, wie es bei den Griechen ist.« Hier aber irrte Herodot, die Wahrheit ist viel komplizierter.

Wenn der Ägypter sich meist mit *einer* (Ehe-)Frau beschied, so nicht, weil er nicht mehr Frauen hätte zu sich nehmen dürfen. Dies war kein rechtliches, sondern ein materielles Problem. Schon im Mittleren Reich sind sogar in bürgerlichen Kreisen Vielehen bekannt. Doch übernahm der Mann als der in der Regel mehr begüterte Partner mit seinem Eheversprechen auch die wirtschaftlichen Verpflichtungen. Eheurkunden, wie sie seit der 22. Dynastie überliefert sind, bezeugen eine Sicherungsübereignung des Vermögens des Mannes zugunsten von Frau und Kindern. Gelüstete es ihn nach einer zweiten Frau und lag ihm daran, diese offiziell in seine Familie aufzunehmen, so hatte die Zweitfrau familienrechtlich, also auch erblich, hinter der Hauptfrau zurückzutreten. Da aber auch eine Zweitfrau versorgt sein wollte, mußte entweder der Mann sehr reich oder die Zweitfrau sehr arm sein. So kam es, daß sich vor allem

Frauen niederen Standes, Sklavinnen oder Witwen, als Zweitfrau hergaben, vor allem dann, wenn die Ehe mit der Hauptfrau kinderlos geblieben war. Eine Jungfrau stand dabei weit höher im Kurs als eine Frau mit Vergangenheit.

Im Normalfall war der Mann der Begüterte, und die Frau zog zu ihm. Wir kennen aber auch Fälle, in denen der Mann zu einer reichen Frau zog. Kurios ist eine Form der Partnerschaft, die man matrilokale Ehe nennt. Dabei blieb die Frau im Elternhaus wohnen oder gründete ihren eigenen Hausstand, der Ehepartner kam bisweilen zu Besuch. Genaueres über die Ursache dieser Form des Zusammenlebens wissen wir nicht, doch dürften güterrechtliche Gründe dahinterstehen.

War die Ehe einmal vollzogen und lebte man reglementiert durch eine Ehe- oder besser Partnerschaftsurkunde zusammen, so stand diese Partnerschaft unter staatlichem Schutz. Das heißt: Jungfräulichkeit, Ehevollzug oder eheliche Treue waren rechtlich relevante Begriffe und sogar einklagbar.

Aus der Zeit des Neuen Reiches gibt es zahlreiche Urkunden zu diesem Thema. Da behauptet ein Mann schriftlich unter Eid auf einer Tonscherbe, er habe nie und nimmer mit dieser und jener Frau geschlafen. Auf einem Papyrustext wird ein Mann angeklagt, er habe fremde Ehefrauen geschändet. Umgekehrt vermeldet ein Gerichtsbericht: Ein Ehemann hat seine Frau mit einem anderen beim Ehebruch ertappt. Vor Gericht mußte der Ehebrecher einen Eid ablegen, die Frau nicht mehr anzurühren, als Strafe wurden ihm Verstümmelung von Nase und Ohren und Verbannung nach Nubien angedroht. Aber – wo die Liebe hinfällt: Die beiden trieben es munter fort, die Ehefrau bekam von ihrem Liebhaber sogar ein Kind. In seiner Hilflosigkeit ging der gehörnte Ehemann erneut vor Gericht. Aber die Herren Richter waren erneut gnädig und drohten dem liebestollen Verehrer Zwangsarbeit auf der Insel Elephantine an – bei der Drohung blieb es dann auch. Unkompliziert und locker wie das eheliche Verhältnis war offensichtlich auch die Rechtsprechung darüber.

Hatten die Ehepartner sich auseinandergelebt, ließ man sich scheiden, das heißt, das war gar nicht nötig, die Scheidung war kein Rechtsakt, sondern ein Privatakt. Ein Scheidungsgrund war, wenn die Frau fremdging, wenn sie keine Kinder bekam, wenn sie schlecht aussah oder wenn der Mann eine andere heiraten wollte. Allerdings trat dann für den materiell Schwächeren, meist also die Frau, der Versorgungsausgleich in Kraft. Dieser war einklagbar, und mancher Mann hat sich mit seinen Weibergeschichten ruiniert. »Wenn du Freundschaft dauern lassen willst in deinem Haus, wo du Zugang hast als Herr, Bruder oder Freund, welchen Ort du auch betreten magst: Hüte dich, den Frauen zu nahen.« So heißt es in der Weisheitslehre des Ptahhotep.

Warum Tut-ench-Amun mit 12 Jahren heiratete

Es mag schockieren, daß die 13jährige Witwe Anches-en-pa-Aton den 12jährigen Tut-ench-Aton geehelicht hat. Der Ägypter des Neuen Reiches empfand das jedoch überhaupt nicht als anstößig – auch wenn es ihm selbst praktisch verwehrt war, schon als Lausejunge mit einer schönen Frau zusammenzuleben. Denn so ein pubertärer Knabe konnte nur dann ein partnerschaftliches Verhältnis eingehen, wenn er einer angesehenen Familie entstammte, die dem Jüngelchen den notwendigen finanziellen Rückhalt bot. Ptahhotep empfiehlt in seiner bereits zitierten Lebenshilfe-Fibel, erst zu heiraten, »wenn du angesehen bist«.

Also stand es dem Pharao frei, sich ein Weib zu nehmen, in welchem Alter auch immer er Lust dazu verspürte. Und war er so jung wie Tut-ench-Aton oder sein vermutlicher Vater Echnaton, daß er die Staatsgeschäfte zu führen noch nicht einmal selbst in der Lage war: Eine meist etwas ältere Ehefrau weihte den kleinen König schon in die Geheimnisse der Liebe ein.

Tut-ench-Aton heiratete, wie wir gehört haben, vermutlich seine Halbschwester. Auch das war am Hofe des Pharaos nicht ungewöhnlich, im Gegenteil: Besessen von einem unerhörten Traditionsbewußtsein, suchten alle ägyptischen Könige ihr göttliches Erbe durch Inzucht zu legitimieren. Tut-ench-Aton als illegitimer Königssohn hatte also eine legitime Königstochter nötig, abgesehen von seinem jugendlichen Alter – eine Liebesheirat war es gewiß nicht.

Aber der ägyptische König mußte eine Frau haben – und wenn

es, wie am Ende von Echnatons Zeit, ein Mann war. Mit der Witwe seines vermeintlichen Vaters an der Seite konnte Tut-ench-Aton darangehen, in Ägypten die alten Verhältnisse wiederherzustellen.

Das geistige und kulturelle Chaos, das mit Echnatons Tod hereingebrochen war, ist auf einem Gedenkstein nachzulesen, den Tut-ench-Amun in Karnak meißeln ließ. Der junge König residierte zu dieser Zeit noch in Memphis, aber er war bereits »ein guter Herrscher, der Nützliches tut für den Vater aller Götter«. Denn, so heißt es in dem Hieroglyphentext, »Seine Majestät bestieg den Thron zu einer Zeit, als die Tempel zwischen dem Delta und der Insel Elephantine in Vergessenheit geraten und die Heiligtümer zu Ruinen geworden waren, über denen das Unkraut wucherte. Die Allerheiligsten waren verschwunden, Trampelpfade durchzogen die Gebäude. Im Land herrschte das Chaos, denn die Götter hatten ihm den Rücken gekehrt . . .«

Es war, wenn man den Worten Tut-ench-Amuns, hinter denen wohl Eje steht, glauben darf, eine gottverlassene trostlose Zeit. Wallfahrten, Gelübde, Orakel und religiöse Feste, für den alten Ägypter notwendig wie das tägliche Brot, gehörten der Vergangenheit an. Das führte zu einer allgemeinen Apathie. Öffentliche Bauten und staatlich geförderte Projekte, die wichtigsten Einnahmequellen der arbeitenden Bevölkerung, gab es seit der Fertigstellung von Achetaton nicht mehr. Es herrschte bittere Armut.

Was jetzt im Namen Tut-ench-Amuns geschah, zielte nicht nur auf die Restauration der alten Religion hin. Es ging auch darum, dem Pharao das Vertrauen des Volkes zurückzuerobern. Dazu war zuallererst ein Arbeitsbeschaffungsprogramm notwendig; denn damals wie heute galt der Grundsatz: Ein sattes Volk macht keine Revolutionen.

Aber jedes Volk braucht seine Idole. Echnaton hatte sie über Nacht abgeschafft. Götter, zu denen die Menschen, soweit man denken kann, gebetet hatten, waren degradiert, demontiert, Buhmänner der Nation geworden. Eineinhalb Jahrzehnte hatte es nur den einzigen Gott, die Sonne, gegeben, die noch dazu amorph, gestaltlos war.

Neue Ehren für einen alten Gott

Der junge König gab seinem Volk den Allmächtigen zurück, Amun. Er legte Wert auf die Feststellung, daß die goldene Amun-Figur, die er anfertigen und mit Lapislazuli, Türkisen und anderen Edelsteinen verzieren ließ, größer war als jene, die vor der Amarna-Revolution existiert hatte. Für die neue Statue benötigten die Priester 13 Tragestangen, die alte konnte man mit 11 in die Höhe heben.

Tut-ench-Amun in seinem Memorandum weiter:

»Er (Tut-ench-Amun) vermehrte ihre Altäre aus Gold, Silber, Bronze und Kupfer ins Unermeßliche. Er lieferte Sklaven und Sklavinnen für ihre Arbeitshäuser, die er erbeutet hatte. Er erhöhte die Tempelabgaben. Die Lieferungen von Gold, Silber, Lapislazuli, Türkis und allerlei Edelsteinen, königlichem Leinen, weißem Leinen, buntem Leinen, Geschirr, waren doppelt, verdreifacht, vervierfacht oder bis ins Unendliche gesteigert.«

Echnaton hatte die Tempel und Latifundien des Amun-Clans schließen lassen, Zehntausende hatten damit ihr Einkommen verloren, viele Priester waren in die Armee abgewandert. Jetzt mußte Tut-ench-Amun die alte Amun-Hierarchie wieder neu aufbauen, das bot der Bevölkerung neue Aufstiegschancen.

Als Priester wurden Männer, »deren Name bekannt war«, also moralisch einwandfreie Persönlichkeiten, berufen. Es waren meist die Söhne der Väter, denen unter Echnaton das Amt entrissen worden war. Sklavinnen, Sängerinnen und Tänzerinnen, die am Hofe Echnatons Dienst getan hatten, wurden von Tut-ench-Amun geweiht und dem neuen Tempeldienst überstellt. Bezahlt wurden sie vom Pharao.

Diese Aktionen steigerten das Ansehen des jungen Königs, im Volk machte sich nach den Jahren des Niedergangs eine neue Aufbruchsstimmung bemerkbar. »Die Herzen der Götter und Göttinnen dieses Landes«, lesen wir auf Tut-ench-Amuns Restaurationstafel, »waren in Freude, und die Herren der Heiligtümer waren in Jubel. Die Länder jubelten und jauchzten, Lachen erscholl im ganzen Land, denn schöne Dinge waren geschehen ...«

Es gab wieder die alten religiösen Feste, die das ganze Land tagelang in ein Tollhaus verwandelten. 20 Tage lang feierten Priester und gewöhnliche Sterbliche, arm und reich, Ausländer und Einheimische

Einige der wenigen kunsthistorischen Hinterlassenschaften Tut-ench-Amuns: das Opet-Fest in Luxor

in Theben das sogenannte Opet-Fest. Voll Stolz über diese Wiedereinführung ließ Tut-ench-Amun die Szenerie dieses Spektakels in die Mauern des Luxor-Tempels einschlagen, wo sie noch heute ein beredtes Zeugnis für ein erregendes Schauspiel gibt:

Amun, der neue alte Reichsgott, kehrt in Begleitung des jungen Königs Tut-ench-Amun von Karnak nach Luxor zurück. Heer und Marine sind aufgeboten, um die Prozession ein kurzes Stück nilaufwärts zu begleiten. Die Soldaten jubeln: »Wie herrlich ist der gute Herrscher, wenn er Amun gerudert hat!« Musikkapellen spielen auf. Tänzerinnen produzieren ihre Schönheit. Priester schlachten Opfertiere. Es gibt zu essen und zu trinken, so recht nach dem Herzen der Ägypter.

Komplikationen nach dem Umschwung

Eine wichtige Frage konnte von den Historikern bis heute nicht geklärt werden: Machte der Aton-Kult dem traditionellen Amun-

Glauben allmählich Platz oder geschah der Umschwung abrupt? Für beide Möglichkeiten gibt es ernstzunehmende Hinweise, Beweise gibt es nicht.

Der Thronsessel Tut-ench-Amuns, der – das darf als sicher gelten – zu seinem Regierungsantritt angefertigt worden war, trägt Namen und Symbole des Gottes Aton. König Tut legte sonderbarerweise keinen Wert darauf, diese Reminiszenz an die Ketzerzeit während seiner neunjährigen Regierungszeit zu vernichten. Außer dem Thron nahm Tut-ench-Amun sogar einen Königswedel mit ins Grab, der den Namen Echnatons trägt. Ein Teil der Geschichtsschreiber sieht darin den Beweis für die Toleranz, die Echnatons Nachfolger gegenüber dem Abenteuer von Amarna aufbrachte. Nach ihrer Ansicht setzte der Bildersturm, der nicht einmal das geschriebene Wort »Aton« oder »Echnaton« schonte, erst unter dem Soldatenpharao Haremhab und den nachfolgenden Ramessiden ein.

Diese Annahme wäre schwer zu widerlegen, hätten nicht Arthur Weigall und Theodore Davis 1907 im Tal der Könige das Grab Nr. 55 angestochen, wo sie unter von der Decke gestürzten Gesteinsmassen einen zerlegten und zerborstenen Sargschrein mit dem Namen Tejes und eine Mumie fanden. Vermutungen, es könnte sich dabei um den Leichnam Tejes handeln, erwiesen sich jedoch nach neueren Forschungen als ebenso falsch wie die Ansicht, man habe Echnaton oder gar Nofretete gefunden. Anatomen erkannten die sterblichen Überreste eines etwa 20 Jahre alten Mannes, Archäologen fanden im Sarg ein Goldblatt mit der Aufschrift »Geliebt von Ua-en-Re«. Ua-en-Re war ein Beiname Echnatons. Da die Mumie ein Königszepter in Händen hielt und auf dem Sarg die königliche Uräusschlange gefunden wurde, Echnaton aber kaum sagen konnte, daß er von sich selbst geliebt wurde, mußten diese Gebeine die des Semenchkare sein.

Semenchkare, von dessen zweifelhaftem Verhältnis zu Echnaton an anderer Stelle die Rede war, wurde unter König Tut-ench-Amun an der traditionellen Ruhestätte der Pharaonen des Neuen Reiches, im Tal der Könige, bestattet. Dort hatte er noch zu Lebzeiten mit dem Bau eines Amun-Tempels begonnen. Die jahrzehntelangen Diskussionen der Archäologen um die Leiche sind leicht erklärbar. Der von herabfallendem Gestein zertrümmerte Sargschrein war in der Tat ursprünglich für Teje bestimmt. Auf einer Reihe von Funden aus dem Grab stand Tejes Name. Zwei Ziegel, die in dem Grab herumlagen, trugen allerdings die Namensringe Echnatons. Damit war die Verwirrung komplett, und man rätselte herum, wie dieses Sammelsurium entstanden sein könnte.

Die Aufgabe von Achetaton stellte Tut-ench-Amun und seine Ratgeber vor schwierige Probleme. Unter anderem mußten für die Mitglieder des Königshauses in aller Eile Grabstätten gefunden werden. Echnaton hatte zwar in einem Wadi, abseits von Tell el-Amarna ein Königsgrab bauen lassen, doch das traditionelle Ritual forderte ein Begräbnis im Tal der Könige. Hätte sich die Clique um den jungen König von Echnaton und seinen Anhängern distanziert, dann hätte man die Mitglieder des Königshauses auch in den für sie vorgesehenen Grabstätten bei Amarna bestattet. So aber wurde im thebanischen Tal der Könige eine halbfertige Gruft als Familiengrab für Echnaton, seine Mutter Teje und den designierten Nachfolger Semenchkare übernommen, ein zweites vermutlich für Nofretete und ihre Töchter Maketaton und Meritaton. Tut-ench-Amun fühlte sich seiner Verwandtschaft verpflichtet.

Das Ketzergrab wurde geöffnet

Teje fand in dem beengten Grab Nr. 55, in einem vor Jahren für sie angefertigten Sargschrein, eine Ruhestätte. Für die Grabausstattung Echnatons und Semenchkares, die beide 1347, im selben Jahr, gestorben waren, blieb wenig Zeit. Es reichte gerade für goldene Mumiensärge, Beigaben, die aus Achetaton stammten, waren ausreichend vorhanden.

Irgendeinem der radikalen Pharaonen, war es Haremhab oder Ramses II., scheint die Zusammenlegung der unbescholtenen Königin Teje mit den Ketzern Echnaton und Semenchkare jedoch ein Dorn im Auge gewesen zu sein. Er ließ den versiegelten Grabeingang aufbrechen und den Mumiensarg Tejes herausholen. Die Mumie Echnatons wurde möglicherweise verbrannt – was nach ägyptischem Totenglauben das Furchtbarste war, das einem Menschen passieren konnte. Nur der Leichnam Semenchkares blieb im Grab.

Leider scheiterte der Versuch, auch Tejes Sargschrein aus dem Grab zu holen. Er war, wie der des Tut-ench-Amun, erst in der Grabkammer zusammengebaut worden, und die Umbettung sollte offenbar möglichst unbemerkt vonstatten gehen. Die Türen waren bereits draußen, aber die Seitenwände des Sargschreins gingen nicht durch die Öffnung, wie sehr sich die Grabbeamten auch mühten.

Die Mühe erkannten Weigall und Davis an den zahlreichen Beschädigungen. Schließlich ließ man die Teile zurück. Bevor das Kommando zum Rückzug kam, meißelten die Frevler an den Schreinteilen alle Symbole und Namen aus, die an Aton erinnerten. An dem Mumiensarg des Semenchkare wurden Namensringe und Gesicht abgeschlagen; der Tote hatte seine Identität verloren.

Semenchkare verblieb im Grab, Teje wurde möglicherweise im Grab ihres Gatten Amenophis III. beigesetzt. Dort entdeckte Howard Carter eine kleine Dienerfigur mit ihrem Namen, wie man sie den Toten mit ins Grab gab. Eine Fayence-Platte, die von Carter ebenfalls im Amenophis-Grab gefunden wurde, trug den Namen Ramses' II. Wie es scheint, war es der große Ramses, der diese Nacht-und-Nebel-Aktion angeordnet hatte.

Mit Semenchkare ist man auch in neuerer Zeit nicht gerade ehrerbietig umgegangen. Als James Henry Breasted im Jahre 1919 das Kairoer Museum besuchte, um die Inschriften am Goldsarg des unglücklichen Königs – den er übrigens noch für Echnaton hielt – wiederherzustellen, da wurde er zu dem Mumiensarg mit dem abgeschlagenen Gesicht geführt, aber die sterblichen Überreste waren verschwunden. Seit Elliot Smith die Leiche untersucht hatte, habe sich niemand mehr darum gekümmert. Schließlich fand Breasted sie in einer beschrifteten Kiste im Magazin des Museums unter einem Tisch, das heißt, nur ein paar Knochen lagen darin.

»Es war«, schreibt der Amerikaner, »ein merkwürdiges Gefühl, diesen Schädel aus der Kiste zu nehmen und sich vorzustellen, wer das einmal war. Ich nahm die Kinnlade beiseite und entdeckte noch einen Weisheitszahn im Oberkiefer. Der Gaumen war geschrumpft und hatte den Zahn freigelegt. Die übrigen Zähne waren kräftig und in gutem Zustand. Leider hatte jemand den Schädel vor kurzem fallen gelassen, dabei waren die unteren Vorderzähne ausgebrochen. Ich habe die Verwaltung des Museums überredet, die Gebeine der Obhut eines Anatomen anzuvertrauen . . .«

Offen bleibt, warum Tut-ench-Amun, der nachweislich mit der Restauration des Amun-Glaubens begonnen hat, in späteren Jahren der Ketzerzeit zugeordnet und der Vergessenheit preisgegeben wurde. Auch Eje wurde so behandelt, auch er wurde nicht in die offiziellen Königslisten aufgenommen.

Es scheint, hier spielte die Abstammung eine Rolle, und die Vermutung, daß Tut-ench-Amun ein Sohn Echnatons gewesen sei, erhält neue Nahrung. Ejes verwandtschaftliche Beziehung zum Königshaus – man hält Teje für seine Schwester – dürften sein Ketzer-Image weniger geprägt haben als die Jahre, die er als Erzieher des Prinzen und sein Ratgeber tätig war.

Schriftliche Zeugnisse, die Licht in das Dunkel dieser Problematik bringen könnten, gibt es nicht, oder sie lagern noch unentdeckt im Wüstensand. Viel hatte Tut-ench-Amun ohnehin nicht zu melden: Er führte keine Kriege und verursachte keine Skandale, während seiner Regierung gab es keinen Wohlstand, nur ein einziger Tempel wurde gebaut. Nein, wir müssen uns damit abfinden, daß Tut-ench-Amun ein relativ unbedeutender Pharao war.

Seine größte Bedeutung liegt darin, daß er vergessen wurde, vergessen werden sollte. Hätten ihn seine Nachfolger in ihre Königslisten aufgenommen, dann wären Grabräuber schon in alter Zeit Hinweisen auf seine letzte Ruhestätte nachgegangen. So aber blieb sie unbehelligt und veranschaulicht nun wenigstens ungefähr, mit welchem Prunk, mit welchem Pomp bedeutendere Pharaonen bestattet worden sein müssen.

Wenn wir die Größe der Grabstätte von Sethos I. und Tut-ench-Amun miteinander vergleichen, so verhalten sich die Ausmaße wie ein englischer Landsitz zu einem Gärtnerhäuschen. Aber das ägyptische Brauchtum, die ägyptische Kultur, sie gewannen durch diese »bescheidene« Entdeckung neue Dimensionen, denn nirgends präsentierte sie sich so unberührt und so lebendig.

Nach Tut-ench-Amun kamen drei bedeutungslose Jahrzehnte ägyptischer Geschichte, 4 Jahre unter Eje, 28 unter Haremhab.

Die graue Eminenz

Eje ist ein Mann, der historisch schwer zu erfassen ist, und noch heute schwankt sein Charakterbild in der Geschichte. War er ein Opportunist, der sein Gewissen der Karriere opferte, oder war er ein Weiser, dem einzig und allein das Schicksal seines Landes am Herzen lag?

Unter Echnaton war Eje Befehlshaber der Streitwagentruppe und »Vorsteher aller Pferde des Herrn der beiden Länder«. In dem Grab, das er sich in Tell el-Amarna in den Fels schlagen ließ, das aber unbenützt blieb, bezeichnete er sich selbst als tüchtig, charaktervoll, angenehm, freundlich und erfolgreich. Dies ist für ägyptische Verhältnisse ungewöhnlich, und es scheint, als habe Eje eine Karriere um jeden Preis im Auge gehabt.

Er war schon unter Echnaton, für dessen Erziehung er verantwortlich zeichnete, nicht mehr der Jüngste. Aber er mußte dessen Nachfolger Tut-ench-Amun überleben, um selbst Pharao werden zu können. Vorher war Eje graue Eminenz. Echnaton hatte ihn in Achetaton außerdem zum »Ersten der Beamten an der Spitze der Untertanen« gemacht, daneben bekleidete er das einflußreiche Amt des »Schreibers des Königs«, den repräsentativen Posten des »Wedelträgers zur Rechten des Königs« und den beliebten Job des »Festleiters der Neunheit«.

Sein Verhältnis zum Aton-Glauben ist ungeklärt. Vielleicht stand er ihm nicht so schwärmerisch gegenüber wie Echnaton, aber er war ein Anhänger der neuen Glaubensrichtung und tönte in einem Grabtext voll Eifer: »Verehrt den lebenden Aton, so daß ihr fest im Leben bleibt.«

Unter Tut-ench-Amun wiederholte Eje seinen Part der grauen Eminenz erfolgreich; allerdings richteten sich seine Bestrebungen nun gegen das, was er unter Echnaton selbst mit aufgebaut hatte. Jetzt bekämpfte er den Aton-Glauben zugunsten des Amun-Kultes.

Nach der Revolution erfolgte nun die Restauration. Die Götter, an deren Thronen er jahrelang gesägt hatte, mußten unter Tut-ench-Amun mit hohem Aufwand zurückgeholt werden.

Es ist schwer vorstellbar, daß diese Idee im Gehirn eines zwölfjährigen Jungen geboren wurde. Die Initiative der ersten Regierungsjahre Tut-ench-Amuns stammte sicher von Eje. Er leitete die Staatsgeschäfte für den minderjährigen Pharao, er muß also auch der Kopf der religiösen Gegenbewegung gewesen sein. Über das auslösende Moment dieses Meinungsumschwungs gibt es nur Spekulationen. War die Aton-Religion zu intellektuell, kam sie beim Volk nicht an, revoltierten die Massen gegen den Aton-Glauben?

Es wäre denkbar, daß Eje dem Drängen des Volkes nachgab und sich auf die traditionellen Gottheiten besann. Einen Zwölfjährigen von der Notwendigkeit dieses Handelns zu überzeugen, dürfte nicht allzu schwergefallen sein.

Die Wiederherstellung der Zustände, die in der Glanzzeit der 18. Dynastie geherrscht hatten und womit unter Tut-ench-Amun so hoffnungsvoll begonnen wurde, war ein Fehlschlag, sie erwies sich als undurchführbar. Tut war ein wankelmütiger Knabe, Eje ein schlaffer Greis. Keiner von beiden konnte von sich behaupten, die Zügel des Reiches in Händen zu halten. Das Staatsschiff trieb seit über einem Jahrzehnt ohne Steuermann in der Strömung. Daß es nicht leckschlug, lag in erster Linie am relativ ruhigen Lauf der Zeit. Und als der alte Eje nach vierjähriger Regierung starb, riß der gefürchtete General Haremhab die Macht an sich.

Das Ende der 18. Dynastie

Haremhab, der Pharao von eigenen Gnaden, strebte vor allem danach, Recht und Ordnung wiederherzustellen. »Seine Majestät«, heißt es im Dekret des Haremhab, einer 3 mal 5 Meter großen Steinplatte, »wachte zu jeder Tageszeit, um Nützliches zu suchen für das Land Ägypten und Treffliches zu erstreben . . .«

Dieses Haremhab-Dekret war Steuergesetz-Ausführungsverordnung und Strafgesetzbuch in einem. Die umständlich formulierten neun Paragraphen regulieren kurz folgendes:

§ 1: Es ist den Steuerbeamten des Königs untersagt, das Schiff mit den Abgaben eines Lehensmannes zu überfallen. Zuwiderhandlungen werden mit Abschneiden der Nase oder Verbannung bestraft.

§ 2: Das gleiche gilt für Diener des königlichen Versorgungsmagazins.

§ 3: Ein Diener des Versorgungshauses, der einem Lehensmann Ölpflanzen oder einen Sklaven raubt, soll ebenfalls seine Nase verlieren oder verbannt werden.

§ 4: Soldaten, die dem Bauern ein Rinderfell wegnehmen, erhalten 100 Stockschläge und fünf blutende Wunden.

§ 5: Wurde der Lehenstribut bereits an die Inspektoren des Haushalts der Königin entrichtet, so dürfen ihn die Tischschreiber des Harems nicht ein zweites Mal fordern.

§ 6: Das Gemüse für den Bedarf des Königs darf von den Tributeintreibern nicht wahllos im Garten eines Privatmannes, sondern nur in den Lehensgütern geerntet werden.

§ 7: Die königlichen Affenwärter dürfen nicht mehr als die genau vorgeschriebene Menge an Gemüse, Grünzeug und Blumen einziehen.

Allein aus der Veröffentlichung dieses Dekrets sehen wir, daß Korruption und Kriminalität weit verbreitet waren. Der Beamtenapparat, der lange Jahre von niemandem kontrolliert wurde, hatte zunehmend in die eigene Tasche gewirtschaftet. Offenbar war es gang und gäbe, wenn die Beamten ihre Gehälter selbst festsetzten; denn Haremhab betont ausdrücklich, er habe jedem seine Einkünfte gegeben und Ausnahmen abgeschafft. Den Richtern untersagte er die Annahme von Gold und Silber.

Dabei scheint es zu einer radikalen Säuberungsaktion unter der ägyptischen Beamtenschaft gekommen zu sein. Haremhab fuhr höchstpersönlich durch das Land und suchte nach brauchbaren Beamten, »die vollkommen an Rede und von gutem Charakter waren«. Er wußte um die Bedeutung eines gut funktionierenden Beamtenapparates, schließlich hatte der General, bevor er den Thron bestieg, beinahe ein Dutzend hoher Ämter inne. Er war »Präsident der beiden Länder«, »der wahre vielgeliebte Schreiber des Königs«, »Chef-Intendant«, »Gesandter des Königs in allen Ländern«, »Erwählter des Königs«, »der Vertraute der besonderen Vertrauten des Königs«, und er ließ sich mit fragwürdigen Anreden titulieren wie »Zwei Augen des Königs von Ober- und Unterägypten«.

Haremhab mußte wie Tut-ench-Amun seine Thronansprüche legitimieren. Um das Blutsband der Dynastie zu erhalten, heiratete er ein Mitglied der königlichen Familie. Anches-en-Amun, mindestens dreimal verwitwet (Echnaton, Tut-ench-Amun, Eje, vielleicht auch

Semenchkare), scheint inzwischen verstorben zu sein. So war der selbsternannte Pharao auf Prinzessin Mudnetjemet angewiesen, die angeblich eine Schwester Nofretetes gewesen sein soll. Selbst als eine jüngere Schwester der Amarna-Königin muß sie bei der Hochzeit etwa 40 Jahre alt gewesen sein, ein Alter, in dem Ägypterinnen für gewöhnlich nicht mehr ans Heiraten dachten. Die entfernte Verwandtschaft mit der königlichen Familie und ihr relativ hohes Alter bei der Eheschließung zeigen jedoch, wie notwendig diese Legitimation für den Emporkömmling Haremhab war.

Nach dem Ende der 28jährigen Regierung Haremhabs fand die 18. Dynastie, die eigentlich schon 1347, mit dem Tode Echnatons, erloschen war, ihr tatsächliches Ende. Das Oberhaupt einer Soldatenfamilie aus dem Delta fühlte sich berufen, die Geschicke des Nilreiches zu lenken. Es war der Aufbruch in eine neue Zeit, das Zeitalter der Ramessiden.

XIV.

Nachruf:
Das stille Ende des Entdeckers

Es gibt Zeiten im Leben – sie sind selten und von meist kurzer Dauer –,
da stürmen die Ereignisse auf uns ein.
Während vieles sich im Rückblick verändert,
bleiben solche Zeiten als kostbare Erinnerungen unverfälscht bestehen.
Sie erleichtern dem Archäologen die schwere Arbeit
und belohnen ihn für seine Mühen.

Howard Carter

Tut-ench-Amun war in aller Munde. Über Nacht war der vergessene Pharao zum bekanntesten ägyptischen König geworden – zum Pharao schlechthin. Sein Entdecker hingegen geriet ebenso schnell in Vergessenheit, wie er berühmt geworden war; er legte keinen Wert auf Popularität, im Gegenteil. Die wenigsten wußten, daß Howard Carter noch immer im Grab arbeitete. Allein, nur gelegentlich von Hilfsarbeitern und Assistenten unterstützt, nahm er die Bestandsaufnahme und Konservierung der neben dem Sargraum gelegenen Schatzkammer und der Vorkammer gegenüber dem Eingang vor. Jetzt konnte er das Alleinsein mit seinem Pharao genießen, noch sechs lange Jahre.

Carter hatte den Zugang zur Vorkammer und den offenen Durchblick zur Schatzkammer nach einer ersten kurzen Bestandsaufnahme mit Brettern vernagelt, um sich – wie er sagte – »nicht von der Arbeit an dem ungeheuer reichen Material der Sargkammer abhalten zu lassen oder in die Versuchung zu kommen, die Ordnung der Gegenstände in dem kleinen Raum zu stören«.

Man schrieb das Jahr 1926, als er sich der Schatzkammer zuwandte, von deren Inhalt wir bereits erfahren haben. Ende 1927 nahm er die Vorkammer in Angriff, und er tat dies mit der gleichen

Ehrfurcht und Ergriffenheit, die er bei der Arbeit in der Sargkammer oder beim Öffnen des Sarkophages an den Tag gelegt hatte. »Selbst der gefühlsroheste Mensch«, schrieb er, »muß beim Übertreten der unbeschrittenen Schwelle ein Gefühl ehrfürchtigen Schauers empfinden, das aus dem geheimnisvollen Schatten jener mächtigen Vergangenheit emporquillt. Die tiefe Stille des Grabes wird gesteigert durch die zahllosen toten Dinge, die seit Jahrhunderten unberührt an dem Platz stehen, wohin fromme Hände sie gestellt hatten, und ein unbeschreibliches Gefühl heiliger Verpflichtung zwingt einem ein Zaudern ab, bevor man einzutreten oder etwas anzurühren wagt.«

Carter und das 3000jährige Chaos

Um in die Vorkammer zu gelangen, forderte Carter Hilfskräfte an. Der niedrige, nur 125 Zentimeter hohe und 90 Zentimeter breite Zugang, dessen Mauerwerk Grabräuber an der Basis durchbrochen hatten, war mit Einzelteilen des goldenen Sargschreines verstellt. Die zentnerschweren Teile wurden nun an die Nordwand verfrachtet. Carter rief Breasted und Gardiner, die zunächst die Siegelabdrücke im Mauerwerk kopierten und entschlüsselten. Das nahm mehrere Tage in Anspruch, denn der Zustand des Mörtels war sehr schlecht. Vier Siegelaufschriften wurden von den Schriftexperten gelesen. Sie lauteten: »Der König von Ober- und Unterägypten, Neb-cheperu-Re, der sein Leben damit verbracht hat, Bildnisse der Götter zu schaffen, auf daß sie ihm täglich Weihrauch, Trank- und andere Opfer spenden«; »Neb-cheperu-Re, der Bildnisse des Osiris geschaffen hat und sein Haus baute wie zu Anbeginn«; »Neb-cheperu-Re, Anubis triumphierend über die neun Bogen« und »Ihr oberster Herr Anubis, der triumphiert über die vier gefangenen Völker«.

Die Inschriften sind für die Geschichtsschreibung besonders interessant. Die erste gibt in knappen Worten Tut-ench-Amuns historische Bedeutung wieder. Sie scheint sich in der Tat darauf zu beschränken, daß der König neue Götterbilder anfertigen ließ und die zahlreichen Opfer wieder einführte. Der Hinweis, er habe als Anubis (Totengott) über die »neun Bogen« und die »vier gefangenen

Völker« triumphiert, ist eine feststehende Redewendung. Sie bedeutet, Tut-ench-Amun habe die Oberhand gewonnen über seine Feinde. Und das bezog sich sowohl auf die Religionsfrevler im eigenen Land wie auf Feinde in den Fremdländern.

Als Carter den vermauerten Eingang zur Hälfte niedergerissen hatte, sah er, was er schon vor fünf Jahren durch den von den Grabräubern geschlagenen Durchlaß erblickt hatte, ein unbeschreibliches Durcheinander von Ruhebetten, Lehnstühlen, Schemeln, Fußbänken, Kissen, Brettspielen, Körben, Alabastergefäßen, Krügen, Kästchen, Spielzeug und Waffen. Das Ganze glich eher einem Müllabladeplatz als einer Vorrats- und Waffenkammer.

Dieser 4 mal 2,5 Meter große Raum, in den man nach dem Einbruch in pharaonischer Zeit durch das niedrige Mauerloch gelangen konnte, war von den Friedhofsbeamten nicht aufgeräumt worden. Carter schreibt: »Es gab keinen Gegenstand, der nicht deutliche Merkmale der Plünderung aufgewiesen hätte.« Sessel lagen mit den Füßen nach oben herum, Ruhebetten standen quer im Raum, Mauerbrocken, die beim Durchbrechen der Wand losgeschlagen wurden, waren in die Kammer geschleudert und hatten zierliches Geschirr zerstört, ein Tischchen mit hohen Beinen war wie durch ein Wunder unversehrt, dazwischen ein Fächer, eine Sandale, ein Kleiderfetzen, ein Handschuh. »Die ganze Szene«, sagte Carter, »schien mit fast theatralischem Geschick zu dem Zweck gestellt zu sein, dem Betrachter ein Gefühl der Benommenheit zu geben.«

Die Mauer reichte immer noch bis in Hüfthöhe, sie total einzureißen hatte Carter nicht gewagt, weil dabei verschiedene innen an die Mauer gelehnte Grabbeigaben zerstört worden wären. Dem Ausgräber war nun die Aufgabe gestellt, aus dem prunkvollen Mikadospiel den jeweils obersten Gegenstand so zu entfernen, daß die übrigen aufgehäuften Altertümer nicht in sich zusammenstürzten.

Um zunächst einen Stehplatz und später einen schmalen Zugang zu schaffen, lehnte sich Carter über die Mauer, wobei er von zwei Gehilfen an den Beinen festgehalten wurde. Schließlich vergrößerte er seine Reichweite dadurch, daß er Schlingen um seine Oberarme legte und, von vier Mann an Seilen gehalten, wie ein Drachenflieger über den pharaonischen Schätzen schwebte, bis er einen sicheren Standort freigelegt hatte. Das war ungewöhnlich mühsam, weil man die verschiedenen Objekte nicht einfach greifen konnte, jeder Gegenstand mußte zunächst photographiert und numeriert, seine Lage aufgezeichnet werden.

Ermittlungen in einem Kriminalfall

Obwohl diese exakte Arbeit zunächst ebenso sinn- wie hoffnungslos schien, wurde schon bald hinter dem Chaos ein ursprüngliches System erkennbar. Wachsam wie ein Kriminalist sicherte Carter alle Grabräuberspuren, notierte, analysierte, kombinierte; dann gab er das Ergebnis seiner Überlegungen bekannt:

Das Grab Tut-ench-Amuns wurde zweimal von Einbrechern mit unterschiedlicher Absicht heimgesucht. Beim ersten Einbruch hatten die Gangster sich nur für Gold, Silber und Bronze interessiert; dazu waren alle vier Räume durchsucht worden. Die nachfolgenden Räuber hatten es nur auf die kostbaren Salben und Öle abgesehen, die – wie Eingeweihte wußten – stets im Vorratsraum eines Grabes aufbewahrt wurden. Also beschränkten sie sich auf die Durchsuchung dieser kleinen Kammer, bei der allerdings kein Stück auf dem anderen blieb. Sarg- und Schatzkammer blieben verschont, der Vorraum hingegen wurde ebenfalls durchsucht.

Das geschah deshalb, weil hier, entgegen sonstiger Gepflogenheiten, ebenfalls Salbgefäße abgestellt waren. Die Vorratskammer war nämlich schon zugemauert, als die letzten Beigaben für diesen Raum gebracht wurden. Eje scheint es eilig gehabt zu haben. Opferspeisen in übereinandergestapelten, eiförmigen Behältern wurden deshalb unter ein Bett in der Vorkammer gestellt. Carter äußerte den Verdacht, daß sie zusammen mit den Salben und Ölen irgendwo abgestellt, vergessen und erst entdeckt worden waren, nachdem die Maurer den Vorratsraum bereits verschlossen hatten.

Es scheint für uns ziemlich unverständlich, warum Leute das Risiko auf sich nahmen, in ein Pharaonengrab einzudringen, um dann nur Öle und Salben zu rauben. Dazu muß man allerdings wissen: Duftende Ingredienzien waren in pharaonischer Zeit ungewöhnlich kostbar, ihr Wert war durchaus mit Gold und Silber vergleichbar. In der Vorratskammer fand Carter 40 Tonkrüge und 35 schwere Alabastergefäße. Der Inhalt hatte ein Vermögen gekostet.

Daß die Räuber beim zweiten Einbruch nur die kostbaren Salben und Öle holen wollten, scheint bewiesen, weil sie mit Wasserschläuchen angerückt waren, in die sie die begehrten Wässerchen zum leichteren Transport umfüllten. Carter fand einige dieser »profanen« Behälter, die so gar nicht in ein Pharaonengrab paßten, im Eingangskorridor. Offenbar waren die Räuber gestört worden und hatten, um schnell wegzukommen, ein paar gefüllte Schläuche liegengelassen. Da alle Siegel der Krüge aufgebrochen waren, kann man annehmen, daß sie ihre Schläuche gefüllt hatten.

Dieser zweite, gezielte Beutezug wirft die Frage auf, ob die Einbrecher nicht jeweils dieselben waren, ob sie nicht beim ersten Mal, als sie alles erreichbare Massivgold und -silber raubten, auf die Idee mit den Schläuchen kamen und dann ein zweites Mal ihr Glück versuchten. Heute, im Zeitalter der modernen Kriminalistik, hätten die Gangster übrigens kaum eine Chance gehabt. Carter fand nämlich an den Innenwänden mehrerer Alabastergefäße, in denen Salben oder dickflüssiges Öl enthalten war, deutliche Fingerabdrücke. Sie hatten sich über 3000 Jahre erhalten.

Je länger die Arbeiten im Grab Tut-ench-Amuns und in dem Laboratorium im Tal der Könige dauerten, desto lauter wurde die Kritik an Howard Carters Arbeit. Man warf ihm Eigenbrötelei vor, er arbeite nur zu seinem eigenen Vergnügen, das Grab sei noch immer nicht öffentlich zugänglich. Das Gerücht machte die Runde, bei den Bergungsarbeiten sei mehr als die Hälfte des Grabinhalts zerstört worden. Carter verteidigte sich, kaum ein Viertel der kostbaren Funde sei verlorengegangen, aber nicht er oder seine Mitarbeiter seien schuld daran, sondern die Feuchtigkeit, die in das Grab seit Jahrtausenden eingedrungen sei. Schätze, die auf den ersten Blick »wie neu« aussahen, durften nicht einmal berührt werden, sonst zerfielen sie. Kunstvolle Präparierungsarbeiten waren nötig; das erforderte Zeit, viel Zeit.

Wie Feuchtigkeit in das Grab eindringen konnte, bleibt rätselhaft. Carter meinte, Wasser sei von oben durch das morsche Kalkgestein eingesickert. Wasser im ausgedörrten Tal der Könige?

Der Ausgräber, der beinahe vier Jahrzehnte im Tal gearbeitet hat, erinnert sich in der Tat an vier Regengüsse während dieser Zeit, im Frühjahr 1898, im Spätherbst 1900 sowie im Oktober und November 1916. Sie waren von solcher Heftigkeit, daß aus den Felsspalten

Wasserfälle stürzten. Nach einer Stunde war das Naturschauspiel beendet. Solche Unwetter dürften die Ursache für die Feuchtigkeit im Grab und den damit verbundenen Verfall zahlreicher Grabschätze sein.

Kritik und Drängen konnten Howard Carter nicht aus der Ruhe bringen. Behutsam setzte er seine Arbeit fort. Er war sich bewußt, daß das Unternehmen Tut-ench-Amun sein Lebenswerk war.

Carter kann nicht aufhören

Volle zehn Jahre dauerte dieses Unternehmen, zehn Jahre Entdekken, Aufnehmen, Konservieren, Auswerten, Überführen. Zehn Jahre schwerer körperlicher Arbeit, zehn Jahre stickige Luft und 29 Grad Celsius, zehn Jahre konzentrierter geistiger Arbeit, zehn Jahre lästige Besucher, Behinderungen, politische Querelen. Zehn Jahre, in denen fünfmal die Regierung wechselte und ebensooft der zuständige Minister für die Ausgrabungen.

Die Wafdisten, eine Bewegung mit nationalistischen und antibritischen Bestrebungen, die 1927 an die Macht gekommen waren, verhängten 1930 eine Ausfuhrsperre jeglicher Funde, auch der Duplikate, über das Grab des Tut-ench-Amun. Dies stand im Gegensatz zu den vertraglichen Abmachungen mit der Carnarvonschen Erbenverwaltung, der die Doubletten aus dem Grabschatz zugesichert worden waren. Allerdings zeigten die Erben nun auch kein großes Interesse mehr an Fundobjekten. Die Carnarvon-Collection, eine der bedeutsamsten Privatsammlungen ägyptischer Kunst, war 1926 auf Betreiben der Witwe Carnarvons versteigert und vom New Yorker Metropolitan Museum of Art erworben worden.

Der finanzielle Aufwand für das Unternehmen Tut-ench-Amun wurde von Howard Carter und den zuständigen ägyptischen Behörden auf 36000 Pfund geschätzt. Diesen Betrag überwies die ägyptische Regierung im Herbst 1930 an Lady Almina of Carnarvon. 8000 Pfund erhielt das New Yorker Metropolitan Museum für seine Mitarbeit. Damit war alles offiziell abgewickelt. Die Ägypter erwarteten, daß Carter nach Hause führe. Aber Carter konnte nicht aufhören.

In der Vorkammer des Grabes standen noch immer die gewaltigen Einzelteile der vier Sargschreine herum. Regierungsstellen hatten keinen großen Wert auf eine Überführung nach Kairo gelegt, weil kein Museumsraum zur Verfügung stand. Carter übernahm die Kosten für die Präparierung und den Transport zum Teil selbst. Er fühlte sich für »sein« Grab verantwortlich, und er gab es erst frei, nachdem das letzte Teil ordnungsgemäß katalogisiert, präpariert und geborgen war.

Als er 1932 nach 40jähriger Ausgräbertätigkeit in Ägypten nach London zurückkehrte, war Howard Carter ein kranker Mann. Das extreme Wüstenklima, die anstrengende Arbeit unter Tage, vor allem aber die Aufregungen und Querelen um die Entdeckung des Jahrhunderts hatten seinen Kreislauf ruiniert. Er war 58 Jahre alt, aber er hatte die Bewegungen eines alten Mannes. Zurückgezogen in seinem Haus in Albert Court, führte er das freudlose Dasein eines Eremiten. Er spürte wohl, daß er seine Aufgabe gelöst hatte, jetzt konnte er seinem Dasein keinen rechten Sinn mehr abgewinnen. Wie stets in seinem Leben war er allein, die sensationsgierige Zeit hatte ihn bereits vergessen.

Einzige Ansprache in seinen letzten Lebensjahren war seine Nichte Phyllis Walker. Sie bestürmte Onkel Howard, die Tausende von Karten auszuwerten, auf denen er das Unternehmen Tut-ench-Amun bis ins kleinste Detail festgehalten hatte. Doch Carter war müde; seine eigene Arbeit war ihm über den Kopf gewachsen. Die Auswertung des Karten-Indexes bedeutete für ihn, die ganze Arbeit noch einmal von vorne zu beginnen, dazu hatte er nicht mehr die Kraft – und nicht das Geld. Auf 30000 britische Pfund schätzte er die Kosten für eine wissenschaftliche Publikation der Schätze des Tut-ench-Amun-Grabes, sie ist bis heute überfällig.

Die drei Bücher, die er über den Fortgang der Bergungsarbeiten schrieb, wurden ins Deutsche und Holländische übersetzt. Die Tantiemen waren die einzige Einnahmequelle in seinen letzten Jahren. Die Wissenschaftler belächelten sie, weil sie unwissenschaftlich, für eine breite Masse geschrieben waren, das breite Publikum war enttäuscht, weil Carter sich auf eine harmlose Beschreibung des Grabinhaltes beschränkt und es peinlich vermieden hatte, auf persönliche Details und all die Komplikationen einzugehen, von denen einmal die Welt sprach. Darüber war wiederum Carter verbittert.

So kam es, daß nur wenige davon Kenntnis nahmen, als Howard Carter am 2. März 1939 starb. Die Londoner »Times«, die seine Berichte in aller Welt vermarktet hatte, meldete seinen Tod einen Tag später in der Totenliste auf Seite 16:

»Mr. Howard Carter, der große Ägyptologe, der berühmt geworden ist durch seine Beteiligung an den erfolgreichsten und aufregendsten Episoden in den Annalen der Archäologie, der Entdekkung und Erforschung des Grabes des Tut-ench-Amun, starb gestern in seinem Londoner Haus in Albert Court S.W. . . . Das Grab gefunden zu haben war allein schon ein Triumph, aber es auch unversehrt aufgefunden zu haben, das haben sich die Ägyptologen nicht träumen lassen, da Königsgräber allzuoft die Beute antiker Räuber geworden waren. Die Entdeckung erregte die gesamte zivilisierte Welt mehr, als es jeder andere archäologische Erfolg jemals vermocht hätte . . .«

Seine Beerdigung war ziemlich armselig. Nur eine Handvoll Leute gaben dem einstigen Helden der Nation das letzte Geleit. Unter ihnen die einzige Frau, die ihm je etwas bedeutet hatte und die für ihn so unerreichbar war, Carnarvons Tochter Evelyn.

Carters Aufzeichnungen wurden der Wissenschaft zur Verfügung gestellt. Phyllis Walker, die im Mai 1977 starb, hat sie dem Oxforder Griffith Institute, das dem Ashmolean Museum angegliedert ist, übergeben. Dort werden sie zusammen mit den Notizen von Percy E. Newberry, Arthur Mace, Alan Gardiner und Alfred Lucas von Fachleuten ausgewertet. Archäologen aus aller Welt, die inzwischen Bibliotheken mit Doktorarbeiten zum Thema Tut-ench-Amun gefüllt haben, greifen immer wieder dankbar darauf zurück.

Bis in jüngste Zeit hat der frühe Tod des vergessenen Pharaos Forscher aus aller Welt beschäftigt. Woran war der 20jährige Tut-ench-Amun gestorben? Dr. Derrys Obduktionsergebnis machte dazu keinerlei Angaben. Historiker vertraten jedoch die Ansicht, die Klärung der Todesursache könnte der Geschichtsschreibung wesentliche Hinweise geben.

Im November 1968 reiste eine neunköpfige britische Forschergruppe nach Luxor, um mit Hilfe modernster Technologie das Geheimnis zu lüften. Dr. George Harrison, Professor für Anatomie an der Universität Liverpool, holte die Mumie Tut-ench-Amuns aus ihrem Sarkophag und machte von den sterblichen Überresten des toten Königs unzählige Infrarot-Aufnahmen. »Ich erwarte«, sagte Professor Harrison selbstbewußt, »daß die Aufnahmen einige sehr interessante Fakten zutage bringen werden.«

Das Ergebnis der dreitägigen Untersuchungen war eine Sensation: Tut-ench-Amun hatte in Höhe der linken Wange ein Loch im Kopf, wie es von einer Pfeil- oder Speerspitze, aber auch von einem Sturz herrühren konnte.

War es Mord oder ein Unfall? Dieses Geheimnis hat der vergessene Pharao mit ins Grab genommen.

Anhang

INSCHRIFTEN AUF DEM GRABSCHATZ TUT-ENCH-AMUNS*

A. Thronsessel
König von Ober- und Unterägypten, Neb-cheperu-Re, Sohn des Re Tut-ench-Amun-Herrscher-vom-o.ä.-Heliopolis, dem Leben gegeben werde wie Re.
Erbprinzessin, groß an Gunst, Herrin der Beliebtheit, süß an Liebe, Herrscherin von O.u.U.Ä., Herrin der beiden Länder Anches-en-Amun, sie lebe in alle Ewigkeit.

B. Bettstelle
Es lebe der gute Gott, Sohn des Re, den er mehr als jeden König liebt, König von O.u.U.Ä., Herrscher der Freude, Herr der beiden Länder *Nb-ḫprw-Rʿ*, Sohn des Re *Twt-ʿnḫ-ʾImn*-Herrscher-vom-o.ä.-Heliopolis, dem Leben, Dauer, Heil, Gesundheit, Freude jeder Art wie Re in alle Ewigkeit gegeben werde.
Es lebe der gute Gott, Abbild des Re, tüchtiges Ei, das aus seinen Gliedern hervorgegangen ist, König von O.u.U.Ä., Herrscher der Neunbogen, Herr der beiden Länder *Nb-ḫprw-Rʿ*, sein leiblicher Sohn des Re, Herr der Kronen *Twt-ʿnḫ-ʾImn*-Herrscher-vom-o.ä.-Heliopolis, dem Leben, Dauer, Heil, Gesundheit jeder Art, alle Freude wie Re auf dem Thron des Horus gegeben werde.

C. Truhe 21
1. Der gute Gott, mächtig an Kraft, Souverän, dessen man sich rühmt, der Löwen bekämpft, dessen Stärke und Kraft wie die des Sohnes der Nut ist.
2. Der gute Gott, ein Berg von Gold, der die beiden Länder mit seiner göttlichen (Uräus-)Schlange erhellt, wenn er zu Pferde erscheint, wie wenn Re aufgeht. Er hat die Pfeile seines Vaters Re genommen und fand viele Rudel von Wüstenwild. Es erbeutet sie Seine Majestät in einem Augenblick.

* nach Wolfgang Helck, Urkunden der 18. Dynastie, Berlin 1961

3. Horus ›Starker Stier, schön an Geburten‹, der gute Gott, Abbild des Re, der Mächtige, der die Neunbogen niedertritt, der König von O.u.U.Ä., Herrscher der Freude, Herr der beiden Länder *Nb-ḫprw-Rʿ*, sein geliebter leiblicher Sohn des Re *Twt-ʿnḫ-ʾImn*-Herrscher-vom-o.ä.-Heliopolis, dem Leben wie Re ewiglich gegeben werde.
4. Der gute Gott, Abbild des Re, der auf den Fremdländern erscheint, wie wenn Re aufgeht, der dieses Land des elenden Kusch vernichtet, indem er seine Pfeile aussendet gegen die Feinde.
5. Der gute Gott, Sohn des Amun, der Held, dessengleichen es nicht gibt, Herr der Kraft, der Hunderttausende niedertritt und sie zu Leichenhaufen macht.
6. Niedergetreten sind die Großen vom elenden Kusch unter deinen Füßen.
Niedergetreten sind die Großen jedes Fremdlandes unter deinen Füßen.
Rückseite: Der gute Gott, Abbild des Re, Herr der Kraft, der die Großen aller Fremdländer niedertritt.
Der gute Gott, Sohn des Amun, der Held, der alle Fremdländer niedertritt.

D. Deckel eines Schmuckkastens in Kartuschenform
Rechts: Es lebe Horus ›Starker Stier, schön an Geburten‹, die beiden Herrinnen ›Schön an Gesetzen, der die beiden Länder befriedigt‹, Goldhorus ›der die Kronen aufsetzt und die Götter besänftigt‹, König von O.u.U.Ä., Herrscher der Neunbogen, der die beiden Länder packt, Herr der beiden Länder, Herr des Opfers *Nb-ḫprw-Rʿ*, sein geliebter leiblicher Sohn des Re, stark an Kraft, der die Großen aller Länder abwehrt und die Nomaden niedertritt; Herr der Kronen *Twt-ʿnḫ-ʾImn*-Herrscher-vom-o.ä.-Heliopolis, dem Leben, Dauer, Heil wie Re in alle Ewigkeit gegeben werde.
Links: Es lebe Horus ›Starker Stier, schön an Geburten‹, die beiden Herrinnen ›Schön an Gesetzen, der die beiden Länder befriedet‹, Goldhorus ›der die Kronen aufsetzt und die Götter besänftigt‹,
König von O.u.U.Ä., Herrscher der Freude, Herr der beiden Länder, Herr des Opfers *Nb-ḫprw-Rʿ*, sein geliebter leiblicher Sohn des Re, Herr, Denkmalsreicher, mit vielen Wundern, Geliebter wie Amun, Herr der Kronen *Twt-ʿnḫ-ʾImn*-Herrscher-vom-o.ä.-Heliopolis, dem Leben, Dauer, Heil wie Re in alle Ewigkeit gegeben werde.

E. Kasten AN 738
Hinten: Es lebe der gute Gott, Sohn des Re, Kind des Stieres seiner Mutter, den Mut, die Herrin des Himmels, aufzog und den sie mit ihrer Milch nährte, den der Herr der Throne der beiden Länder schuf zum Herrscher dessen, was die Sonnenscheibe umkreist; er hat ihm den Thron des Geb und das herrliche Amt des Atum anbefohlen; König von O.u.U.Ä., Herr der beiden Länder *Nb-ḫprw-Rʿ*, dem Leben gegeben werde ewiglich. Es lebe der gute Gott, Abbild des Re, ältester Sohn des Aton im Himmel, der Denkmäler schafft, und sie entstehen sofort. Er ist Re-Atum, der vertreibt

das Böse im Re-Tempel von Heliopolis dadurch, daß er ihn reinigt (wie) zur Urzeit, so daß die Seelen von Heliopolis zufrieden sind; der König von O.u.U.Ä. *Nb-ḫprw-Rʿ* ewiglich.

Unten: Es lebe der gute Gott, leuchtend an Kronen, König von O.u.U.Ä., *Nb-ḫprw-Rʿ*, sein leiblicher Sohn des Re *Twt-ʿnḫ-ʾImn*-Herrscher-vom-o.ä.-Heliopolis, dem Leben gegeben werde ewiglich.

Links: Es lebe der gute Gott, Sohn des Atum, Schützer des Reharachte, reiner Same, der entstanden ist im *Ḫprj;* hehres Ei des Allherrn, dessen Schönheit die Seelen von Heliopolis schufen, König von O.u.U.Ä. *Nb-ḫprw-Rʿ*. Der König, groß an Denkmälern, hoch an Wundern. Er ist Re-Atum; sein geliebter leiblicher Sohn des Re *Twt-ʿnḫ-ʾImn*-Herrscher-vom-o.ä.-Heliopolis, dem Leben wie Re ewiglich gegeben werde. König von O.u.U.Ä., Abbild des Amun, guter Herrscher, Geliebter, der mit seinen Plänen die Erde fest gemacht hat, Herr der Kronen, Herr der beiden Länder *Nb-ḫprw-Rʿ*, sein geliebter leiblicher Sohn des Re *Twt-ʿnḫ-ʾImn*-Herrscher-vom-o.ä.-Heliopolis, dem Leben wie Re ewiglich gegeben werde.

Es lebe der wahrlich gute Gott, Sohn der weißen Krone, geboren von der roten Krone, der König von O.u.U.Ä., Herrscher der Freude, Herr der beiden Länder *Nb-ḫprw-Rʿ*, sein geliebter leiblicher Sohn des Re, Herr der Kronen *Twt-ʿnḫ-ʾImn*-Herrscher-vom-o.ä.-Heliopolis, dem Leben wie Re ewiglich gegeben werde.

Rechts: Es lebe der König von O.u.U.Ä., Herrscher der Freude, Herr der Kronen, der die schöne o.ä. Krone genommen und sich mit der Doppelkrone in Leben und Heil vereinigt hat, Herr der beiden Länder *Nb-ḫprw-Rʿ*, der Denkmäler schafft, und sie entstehen sofort, für seine Väter, alle Götter. Er baute ihre Tempel neu und schuf ihre Götterbilder aus *ḏʿm*-Gold. Er versorgte ihre Opferbrote auf Erden. Der Lohn für den, der Nützliches tut, sind sehr viele Sedfeste; der Herr der Kronen *Twt-ʿnḫ-ʾImn*-Herrscher-vom-o.ä.-Heliopolis.

Es lebe der gute Gott, erschienen mit der weißen Krone, der Souverän, der die Doppelkrone aufgesetzt hat, König von O.u.U.Ä., Herr des Opfers, Herr der beiden Länder *Nb-ḫprw-Rʿ*, sein geliebter leiblicher Sohn des Re, Herr jedes Fremdlandes *Twt-ʿnḫ-ʾImn*-Herrscher-vom-o.ä.-Heliopolis, dem Leben wie Re ewiglich gegeben werde.

Vorn: Es lebe Horus ›Starker Stier, schön an Geburten‹, die beiden Herrinnen ›Schön an Gesetzen, der die beiden Länder befriedet‹, Goldhorus ›der die Kronen aufsetzt und die Götter besänftigt‹, König von O.u.U.Ä., Erwählter des Amun zum Herrscher jedes Landes insgesamt und Herrscher der beiden Länder, Herr des Opfers, Herr der Kronen *Nb-ḫprw-Rʿ*, sein geliebter leiblicher Sohn des Re, Herr jedes Fremdlandes *Twt-ʿnḫ-ʾImn*-Herrscher-vom-o.ä.-Heliopolis, dem Leben und Gesundheit gegeben werde wie Re ewiglich.

Var.: Herrscher der Freude, der erschienen ist, indem er die schöne o.ä. Krone ergriffen und sich mit der Doppelkrone in Leben und Heil verbunden hat, Herr der beiden Länder.

Rechts unten: Es lebe der gute Gott, Abbild des Re, tüchtiger Sohn des Aton im Himmel, König von O.u.U.Ä., Herr der beiden Länder *Nb-ḫprw-Rʿ*, sein geliebter leiblicher Sohn des Re, der Denkmalsreiche, Geliebter der Götter, Herr der Kronen *Twt-ʿnḫ-ʾImn*-Herrscher-vom-o.ä.-Heliopolis, dem Leben gegeben werde.

F. Spielbrett AN 542
Oben: Der gute Gott, der Zufriedene und Tapfere, groß an Kraft wie der Sohn der Nut, König von O.u.U.Ä., Herr der beiden Länder *Nb-ḫprw-Rʿ*, dem Leben gegeben werde.
Der gute Gott, der Tapfere wie Month, sein geliebter leiblicher Sohn des Re, Herr der Kronen *Twt-ʿnḫ-ʾImn*-Herrscher-vom-o.ä.-Heliopolis, dem Leben gegeben werde.
An der Seite: Es lebe Horus ›Starker Stier, schön an Geburten‹, König von O.u.U.Ä., Herrscher der Neunbogen, Herr der beiden Länder, Herr des Opfers *Nb-ḫprw-Rʿ*, von Amun geliebt, dem Leben gegeben werde ewiglich. Die beiden Herrinnen ›Schön an Gesetzen, der die beiden Länder besänftigt‹, sein geliebter leiblicher Sohn des Re, Herr der Kronen *Twt-ʿnḫ-ʾImn*-Herrscher-vom-o.ä.-Heliopolis, geliebt von Ptah, Herrn der Wahrheit wie Re ewiglich.

G. Spielbrett AN 541
Es lebe der gute Gott, Abbild des Re, Sohn des Amun auf seinem Thron, Herr der Kraft, der alle Länder ergreift; der König von O.u.U.Ä. *Nb-ḫprw-Rʿ*, dem Leben und Gesundheit ewiglich gegeben werde. Es lebe der gute Gott, Sohn des Amun, Kind des Aton im Himmel, König von O.u.U.Ä., *Nb-ḫprw-Rʿ*, Sohn des Re *Twt-ʿnḫ-ʾImn*-Herrscher-vom-o.ä.-Heliopolis, er lebe ewiglich.

H. Spielbrett AN 540
Horus ›Starker Stier, schön (!) an Geburten‹; der gute Gott, Abbild des Re, prächtiges Ei des Atum;
der König von O.u.U.Ä., Herrscher der Neunbogen, der alle Länder ergreift, Herr der Kraft *Nb-ḫprw-Rʿ*, dem Leben, Dauer, Heil wie Re ewiglich gegeben werde.

Es lebe Horus ›Starker Stier, schön an Geburten‹, die beiden Herrinnen ›Schön an Gesetzen, der die beiden Länder besänftigt‹, Goldhorus, ›der die Kronen aufsetzt und die Götter beruhigt‹, König von O.u.U.Ä., Sohn des Re *Twt-ʿnḫ-ʾImn*-Herrscher-vom-o.ä.-Heliopolis, dem Leben, Dauer, Heil wie Re ewiglich gegeben werde.

I. Ein Stuhl AN 983
Sein geliebter leiblicher Sohn des Re, Herr aller Fremdländer, groß an Kraft, Herr der Kronen *Twt-ʿnḫ-ʾItn*, dem Leben wie Re in alle Ewigkeit gegeben werde.

K. Vase AN 627
Der gute Gott, Sohn des Amun, Herr der beiden Länder *Nbḫprw-Rʿ*. Dein Ka sei Ewigkeit, eine Unendlichkeit als Herrscher. Du mögest verbringen die Lebenszeit des Re, der dich wie sich selbst täglich erzeugt. Er gibt dir Sedfeste wie Horus auf seinem Thron, Sohn des Re *Twt-ʿnḫ-ʾImn*-Herrscher-vom-o.ä.-Heliopolis, dem Leben, Dauer, Heil ewiglich gegeben werde.

L. Kästchen AN 752
Es lebe der gute Gott, der Sohn des Schöngesichtigen*, geboren von Sachmet, der Herrin des Himmels für den südlich seiner Mauer*; nützlicher Samen, hervorgekommen aus einem Gott, der auf dem großen Sitz ist*; verständiges Ei des *Hprj*, dessen Schönheit die Seelen von Heliopolis geschaffen haben; König von O.u.U.Ä., Herr der beiden Länder, Herr des Opfers *Nb-ḫprw-Rʿ*-Herrscher-der-Wahrheit, dem Leben wie Re ewiglich gegeben werde. Der gute Gott in Wahrheit, Sohn der weißen Krone, geboren von der roten Krone, der Nützliches tut dem, der ihn gezeugt hat; über dessen Schönheit die Neunheit in Jubel ist; der die Scheunen mit Gold und Silber von den Lieferungen jedes Fremdlandes füllt; der Ägypten im Fest sein läßt; Sohn des Re, Herr der Kronen *Twt-ʿnḫ-ʾImn*-Herrscher-vom-o.ä.-Heliopolis, dem Leben, Dauer, Heil wie Re ewiglich gegeben werde.

M. Bogenkasten
Es lebe ›Starker Stier, schön an Geburten‹, die beiden Herrinnen ›Schön an Gesetzen, der die beiden Länder beruhigt‹, Goldhorus, ›der die Kronen aufsetzt und die Götter besänftigt‹, der gute Gott, der Starke, Wachsame, Heldenhafte, dessengleichen es nicht gibt; stark mit dem Bogen, mächtig an Kraft;
kämpferischer als Month; der König von O.u.U.Ä., Herr des Opfers *Nb-ḫprw-Rʿ*, Sohn des Re, Herr der Kronen *Twt-ʿnḫ-ʾImn*-Herrscher-vom-o.ä.-Heliopolis, dem Leben wie Re gegeben werde.
Es lebe Horus ›Starker Stier, schön an Geburten‹, die beiden Herrinnen ›Schön an Gesetzen, der die beiden Länder besänftigt‹, Goldhorus ›der die Kronen aufsetzt und die Götter beruhigt‹; es lebe der gute Gott, der König der Könige, Herrscher der Herrscher, der Geliebte, groß an Kronen; schön wie Re, der mit seinem schönen Gesicht die beiden Länder erhellt; König von O.u.U.Ä., Herr der beiden Länder, Herr des Opfers *Nb-ḫprw-Rʿ*, wie Re ewiglich; Sohn des Re, Geliebter der Götter, Herr der Kronen *Twt-ʿnḫ-ʾImn*-Herrscher-vom-o.ä.-Heliopolis, dem Leben wie Re in alle Ewigkeit gegeben werde.
Es lebe Horus ›Starker Stier, schön an Geburten‹, die beiden Herrinnen ›Schön an Gesetzen, der die beiden Länder besänftigt‹, Goldhorus ›der die Kronen aufsetzt und die Götter beruhigt‹; es lebe der gute Gott, stark an Bogen, Herr der Kraft, tapfer, wenn er ihn spannt; der wachsame König,

* gemeint ist jeweils der Schöpfergott Ptah

der Ägypten schützt; es hat die Furcht vor ihm die Neunbogen gepackt; der König von O.u.U.Ä., groß an Kraft, der seine Feinde schlägt, groß an Macht, heilig an Ansehen, Herr der beiden Länder *Nb-ḫprw-Rʿ*, dem Leben wie Re gegeben werde; Sohn des Re, Geliebter der Götter, Herr der Kronen in der Art des Re *Twt-ʿnḫ-ʾImn*-Herrscher-vom-o.ä.-Heliopolis, dem Leben in alle Ewigkeit gegeben werde wie Re-Harachte. Es lebe Horus ›Starker Stier, schön an Geburten‹, die beiden Herrinnen ›Schön an Gesetzen, der die beiden Länder besänftigt‹, Goldhorus, ›der die Kronen aufsetzt und die Götter beruhigt‹, der gute Gott, der Starke, Geliebte, Kämpferische, Heldenhafte, der sein Handwerk versteht, der König, stark an Bogen, groß an Ruf; der König von O.u.U.Ä., Herrscher der Neunbogen, der die Großen der aufrührerischen Fremdländer abschlachtet, Herr der beiden Länder *Nb-ḫprw-Rʿ*, dem Leben wie Re gegeben werde; Sohn des Re, der die Asiaten packt, der die Köpfe des Nordlandes einschlägt, Herr der Kronen *Twt-ʿnḫ-ʾImn*-Herrscher-des-o.ä.-Heliopolis, dem Leben ewiglich gegeben werde wie Re-Harachte.

N. Schilde

a. AN 95 (86): Es erscheint Seine Majestät in Theben auf dem Thron des Verkündens der Wunder, der König von O.u.U.Ä. *Nb-ḫprw-Rʿ*, Sohn des Re *Twt-ʿnḫ-ʾImn*-Herrscher-vom-o.ä.-Heliopolis, dem Leben ewiglich gegeben werde.

b. AN 753: Der gute Gott, der die Fremdländer zertritt und die Großen aller Fremdländer erschlägt; Herr der Kraft wie der Sohn der Nut; heldenhaft wie Month, wohnhaft in Theben; der König von O.u.U.Ä., Herr der beiden Länder *Nb-ḫprw-Rʿ*, dem Leben gegeben werde; Sohn des Re, sein Geliebter *Twt-ʿnḫ-ʾImn*-Herrscher-vom-o.ä.-Heliopolis, wie Re.

c. AN 754: Der gute Gott, stark an Kraft, mächtig wie Month, wohnhaft in Theben; Heldenhafter, dessengleichen es nicht gibt; der Löwen bekämpft und Wildstiere trifft, ohne daß sie Widerstand leisten; der Herr der beiden Länder *Nb-ḫprw-Rʿ*, Sohn des Re *Twt-ʿnḫ-ʾImn*-Herrscher-vom-o.ä.-Heliopolis, dem Leben gegeben werde.

O. Stab AN 514

Ein Schilfrohr, das Seine Majestät selbst mit eigener Hand abgeschnitten hat in dem Rohr[gebüsch (?)] von *Ḏpr**, das sich befindet in der mittleren Pfeilerhalle am Platze der [. . .]-Macher.

P. Weiterer Stab

Nimm dir den Stock aus *ḏʿm*-Gold, um deinen heiligen, geliebten Vater Amun, die Macht der Götter, zu begleiten; König von O.u.U.Ä., Herr der beiden Länder *Nb-ḫprw-Rʿ*, sein geliebter leiblicher Sohn des Re *Twt-ʿnḫ-ʾImn*-Herrscher-vom-o.ä.-Heliopolis, dem Leben ewiglich gegeben werde.

* Es ist unklar, ob es sich hier um eine Ortsangabe handelt

Tut-ench-Amun
1347 – 1338

Geburtsname: Tut-ench-Aton (»Vollkommen an Leben ist Aton«)
Namenswechsel in Tut-ench-Amun (»Vollkommen an Leben ist Amun«)

Königsname: Neb-Cheperu-Re (»Herr der Verwandlungen ist Re«), in babylonischen Briefen Nipchururia oder Nipchuriria

Persönliche Daten: Größe 1,67, Blutgruppe A 2, Schuhgröße 41

Neb-Cheperu-Re Tut-ench-Amun

Jahr v. Chr.	Regierungsjahr	Alter
1347	0	11
1346	1	12
1345	2	13
1344	3	14
1343	4	15
1342	5	16
1341	6	17
1340	7	18
1339	8	19
1338	9	20

Die Pharaonen der 18. bis 20. Dynastie
(nach Erik Hornung)

18. Dynastie		*sicher*		*wahrscheinlich*	
Ahmose		1559/45	–1534/24	Frühjahr 1552–	Sommer 1527
Amenophis I.		1534/24	–1514/04	Sommer 1527–	22. 3. 1506
Thutmosis I.		1514/04	–1501/1491	23. 3. 1506–	Dezember 1494
Thutmosis II.		1501/1491	–1490	Dezember 1494–	30. 4. 1490
Hatschepsut	1. 5.	1490	–1469/68	1. 5. 1490–	30. 1. 1468
Thutmosis III.	1. 5.	1490	–14. 3. 1436		
Amenophis II.	16. 11.	1438	–1412/11	16. 11. 1438–	September 1412
Thutmosis IV.		1412/11	–1405/02	September 1412–	6. 6. 1402
Amenophis III.		1405/02	–1367/63	7. 6. 1402–	August 1364
Amenophis IV. = Echnaton		1368/63	–1351/45	August 1364–	Februar 1347
Semenchkare				Anfang 1351–	Ende 1348
Tut-ench-Amun		1351/45	–1342/36	Februar 1347–	Anfang 1338
Eje		1342/36	–1337/31	Anfang 1338–	1334
Haremhab		1337/31	–1307/01	1334–	Ende 1306
19. Dynastie					
Ramses I.		1307/01	–1306/00	Ende 1306–	Anfang 1304
Sethos I.		1306/00	–1290	Anfang 1304–	2. 6. 1290
Ramses II.	Juni/Nov.	1290	–Sommer 1224	3. 6. 1290–	12. 7. 1224
Merenptah	Sommer	1224	–1211/04	13. 7. 1224–	Januar 1204
Amenmesse		1211/04	–1206/1199	Januar 1204–	Dezember 1200
Sethos II.		1206/1199	–1200/1193	Dezember 1200–	Oktober 1194
Siptah		1200/1193	–1192/85	Oktober 1194–	Anfang 1188
Tausret				Oktober 1194	1186
20. Dynastie					
Sethnacht		1192/85	–1190/83	1186–	6. 3. 1184
Ramses III.		1190/83	–1159/52	7. 3. 1184–	16. 4. 1153
Ramses IV.		1159/52	–1152/45	17. 4. 1153–	Januar 1146
Ramses V.		1152/45	–1147/40	Januar 1146–	Oktober 1142
Ramses VI.		1147/40	–1140/33	Oktober 1142–	Frühjahr 1135
Ramses VII.		1140/33	–1133/26	Frühjahr 1135–	1129
Ramses VIII.		1133/26	–1130/23	1129–	Juni 1127
Ramses IX.		1130/23	–1112/05	Juni 1127–	Sommer 1109
Ramses X.		1112/05	–1103/1096	Sommer 1109–	Mai 1099
Ramses XI.		1103/1096	–1073/66	Mai 1099–	1070

Entdecker und Fundorte der Könige der 18. Dynastie (1552–1306)

König	Entdecker	Fundort der Mumie	Grab
Ahmose	–	Der el-Bahari	unbekannt
Amenophis I.	Howard Carter	Der el-Bahari	Dra Abu el-Naga
Thutmosis I.	Victor Loret	Der el-Bahari	Tal der Könige Nr. 38
Thutmosis II.	Zuschreibung nicht gesichert	Der el-Bahari	Tal der Könige Nr. 42
Hatschepsut	Howard Carter	Grab Amenophis' II.	Tal der Könige Nr. 20
Thutmosis III.	Victor Loret	Der el-Bahari	Tal der Könige Nr. 34
Amenophis II.	Victor Loret	Grab Amenophis' II.	Tal der Könige Nr. 35
Thutmosis IV.	Howard Carter	Grab Amenophis' II.	Tal der Könige Nr. 43
Amenophis III.	Napoleon-Expedition	Grab Amenophis' II.	Tal der Affen Nr. 22
Amenophis IV.	?	–	Tell el-Amarna
Semenchkare	Theodore Davis	Grab der Teje	Tal der Könige Nr. 55
Tut-ench-Amun	Howard Carter	im eigenen Grab	Tal der Könige Nr. 62
Eje	?	–	Tal der Affen Nr. 23
Haremhab	Theodore Davis	–	Tal der Könige Nr. 57

ALLGEMEINE BIBLIOGRAPHIE

Bille-deMot Eléonore, *Die Revolution des Pharao Echnaton*, München 1965

Blackman Aylward, *Das hunderttorige Theben*, Leipzig 1926

Blackman Aylward, *Luxor and its Temples*, London 1923

Bratton F. Gladstone, *A History of Egyptian Archeology*, London 1967

Breasted Charles, *Pioneer to the Past*, New York 1947

Breasted Charles, *Vom Tal der Könige zu den Toren Babylons*, Stuttgart 1950

Brugsch Heinrich, *Mein Leben und mein Wandern*, Berlin 1894

Budge Wallis, *By Nile and Tigris*, London 1920

Budge Wallis, *Tutankhamen*, London 1923

Bulletin of the Metropolitan Museum of Art XXXV (1940), New York 1940

Carter Howard, Lord Carnarvon, *Five Years Exploration at Thebes*, London 1912

Carter Howard, *A Tomb Prepared for Queen Hatschepsut and Other Recent Discoveries at Thebes*, Journal of Egyptian Archeology, 4, 1917
Carter Howard, *The Tomb of Ramesses IV*, London 1917
Carter Howard, *The Tomb of Tut-ankh-Amen*, London 1923
Carter Howard, *Tut-ench-Amun, ein ägyptisches Königsgrab*, Leipzig 1927
Cottrell Leonard, *The Lost Pharaohs*, London 1951
Cottrell Leonard, *Das Geheimnis der Königsgräber*, Baden-Baden 1952
Cottrell Leonard, *The Secrets of Tutankhamon*, London 1965
Davis Theodore M., *The Tomb of Hatshepsitu*, London 1906
Davis Theodore M., *The Tomb of Siphtah*, London 1908
Davis Theodore M., *The Tomb of Queen Tuji*, London 1910
Davis Theodore M., *The Tombs of Harmhabi and Touatankhamanou*, London 1912
Dawson Warren R., *Who was Who in Egyptology*, London o.J.
Desroches-Noblecourt Christiane, *Tut-ench-Amun*, Frankfurt 1971
Edwards Amelia, *A Thousand Miles up the Nile*, London 1877
Erman Adolf, *Mein Werden und mein Wirken*, Leipzig 1929
Gardiner Alan, *My Working Years*, London 1962
Gardiner Alan, *Tutankhamun's Painted Box*, Oxford 1962
Glyn Daniel, *A Hundred and Fifty Years of Archaeology*, London 1975
Helck Wolfgang, *Urkunden der 18. Dynastie*, Berlin 1961
Hornung Erik, *Untersuchungen zur Chronologie und Geschichte des Neuen Reiches*, Wiesbaden 1964
The Illustrated London News, London, 27. Juni 1925
The Illustrated London News, London, 6. Februar 1926
Kees Hermann, *Das Priestertum im ägyptischen Staat*, Leiden/Köln 1953
Leek F. Filce, *The Human Remains from the Tomb of Tutankhamun*, Oxford 1972
Maspero Gaston, *The Tombs of Harembabi and Toutankhamun*, Ldn. 1912
Maspero Gaston, *The Tomb of Jouia and Touiyou*, London 1907
Petrie Flinders, *Tell el-Amarna*, London 1894
Petrie Flinders, *Seventy Years in Archaeology*, London 1931
Naville Edouard, *Memoir of the E. E. F.: The Temple of Der el-Bahari*, London o. J.
Naville Edouard, *The Tomb of Hatshopsitu* (Intr. by Davis, Descr. of Finding and Excav. by Howard Carter), London 1906
Redford Donald B., *History and Chronology of the Eighteenth Dynasty of Egypt*, Toronto 1967
Riesterer Peter, *Der Grabschatz des Tut-ench-Amun*, Bern 1966
Sayce A. Henry, *Reminiscences*, London 1923
Smith Elliot/Dawson Warren R., *Egyptian Mummies*, London 1924
Smithsonian, *The Opening of the Sarkophagus of Tutankhamun*, Juni 1972
Sudhoff Karl, *Archiv für Geschichte der Medizin*, Band 5, Leipzig 1911
The Times, 30. November 1922, London 1922
The Times, 1. Dezember, 4. Dezember, 9. Dezember 1922, London 1922

The Times, 18. Januar 1923, London 1923
The Times, 30. April 1923, London 1923
The Times, 3. März 1939, London 1939
Weigall Arthur, *A History of Events in Egypt from 1798 to 1914*, Edinburgh 1915
Weigall Arthur, *Tutankhamen and Other Essays*, London 1932
Woolley Leonard, *The City of Achenaten Excavations of 1921 and 1922 at Al-Amarneh*, London 1923
Woolley Leonard, *Digging up the Past*, London 1930
Woolley Leonard, *Dead Towns and Living Men*, London 1954
Woolley Leonard, *As I Seem to Remember*, London 1962
Woolley Leonard, *Spadework Adventures in Archaeology*, London 1975

QUELLENANGABEN

Kapitel I Howard Carter: Lehrjahre eines Ausgräbers

Das Zitat der Präambel stammt aus Howard Carters Buch *Tut-ench-Amun, Ein ägyptisches Königsgrab*, Leipzig 1927 (Original: The Tomb of Tut-ankh-Amen, London 1923). Flinders Petrie schildert seine Ausgrabungen in Tell el-Amarna in der 1894 in London erschienenen wissenschaftlichen Arbeit *Tell-el-Amarna* und in seinen Memoiren *Seventy Years in Archaeology*,London 1931. Die folgenden Zitate sind in der Hauptsache dem erstgenannten Werk entnommen. Über Petries Aussehen ist bei Charles Breasted *Pioneer to the Past*, New York 1947, nachzulesen. Von Carters Kindheit ist in Percy E. Newberrys Nachruf auf Howard Carter im *Journal of Egyptian Archaeology* XXV, 1939 die Rede. Das Zitat von Leonard Woolley über die Feldarchäologie ist dem 1. Kapitel »Introductory« seines Buches *Digging up the Past*, London 1930, entnommen.

Kapitel II Goldrausch: Die Schlacht um die Vergangenheit

Über Der el-Bahari: Edouard Naville, *The Temple of Der el-Bahari: its Plan, its Founders, and its First Explorers*, London 1894 (12. Memoir of the Egypt Exploration Fund). Jean-François Champollion berichtet über Der el-Bahari in *Lettres écrites d'Egypte et de Nubie* Nr. 15, o.O., o.J. Über das Leben Heinrich Brugschs in *Mein Leben und mein Wandern*, Berlin 1894. Das Zitat von Kurt Sethe aus *Der Alte Orient: Kurt Sethe, Die Ägyptologie*, Vortrag zum 25jährigen Bestehen der Vorderasiatischen Gesellschaft am 3. Januar 1921, Leipzig 1921. Von den erotischen Aspekten im Leben des jüngeren Brugsch berichtet Adolf Erman, *Mein Werden und mein Wirken*, Leipzig 1929. Der groteske Gedanke der »letzten Freude für den sterbenden Mariette« ist überliefert bei Heinrich Brugsch, *Mein Leben und mein Wandern*, Berlin 1894. Dort sind auch die Dialoge und Zitate nachzulesen. Das Sayce-Zitat aus Henry Sayce, *Reminiscences*, London 1923. Über das Mäzenatentum siehe den bereits zitierten Vortrag von Kurt

Sethe. Howard Carter über das Tal der Könige in seinem Buch *The Tomb of Tut-ankh-Amun*, London 1923. Vom »Herrn Franz« berichtet Adolf Erman in seinen bereits erwähnten Lebenserinnerungen. Über die Freilegung des Hatschepsut-Grabes in Theodore M. Davis, *The Tomb of Hatshopsitu*, London 1906. In dieser Arbeit ist auch ein Aufsatz Howard Carters enthalten: *Description and Excavation of the Tomb of Hatshopsitu*, dem die Zitate entnommen sind. Über das Leben in Luxor vor der Jahrhundertwende bei Amelia Edwards, *A Thousand Miles up the Nile*, London 1877.

Kapitel III Sakkara: Das Ende einer Karriere

Der »Fall Carter« wird von seinem Freund Percy E. Newberry im *Journal of Egyptian Archaology XXV*, 1939, geschildert. Über das Juja-Tuja-Grab in Theodore M. Davis, *The Tomb of Queen Tuji*, London 1910. Das Zusammentreffen mit Breasted wird geschildert bei Charles Breasted, *Pioneer to the Past*, New York 1947. Daraus stammt auch die Schilderung des nächtlichen Rittes zum Nil. Die Zitate im Zusammenhang mit dem Haremhab-Grab und dem Versteck des Tut-ench-Amun bei: Theodore M. Davis, *The Tombs of Harmhabi and Touatankhamanou*, London 1912.

Kapitel IV Der Earl of Carnarvon: Ein Lord und sein Lakai

Für die Charakterisierung des 5. Earl of Carnarvon fanden Verwendung: Ein Nachruf der *Times* vom 30. April 1923; ein »Biographical Sketch of the Late Lord Carnarvon« von Lady Burghclere in Carters Werk *The Tomb of Tut-ankh-Amen*, London 1923; der Nachruf John G. Maxwells im *Journal of Egyptian Archeology*, IX, 1923; Angaben in Warren R. Dawsons *Who was Who in Egyptology*, London o.J. und Interviews mit dem 6. Earl of Carnarvon. Über die Ausgrabungen: Howard Carter, Lord Carnarvon, *Five Years Explorations at Thebes*, London 1912. Von Carnarvons Diebesgut-Kauf berichtet Charles Leonard Woolley in *As I Seem to Remember*, London 1962. Dort ist der Dialog überliefert.

Kapitel V Erster Weltkrieg: Der Bote des Königs

Über das Hatschepsut-Grab berichtet Carter im *Journal of Egyptian Archeology IV*, 1917. Ein Abriß der modernen Geschichte Ägyptens findet sich bei Arthur Weigall, *A History of Events in Egypt from 1798 to 1914*, Edinburg 1915.

Kapitel VI Die Entdeckung: Das letzte Geheimnis des Pharaos

Das eingangs zitierte Telefongespräch zwischen Lord Carnarvon und Alan Gardiner überliefert Leonard Cottrell in seinem Buch *The Lost Pharaohs*, London 1951. Die demütigende Unterredung zwischen Carter und Carnarvon hat Carter seinem Freund James Henry Breasted erzählt, sein Sohn

Charles gibt sie in dem Buch *Pioneer to the Past*, New York 1947, wieder. James Henry Breasted befand sich zur Zeit der Unterredung in England, um in Oxford einen Ehrendoktorhut in Empfang zu nehmen. Während dieser Zeit erlebte er auch die Episode mit dem Kanarienvogel. Die Umstände der Grab-Entdeckung beschreibt Carter selbst in seinem Werk *The Tomb of Tut-ankh-Amen*, London 1923. Carnarvons Brief an Wallis Budge ist in dessen Buch *Tutankhamen*, London 1923, wiedergegeben. Die Angaben über Carters Mitarbeiter Arthur C. Mace sind dem *Journal of Egyptian Archeology* XV, 1929 entnommen. Die erste Begegnung zwischen Breasted und Carter nach der Entdeckung und die erste Grabbesichtigung schildert Charles Breasted in seinem bereits zitierten Werk. Die Dialoge bei der Diskussion um den Verkauf der Presserechte sind bei Leonard Cottrell, *The Lost Pharaohs*, London 1951, verbürgt. Von der »Tut-ench-Amun GmbH« berichtete der *Daily Express* am 10. Februar 1923. Die Erwiderung der *Times* erschien am 16. Februar 1923. Der Mauerdurchbruch und die Dialoge der Anwesenden stammen aus Cottrells zitiertem Werk. Über die Ausfuhrgesetze und Alan Gardiners Stellungnahme siehe *Times* vom 4. Dezember 1922. Das Ausfuhrgesetz Nr. 14 vom 12. Juni 1912 zitiert Henry George Lyons im *Journal of Egyptian Archeology* III.

Kapitel VII Spurensicherung: Das mysteriöse Leben unter Tage

Das Eingangszitat von Alan Gardiner steht bei Leonard Cottrell, *The Lost Pharaohs*, London 1951. Daraus ist auch das Blatt 48D entnommen. Den Inhalt der Truhe beschreibt Howard Carter im Kapitel »Arbeit im Laboratorium« seines Buches *The Tomb of Tut-ankh-Amen*, London 1923. Im Band II dieses Werkes hat Alfred Lucas den Anhang II geschrieben, der sich u.a. mit der bakteriologischen Untersuchung befaßt. Schilderung der illustren Grabbesucher bei Arthur Weigall, *Tutankhamen and Other Essays*, London 1923. Die Worte des Priesters Neferhotep finden sich bei Adolf Erman, *Die Literatur der alten Ägypter*, Leipzig 1923.

Kapitel VIII Carnarvons Tod: Fluch oder Legende?

Das Eingangszitat von Arthur Weigall ist seinem Buch *Tutankhamen and Other Essays*, London 1923 (Kapitel »Malevolence of Ancient Spirits«) entnommen. Carnarvons letzter Brief wird von J. G. Maxwell im Nachruf auf Lord Carnarvon (*Journal of Egyptian Archeology*, IX, 1923) verbürgt. Die Episode mit der Kobra berichtet Charles Breasted in *Pioneer to the Past*, New York 1947. Über den Nechbet-Fluch führte der Autor im April 1977 in Kairo ein Interview mit dem Generaldirektor des Ägyptischen Museums Dr. Ali Hassan. Angaben über den 6. Earl of Carnarvon aus der Korrespondenz des Autors mit dem Lord und der ZDF-Sendung VIP-Schaukel von Margret Dünser im Februar 1978. Details über den Lichtausfall nach Christiane Desroches-Noblecourt, *Tut-ench-Amun*, Frankfurt 1971. Carters Abwesenheit bei der Beerdigung wird vom 6. Earl of Carnarvon in einem

Brief vom 29. April 1978 an den Autor bezeugt. Das Maxwell-Zitat ist im Carnarvon-Nachruf im *Journal of Egyptian Archeology* IX, 1923 nachzulesen. Das Zitat über Professor La Fleur steht bei Charles Breasted, das Mehrez-Zitat bei Philipp Vandenberg, *Der Fluch der Pharaonen*, Bern 1973. Ebenso die Episode mit Dr. Ezzedin Taha. Arthur Weigall berichtet über das Erlebnis mit der Mumie in seinem eingangs zitierten Werk.

Kapitel IX Die Sargkammer: Schätze für die Ewigkeit

Das Eingangszitat aus Howard Carters *The Tomb of Tut-ankh-Amen*, London 1923, Band II, Kapitel »Ausräumen der Sargkammer und Öffnen des Sarkophags«. Aus demselben Werk wurden der Gurgar-Brief und die Carter-Zitate im Zusammenhang mit der Öffnung des Sargschreines und Sarkophages entnommen. Über die Farben im Grab berichtet Alfred Lucas im Anhang II desselben Buches. Die Öffnung des Mumiensarges und die politischen Querelen beschreiben sowohl Carter wie auch Breasted in ihren bereits zitierten Werken.

Kapitel X Carters Triumph: Aug' in Aug' mit Tut-ench-Amun

Das Eingangszitat von Douglas E. Derry ist im Mumien-Bericht Dr. Derrys nachzulesen, der als Anhang I im Band II von Carters Werk *The Tomb of Tut-ankh-Amen*, London 1923, wiedergegeben wird. In diesem Werk findet sich auch der Briefwechsel mit dem Ministerium für öffentliche Arbeiten. Die zitierte Ausgabe von »The Illustrated London News« trägt das Datum des 27. Juni 1925. Die Untersuchung der Mumie schildert Howard Carter in seinem persönlichen Tagebuch, das in den *Tut-enkh-Amen Tomb Series*, Oxford 1972, ausgewertet ist. Das Zitat »Auch dieses Mal überwältigte uns . . .« stammt aus dem zweiten Band (Kapitel »Das Öffnen der drei Särge«) von Carters Buch *The Tomb of Tut-ankh-Amen*, London 1923. Die Sargnägel und die harzige Masse werden von Alfred Lucas im Anhang II desselben Werkes untersucht. Der Eintrag im Tagebuch vom 20. und 31. Oktober sowie vom 11. November und 31. Dezember 1925 wurde in den bereits erwähnten *Tomb Series* veröffentlicht. Das Derry-Zitat über den Mumien-Schnitt in dem zitierten Anhang.

Kapitel XI Mumienmacher: Rekonstruktion einer Verwandlung

Eingangszitat: Christiane Desroches-Noblecourt, *Tut-ench-Amun*, Frankfurt 1971. »Wir gönnten uns nun eine Pause des Nachdenkens . . .« aus dem Kapitel »Das Öffnen der drei Särge« im 2. Band von Carters Werk. Labib Habachis Theorien sind in einem Artikel der *Los Angeles Times* nachzulesen, der am 2. März 1978 von der *International Herald Tribune* nachgedruckt wurde. Die Lichtquellen der Grabarbeiter in: *Lexikon der Ägyptologie*, Wiesbaden 1973. Herodots Mumifizierungsbericht aus den *Historien II*, München 1961, übersetzt von Dr. Eberhard Richtsteig. Das Mumien-

Experiment von Prof. Karl Sudhoff ist aufgeführt im *Archiv für Geschichte der Medizin*, Band V, August 1911, Heft 3. Bei den Papyri über das Balsamierungsritual handelt es sich um den Papyrus Bulak Nr. 3 und den Papyrus Louvre Nr. 5158 – der dritte Papyrus ist der demotische Papyrus Wien Nr. 27. Die Papyrus-Übersetzungen stammen aus Elliot Smith/Warren R. Dawson, *Egyptian Mummies*, London 1924. Die Bestattungstexte nach *Lexikon der Ägyptologie*, Wiesbaden 1973 (»Bestattungsritual«) und Albert Champdor, *Das Ägyptische Totenbuch in Bild und Deutung*, Bern 1977.

Kapitel XII Die Bürde: Der Clan von Karnak und der Ketzer von Achetaton

Eingangszitat nach Eléonore Bille-deMot, *Die Revolution des Pharao Echnaton*, München 1965. Einzelheiten über Amun im *Lexikon der Ägyptologie*, Wiesbaden 1973. Die Zahlen über das Priester-Vermögen erwähnt Jürgen Thorwald, *Macht und Geheimnis der frühen Ärzte*, München 1962. Über die Priester allgemein: Hermann Kees, *Das Priestertum im Ägyptischen Staat*, Leiden 1953. Alle Stelen-Inschriften nach Wolfgang Helck, *Urkunden der 18. Dynastie*, Berlin 1961.

Kapitel XIII Der Kindkönig: Wer war Tut-ench-Amun?

Eingangszitat: Pierre Montet, *Das Leben der Pharaonen*, Herrsching o. J. Über Teje berichtet Christiane Desroches-Noblecourt in ihrem Buch *Tut-ench-Amun*, Frankfurt 1971. Über die Erotik der alten Ägypter siehe *Lexikon der Ägyptologie*, Wiesbaden 1973. Stelen-Texte nach Wolfgang Helck, *Urkunden der 18. Dynastie*, Berlin 1961. Die Begegnung mit Semenchkare berichtet Charles Breasted in *Pioneer to the Past*, New York 1947.

Kapitel XIV Nachruf: Das stille Ende des Entdeckers

Carters Zitat zu Beginn des Kapitels stammt aus dem Vorwort zum Zweiten Band seines Werkes *The Tomb of Tut-ankh-Amen*, London 1923. Der Hinweis auf die vernagelte Schatzkammer ist dem Kapitel »Das Gemach neben der Sargkammer« im Dritten Band des Carter-Buches entnommen. Das Zitat von Prof. Harrison stammt aus der *International Herald Tribune* vom 8. 12. 1968.

Register

Abbas I., Khedive, 113
Abbas II. Hilmi, 116
Abderassul, Mohammed 55
Abdul Hamid II. 114f.
Abu Gurob 20
Abu Oward, Hussein 195f.
Abu Simbel 19, 50, 137, 245, 267
Abusir 99, 182
Abydos 19ff., 34f., 70, 137, 203
Achanjati s. Amenophis
Achetaton 13*, 14*, 19, 24, 25*, 31, 33, 38, 292–300, 307, 316
Achmed, Abdelad 196f.
Acokanthera Schimperi (Gifte) 190f.
Aconitin (Eisenhut-Gift) 190
Ahmes-Nofretari, Königin 62, 96, 269f.
Ahmose, König 97, 269f.
Al-Ahram (Kairoer-Zeitung) 117, 165, 185
Allenby, Lord 167, 175
Altertümerverwaltung, ägyptische 22, 24, 50, 72, 78, 91, 105, 152f., 167, 195, 212, 218, 232
Alvarez, Luis 185ff.
Amanhatpa s. Amenophis
Amara 267
Amarna s. Tell el-Amarna
Amarna-Archiv 22, 307
Amarna-Stil 28, 37ff., 83, 162, 295
Amenemhet I. 137
Amenemhet IV. 100
Amenhotep s. Amenophis
Amenophis I. 79, 96
Amenophis II. 35*, 54f., 54*, 59, 67, 273ff., 301
Amenophis III. der Prächtige 34, 35*, 37, 59, 129, 181, 183, 246, 261, 270, 272, 276*, 277–288, 296, 298, 302ff., 306f., 317
Amenophis IV. (vgl. a. Echnaton) 28ff., 33, 278, 288ff.
Amenophis, Weiser (Minister) 282ff.
Amenophis-Sise 274
Amherst, Lord s. Tyssen-Amherst
Amherst of Hackney, Lady 17f.
Amset, Halbgott 254
Amun, Gott 265ff., 266*, 275ff., 281–289, 281*, 292f.
Amun-Kult 267ff., 277, 286f., 314f., 318
Amun-Mut-Chons-Tempel 259
Amun-Priesterschaft 269–275, 281f., 287, 290ff., 313
Amun-Tempel 44f., 100
Anches-en-Amun (vgl. Anches-en-pa-Aton), Königin 38, 162, 206, 260f., 263, 264*, 301, 323
Anches-en-pa-Aton, Prinzessin 30*, 33f., 38f., 264*, 299, 397f., 311
Anches-en-pa-Aton Tascherit, Prinzessin 307
Ani, Weiser 268f.
Antef, Truchseß 272*
Antonius, Marcus 190
Anubis, Totengott 54*, 200, 201*, 206, 257f., 281*, 326
Aphrodisiaca 305
Apis-Stiere 68, 281*
Apopi, Hyksos-König 97
Arabi Pascha, Achmed 114
Archaeological Survey of India 182
Arsinoe 20
Ashmolean Museum (Oxford) 332
Assuan 19, 173, 281
Astor, J. J. 149
Aton, Sonnengott 39, 265, 290, 305, 315f.
Aton-Kult 37f., 294ff., 319ff.
Aton-Tempel 13, 286, 296, 308
Auaris (Hyksos-Stadt) 97
Ayrton, Edward 70, 79–85, 182
Ayrton, William (Vater) 70

Babylonien 280, 307f.
Baketaton, Prinzessin 34, 304
Bastet, Göttin 209
Belzoni, Giovanni 60, 182, 186
Beni Hassan 12, 18f.
Berend, William 52, 180
Bethell, Richard 149, 180
Biban el-Harem 193
Biban el-Moluk 112
Bille-DeMot, Eléonore 265
Bissing, Friedrich Wilhelm Frhr. von 52
Blausäure 190
Borchardt, Ludwig 28, 53
Boulos, Taufik Effendi 238
Breasted, Charles 80f., 138, 144f., 177f., 219
Breasted, James Henry 46, 79ff., 92, 118f., 125, 134, 137–144, 149, 151, 168, 177f., 212–223, 326

Mit * versehene Seitenzahlen deuten auf Abbildungen hin.

British School of Archeology in Egypt 20
Bromhead, Thomas 180
Brugsch, Emil 46–50
Brugsch, Heinrich 46, 48ff.
Bruvère, Bernard 149
Budge, Wallis 50, 92, 101, 122, 131, 151f.
Bulak 46
Burghclere, Lady 105
Burnaburiasch II. 307f.
Burton, Harry 141, 149, 213ff., 238f.
Busiris 203
Byblos, Königreich 280f.

Caligula, röm. Kaiser 190
Callender, A. R. 138, 141, 149, 150, 212ff.
Caracalla, röm. Kaiser 190
Carnarvon, George Edward Stanhope Molyneux Herbert, Earl of 11, 87–106, 113ff., 119–139, 143f., 148–154, 168–176, 220ff., 230
Carnarvon, Lady Almina 87, 119, 125, 172, 175f., 180, 195, 218f., 222, 226ff., 330
Carnarvon-Collection 330
Carter, Howard 11–42, 45, 50f., 53–81, 92–100, 105–113, 118–170, 172, 175, 194–245, 272, 302, 325–333
Carter, Martha 17
Carter, Samuel John 17
Carter-Tagebuch 155ff., 156*, 238
Champollion, Jean-François 44, 181
Chattuscha, Hethiterstadt 300
Chefren-Pyramide 186
Cheops-Pyramide 16
Chicago Daily News 144, 177
Chnum, Gott 96*
Chon, Sohn des Amun 277, 285f.
Clarke, Somers 41
Claudius, röm. Kaiser 190
Comité d'Egyptologie 152
Connaught, Herzog von 74
Constable and Co., Verlag (London) 77
Cordier, Flora 115
Coxe Jr., Eckley B. 52, 181
Cromer, Earl of 115ff.

Daily Express (London) 148
Daily Telegraph (London) 147, 149f.
Daphnae 20
Davis, Theodore M. 53, 57–63, 70–86, 116, 139, 164, 182, 193, 278, 315, 317
Dawson, Geoffrey 143
Dawson, Warren R. 256
Dean, Chefarzt Dr. 189
Deir el-Hagar 267
Dendera 19f., 267
Der al-Berscha 18
Der el-Bahari 12, 41*, 42*, 43f., 47, 63, 93ff., 98f., 118, 202, 271
Der el-Medina 108, 133, 182, 248
Derry, Douglas E. 149, 224, 232, 238–242, 332
Desroches-Noblecourt, Christiane 245, 304
Devilliers, franz. Wissenschaftler 43
Diodor 253, 309
Diospolis Parva 137
Dongola 181
Dra Abu el-Nagga 12, 95
Drbal, Karel 185
Duamutef, Halbgott 202, 254
Dufferin, Lord 114

Ebers, Georg 52
Echnaton 20, 22f., 25–39, 29*, 30*, 77, 129, 162, 193, 208, 246f., 267, 278, 286, 288–299, 289*, 290*, 293*, 295*, 297*, 302f., 307f., 311–319, 323f.
Edfu 50
Edgar, Verwaltungsdirektor 232
Edwards, Amelia 18, 65ff.
Egypt Exploration Fund 18, 20, 39, 41, 70
Egypt Exploration Society 122, 170f., 221
Egyptian Gazette (Kairo) 224
Egyptian Research Account 20
Eje, Pharao 35, 38, 85, 210, 214f., 246f., 264, 277, 294, 301, 318
Elephantine 19, 267, 284
El-Hagg Quandil 20
El-Mokkatam (ägypt. Tageszeitung) 185ff.
Ember, Aaron 179
Enan Pascha, Saleh 238
English, George Bethune 181
Erman, Adolf 118, 180
Evelyn-White, Hugh Gerard 179

Fahmy, Bey 149
Fayyum 19, 100, 121
Foucart, G. 149
Fuad I., König 121, 221
Fuad Bey el-Khouli, Said 238

Galtier, Joseph 180f.
Gardiner, Alan 122f., 134ff., 143f., 149–152, 155, 168, 180, 213, 326, 332
Gardiner, Hedwig 122f.
Garies Davies, Norman de 149
Garstin, Sir William 91, 116
Georg V. von England 174
el-Ghaffer, Mohammed Abd 94
Giluchepa, Prinzessin 279f., 307
Gise 19f., 99, 137, 185, 193, 256, 275
Goodyear, William Henry 179
Gorringe, Henry 181
Gorst, Sir Eldon 116f., 183
Grébaut, Eugène 22
Greenfell, Bernard Pyne 179
Grenfell, Sir Francis 221
Griffith, Francis, Llewellyn 97
Griffith-Institut (Oxford) 155, 332
Gubla 280
Gurgar, Achmed 69, 196f.
Gwendolen, Lady 89

Habachi, Labib 246f.
Hagedorn, Gustav 251
Hah, Gott der Ewigkeit 205
Hall, Harry R. 180
Hamdi, Saleh Bey 232, 238, 242
Hanna, Marcos Bey 217ff., 221

Hapi, Nilgott 54*, 202, 206, 254
Hapuseneb, Günstling Hatschepsuts 271f.
Haremhab, General 34f., 37f., 82ff., 182, 247, 277, 301, 315f., 318, 322ff.
Haremhab-Grab 82ff., 82*
Harkhuf-Grab (Assuan) 173
Harkness, E. S. 149
Harrison, George 332
el-Haschasch, Mansur Mohammed 94
Hassan, Ali 51, 172
Hassan, Gad 195
Hatschepsut, Königin 42, 59–63, 99f., 112, 246, 270
Hatschepsut-Grab (1 und 2) 59–64, 61*, 111f., 111*, 248
Hatschepsut-Tempel 42, 42*, 47, 99, 202
Hathor von Theben 106*
Hawara 20
Hawarth, J. 23
Hearst Expedition 137
Hegel, Georg Wilhelm Friedrich 40
Heliopolis 19f., 38, 208, 288
Henuttanebu, Prinzessin 278
Herbert, Aubrey 178
Herbert, Evelyn 123, 125, 130, 330
Herbert, George Edward Stanhope Molyneux, 5. Earl of Carnarvon s. Carnarvon
Herbert, Henry Howard Molyneux, 4. Earl of Carnarvon 87ff.
Herbert, Henry, 6. Earl of Carnarvon 125, 172ff., 183
Hermopolis 19, 267, 288
Herodot 68, 250ff., 306, 309
Hethiter 32, 300f.
Histoplasmosis (Höhlenkrankheit) 189
Historical Society (New York) 52
Hogarth, D. G. 41
Hor, Architekt 284
Horus, Gott 258, 261, 267, 268*
Horussöhne 202, 254, 256f.
Hügel, Carl Alexander Frhr. von 181
Huja, königl. Verwalter 303
Hussein, Ali 94
Hyksos-Herrschaft 97

Illahun 20, 22
Imseti, Halbgott 202
Ipuemre, Amunpriester 99, 271f.
Isgullah, Rais 198f.
Isis, Göttin 54*, 201f., 209, 258, 305
Isis, Prinzessin 278
Ismail Pascha, Khedive 46, 112, 181

Jay-Gould, George 179
Jollois, franz. Wissenschaftler 43
Jones, E. Harold 85
Joseph in Ägypten 305
Josephus (Flavius Josephus) 37
Juja, Vater der Teje 75, 77ff., 278, 287

Kadaschmancharbe, König 280
Kahun 20
Kairoer Museum 51, 78, 91, 104, 152, 183f., 226, 231f., 246
Kamal, Achmed 178
Kamose, General 97
Karnak 19, 44, 50, 53, 245, 249*, 265ff., 270f., 273ff., 282f., 286f., 312
Kasr en-Nil 49
Kebehsenuef, Halbgott 54*, 202, 254
Kees, Hermann 269, 274
Kennard, M. 23
Kitchener, Sir Herbert 116f.
Kleopatra 190
Konosso 281f.
Konstantin, Kaiser 270
el-Kurna 47, 55f., 91, 95, 100, 108, 113, 193
Kusch, Königreich 281

Lacau, Pierre 151f., 212, 220, 232, 238, 243
La Fleur, Prof. 177f.
Legrain, Georges 283
Lepsius, Richard 41, 44, 46, 59ff., 180
Lesquier, Ägyptologe 181
Letopolis 267
Loret, Victor 54, 58, 287
Lucas, Alfred 149, 163, 211, 213, 232–235, 238, 244, 332
Luxor 11, 19, 38f., 52, 54, 57, 65f., 69, 72, 81, 120, 126ff., 138, 144ff., 165, 170f., 197ff., 217f., 267, 314
Luxor-Tempel 267, 281, 285*, 289, 314
Lythgoe, Albert M. 136f., 149

Maat-ka-ra (vgl. Hatschepsut) 99
Mace, Arthur Cruttenden 137, 141, 149, 179, 213, 215, 332
Maketaton, Prinzessin 32f., 298, 307, 316
Malkatta 289
Manetho aus Sebennytos 36f.
Mariette, Auguste 43, 48ff., 68
Marilhat, Prosper 181
Marine-Cordit-Fabrik (Wareham) 163
Maspero, Gaston 22, 47, 50ff., 58, 69, 72, 74–78, 91ff., 103, 118, 152, 180
Maxwell, F. H. 221
Maxwell, John G. 170, 176, 180, 221
McIntosh, Mr. 170f.
McLean, Mrs. 176
Mecham, George Waller 144f.
Medea 190
Medinet Habu 267
Mehrez, Gamal 183f.
Mehtemsuf 49
Meidum 20
Memphis 19f., 38, 69, 82, 276
Mencheperreseneb, Hohepriester 273f.
Mentuhotep-Tempel 98f.
Meri, Hohepriester 274f.
Meriere, Hohepriester 294
Merietre, Lieblingsfrau Amenophis' III. 273
Meriptah, Hohepriester 288
Meritaton, Prinzessin 32ff., 39, 298, 307f., 316
Merton, Arthur 131, 149
Methesuphis s. Mehtemsuf
Metropolitan Museum of Art (New York) 136f., 179, 330
Meyer, Eduard 118

Mitanni, Königreich 279
Mithridates IV. 190
Moëris s. Thutmosis III.
Mohammed Ali 113
Möller, Georg 181f.
Mond, Sir Robert 52, 149
Monro, Verc 181
Montet, Pierre 300, 307
Moynihan, Sir Berkeley 119
Mubarek, Ali-Pascha 46
Mudnetjemet, Prinzessin 324
Mustafa Aga 65ff.
Mut, Mutter des Amun 277, 285f., 293

Nag ed-Der 137
Napoleon 43, 59f.
Naukratis 20
Naville, Edouard 40ff., 45, 53, 70, 118, 155, 179f., 202
Nebesha 20
Nebetah, Prinzessin 278
Neb-maat-Re, Königsname von Amenophis III. 278
Nechbet, Geiergöttin 172f.
Neferhotep, Priester 168
Nefer-neferu-Aton-Nofretete, königl. Name der Nofretete 294
Nefer-neferu-Aton Tascherit, Prinzessin 33, 303
Nefer-neferu-Re, Prinzessin 33
Neith, Göttin 201f., 209
Nephthys, Göttin 201f., 209, 305
Nero, röm. Kaiser 190
Newberry, Percy Edward 17f., 68, 149, 249f., 332
Nofretete 22, 26ff., 30*, 32ff., 38f., 162, 290f., 290*, 294, 298–301, 303, 307, 315f.
Nofretete-Büste (Berlin) 28
Nofretete/Echnaton-Ausstellung 158
Northampton, Marquis von 52
Nut, Göttin 154*, 210

Opet-Fest, Luxor 286, 314, 314*
Osiris, Totengott 202, 210, 215, 234, 237, 253, 258ff., 265, 305
Osorkon I. 56
Ovid 305

Palästina 20
Papyrus d'Orbiney 305
Papyrus Turin 304
Peet, Thomas Eric 28
Pelizäus, Wilhelm 53
Pendlebury, John D. S. 25, 28
Perehu, Pharao 45*
Petrie, Flinders (William Matthew F. P.) 12–39, 41, 45, 70f., 92, 116, 137, 155, 164, 198
Petrie, William 16
Peyster Tytus, Robb de 181
Philä 19, 50
Pinhasi, Hohepriester 294
Plind, Alexander Henry 258
Plinius 190
Pococke, Richard 44, 55
Portsmouth, Lady 89
Potiphar, Frau des 305
Povey, Mary 174
Ptah, Weltschöpfer 273
Ptahhotep, Weisheitslehrer 311
Ptahmose, Hohepriester 272, 288
Ptolemaios II. 36
Punt, Land 41*, 43

Quibell, James Edward 71f., 193

Ramose, Hohepriester 288
Ramses II. der Große 47, 79, 183, 208, 270, 285, 306f., 316f.
Ramses III. 72, 267, 270
Ramses IV. 79, 132
Ramses VI. 124, 126, 134, 138f., 247
Ramses IX. 133f.
Ramses XI. 72
Re, Sonnengott 211, 237, 265f., 276
Reed, Archibald Douglas 179
Re-Harachte (Gott der aufgehenden Sonne) 273
Reisner, Dr. (California University) 137, 193
Rhind, Alexander Henry 180
Rib-Addi, König 280
Robinson, Sir Henry 101
Rosellini, Ippolito 181

Said, Khedive 113
Sakkara 19, 48, 67ff., 83, 106, 193
Salt, Henry 182
Sarwat Pascha, Ebdel Khalek 147
Satamun, Prinzessin 278, 298, 307
Sayce, Archibald Henry 15, 51, 74
Sayce, Pfarrer Henry 53
Schaaban Effendi, Mohammed 238
Schesmu, Keltergott 258
Schutarna, König 279
Scott, Alexander 163
Sekenenre, Thebenfürst 97
Selket, Göttin 201f., 209
Semenchkare, Mitregent Echnatons 33ff., 37, 39, 202, 242, 298f., 299*, 303, 307f., 315ff.
Semneh 281
Sem-Priester 260
Senaar 181
Senebtisi, Pharao 137
Senenmut, Architekt 99
Serapeum, Labyrinth der Apis-Stiere 68
Setep-en-Re 33
Seth, Gott 267, 268*
Sethe, Kurt 46, 118f.
Sethos I. 34, 37, 47, 54, 183, 246, 318
Sethos II. 230, 243
Shakespeare, William 170
Sidky, M. 227f.
Sidky Pascha, Ismail 147
Sieglin, E. V. 53
Simeika Pascha, Wassif 147
Simon, James 53, 251
Simpson, Wally 174
Sinai 19f., 70

Siptah, Pharao 81, 182
Siwa 267
Sixtus V., Papst 270
Smith, Edwin 52
Smith, Elliot 84, 256f., 317
Smith, Joseph Lindon 193f.
Smyth, Piazzi 16
Sokrates 190
Soleb, Tempel von 203
Sotheby, Auktionshaus (London) 15
Sphinx von Gise 276f.
Stack, Sir Lec 225
Stonehenge bei Salisbury, Observatorium 16
Strophantusgift 191
Sudhoff, Karl 251
Südlicher Harem (Luxor-Tempel) 267, 285ff.
Suti, Architekt 284

Taduchepa, Prinzessin (vgl. Nofretete) 280, 307
Taha, Ezzedin 187f.
Taharka, Pharao 270
Tal der Könige 54–59, 65* 69–81, 105f., 118, 120ff., 138, 165ff., 177, 228ff., 315f.
Tal der Königinnen 108
Tanis 19f., 267
Taufik Pascha, Khedive 116
Teje, Königin 32, 77, 164, 182, 193, 242, 261, 278, 279*, 287, 298, 303f., 307, 315ff.
Tekenu (Ritualfigur) 261
Tell el-Amarna (vgl. auch Achetaton) 12, 13*, 18–22, 25*, 28, 31–36, 106, 246, 292, 303, 316, 319
Teta-Ky, Prinz 96
Tetzel, Johannes 269
Theben 11, 19f., 35, 50, 58*, 106, 191, 193, 258f., 265ff., 277f., 284f.
Thutmosis I. 59, 62f., 270
Thutmosis II. 112, 270, 272
Thutmosis III. 44, 47, 59, 129, 246f., 249, 256, 270, 272f., 277, 301
Thutmosis IV. 35*, 59, 70, 83, 275ff., 306
Thutmosis, Kronprinz 278
Ti, Königin 85
Times (London) 11, 131f., 134ff., 143–148, 165, 332
Totenbuch (Papyrus) 136
Trotman, Edward 87
Tuja, Mutter der Teje 76*, 77ff., 278, 287
Tuschratta, Prinz 280
Tut-ench-Amun 11, 30, 35–39, 81, 84, 122, 128, 133f., 150*, 157ff., 159*, 162, 167, 184*, 199–210, 203*, 215, 229, 234–245, 236*, 239*, 249f., 259, 265, 277f., 286, 294, 300–308, 311–322, 326f., 332f.
Tut-ench-Amun-Grab 122–169, 130*, 135*, 140*, 142*, 159*, 166*, 177ff., 199–235, 201*, 204*, 246ff., 262*, 325–332
Tut-ench-Aton (vgl. auch Tut-ench-Amun) 38f., 162, 293, 301f., 308, 311f.
Tyssen-Amherst, William Amhurst Lord, Baron Amherst of Hackney 12ff., 18, 52

Ua-en-Re, Beiname Echnatons 315
Ursu, Bergwerksdirektor 173
Uschebti (Grabstatuetten) 158f. 159*
Ut-Priester 255f., 258

Wadi es-Sebua 267
Wadi e Taka e Zeide 108ff., 109*, 112
Wafdisten-Bewegung 330
Walker, Phyllis 331f.
Weigall, Arthur Edward Pearse Brome 72–75, 164, 167, 170, 191–194, 315, 317
Westbury, Lord 180
Wiles, John 188
Williams, Valentine 144
Windsor, Herzog von (Edward VIII.) 174f.
Winlock, Herbert E. 141, 149
Woolf, Joel 179
Woolley, Sir Leonard 21, 87, 101, 198f.

Xois 19, 105, 267

Yale University (New Haven) 225

Zaglul Pascha, Mohammed 149, 213
Zannanza, Prinz 301

Bildnachweis

I. Block:
S. 1: Ph. Vandenberg;
S. 2 oben: Ph. Vandenberg;
S. 2 unten: Radio Times, Hulton Picture Library, London;
S. 3: Ph. Vandenberg;
S. 4: Ph. Vandenberg;
S. 5: Hirmer Fotoarchiv, München;
S. 6 oben: The Times Photographs, London;
S. 6 unten: Bilderdienst Süddeutscher Verlag, München;
S. 7 oben: Bildarchiv Preußischer Kulturbesitz, Berlin;
S. 7 unten: The Times Photographs, London;
S. 8 oben: Ph. Vandenberg;
S. 8 unten: The Times Photographs, London.

II. Block:
S. 9: Hirmer Fotoarchiv, München;
S. 10: Bilderdienst Süddeutscher Verlag, München;
S. 11: Hirmer Fotoarchiv, München;
S. 12: Bilderdienst Süddeutscher Verlag, München;
S. 13 oben: Ph. Vandenberg;
S. 13 unten: Lehnert & Landrock, Kairo;
S. 14 oben: Bilderdienst Süddeutscher Verlag, München;
S. 14 unten: Bilderdienst Süddeutscher Verlag, München;
S. 15: Bilderdienst Süddeutscher Verlag, München;
S. 16: Bilderdienst Süddeutscher Verlag, München.

III. Block:
S. 17: Hirmer Fotoarchiv, München;
S. 18 oben: Bilderdienst Süddeutscher Verlag, München;
S. 18 unten: Bilderdienst Süddeutscher Verlag, München;
S. 19 oben: Griffith Institute Ashmolean Museum, Oxford;
S. 19 Mitte: Griffith Institute Ashmolean Museum, Oxford;
S. 19 unten: Bilderdienst Süddeutscher Verlag, München;
S. 20: Ph. Vandenberg;
S. 21 oben: Ph. Vandenberg;
S. 21 unten: Ph. Vandenberg;
S. 22 oben: Lehnert & Landrock, Kairo;
S. 22 Mitte: Lehnert & Landrock, Kairo;
S. 22 unten: Griffith Institute Ashmolean Museum, Oxford;
S. 23: Eugen Kusch, Schwarzenbruck b. Nürnberg;
S. 24: Hirmer Fotoarchiv, München.

Der Abdruck der Inschriften auf dem Grabschatz Tut-ench-Amuns erfolgte mit freundlicher Genehmigung des Akademie-Verlages Berlin und des Herausgebers.